KB247362

신채호에게 답하다

신채호에게 답하다

교조화로 치닫는
한국 정신사 비판

이태영 지음

주류성

목차

머리말

… 우리 조선 사람은 매양 이해 이외에서 진리를 찾으려 하므로 석가가 들어오면 조선의 석가가 되지 않고 석가의 조선이 되며, 공자가 들어오면 조선의 공자가 되지 않고 공자의 조선이 되며, 무슨 주의(主義)가 들어와도 조선의 주의가 되지 않고 주의의 조선이 되려 한다. …

대학 1~2학년 때 일로 기억한다. 교내 중앙도서관에서 신채호 문명 비평론 '낭객의 신년 만필'(동아일보, 1925.1.2)을 우연히 읽었다. 한국 민족주의 비조가 한국인의 민족성을 '노예근성'이라고 비판하다니, 그것은 청년 학도에게 낯선 충격이었다. 이 '문제의 글'은 이후 내게 '목에 걸린 생선 가시'처럼 남았다.

대학 졸업 후 고등학교에서 역사를 가르쳤다. 헌책방 뒤지기 좋아하는 악취미 덕분에 지적(知的) 호기심을 잃지 않았고, 행운도 따라줘 책을 몇 권 출간했다. 천명을 알 나이에 이르러 '문제의 글'이 떠올랐다. 30년 만에 다시 읽어보니 같은 글이지만 다르게 다가왔다. 백 년 전 우국지사가 던진 화두에 평범한 서생이 답해야겠다고 생각했다. 2022년 10월 22일, 역사(役事)를 시작했다.

막상 글을 쓰려니 유학, 불교, 천주교, 자본주의, 개신교, 공산주의, 민족주의 등 사상사를 서술하는 게 보통 일이 아니었다. 외래 사상이 한국 역사 속에서 구현되는 양상을 설명하려면 철학, 심리학, 경제학, 문화 인류학, 민속학 등 여러 창(窓)이 필요했다. 어쩌다 보니 내가 '한반도 문명사'를 쓰고 있었다. 눈앞에 망망대해가 펼쳐졌다.

'한 가지 일에 정성을 쏟는 게 도(道) 닦는 일'이라는 어느 노승의 말씀을 떠올리며 노를 젓는 마음으로 노트북 자판을 눌러갔다. '독수리 타법'으로 글을 쓰다 보니 더 오래, 더 깊이 고민해서 좋았다. 손에 물집 배겨가며 대장경을 조판한 대몽항쟁기 고려인의 땀과 눈물을 상상했다.

평소 역사를 읽으며 거대 문명이 작은 반도로 들어올 때 병목을 지나는 물처럼 소용돌이가 일고 그것이 교조주의로 흐름을 느꼈다. 학자들은 이것을 '문명의 비대칭성'이라는 개념으로 설명한다. 쉽게 말해 작은 나라가 큰 문명을 수용할 때 과부하가 걸린다는 뜻이다. 이 주제는 'Ⅳ.사론: 신채호에게 답하다'에서 다룬다.

개념을 잡고 나니 글쓰기에 탄력이 붙었다. 각 외래 사상의 역사를 '유입→정착→교조화'의 틀 속에서 서술했다. 다양한 토양에서 자란 동서양 사상이 한반도에 들어와 하나같이 예정된 길로 흘러가는 패턴이 놀라웠다. 얄궂은 '역사의 신'이 작동하는 것 같았다. 자연스럽게 이야기가 해묵은 주제로 귀결했다. '한국인은 누구인가?' 이 주제도 'Ⅳ.사론: 신채호에게 답하다'에서 다루겠지만, 나는 한국인의 특성을 '장엄한 극성'이라고 표현하고 싶다.

이 책이 한국 역사의 그늘을 지적하지만, 그것은 고통과 애정 어린 비판이다. 비판은 비난이 아니라 함께 성찰하고 더 나은 미래를 꿈꾸자는 이야기다. 난 분명히 말한다. 내 나라 한국은 장점이 많다. 흥이 있어 살맛 나고, 사람과 사람이 정겹고, 정교한 시스템을 갖춰 일상이 편리하고, 국난이 닥치면 저력을 분출한다. 이런 '불온서적'이 세상 빛을 볼 만큼 한국은 자유롭다.

출판사 몇 곳에서 거절당하고 내가 위축될 때 주류성출판사가 이 책 출간을 제의해 왔다. 기이하게도 그날이 내 어머니 첫 기일(忌日, 2025.10.1)이었다. 하늘에서도 아들 걱정하는 어머니께 눈물로 감사드린다. 그 어머니의 혼을 전해준 주류성출판사에도 감사드린다.

'낭객의 신년 만필' 100주년을 보내며

이태영

I

대륙의
물결

유학 儒學

- 하늘의 이치가 도덕의 굴레로

유입

문명

서기전 3,500년경 호모사피엔스가 문자를 발명했다. 인구, 가축 수, 곡물량 등 뇌 용량이 감당 못 하는 데이터를 숫자로 기록하기 시작했다. 이후 언제부턴가 호모사피엔스는 생각을 문자로 기록하고 기억, 공유, 추상화하며 사유를 확장했다. 그렇게 문명이 동텄다.

서기전 1,200년경 중국 상나라에 갑골문자가 나타났다. 갑골문자는 제사장이 점친 결과를 거북 등딱지나 동물 뼈에 칼로 새긴 상형문자다. 점(占)은 군주가 하늘의 뜻을 묻는 행위이고 길흉 점괘는 하늘의 답변이다. 점친 동기, 비가 언제 올지, 국왕이 언제 출타할지, 적군을 언제 공격할지, 임신부가 언제 애를 낳을지 등등 갑골문은 그 내용이 다양했다.

갑골문에 이런 내용도 보인다. "여쭙습니다. 왕이 춤추면 좋은 일이 생길까요?" 제정일치 상나라 때 상제가 우주 만물을 주관하는 하늘신으로 군림했다. 무속(巫俗)의 '巫'는 '비 내리기 기원 춤추기'이며, 유학(儒學)의 '儒'는 머리카락 풀어 헤치고(而) 비(雨) 내리기를 비는 주술사(人)를 뜻한다. 상나라 지배세력이 동이(東夷, 한국인 조상)였다니 더욱 흥미롭다.

농경 부족에게 하늘이 내리는 비는 생존과 직결됐다. 제사를 통해 인간은 무자비한 자연의 폭력을 피하고 신의 질서로 편입해 삶의 희망을 찾았다. 훗날 유학의 핵심 의례로 발전할 조상 제사도 상나라가 왕실의 위엄을 세우려고 시작했다.

이후 갑골문자는 상형문자에 가까운 전서, 전서를 간소화한 예서, 표준 한자로 자리 잡은 해서를 거쳐 한자로 진화하며 신성이 점점 사라졌다. 이젠 그 문자로 관념 체계를 엮어낼 선지자가 필요했다.

서기전 10~5세기, 페르시아에서 자라투스트라, 인도에서 석가모니, 중국에서 공자, 그리스에서 소크라테스가 태어났다. 팔레스타인 지방에서 유대 왕국이 멸망하고 유대인이 바빌로니아로 포로로 잡혀가 고난을 겪으며 유대교를 정립하고 크리스트교 씨앗을 뿌렸다. 때는 바야흐로 부족 국가가 더 크게 진화하던 시대였다. 세계 각 지역에 선지자들이 나타나 신화 대신 자연과 도덕의 보편성을 말했다.

공자 이전에도 유학은 존재했다. 주나라 개국공신 주공(周公, 문왕 아들, 무왕 동생)이 인간은 수련을 통해 운명을 바꿀 수 있다며 예(禮) 개념을 정립했다. 예는 지배 계급 결속을 위한 행동 규범이며 신분 질서 이데올로기였다. 상나라가 상제에게 인신 공양하느라 사람을 생매장했지만, 주나라는 종법과 예로써 천하 질서를 잡았다. 고대 중국 상→주 왕조 교체는 역성혁명이며 문명 전환이었다.

주나라 질서가 무너진 춘추시대에 공자가 주공을 우상으로 여겨 예로써 질서를 회복하고, 인(仁)으로 도덕을 구현하려 했다. 공자가 꿈꾸는 이상향은 미래가 아닌 과거 속에 있었다. 그는 신과 주지육림 대신 인간과 예·인을 주목했고, 형벌로 다스리면 백성이 모면할 뿐 부끄러움을 모른다고 믿었다. "공자가 노나라 도적 다스리는 벼슬에 취임하고 석 달 지나니 양, 돼지 파는 장사치들이 폭리를 취하지 않았고, 남의 물건이 땅에 떨어져도 줍는 자가 없었다"고 사마천 『사기』가 전한다.

공자는 사람 본성을 천명이라 여겼고, 하늘의 초월성·신성성을 인간 삶 속에 도덕으로 녹여냈다. 그도 하늘을 경외했지만, 괴이·힘·난잡·귀신을 말하지 않았고, 사람이 성숙하고 각성하면 하늘 세계가 열린다고 봤다. 그는 세상 문제를 인간 스스로 극복할 수 있다고 믿었고, 인간 세상에 하늘의 질서를 구현하고 싶었다. 지구 반대편 소피스트들이 '만물의 근원이 물이요, 불이요' 운운할 때 공자는 인·의·예·덕으로 어두운 세상을 밝혀 혼란을 질서로 바꾸고 싶었다.

사욕을 버리고 예로 돌아가는 인(仁)이 공자 사상의 핵심이다. 불교가 자비의 종교, 그리스도교가 사랑의 종교라면 유학은 인(仁)의 가르침이다. 인은 조건 없는 사랑이 아니라 사람과 사람의 좋은 관계다(仁=人+二). 좋은 관계를 유지하려면 내가 하기 싫은 일을 남에게 요구하지 말아야 한다. 인은 열린 마음이며 공감 능력이다.

춘추시대 패도가 파탄으로 치달은 전국시대, 공자 사상을 체계화한 맹자가 왕도정치를 그렸다. 최고 가치 인에서 성선설이 나왔고, 인을 실현하는 정치가 왕도정치였다. 유학은 군주가 천하 질서를 바로잡을 통치 사상이었다. 그 물줄기가 만주, 한반도, 인도차이나 등 동아시아 세계로 흘러갔다.

처음 만난 고급 사상

한 제국이 고조선을 점령한 뒤 설치한 행정구역 낙랑군에 유학을 전파했다. 고조선 지배층이 '고급 외래 사상'을 수용했고, 유학이 낙랑군 통치술로 작용했다. 역사 격동기에 세상이 불안하면 사람들이 이념에 기댄다. 공자가 천하를 구하려고 설계한 사상이 점령지 한반도에 이식됐다. 유학은 한반도인이 만난 첫 사상이었다.

서양 문명사에서 헬레니즘과 헤브라이즘처럼 동아시아 문명사에서 유학과 불교가 양대 축이다. 불교가 죽음 이후 인간을 구원하려는 내세 신앙이라면 유학은 사람 사는 세상을 운영하는 현세 사상이었다. 두 사상 가운데 유학이 먼저 한반도로 들어왔다. (훗날 기독교 수용 때 나타나듯) **유학 인격신 '상제'가 토착 신앙 '하늘님(천신)'과 서로 통했고, 조상에 대한 효가 인간 보편 감성이라 어렵지 않게 유학이 수용됐다.**

한 군현 가운데 현도군에서 성장한 고구려는 국립대학 태학을 설치하고 귀족 자제에게 유학을 가르쳤다. 2세기 고구려 재상 을파소가 '때를 만나지 못하면 숨고, 때를 만나면 출사하는 것이 선비의 도리'라고 말했고, 5세기 광개토왕릉비에 '도로써 다스렸다'는 글귀가 보인다. 백제 성왕은 중국 남조 양나라에서 박사를 초빙해 유학을 가르쳤다.

유학 정치 최고봉 '정관의 치세'를 이룬 당 태종은 천하의 석학들을 국립대학 국학에 초빙하고 황제 자신도 국학에 나가 강의를 들었다. 중국뿐 아니라 동아시아 국가 학생 수천 명이 국학으로 모여들었다. 그 가운데 신라인, 발해인이 다수였다.

신라인과 발해인은 빈공과(유학생 대상 당 과거) 합격하려고 경쟁했다. 당 의종 13년(872), 발해 출신 오소도가 신라 출신 이동을 누르고 빈공과 장원 급제했다. 신라 출신 유학생 최치원이 "옛 고구려 미친 바람이 잠잠해진 뒤 잔당 세력이 느닷없이 나타나 우등 급제했다."고 맹비난했다. 그는 와신상담 2년 만에 장원 급제로 그 '치욕'을 씻었다.

최치원은 열두 살 때 당 유학을 떠났다. 이역만리로 떠나는 어린 아들에게 아버지는 "10년 공부하고 빈공과 급제 못 하면 부자 인연을 끊자"고 말했다. 최치원은 "다른 사람이 백을 공부할 때 천을 노력"해 유학 6년 만에 빈공과 합격했다. 최치원은 조기 유학생, 그의 아버지는 극성 학부모였다.

소용돌이의 눈, 과거제

서기 10세기, 절도사 주전충이 당 제국을 무너뜨리고 송 태조 조광윤이 천하를 통일할 때까지 수십 년 동안 중국에서 여러 왕조가 흥망을 거듭했다(5대 10국). 동아시아 대제국의 장악력이 컸던 만큼 그 몰락 후유증도 컸다. 생사람 살을 칼로 포 뜨고 나서 죽이는 능지처참도 이때 등장했다.

광종 5년(953), 고려는 중국 5대 10국 가운데 후주와 수교하고 사신을 교환했다. 태조 왕건이 사망하고 고려가 극심한 혼란을 겪을 때 광종(왕건 넷째 아들 왕소)은 후주 세종의 개혁을 주목했다. 후주 세종은 늙은 용병 대신 젊은 군인을 기용해 전투력을 강화하고 우수한 병사를 모아 황제 직속 금군을 조직했다. '호족 연합 국가' 고려에서 호족이 왕권의 명운을 결정할 때였다.

광종 8년, 후주 세종이 고려 국왕을 책봉하려고 사절단을 보내왔다. 그 사절단 속 한 사람 쌍기가 병에 걸려 자리에 드러누웠다. 쌍기는 후주 건국 초기 혼란을 안정시킨 충신이었다. 후주 사절단이 귀국한 뒤 쌍기 병이 낫자 광종은 그를 궁궐로 불러 만났다. 이때 쌍기가 광종에게 파격 제안을 내놓았다. 대신들 추천으로 관리를 선발하지 말고 중국 과거제를 도입해 유능하고 국왕에게 충성할 인재를 뽑으라고 그가 말했다. 신라왕조 때부터 당 유학생들이 과거제 여론을 조성한 가운데 쌍기 제안이 고려 광종을 움직였다.

광종 9년(958) 봄, 왕실 외척과 호족 반발을 물리치고 고려왕조가 첫 과거

(科擧)를 실시했다. 그것은 '중국화' '세계화' '문명화'였다. 지공거(과거제 운영자) 쌍기가 합격자 7명을 선발했다. 고려 후기 유학자 이제현은 "광종 이후 학문과 교육을 권장해 개경에 국학, 지방에 향교와 학당을 세워 학교에서 글 읽는 소리가 끊임없이 들렸다. 문물이 중국과 다를 바 없었다"고 칭송했다. 과거제가 유학을 제도화·규격화했다.

과거제가 유학을 더욱 보급했지만, 부작용을 낳았다. 유학 공부 목적이 극기복례(克己復禮, 욕심을 버리고 예로 돌아감)가 아니라 입신양명으로 변질됐다. 그 출세 욕망을 채워줄 사교육이 번성했다. 그 가운데 지공거 출신 최충이 세운 구재학당이 유명했다. 구재학당 출신자들이 과거를 통해 출세했고, 학연과 학벌을 형성했다. 중국에서 신유학(성리학)이 발흥할 때 '해동공자' 최충이 뜻하지 않게 '고시학원' 수장이 됐다. 출세용 시험이 학문 발전을 가로막는 폐단이 조선시대를 거쳐 현대까지 내려온다.

유학의 정착이 순탄치만은 않았다. 성종 때 유학자 최승로가 "중국 제도 화풍을 따르지 않을 수 없다. 그러나 사방의 풍속이 그 땅의 성질을 따르므로 모두 바꿀 수 없다. 예악과 시서의 가르침, 군신과 부자의 도리는 화풍을 본받아야 한다. 그밖에 수레와 말, 의복은 토풍을 따라 사치와 검소의 중용으로 가야 한다"고 절충안을 제시했다. 그는 신라 멸망 이후 어린 나이에 고려 태조 왕건 앞에서 공자 말씀 『논어』를 읊어 감탄을 샀다.

최승로의 유학 정치론 '시무 28조'는 대형 불사, 연등회, 팔관회 등 불교 역사·행사가 민생을 갉아먹는다고 비판하고 성종에게 유학 정치를 건의했다. "성상께서는 날이 갈수록 더욱 근신하고, 스스로 교만하지 않고, 아랫사람을 공손하게 상대하고, 혹시 죄지은 자가 있더라도 그 경중을 법에 맞게 처리하시면 태평성대 위업을 기다려도 됩니다."(14조) 그는 중앙집권정치를 추구했지만, 절대군주를 경계하고 유학 관료정치를 지향했다.

이때 화풍과 토풍이 충돌했다. 흥미롭게도 토풍 주동자가 성종 여동생 천추태후였다. 천추태후는 아들 목종이 즉위하자 섭정하며 오빠 성종이 폐지한 연등회, 팔관회 등 불교 행사를 부활했다. 이후 화풍이 주춤했다가 12세기 초 예종 때 다시 화풍이 일었다. 예종은 송 황제에게 글을 보내 "(화풍이 끊겨) 중국 문물을 듣고 전하는 일이 아득하고 선비들 사이에 정론이 사라졌다"고 말했다.

고려 인종 때 묘청의 난, 조선 성종 때 토속 제천 행사를 음란한 제사로 규정해 금지한 일, 조선 중종 때 조광조가 소격서를 폐지한 일도 화풍과 토풍의 충돌이었다.

주자 발견, 안향의 충격

한 제국 말기 불경을 한문으로 번역한 이래 불교가 당 제국 때 번성했다. 무위자연을 강조하며 현실 도피하는 중국 노장사상이 불교 텃밭이었다. 불교가 중국인 마음을 사로잡아 생활 규범이 됐고, 동아시아 구법승이 제국으로 몰려들었다. 외래 종교 불교가 우주론으로 자리 잡아 중국 유학이 위기로 몰렸다.

8세기 안녹산 난 이후 당 제국이 혼란을 거듭할 때 한유, 이고 등 유학자들이 불교를 비판하며 유학 부흥에 나섰다. 그것은 외래 사상에 대한 중국 한족 자존심이며 문화민족주의였다. 그들은 불교가 개인 수행에 치우쳐 가정과 국가를 버린 채 현실 문제를 외면한다고 비판하고 유학의 실천윤리와 경세제민(經世濟民, 세상을 다스리고 백성을 구함)을 강조했다.

공자, 맹자는 위대한 사상가였지만, 사물의 본질에 대한 개념(메타언어), 형

이상학을 체계화하지 못했다. 이에 송나라 때 주돈이, 소옹, 장재, 정호, 정이를 비롯한 유학자들이 불교의 영감을 얻어 우주, 자연, 인간 심성을 탐구했다. 불교는 유학이 담지 못한 존재와 본질을 질문했다. **유학자들이 형이상학에 심취해 유학 경전을 재해석했고, 유학이 실천윤리에서 형이상학으로 변신했다. 그렇게 성리학이 태동했다.**

성리학은 우주론뿐 아니라 심성론, 수양론을 강조해 배우고 몸과 마음을 닦아 성인(聖人) 되기를 추구했다. 신하가 임금을 죽이고 자식이 아비를 버리던 5대 10국 시대 야만에 대한 반성도 작용했다. 성리학 수행은 '도를 닦고 깨달아 부처가 된다'는 불교 수행을 닮았다. 성리학이 '유학의 가면을 쓴 불교', '불교 화엄학 아류'라는 혹평도 나온다. 하늘 아래 새로운 게 없고, 새로운 편집이 있을 뿐이라고 인류 지성사가 말한다.

11세기 왕안석의 민생 개혁이 실패한 뒤 그 반작용으로 성리학은 정신 개혁을 강조했다. 그들은 사람 마음이 바뀌어야 국가 개혁도 가능하다고 봤다. 북방 오랑캐 여진에게 중원을 빼앗기고 전쟁과 역병으로 인구가 격감한 남송 때 주자가 성리학 이론을 집대성했다. 오경(시경·서경·역경·예기·춘추) 가운데 『예기』의 일부였던 『대학』과 『중용』이 분리돼 『논어』·『맹자』와 함께 '사서'를 이뤘다. 주자는 욕망을 절제하고 도덕적 삶을 살라며 사서오경 가운데 『대학』을 강조했다.

성리학 핵심 이론은 리와 기가 세상 만물을 구성한다는 이기론이다. **리(理)는 원리·로고스·규범·이치·본질·이데아, 기(氣)는 물질·실체·현상이다.** 가령, 건물을 구성하는 리는 설계, 기는 벽돌이다. 성'리'학은 말 그대로 기보다 리를 더 강조해 '리학'이라고 불린다. 리는 인간사와 만물을 관통하는 보편 가치이며, 그 리를 깨달으려면 '사물을 파고들어 그 본성을 파악'해야 한다. 태생부터 성리학은 현실보다 관념으로 흘렀다.

　　신채호에게 답하다

동양사상은 세상 본질을 인간 내면에서 찾는다. 우주와 인간이 하나의 유기체라는 전제 아래, 사람 마음을 갈고 닦는 것이 우주 질서를 회복하고, 인간 세상을 가꾸는 길이다. 주자는 이기론을 사람 마음에 적용했다. 그는 맹자 성선설에 근거해 인간 본성을 인·의·예·지라고 봤다. **그 본성의 리가 사단(四端)으로 나타난다. 남의 불행을 불쌍히 여기는 마음(측은지심)·부끄러움을 아는 마음(수오지심)·겸손히 사양하는 마음(사양지심)·옳고 그름을 가리는 마음(시비지심)이 그것이다. 그 본성의 기가 기쁨·노여움·슬픔·두려움·사랑·미움·욕망 등 칠정(七情)으로 나타난다.** 사람 마음이 장마철 날씨보다 변덕스럽다 보니 사단과 칠정을 구분하기 어려워 주자도 그 관계를 명확히 설명하지 못했다. 그 숙제가 훗날 조선 성리학자들에게 넘어갔다.

성리학은 유학의 생사관을 재편집하고 종교성을 부여했다. 하늘을 초월적 존재로 포장했고, 사람이 죽으면 혼과 백으로 나뉜다고 봤다. 백(魄, 몸)이 썩어 사라지지만, 혼은 기체 형태로 공기 중을 떠돌다가 점점 사라진다. 그 혼이 모두 사라질 때까지 조상 제사를 지낸다(4대 봉사). 조상이 돌아가신 날 지내는 기제사도 성리학 의식이다. 성리학은 도덕과 종교 사이에 존재했다.

대(對)여진 강경론자 주자는 황제국과 변방 오랑캐의 위계, 황제와 신하의 위계를 강조하며 북벌을 주장했다(존왕양이). 북방 오랑캐에게 황하 이북을 빼앗기고 장강 이남으로 쫓겨 온 것에 대한 위기감, 열패감이 작용했다. **성리학은 약자의 정신 승리였고 불교, 도가, 법가, 묵가 등 다른 사상을 이단으로 몰았다. 주자가 변방 오랑캐를 반(半)짐승으로 여겼고, 이 관념이 훗날 조선에서 호락논쟁으로 나타났다. 조선 후기 성리학이 소중화주의에 취해 청(만주족)이 야만인지, 문명인지 싸웠다.** 성리학은 문명-야만, 정통-이단, 선-악, 정(正)-사(邪), 군자-소인 등 대립 이분법을 품었다. 그것은 중국식 오리엔탈리즘이었다.

공자 유학처럼 주자 성리학도 당대에 제 평가를 못 받다가 주자가 죽은 후 지식인들 마음을 파고들었다. 한 제국이 유학을 관학으로 수용했고, 정복왕조 원 제국이 성리학을 관학으로 채용했다. 당시 고려가 원 제국의 속국이었다.

고려 충렬왕 15년·원 쿠빌라이 30년(1289), 고려 유학자 안향이 충렬왕과 함께 원 제국에 갔다. 제국의 학자들이 변방 지식인에게 물었다.

"성리학은 성인(聖人)의 학문이다. 고려에 성리학을 공부하는 자가 있는가?"

안향은 성리학이 무엇인지 궁금했다. 그는 제국의 수도 대도(베이징)에서 『주자전서』를 베껴 쓰며 성리학을 공부했다. 성리학을 읽으며 눈이 새로 뜨이고 귀가 열렸다. 우주 만물을 리와 기의 구성으로 설명하는 논리성·체계성·도식성이 변방 지식인의 마음을 사로잡았다. 안향에게 성리학은 새로운 문명 질서였다.

이듬해 안향은 고려로 돌아와 대륙 선진 학문을 소개했다. 그는 주자 초상을 벽에 걸어놓고, 주자의 호 '회암'을 본떠 자신을 '회헌'이라 불렀다. 오랜 사상 논쟁과 시행착오를 거쳐 형성된 대륙 문명을 작은 나라가 압축 수용하며 비판적 사유가 생략됐다. 큰 물결이 좁은 구간을 흐르며 병목 소용돌이가 일어 획일성·사대성·교조성을 낳았다.

"내가 중국에서 주자의 글을 읽어보니 성인의 길을 밝히고, 불교를 배척하는 공이 공자에 버금간다. 공자의 길을 배우려면 주자를 배워야 한다." 안향이 고려 국자감 학생들에게 말했다. 무신 정권과 원나라의 핍박을 받은 고려 유학자들은 북방 오랑캐 여진에 핍박당한 중국 성리학자들과 동병상련을 느꼈다.

충렬왕 24년 겨울, 안향은 세자(훗날 충선왕)를 수행하고 원 제국을 다시 방문했다. 몇 년 동안 성리학을 공부한 터라 자신감이 붙었다. 성리학 토론 후 제국의 학자들이 안향을 '동방의 주자'라고 불렀다. 이듬해 봄, 안향은 주자 저작 필사본과 공자 초상 모사본을 들고 귀국했다.

이후 고려 성리학은 이제현, 이색, 정몽주, 정도전, 조준 등 신진사대부가 이어받았다. 그들에게 성리학은 썩은 고려왕조를 개혁할 '실학'이었고, 화약·나침반·인쇄술 등과 함께 들어온 대륙 선진문물이었다. 그들은 성리학을 연구하며 불교 폐단과 친원파 권문세족의 횡포를 비판했다. 중국과 고려에서 모두 성리학이 배타성을 잉태했다.

정복왕조(원) 지배받는 고려 사대부에게 성리학이 정통 한족 왕조(송)의 학문인 점도 매력이었다. 그들은 성리학 대의명분론에 따라 원(몽골)을 오랑캐로 여겨 반원·친명 노선을 걸었다. 성리학은 새로운 세상을 열어갈 혁명 이데올로기였다.

정착

불사이군

조선 정종 2년(1400), 이방원이 왕자의 난에서 승리하고 조선 3대 국왕(태종)에 올랐지만, 골육상쟁으로 얻은 권력은 불안했다. 수창궁을 비롯한 궁궐에 화재가 일어나 민심도 흉흉했다. 태종은 '하늘이 감응할 대책'을 내놓으라고 신료들에게 요구했다. 참찬의정부사 권근이 말했다.

(역성혁명) 대업을 이루고 수성할 때에는 **절의를 지킨 신하에게 상을 주고,**

죽은 자에겐 벼슬을 추증하고, 살아있는 자를 불러 쓰며 정표와 상을 가하여 후세 신하들에게 절의를 지키도록 하는 것이니, 이는 고금에 소통하는 정의입니다.

놀랍게도 권근은 정몽주를 비롯해 고려 충신들에게 상을 내리라고 건의했다. 조선 건국을 반대하다가 이방원 칼을 맞고 순절한 정몽주에게 상을 내리라니 권근의 주장은 여간 난감한 일이 아니었다. 정몽주 추증은 태종의 행적을 넘어 자칫 조선왕조 정통성을 뒤흔들 일이었다. 영화 속 거친 이미지와 달리 태종은 신중하고 치밀했다. 그는 이성계 일곱 아들 가운데 유일하게 과거급제한 수재였다. 몇 달 동안 고민을 거듭한 끝에 그는 결단했다. "고려 문하시중 정몽주에게 영의정부사 벼슬을 내린다."

태종은 제 손으로 죽인 정몽주에게 조선왕조 최고 관직을 내렸고, 과거 응시장 선비들에게 "정몽주는 시골 출신으로 과거 장원 급제했고, 호방함이 비할 데 없었다."고 극찬했다. 태종은 예비 관료들에게 불사이군 정몽주를 모범 사례로 제시했다. 그의 메시지는 '절의를 지켜 조선왕조를 버리지 말라'는 뜻이었다. 그것은 태종에게 자기 부정이었지만 건국 초기 왕권을 안정시키고 왕조 기틀을 다지려는 궁여지책이었다. 태종은 조선왕조 벼슬을 거부하고 낙향한 고려 충신 길재도 칭송했다.

충신이 '두 왕조 임금을 섬기지 않는다'는 불사이군(不事二君)은 유학 정치 이념이다. 세종은 아버지 태종의 뜻을 이어 "정몽주는 죽으면서 변절하지 않았고, 길재는 절의를 지키며 벼슬에서 물러가기를 청했다"며 두 충신을 『삼강행실도』에 넣어 그 충절을 기렸다. 그는 정몽주 아들 정종본, 정종성에게 종3품, 종2품 고위직을 내렸다. 선죽교에서 철퇴 맞고 피 흘리며 죽은 정몽주가 조선왕조에서 부활해 중종 때 문묘(공자 사당)에 배향됐고, 조선 성리학 시조로 추앙받았다. 사림 세력은 그 계보를 '정몽주→길재→김숙자→김종직→김 굉필→조광조'로 정리했다.

중종 때 개혁가 조광조는 주자가 지은 『소학』을 백성에게 배포해 남녀칠세 부동석, 칠거지악 등을 가르쳤다. 원래 『소학』은 아동용이었지만 조선에서는 어른도 읽고 실천하는 도덕 교과서였다. 조광조도 새벽 일찍 기상해 몸과 옷 차림을 단정히 갖췄고, 앉을 때 항상 꿇어앉았고, 실없이 농담하거나 웃지 않 았다. 그는 중종에게 "국왕이 학문을 닦고 성숙하면 모든 정치 문제를 해결한 다."고 말하고 성리학 유일주의, 도덕 근본주의 씨앗을 조선에 심었다. 경세제 민, 이용후생보다 부패 척결이 국가 정책 기조였다.

새로운 생활 규범 『가례』

주자가 간행한 『가례』는 사대부와 상민의 차등을 두지 않고 관혼상제(성인 식·결혼·장례·제사) 예법을 정리했다. 그 보편성은 가족을 유학공동체로 만들 고, 국가 모든 구성원을 예치 질서로 포섭하려는 것이었다.

고려 말 성리학과 함께 들어온 『가례』가 조선시대 가정의례로 자리 잡아갔 다. 소선왕소는 사대부와 백성늘에게 친영(시집가기), 가묘 설치, 3년상 등을 권장했다. 『가례』 보급도 고려시대 화풍처럼 조선 사대부에게 중국화, 세계 화, 문명화였다.

『가례』는 관혼상제 가운데 장례와 제사를 특히 강조했다. 고려시대에 사람 이 죽으면 무속인을 불러다 굿판을 벌였고, 귀족은 시신을 화장해 뼈를 땅에 묻거나 작은 단지에 담아 절에 모셨다. 돌아가신 조상 초상화를 절에 그려놓 고 승려가 제사를 주관했다. 제사 지낼 때 장남·차남, 아들·딸 구분도 없었다.

왕실이나 귀족 집안은 특정 사찰을 원찰(소원 비는 사찰)로 정해놓고 장례를 치렀다.

그러나 조선시대에는 『가례』를 따라 장례의 비중이 늘고, 화장 대신 매장이 흔했다. 이어 조상 혼을 모신 신주를 집안 사당에 모시는 가묘가 등장했다. 태조 원년, 도평의사사는 "모든 관리는 가묘를 세워 제사하고, 서인은 방 안에서 제사를 지내게 하자"고 건의했다. 가묘는 별채이거나, 집이 작으면 방 한 칸을 활용해 만들었다.

가묘는 단순한 제사 공간이 아니었다. 매일 아침 기상 인사를 올리고, 외출·귀가 할 때마다 절을 했으며, 설날·동짓날·초하루·보름마다도 인사드렸다. 햇곡식과 햇과일도 조상께 먼저 올리고 먹었다. 가묘는 사대부의 일상을 정화하고 성리학 의식을 환기하는 신성 공간이었다.

경상도 진주에서 '김화 살부 사건'이 일어난 세종 10년, 예조는 "가묘를 세우지 않으면 서울은 사헌부가, 지방은 감사(관찰사)가 처벌하라"고 상소했다. 가묘 설치는 공공 도덕규범이 됐다.

『가례』는 3년상을 강조했다. 공자는 "자식은 3년이 되어야 부모 품을 떠날 수 있으니, 3년상은 천하의 공통된 도리"라 말했다. 3년상은 부모가 길러준 은혜를 되갚는 상징적 행위였다. 부모가 돌아가시면 석 달 동안 시신을 집에 모시고, 이후 장례를 치르며, 신주를 햇수로 3년간 정성껏 모셨다. 3년상 동안 술과 고기를 끊는 것이 원칙이었다.

임진왜란 때 조정이 의주로 피란하던 중 도승지 김응남이 모친상을 당해 사직했고, 조선왕조 말기 13도 연합의병장 이인영도 서울진공작전 중 부친상으로 낙향했다. 『가례』는 권력과 전쟁보다 앞서는 생활 규범이었다.

성리학 열풍

14세기 말 고려왕조가 조선왕조로 바뀐 사건은 고대 중국 상→주 왕조 교체처럼 역성혁명이며 문명 전환이었다. 이 사건 이후 한국 정신사가 궤도를 수정했다. 중국에서 불교에 맞서 성리학이 등장했듯 조선 건국 사대부 세력에게 성리학은 타락한 불교와 북방 오랑캐(몽골) 문화를 청산할 도구였다. 때마침 중국에 정통 한족 통일왕조 명이 들어서 성리학 명분론과 들어맞았다.

조선 사대부에게 성리학은 그들의 존재 이유와 정체성을 설명하는 무기였다. 종래 유학이 경험과 실천을 강조했다면, 성리학은 도덕 수양이 하늘의 이치를 깨닫는 길이라고 여겼다. '수신제가치국평천하', 도덕을 쌓은 사대부가 천하를 다스리는 것이 당연한 이치이며, 엄격한 신분 질서를 강조하는 성리학은 새로운 왕조 체제를 구축하는 데 안성맞춤이었다.

그러나 성리학이 고려·조선에 정착하는 데 세월이 걸렸다. 13세기 안향이 『주자전서』를 필사해 고려에 소개했지만, 그 분량이 방대해 널리 보급하지 못했다. 고려가 수입한 성리학책은 『사서집주』『가례』『근사록』 등 겨우 몇 권이었고, 조선 건국 사대부들도 성리학을 역성혁명 이데올로기로 빌렸을 뿐 그 사상을 깊이 이해하지 못했다. 조선왕조 설계자 정도전은 불교와 노장사상에 없는 리(理, 사물 구성 원리)를 성리학이 갖췄다고 주장했다. 그가 『불씨잡변』을 집필해 불교를 저주한 것도 성리학 띄우기였다.

세종 원년(1419), 명 황제 영락제가 하사한 『성리대전』『사서대전』『오경대전』을 왕실 종친 이비가 들여왔다. 유학자 세종이 그 책을 읽고 "의론이 통달하여 진실로 익히고 볼만하다."고 말했다. 『사서대전』『오경대전』은 과거 공부 교재로 썼다.

성종 7년(1476), 정효상, 박양신이 중국에서 『주자대전』을 들여왔다. 『주자대전』은 주자의 글을 모아 명 제국 때 집대성한 책으로 분량이 1만 쪽을 넘었다. 중종 38년(1543), 『주자대전』을 금속활자로 인쇄했다. 같은 해, 경상도 풍기 군수 주세붕이 주자의 백록동서원(940)을 본떠 백운동서원을 세웠고, 퇴계 이황이 성균관 대사성 벼슬을 마다하고 낙향해 『주자대전』의 바다 속으로 빠져들었다. 공교롭게도 1543년은 코페르니쿠스가 인간을 태양계 중심에서 쫓아낸 해이며, 조선 성리학 원년이었다.

이황의 사상적 감수성과 성리학의 심오한 세계관이 만났다. 불혹에 접어든 이황은 『주자대전』을 읽고 "가슴 속에 서늘한 기운이 일었다"라고 말했다. 조선 성리학의 신화가 그렇게 동텄다. "(주자대전은) 대지 같고 바다 같다. 없는 게 없지만 그 요령을 얻기 어렵다. … 은밀하고 미묘한 마음의 틈에서 작은 악조차 용납하지 않았고, 의리를 궁구할 때 털끝 같은 차이도 살폈다. … 백 년 후 그 가르침을 듣더라도 귀를 당겨 듣고 그 앞에서 직접 말씀을 듣는 것 같았다." 그는 『주자대전』을 요약해 성리학 입문서 『주자서절요』를 내놓았다.

이후 소용돌이가 일 듯 『주자서절요』와 비슷한 책들이 줄을 이었다. 『주자서절요강록』, 『주서요류』, 『주문작해』, 『주자대전습유』, 『주자대전차의』, 『주서백선』 … 조선 성리학은 『주자대전』 재편집이었다. 『주자대전차의』를 쓴 송시열은 "주자 등장 이후 드러나지 않은 이치가 없다"고 말했고, 『주서백선』은 22대 국왕 정조가 지었다. 심지어 『주자대전』 1만 쪽을 암송한다는 괴물도 나타났다.

조선 사대부들이 왜 그토록 성리학을 읽고 열광했을까? 동양사상은 현상과 본질, 정신과 물질, 이성과 감성을 하나의 유기체로 보는 일원론이다. 이와 달리 리-기 이원론적 구조를 갖춘 성리학이 조선 지식인들에게 신선하게 다가왔다. 또 절대 진리 리(理)가 현상 기(氣)를 낳는다고 보면 사대부가 백성을 지배하는 게 순리라는 논리도 성립했다.

그러나 조선 사대부들은 주자 성리학도 여러 유학 가운데 하나라는 점을 외면했다. 특정 사상에 매몰되지 않고 폭넓게 고민하고 스스로 터득한 신라 승려 원효의 넉넉한 마음(一心)이 보이지 않았다. 인조 10년(1632), 이조판서 장유가 "우리나라 학풍은 경직됐다. 유·무식을 막론하고 책을 끼고 다니며 글을 읽는 자들은 정자(程子, 정호·정이 형제)와 주자만 칭송한다. 다른 학문을 공부하는 자가 없다"고 한탄했다. 당시 중국에선 성리학 대신 양명학이 대세였고, 왕양명을 문묘에 배향했다.

마음은 어떻게 작동할까, 사단칠정 논쟁

명종 13년(1558) 봄, 율곡 이이(22)가 경상도 성주 처가에서 강원도 강릉 외가로 가다가 안동 예안에 들러 퇴계 이황(57)을 만났다. 훗날 역사가 조선 성리학 양대 산맥으로 기록할 두 석학이 만났다.

"비 온 뒤 갠 달처럼 가슴 속이 밝고, 담소는 요동치는 물결을 그치게 합니다."

"그대가 찾아와서 내 정신이 시원하오. 명성 아래 헛된 선비가 없음을 이제 알았네."

이황이 하늘을 바라보는 이상주의자 플라톤이라면 이이는 땅을 직시하는 현실주의자 아리스토텔레스였다. 이황은 도덕 수양을 통해 하늘의 이치를 실현하고 싶었고, 이이는 현실 모순을 바로 잡아 사람이 살만한 세상을 만들고 싶었다. 이황은 이이가 도덕의 본질에 충실하지 못하다고 우려했고, 이이는 이황이 현실을 외면한다고 느꼈다. 을사사화 때 형 이해가 죽어 이황은 현실 정치를 혐오했다. 예안 만남 뒤에도 두 사람은 편지를 주고받으며 사상을 논했지만, 시각 차이를 좁히지 못했다.

이듬해 이황이 이이보다 더 센 강적을 만났다. 이황과 기대승이 청사에 길이 남을 사단칠정 논쟁을 시작했다. 성균관 대사성(국립대학 총장, 정3품)을 지낸 당대 석학과 종9품 말단 관리가 세대를 초월해 몇 년 동안 편지를 주고받으며 사상 논쟁을 이어갔다. 이황이 기대승보다 스물여섯 살 많았지만, 그는 열린 선비였다.

성리학 집대성자 주자가 인·의·예·지를 사람 본성으로 봤다. 그 본성의 리(원리·법칙)가 사단(남의 불행을 아파하는 마음·부끄러움을 아는 마음·겸손히 사양하는 마음·옳고 그름을 가리는 마음)으로, 기(물질·에너지)가 칠정(기쁨·노여움·슬픔·두려움·사랑·미움·욕망)으로 나타난다. 주자는 리와 기의 관계를 명확히 설명하지 못했다.

이황은 '리와 기가 별개'라는 주자 학설을 따라 '사단은 리가 일어난 것이고, 칠정은 기가 일어난 것'이라고 규정했다. 그에게 리가 절대 선이었고, 기는 선악 혼합이었다. 유학은 삶과 학문, 이론과 실천을 분리하지 않았다. 이황은 절대 도덕 원리인 사단이 인간 욕망인 칠정을 통제해야 주체적 인간이 완성된다고 봤고, 이 원리를 군주가 체득해야 이상 국가를 이룬다고 믿었다. 이황의 학통을 이은 남인이 훗날 천주교를 수용한 것도 절대 진리 리와 유일신이 서로 통했기 때문이다.

기대승이 이황의 주장을 반박했다. 그는 리와 기는 개념상 분류일 뿐이라며 '리=사단, 기=칠정' 이분법을 비판했다. 사단과 칠정이 따로 존재하지 않고, 사단은 칠정 가운데 '절도 있는 정', '선한 정'이다. 변화무쌍하고 복잡미묘한 사람 마음을 칼로 무 자르듯 개념 규정하기 어렵다는 얘기다. 기대승은 '리와 기가 알맹이는 같고 이름만 다르다'며 언어의 한계를 지적했다. 두 사람 논쟁을 요약하면 이렇다. 이황 '사단이 칠정을 지배한다.' '고삐 풀린 욕망

(칠정)에 재갈을 물려야 한다', 기대승 '사단도 칠정의 일부다.' '칠정도 적절히 발현하면 위험하지 않다'.

젊은 패기와 논리 앞에 백전노장이 수세로 몰렸다. 이황은 '같은 것 가운데 다름을 찾고, 다른 것 가운데 같음을 아는 것'이 선비가 공부하는 태도라며 논점을 넓혀 한숨 돌린 뒤 젊은 학자가 분별할 줄 모르고 개념을 뭉뚱그린다고 지적했다. 이황이 분석에 치중했고, 기대승은 전체를 봤다.

이황은 기나긴 논쟁을 절충론으로 마무리했다. "사단은 리가 일어날 때 기가 따른 것이고, 칠정은 기가 일어날 때 리가 올라탄 것이다"(리기호발설). 오랜 논쟁 결과는 기대승의 판정승이었다. 이이가 성혼에게 보낸 편지에서 '퇴계는 주자를 깊이 믿어 뜻이 깊지만, 모방한 맛이 나고 그 말이 얽매여 조심스럽다.'고 이황을 평가했다.

그러나 이황이 성리학 리기론을 이해하지 못했다고 보기 어렵다. 그는 개념과 논리보다 교육이 세상에 끼칠 영향을 주목했다. 그는 사단이 칠정을 제어하고 인간이 도덕 본성을 발휘해야 도덕 이상 국가를 구현할 수 있다고 믿었다. 퇴계 이황은 이상주의자이며 현실주의자였다.

실제로 이황은 난초 같은 선비여서 인·의·예·지를 일상에서 실천했다. 그는 제자들에게 반말하지 않았다. 아들뻘 선비의 비판을 열린 마음으로 받아주며 토론을 이어갔고, 상대방 주장이 옳으면 군자답게 자기 오류를 인정하고 수정했다. 퇴계 이황은 '마르지 않는 샘물'이었다.

사단칠정을 서양 철학 개념으로 들여다보면 더 흥미롭다. **사단이 이성이라면 칠정은 감성에 가깝다. 철학자 흄이 '이성은 감성의 노예'라고 단언했고, 칸트는 이성을 강조하면서도 감성이 인간의 도덕적 이성에 영향을 끼친다고 봤다. 현대 뇌과학도 사람이 이성적 판단을 내릴 때 감성이 섞여 들어간다고 말한다.** 이성 관할 신피질과 감성 관할 구피질이 서로 통해야 합리적 판단이 나온다.

가령, 법원 판사가 판결할 때 법리 못지않게 감성이 들어간다. 슬픔과 사랑의 감성이 들어가지 않고 사단 가운데 '다른 사람을 불쌍히 여기는 마음'이 나오기 어렵다. 감성은 이성이 이해하지 못하는 구석이 있고, 감성이 작동하지 않으면 이성도 멈춘다. '차가운 머리와 따뜻한 가슴'이야말로 한 인간의 최고 덕목 아니겠나?

이황과 기대승의 사단칠정 논쟁을 성혼과 이이가 이어갔다. 성혼이 이황 리기호발설을 이어받았고, 이이는 리기호발설 가운데 '기가 일어날 때 리가 올라타 조절한다'는 부분만 인정했다. 이이는 리와 기가 한 덩이도 아니고 두 덩이도 아닌 게 기묘하다고 전제하고 기대승처럼 사단을 칠정의 일부라고 여겼다. 그는 칠정 가운데 선(善)한 부분이 사단이라고 봤다. 사단칠정 논쟁은 조선 유학 수준을 한 단계 끌어올려 중국 학자들이 주목했다.

이후 퇴계 이황과 율곡 이이가 조선 성리학계를 거의 양분했다. 학문과 정치가 분리되지 않은 시대, 사단칠정 논쟁이 학파를 낳았고 훗날 정계 구도를 설계했다. 일본 사무라이가 칼로 승패를 결정할 때 조선 선비는 이념과 명분으로 싸웠다.

중종반정 이후 사림이 집권하며 기득권 세력으로 변했고, 성리학 유일주의로 흘렀다. 만력제 12년(1584), 명 제국이 왕양명을 공자 사당 문묘에 배향했지만, 선조 37년(1604) 조선은 '왕수인(왕양명)의 해로움이 맹수보다 더하다'며 문묘 배향을 거부했다. 임진왜란 때 명나라 장수 쑹잉창이 조선 사대부들에게 '주자 해석에 너무 집착할 필요 없다'며 지행합일 양명학을 권장했지만, 조선왕조는 멸망할 때까지 오로지 주자 성리학을 고집했다.

교조화

1. 갈라파고스 소중화(小中華)

고려 말~조선 초, 왜구가 기승을 부려 조선왕조가 해금 정책을 폈다. 밤에 해안에서 불빛이 사라졌고, 조선에서 세 번째 큰 섬 진도에 150여 년 동안 민간인이 살지 않았다. 신라와 고려에 드나들던 신드바드가 더 이상 오지 않았고 콜럼버스, 마젤란이 활약하던 대항해시대에 조선은 바다를 버렸다.

게다가 17세기 청 만주족은 만리장성 이남 중원을 점령하고 나서 고향 만주를 떠났다. 만주가 텅 비어 청은 그 일대를 신성 지역으로 선포하고 버드나무 울타리를 만들어 외부인 출입을 막았다(봉금정책). 그 버드나무 울타리가 만리장성 시발지 산해관에서 출발해 개원에서 남북으로 갈려 만주를 봉쇄했다. 그 총길이가 2천 리였다.

봉금정책이 만주를 '비무장지대'로 만들었고, 반도 국가 조선은 섬이 됐다. 명 멸망 후 조선이 중화 문명을 계승했다는 조선 사대부들의 소중화주의는 '갈라파고스 증후군'이었다. 왜란과 호란 이후 잇따른 흉년으로 조선 민생이 파탄 난 가운데 조선 지배층이 관념 속으로 빠져들었다. 그것은 잃어버린 제국에 대한 과잉 보상 심리였다.

이때 조선 효종이 청 정벌 즉 북벌을 추진했다. 비어 있는 만주를 선제공격하고 중국 내 반청 세력 남명(南明, 1644~1662. 명나라 잔당이 베이징에서 난징으로 이동해 옹립한 황실)과 호란 이후 끌려간 조선인 포로들이 호응하면 승산이 있다고 그는 판단했다. 당시 중국 한족 인구가 1억 5천만 명, 청 만주족이 3백만 명이었다.

효종은 즉위하자마자 옛 스승이며 재야 사림 영수 송시열을 한성으로 불러들였다. 송시열은 당시 중국을 가리켜 '머리에 갓 대신 신발을 쓴 것'이라고 말할 만큼 청을 증오했다. 그는 군사를 길러 청을 정벌해 명의 은혜를 갚아야 한다고 주장했다. 성리학 발상지 옛 중국 남송이 여진(금) 핍박을 받을 때 주자가 존왕양이 북벌을 주장한 것과 판박이였다. 여러모로 송시열은 '조선의 주자'였다.

지방관, 사족들이 협조하지 않아 실패했지만, 효종은 추쇄도감을 설치하고 도망 노비들을 색출해 북벌군 10만 명을 기르려 했다. 청 철기병에 맞설 기마병을 양성했고, 조총을 개량했다. 기마부대 훈련을 직접 사열하고 군기가 마음에 들지 않아 그 지휘관을 즉석에서 곤장을 칠 만큼 효종은 북벌에 열정을 쏟았다.

그러나 '조선의 주자'는 생각이 달랐다. 송시열은 "오늘날 시세를 따르지 않고 강한 오랑캐를 가볍게 여기면 원수를 갚기도 전에 화가 미친다"고 말했다. 그는 조선이 힘을 길러 청과 국교를 끊고 사라진 명의 은혜를 잊지 말자고 주장했다. 송시열 주장은 '관념적 북벌론'으로 호란에 대한 서인 정권의 책임을 덮고 민심 이반을 통제하려는 명분용 정치구호였다. 스승과 제자가 충돌했다.

"(조선이) 멸망의 화를 당할 수 있습니다." 송시열이 말했다.

"대의가 분명하니 멸망한들 무엇이 두렵소. 만세에 빛을 낼 것이오." 효종이 답했다. 조선 국왕이 대의명분에 국가 운명을 걸었다.

효종이 급사해 북벌이 좌절된 후 대명 의리가 득세했다. 훗날 숙종이 명 멸망 갑자(60년) 기념으로 창덕궁 후원에 세운 대보단이 그 상징이다. 대보단은 임진왜란 때 군대를 보내 조선왕조를 구해준 명 황제 신종의 은혜를 보답하려고 쌓은 제단이다. 조선이 중국 황제 제사를 지내는 게 지나치다는 이견도 나왔지만, 대명 의리를 저버리면 조선 백성에 대한 성리학 지배 질서가 무너진다고 사대부들은 판단했다. '명이 조선을 재건해 줬다는 이야기'는 의병을 비롯한 백성의 항쟁을 부정하고 국왕이 뛰어난 외교 활동으로 국난을 극복했다는 뜻을 담았다. 실체가 사라진 빈자리를 관념이 채웠다.

더 나아가 **송시열은 '도를 실현하는 곳이 곧 중국'이라며 소중화를 말했다. 그것은 오랑캐가 중원을 점령했으니 군자 도리가 살아있는 조선이 문명의 중심이라는 논리였다.** 그것은 중국에 한족 왕조가 부활할 때까지 조선이 '중화 임시 거점'이라는 뜻이었다. 송시열은 태곳적 고조선에 유학 문명을 전해줬다는 기자까지 소환해 소중화 논리를 강화했다.

숙종 10년(1684), 송시열이 가평군수 이제두에게 지시해 명 황제 사당 대통묘를 짓고 바위에 **"아, 슬프다. 명이 망하고 사모할 곳이 없더니 … 장강이 만번을 굽이쳐도 동쪽(조선)으로 흐른다"**고 새겨 넣었었다. 그들은 서고동저 지형마저 소중화 논리로 해석했다. 그 바위는 '조종암', 그 앞을 흐르는 강은 '조종천'이라고 이름 붙였다. 조종(朝宗)은 '제후가 황제를 알현한다'는 뜻이다. **창덕궁 대보단, 속리산 만동묘와 함께 조종암 대통묘가 소중화주의 성지였다.**

조선이 청 제국에 사대하면서도 함께 내세운 소중화주의는 자가당착이며 꿈보다 해몽이었지만, 친명배금을 명분으로 집권한 서인 세력이 제국의 막강한 군사력 앞에서 내놓은 현실적 묘수였다. 정치는 현실과 명분의 상호작용이다. 소중화주의와 북벌 운동이 복합 상승히며 통치 이데올로기로 작용했다. 예학의 시대에 예치(禮治)가 작동했다.

17세기는 소빙하기였다. 지구 평균 기온이 낮아 한여름에 눈과 서리가 내렸고, 가뭄이 들어 조선에 대기근이 연이어 닥쳤다. 굶주린 백성은 죽은 자의 옷을 벗겼고, 인육을 먹었다. 백만 명이 굶어 죽은 을병 대기근(1695~1696) 때

청 황제 강희제가 조선에 쌀 5만 석을 보내줬다. 그 덕분에 조선 백성이 위기를 넘겼다. 바로 이때 그 숭고한 소중화주의가 머리를 쳐들었다. '오랑캐 쌀'을 받아왔다며 실무자 우의정 최석정을 노론이 탄핵했다. 그들이 '오랑캐 쌀'을 받아먹지 않았는지 알 수 없다.

대륙을 호령하며 중앙아시아와 교류한 고구려, 해상왕국 백제, 아랍 상인이 드나들던 신라, 해상 세력이 건국한 고려와 달리 조선왕조는 '은자의 나라'였다. 그 폐쇄성을 고결한 성리학 이데올로기가 위로했다. 성리학과 공산주의가 닮았고, 조선왕조와 조선민주주의인민공화국이 닮았다.

2. 공리공담

예의 폭력, 예학·예송

음악이 하늘·땅과 더불어 조화를 이루고, 예(禮)는 하늘·땅과 더불어 질서를 이룬다.
                                                                            -예기-

공자는 '욕망을 이기고 예로 돌아가는 것이 인'이라고 말했다. 인(仁)은 이기심을 버리고 남을 배려하는 마음으로 유학의 최고 가치다. 그것은 통치 세력이 갖출 덕목으로서 매력을 풍겼다. 2천 년 동안 유학이 동아시아 지배 이념으로 자리 잡은 이유가 여기 있다.

그 고귀한 가치 인을 표현하는 절차, 형식, 규범이 예(禮)다. 공자가 '예가 아니면 보지 말고, 듣지 말고, 움직이지 말라', 주자가 '예는 하늘의 이치이며, 사람이 마땅히 지킬 규범'이라고 말했다. 예는 지배층 행동 규범이며 사람 평가

잣대였다. 예를 실천해야 군자, 실천 못 하면 소인이다. 황제국을 향한 제후국의 사대도 예였다.

그런데 예는 두 얼굴을 가진 야누스다. **예를 반복하다 보면 절차, 형식에 얽매여 본래 뜻을 잊고 꾸미기 쉽다. 형식이 내용을 왜곡하고 예가 명분으로 바뀌어 경건주의로 흐른다. 공자도 그 부작용을 우려했는지 예와 함께 음악을 강조했다.** 예가 뻣뻣하게 만든 몸과 마음을 음악이 부드럽게 풀어준다. 여기서 예악(禮樂) 개념이 나왔다. 불행히도 조선 후기엔 예를 풀어줄 '음악'이 없었다.

왜란과 호란 이후 후기 조선은 결이 다른 사회로 접어들었다. 성리학 교조주의가 일상으로 스며들고, 두 차례 국난을 겪으며 조선 지배층 민낯이 드러났다. 임금이 외적을 피해 야반도주했고, 또 다른 임금은 실리를 외면한 채 사대 명분 외교를 고집하다가 국난을 자초하고 오랑캐 앞에 엎드려 머리를 조아렸다. 사대부들은 국난 앞에서 무력했고, 아무도 책임지지 않은 채 그 왕조가 명맥을 이어갔다.

조선왕조는 민심 이반을 막고 체제를 유지하려고 성리학 지배 질서를 강화해야 했다. 그들에게 예는 혼란을 질서로 바로잡는 이념 도구였고, 그것은 속성상 질서, 서열, 통제였다. 그것이 예학으로 나타났다. 중국이 성리학, 양명학을 거쳐 고증학을 연구하고, 일본이 양명학, 국학(고쿠가쿠) 등 여러 사상을 연구하는 한편 근대 유럽과 교류하며 난학(란가쿠)을 꽃 피울 때 조선은 성리학을 더 교조화해 예학으로 빠져들었다.

17~18세기에 이르면 조선 예학 수준이 절정을 이뤘고 이익, 안정복, 정약용 등 소위 '실학자'들도 예학을 연구했다. 예학은 조선 후기 사조였다. 그러나 그 가치가 아무리 아름다워도 너무 지나치면 탈이 나고, 순수가 지나치면 독선으로 흐른다. **예학이 예를 절대 가치로 만들어 그것이 도덕 영역을 넘어 정**

치 투쟁 도구로 비화했다. 남인(정구 계열 윤휴, 허목)과 서인(김장생 계열 송시열, 송준길)이 왕실 상복 문제로 충돌했다(예송).

현종 원년(1659), 효종 장례 때 그의 계모 자의대비 상복 착용 기간을 놓고 서인과 남인이 충돌했다(1차 예송). 신권정치 세력 서인은 효종이 차남이니 종법과 『가례』에 맞게 1년복을 주장했다. 『경국대전』, 『국조오례의』는 장자, 차남 구별 없이 아들이 죽으면 부모가 1년복을 입는다고 규정했다.

왕권 정치 세력 남인은 왕족과 사대부의 예가 다르며, 효종이 왕위를 계승했으니 장자 대접받아야 한다며 3년복을 주장했다. 남인 윤선도는 서인이 효종의 정통성을 부정한다며 그것은 역모 논리라고 몰아붙였다. 형 소현세자의 의문사로 즉위한 동생이 효종이라 이 문제는 '뜨거운 감자'였지만, 논쟁 결과는 서인의 판정승이었다.

현종 15년(1674), 효종비 인선왕후가 사망해 2차 예송이 일어났다. 장자 아내가 죽으면 1년복, 차자 아내가 죽으면 9개월 상복을 입는 게 관례였지만, 현종 장인 김우명이 서인인데도 송시열을 제거하려고 남인을 거들어 남인이 승리했다. 조선 후기 예송은 당파 이익이 예를 명분 삼아 분출했다.

이후 서인과 남인 사이 권력투쟁이 과열돼 숙종 때 환국(정국 전환 친위 쿠데타)으로 치달았다. 집권 세력이 바뀌면 보복이 뒤따랐다. 숙종 6년(1680), 남인 출신 영의정 허적이 할아버지 허잠 시호를 받을 때 왕실 천막을 몰래 빌려 쓰다가 들켜 숙종이 격노했다. 김새챈 서인이 허적 아들 허견이 종친들을 포섭해 역모를 꾀했다고 고변했다(삼복의 변). 허견을 비롯해 허적, 윤휴, 유혁연 등 남인들이 숙청됐다(경신환국).

윤휴가 "나라가 선비를 쓰기 싫으면 안 쓰면 그만이지, 죽일 필요가 있냐?"고 항변하며 사약을 마셨다. 이후 더 큰 처벌이 그에게 닥쳤다. 서인 영수 송시열은 윤휴가 주자를 모욕했다고 비난했다. 성리학 골수분자들에게 중국 남송 시대 주자(주희, 1130~1200)는 신이었다. 그들에겐 유학 경전보다 경전에 대한 주자의 해석이 더 중요했다. 그들은 윤휴가 유학 경전을 주자 해석과 다르게 해석했다며 그를 사문난적(성리학을 어지럽힌 불순분자)으로 몰았다. 골수 분자들에게 주자 성리학은 금단의 영역 선악과였다.

동서고금 가리지 않고 금기와 맞선 이단아는 시련을 겪었다. '주자의 나라'에서 사문난적은 중세 기독교 유럽에서 마틴 루터가 종교개혁을 꾀하다가 당한 파문, 20세기 냉전시대 좌익 인사가 목에 건 주홍 글씨와 같았다. 그 주홍 글씨가 정적 제거 수단으로 유용했다. 윤휴뿐 아니라 허목, 윤선도, 윤증, 박세당 등이 사문난적으로 몰렸다.

조선 후기 정치를 지배한 것은 예가 아니라 시기와 질투, 중상모략이었다. 당쟁의 소용돌이는 선비들을 진영 논리로 줄 세우고, 주자 성리학을 더 교조화했다. 옳고 그름의 가치 판단이 사실을 압도했고, 사실과 가치가 분리되지 못한 채 엉켜버렸다. 오늘날 대한민국 정치는 얼마나 다른가?

청은 오랑캐인가, 호락논쟁

사람과 타물이 부여받은 리를 얻어 건순오상(양·인·의·예·지·신)의 덕이 되니 이것이 성(性)이다.   -주자의 『중용』 해석-

기로 말하면 사람과 타물의 지각 운동 차이가 없는 것 같지만, 리로 말하면 타물이 인의예지를 온전하게 받았겠나?   -주자의 『맹자』 해석-

16세기 사단칠정 논쟁, 17세기 예송논쟁을 이어 18세기 호락논쟁이 일어났다. 사단칠정 논쟁이 마음의 작동 원리를 따졌다면 호락논쟁은 마음의 본질을 파고들었다. 노론 계보 이이-김장생-송시열을 잇는 권상하 제자들이 인간 본성을 놓고 논쟁했다.

숙종 35년(1709) 봄, 충청도 홍주 한산사에 이간, 한원진을 비롯한 노론 학자들이 모였다. 이간이 말했다. '사람과 동물이 하늘로부터 오상(五常, 인의예지신)을 동등하게 받았다. 오상이 사람은 온전하고 동물은 치우쳤을 뿐이다'(낙론). 이에 한원진이 반박했다. '리(理) 시각으로만 보면 그게 맞는 말이다. 그러나 기(氣) 때문에 만물이 제각각 달라 오상도 온전할 수 없다'(호론).

낙론은 서울 별칭 낙양, 호론은 충청도 별칭 호서에서 따왔다(중국 고도 '낙양'이 수도를 뜻하는 보통 명사였다. 한국 민요 '성주풀이'가 '낙양성 십리허에~'로 시작한다). 서울 노론 학자들이 대개 낙론을 지지했고, 충청도 노론 학자들이 대개 호론을 지지했다. 그들의 스승 권상하는 송시열 유언을 받들어 만동묘를 세운 노론 적통이어서 호론 편이었다. 그래선지 한산사 토론회 이후 낙론보다 호론이 우세했다.

물론 낙론이 사람과 동물의 본성이 똑같다는 뜻은 아니었다. 그들은 물(物)을 단순히 동물이 아니라 '나 아닌 객관적 외부 세계'로 이해하고 그것을 비교적 열린 마음으로 바라봤다. 서울 기반 낙론은 학풍이 자유롭고, 국내외 정세 변화에 민감했다. 사람과 짐승이 똑같다고 말할 자들이 어디 있겠나?

호락논쟁은 18세기 사회경제 변동과 맞물려 대륙 정세 영향을 받았다. 조선 후기 지식인은 '오랑캐 백 년 운세설'을 말했다. 요(거란), 금(여진), 원(몽골) 등 '오랑캐 왕조'가 백 년을 넘기지 못했고, 청(만주족)도 곧 망하고 한족 정통왕조가 들어선다고 그들은 희망했다. 창덕궁 대보단에서 조선 사대부들이 사라진 명 황제의 은덕을 칭송하며 제사를 지냈고, 조선 성리학은 이기론(理氣論)을 문명(한족)과 야만(오랑캐)을 차별하는 메커니즘으로 변용했다.

그러나 청은 망하기는커녕 강희제, 옹정제, 건륭제를 거치며 더욱 융성했다. 18세기 청은 지구상에서 가장 부강한 제국이었다. 소수가 다수를 지배해야 하는 긴장감과 절제, 나쁜 제도를 과감하게 폐지하고 외래 문물을 수용하는 유목 세력의 개방성이 힘을 발휘했다.

'천년에 한 번 나올 황제'라는 강희제는 중국 전통 학문과 서양 과학을 섭렵했고, 만주인과 중국인을 관료로 고루 기용했고, 대만, 티베트, 신장 등을 정벌해 영토를 확장했다. 말 많고 탈 많은 백두산정계비도 강희제의 작품이었다. 그는 일 처리가 꼼꼼하며 덕을 잃지 않았고, "모든 재화는 백성의 고혈이다. 황제가 절제하는 게 당연하다"고 말했다. 강희제는 중국사에서 유일하게 '성스러운 황제'로 불렸다.

청 제국이 승승장구해 성리학 북벌 운동이 사그라들고 화이 질서가 흔들릴 때 조선에서 호락논쟁이 일어났다. 아무래도 시류에 밝은 서울 지식인들이 국내외 정세 변화를 유연하게 받아들였다. 왕도정치를 구현한다면 '오랑캐 왕조'도 문명의 중심일 수 있다는 게 낙론이었다. 현실 변화를 인정하고 적응하려는 낙론과 국내외 체제 동요를 봉합하려는 호론이 충돌했다.

유학자들은 감정과 욕망이 일어나지 않은 고요한 마음을 본성으로 보고 그 상태를 미발지심(未發之心), 줄여서 '미발'이라 불렀다. 사람이 기도할 때, 명상할 때 청정한 마음이 미발과 가깝다. **낙론은 본성(미발) 속에 기가 섞이지 않았다고 봤고, 호론은 본성 속에 이미 기가 섞여 선악이 들어있다고 판단했다.**

낙론은 사람과 사물, 성인(聖人)과 범인(凡人)의 본성(미발)에 차이가 없고 모두 덕(오상)을 갖춰 그들을 교화해 성리학 질서로 포섭할 수 있다고 봤다. 그들은 오랑캐, 서얼, 노비, 여성, 아이 문제에도 열린 태도를 보였다. 낙론의 개방성이 대외 관계로 확장해 청 선진문물을 수용하자는 북학론으로 발전했다. 낙론의 자유로운 학풍 속에서 홍대용이 지전설을 주장했다.

반면, 호론은 미발 단계부터 기질이 개입해 사람과 사물, 성인과 범인의 본성이 다르다고 반박했다. 그들은 낙론이 원 제국 유학자 허형(1209~1281, 생활 속 실천 강조한 성리학자)을 추존하며 사람과 짐승, 유학과 불교, 중화와 오랑캐를 분별하지 않는다고 비판했다. 자연스럽게 **호론은 성리학 신분제 질서와 지주제를 옹호했고, 탕평책을 반대했으며, 대명(對明) 의리를 저버리며 오랑캐(청)를 모실 수 없다고 주장했다.** 일찍이 주자는 "오랑캐는 사람과 짐승의 중간 개체라서 (기질을) 고치기 어렵다"고 말했다. 혐오스러운 제3의 악마를 설정해 놓고 상대 진영을 공격하는 행태가 당시에도 유용했다.

낙론이 통합론이라면 호론은 분별론, 낙론이 수정론이라면 호론은 원칙론이었다. 호락논쟁은 새롭게 성장하는 국내외 세력에 대한 의견 충돌이었다. 논쟁이 점점 뜨거워 한 집안이 낙론과 호론으로 갈려 싸웠다. 실리주의자 정약용은 논쟁에 끼어들지 않고 중립을 지켰다. 그는 호론과 낙론이 내용을 뒷전으로 밀어둔 채 상대 진영을 비난한다고 비판했다. 배가 산으로 올라가고 본질이 사라져 허깨비와 싸웠다. 사상이 교조화되면 어떻게 현실과 괴리되는지 호락논쟁이 보여줬다.

낙론과 호론은 상대적 개념이며 현실 정치 노선으로 보기 어렵다. 낙론은 열린 생각이었지만, 그것은 어디까지나 기득권 세력 내 이념이었다. 안동 김씨 세도정치 씨를 뿌린 김조순도 낙론 영향을 받았다. 어찌 보면 낙론은 리의 보편성을 확장한 성리학 도덕주의였고, '강남 좌파' 이념이었다. 그에 비해 호론은 고루하지만, 일관성을 지녔다. 예나 지금이나 진보와 보수는 기울어진 운동장에서 싸운다.

'실학'이라는 신화

역사 교과서는 그 시대 사람들 역사 인식의 척도다. 현행 한국사 교과서가
조선 후기 '실학'을 실체로 인정하고 그것이 성리학 대안 학문이었다고 서술
한다.

조선의 지배층은 성리학적 질서를 절대적 가치로 강조하였지만, 정작 성리
학은 당면한 현실 문제를 해결하는 데 한계점을 드러냈다. 이에 일부 학자는
사회 전반에 걸친 개혁을 통해 문제를 해결하고 부국 안민을 이룩해야 한다
고 주장하였는데, 이를 실학이라고 한다.
　　　　　　　　　　-교육부 검정교과서 『고등학교 한국사1』(미래엔, 2025) 94쪽-

위 교과서 서술을 읽으면 조선 후기 '실학'이 근대 유럽 계몽사상 느낌을 풍
기는데 과연 그랬을까?

주자는 육경(六經)을 깊이 연구해 진위를 판별하고 사서(四書)를 드러내 심오
한 뜻을 밝혔다. 앞선 유학자들 논의 가운데 주자 학설이 확실하고 평정하다.
『주자어류』에 실린 천만 가지 말이 요제와 맞으니 내가 무엇을 덧붙이겠나?
　　　　　　　　　　　　　　　　　　　　　　-정약용, 『여유당전서』-

'실학 최고봉'이라고 칭송받는 정약용이 성리학 집대성자 주자를 극찬했다.
또 다른 실학자 홍대용도 "주자학은 모자라거나 넘치지 않고 편벽하지 않으
니 공자·맹자의 정맥"이라고 역시 극찬했다.

실학자들 여성관도 현대 한국인의 희망을 벗어난다. '실학 대부' 이익은 '남

편이 죽어도 아내가 개가하지 않는 일은 중국도 따라오지 못할 만큼 아름다운 풍속'이라고 극찬했고, 북학파 실학자 이덕무는 책을 써서 열녀를 칭송했다. '리버럴 실학자' 박지원은 사대부 열녀를 옹호하며 상민 여성들까지 남편 따라 죽은 건 지나치다고 말했다. 이른바 '실학자'들도 당대 담론을 벗어나지 못한 성리학자였다.

이런 반론이 가능하다. 어찌 됐든 조선 후기 '실학'이 민생을 위해 토지개혁을 주장했으니 종래 성리학자들과 분명히 다르다고. 그러나 안타깝게도 그 토지 개혁론도 중국 성리학자들의 주장을 재탕한 것이다. 북송 때 성리학자 주돈이, 정호, 소식 등이 이미 균전제, 한전제, 정전제를 제시했고, 조선 중기에도 균전제 건의가 나왔고, 왕조 말기 위정척사론자 이항로가 정전제를 주장했다. 그들의 토지 개혁론은 성리학 지배 질서를 안정시키려는 개량주의였다.

실학을 공리공론 허학(虛學)의 반대 개념으로 규정한다면 그 실학을 굳이 조선 후기에 한정할 이유도 없다. 고려 말 부패한 불교에 대해 성리학이 실학이었고, 사장학에 대해 경학이 실학이었다. 조선왕조실록에 '실학'이 58회 나오는데 시기별 횟수를 헤아리면 태종(1) 세종(7) 단종(1) 세조(1) 성종(4) 연산군일기(2) 중종(21) 명종(3) 선조(7) 인조(1) 현종(2) 숙종(2) 영조(1) 정조(5) 등이다. 실학이 조선 전기에 몰려 있다. 어느 시대에나 실학이 존재했고 실학은 고유명사가 아니라 일반명사다.

조선 후기에 존재했다는 고유명사 '실학' 탄생 과정을 들여다보면 '실학'의 허구성이 더욱 분명하다. '실학'은 1930년대 비타협적 민족주의자 정인보, 문일평, 안재홍 등이 신간회 해체 후 길을 헤매다가 민족운동의 돌파구로서 고안한 개념이다. 그들은 일본 메이지 유신에 영향을 준 에도시대 '지쯔가쿠(實學)'에서 영감을 얻었다. '실학'도 일본이 만든 담론이라니, 불편한 진실의 연속이다.

일제 식민지기 '만들어진 전통' 실학은 반성리학, 근대 지향 학문, 한국식 계몽사상으로 포장됐다. 안재홍은 정약용을 계몽 사상가 루소와 비교했다. 일제 식민 지배만 없었다면 조선이 스스로 근대 국가로 성장했으리라는 희망이 실학 속에 녹아 들었다. 고유명사 실학은 '고대→중세→근대' 서구식 발전 사관이 낳은 압박감이다. 18년 동안 정약용이 강진에서 귀양살이하며 책 5백여 권을 집필하는 동안 그의 영향을 받은 지역 선비가 과연 몇 명이나 있었겠나?

한술 더 떠 근대 발전 사관은 비교적 현실을 주목한 율곡 이이의 주장을 '주기론'이라며 조선 후기 '실학'과 이어 붙인다. 하지만 율곡학파 서인이 노론, 소론으로 분열해 조선 후기 기득권 세력으로 군림했고 그들은 실학 반대 진영이었다. 오히려 정약용은 퇴계 이황 주리론 계열 남인이었다. '주리론 : 주기론'도 1920~30년대 경성제국대학 교수 다카하시 도오루가 고안한 개념이다. 역사는 해석학이며 모든 역사가 현재의 역사다. 서양사 용어 '헬레니즘', '헤브라이즘', '르네상스' 따위도 당대엔 없다가 근대에 생긴 개념이다.

조선 후기 당파 싸움을 '견제와 균형' 운운하며 근대 정당 정치와 비견하고, 일부에서 나타난 상품화폐 경제를 자본주의 맹아라고 개념 짓고, 특정 지역 호적 자료 하나 가지고 조선의 신분제가 해체됐다고 강변하고, 그와 더불어 근대 사상 실학이 성장했다는 주장은 식민지 민족의 서구 근대를 향한 열등감이다. 차라리 갑오농민운동을 근대 시민혁명이라고 화끈하게 써라.

도대체 왜 한국사가 서양사처럼 '고대→중세→근대' 틀 안에서 발전해야 하나? 그것이야말로 또 다른 식민사관이다. 한국사를 담아낼 새 그릇이 필요하다.

3. 일상 속 내면화

삶과 죽음의 설계도, 종법

고대 중국 주나라 때 종법은 적장자(본처가 낳은 장남)가 집안 혈통을 잇고, 제사를 지내도록 규정했다. 적장자가 왕이 되고 나머지 아들들은 지방 제후가 되어 봉건제(지방분권제)가 형성됐다. 이후 진·한 제국 때 중앙집권화로 봉건제와 함께 밀려난 종법을 남송 때 주자가 『가례』로 소환했다.

성리학과 함께 들어온 중국 종법이 조선 전기 적응기와 중기 사림파 집권을 거쳐 조선 후기 예학 발달과 맞물려 부계 가족 질서로 정착했다. 족보에서 아들을 먼저 썼고, 사위와 외손자를 배제했다. 맏아들이 아들을 낳지 못하면 조카를 양자로 들여 적장자로 삼았다.

제사도 맏아들 몫이라 그 비용이 만만치 않아 맏아들이 부모 재산 절반가량 상속했고, 맏아들이 죽었으면 그 아들(종손)이 상속했다. 시집간 딸은 출가외인 취급받아 부모 재산을 적게 물려받았다. 정조 23년(1799) 전라도 부안 김씨 집안 경우, 종손이 논·밭 413마지기 중 255마지기(62%)·노비 44명 중 39명(89%)을 상속했고, 나머지 재산을 아버지 형제 3명이 나눠 가졌다. 조선에 종갓집 체제가 자리 잡았다.

맏아들 중심 상속엔 종법 이데올로기뿐 아니라 경제적 현실도 작용했다. 부가가치 창출이 크지 않은 농경시대에 형제들끼리 부모 재산(토지, 노비)을 똑같이 나눠 가지면 세대가 지날수록 모든 형제 재산이 점점 줄어들어 모두 가난하다. 함께 몰락하느니 '선택과 집중'으로 맏아들에게 재산 몰아주고 가문 체통을 이어가려는 게 장자 상속제다.

종법은 재산과 권력뿐 아니라 의식구조를 결정했다. 종법을 통해 혈연 공동체 의식이 강화됐고, 그것이 국가 통치에 도움을 줬다. 성리학 위정자들에게 가족은 국가 통치 기초 단위였다. 주자가 꿈꾼 적장자 중심 가족제도가 중국이 아닌 조선에서 실현됐다.

한편, 『가례』에 맞춰 따라 혼인 풍속도 변해갔다. 혼인 후 남자가 여자 집으로 들어가 살던 풍속이 거꾸로 여자가 남자 집으로 들어가 사는 친영(親迎)으로 바뀌어 갔다. 친영은 신랑이 신부집에 가 신부를 데려다가 제 집에서 혼인하는 중국식 혼례다. 고구려 데릴사위제처럼 '장가가는 시대'가 조선 후기 '시집가는 시대'로 바뀌어 갔다. 며느리 혼수 문제가 떠올랐고, 10대 어린 딸을 출가외인으로 떠나보내는 부모 마음은 애잔했다. '시집가면 출가외인' '귀머거리 삼 년, 벙어리 삼 년' '겉보리 서 말만 있어도 처가살이 안 한다' '처가와 뒷간은 멀수록 좋다'는 이야기도 조선 후기에 나왔다.

제사, 장례 풍속도 변해갔다. 사람이라면 신분 구별 없이 3년상을 치러야 한다는 천하동례가 확산했고, 상민도 4대 봉사를 치르는 경우가 나타났다. 조선시대에는 10대 나이 때 결혼하는 조혼 풍습 때문에 4대가 한 집에 모여 사는 경우가 적지 않았다.

4대 봉사(4×2), 시제(5대조 이상 합동 제사), 명절 차례를 더하면 1년 동안 지내는 제사가 열 번을 넘었다. 그 많은 제사를 챙기기가 종갓집 맏며느리 몫이었다. 제삿날 기억하고 상 차리기도 어렵지만, 제삿날에는 시끄럽게 떠들지 않기, 아이를 때리거나 노비를 혼내지 않기, 얼굴에 근심 드러내지 않기, 제물을 먼저 먹지 않기 등 지켜야 할 규율도 많았다.

불교식 화장이 유교식 매장으로 바뀌면서 사회문제가 나타났다. 종법 질서가 뿌리를 내려 문중 묘지가 성행하는 가운데 사대부들이 풍수쟁이를 동원해 명당 자리를 차지하려 경쟁했다. 이때 다른 사람 땅에 몰래 묘를 조성해 소송이 빈발했다(산송). 성리학 가족주의와 길흉화복 풍수지리설이 만나 분란을 빚었다. 힘없는 하층민은 남의 땅에 시신을 몰래 매장하고 들키지 않으려고 봉분 없이 평평하게 묘를 조성했다. 저승길에도 신분 차별이 엄존했다.

죽음을 통해 태어난 열녀

고대 로마 병사가 신의 아들보다 강하다면 조선 여인은 신의 딸보다 강하다. 조선 여인은 세상이 학대할수록 그 고난을 극복하려 들고, 그것으로 보람을 느끼는 듯하다. 조선 여인을 단테의 『신곡』에 나오는 연옥에 데려다 놓더라도 그들은 괴로워하지 않고 인내할 수 있으리라.

-조선 천주교 교구장 다블뤼(1818~1866)-

고려 여성과 달리 조선 여성은 자유롭지 못했다. 성종 12년(1481), 국왕이 말했다. "풍속 교화가 중요한데 어찌 재가를 허용하나? 열녀는 두 남편을 두지 않는다." 4년 후 반포한 『경국대전』이 재가에 제동을 걸었다. "재가하거나 절개를 지키지 못한 부녀자의 아들, 손자는 문과 생원·진사 시험에 응시하지 못한다."

성리학이 교조화된 조선 후기는 여성 암흑기였다. 병자호란 이후 청 제국으로 끌려갔다가 속환으로 돌아온 환향녀('화냥년' 어원)가 당시 여성의 질곡을 보여준다. 그들은 우여곡절 끝에 고향으로 돌아와도 '오랑캐에 몸을 더럽힌 여자', '정조 관념 없는 여자'라는 시선에 시달렸다. 조선 조정이 환향녀 처리를 놓고 논쟁을 벌였다. 그들이 내놓은 처방은 조선으로 돌아오는 입구 개울에서 목욕해 부정을 씻어내는 것이었다. 이 개울이 있던 고을이 홍제동(弘濟洞, 널리 구제하는 마을)이다.

그러나 오랑캐 포로로 끌려갔다가 돌아온 아내를 남편이 못 받아주는 가부장 이념이 우세했다. 환향녀가 자결하면 가문의 명예를 지켰다며 칭송받았다. 버림받은 여성들은 친정으로 가거나 비구니, 기생이 됐다. 주자의 나라에서 여성으로 태어난 게 그들이 지은 죄였다.

'조선 르네상스기'라는 영·정조 시대도 다르지 않았다. 영조 39년(1763), 전라도 장수 선비 서문배 아내 정씨가 괴한으로부터 겁탈을 당할 뻔하다가 이웃 사람 도움으로 화를 모면했다. 괴한은 관아에 체포되어 곤장을 받고 죽었다. 그런데 정씨는 "내 몸을 더럽히지 않았으나 한쪽 팔이 괴한에게 비틀렸으니 그대로 두면 온몸이 더럽다"며 칼로 팔을 베어낸 후 목을 매 자살했다.

지체 높은 사대부 집안 여성뿐 아니라 비천한 신분 여성도 정절을 지켰다. '자유·평등·박애' 프랑스혁명이 일어나던 정조 13년(1789), 평안도 강계 기생 소상매가 지아비를 따라 죽었다. 이런 행위를 하종(下從)이라고 부른다.

장수, 강계에서 일어난 사건 이후 국가가 두 열녀 집 앞에 붉은색 문을 세워 절개를 칭송했다. 열녀는 죽음을 통해 자유를 얻었고, 열녀문은 '베르테르 효과'를 노렸다. 중국에도 열녀문이 섰고, 인도에서 남편 죽으면 아내가 불 속에 뛰어드는 악습이 있었지만, 조선처럼 국가가 정절을 강요하지 않았다.

죽은 지아비를 아내가 따라 죽으면 열녀문이 서고 집안이 조세를 면제받았다. 이 점을 악용해 멀쩡한 사람 죽여놓고 열녀로 둔갑시키는 범죄가 일어났다. 그 죽음 위기에 몰린 여성이 저항 의미로 제 손가락을 잘랐다. 얼굴 본 적 없는 약혼자가 죽어도 상대 여성이 혼인하지 않고 정절을 지켜야 했다. 정절 이데올로기가 생사람을 잡았다.

'개혁 군주'라는 정조 이산의 여성관을 보자. 정조 7년, 나주 노비 취삼이 아내 김씨와 외간 남자 한춘성이 간통했다고 의심하고 한춘성을 때려죽였다. 나중에 알고 보니 그 의심은 사실이 아니었다. 취삼이 애꿎은 사람을 죽였다.

그런데도 정조는 '(아내 김씨가) 간통죄를 뒤집어쓰더라도 지아비를 살인죄에서 구하려 애써야 했다. 그렇지 않고 아내가 남편의 무고(誣告)를 지적했다니 인륜이 사라졌다'고 한탄했다.

이듬해 또 다른 사건에서 정조는 아내 죽인 남편을 처벌하지 않고 풀어줬다. 그 이유는 '지아비를 사형에 처하면 죽은 아내 마음도 편치 않다'였다. '개혁 군주'에겐 살인보다 여필종부 위반이 더 큰 죄였다. 남녀가 간통, 근친상간한 때에도 조선시대 내외법은 여성만 처벌했다. 성리학 위정자들은 여성만 휘어잡으면 아름다운 풍속을 유지한다고 믿었다.

조선 후기 성리학은 인민 스스로 복종하게 만드는 헤게모니였다. 열녀의 죽음은 타율적 자살이며 고결한 신념이 깔린 주체적 행동이었다. **조선 후기 열녀들이 목숨을 버려 도덕 인격체로 태어났고, 국가가 열녀문을 세워 그 '고귀한' 뜻을 알렸다. 성리학 위정자들은 가정을 국가 통치 최소 단위로 보고 가부장 질서가 모여 국가 통치 질서가 바로 선다고 믿었다.**

조선 후기에 그렇게 종법 질서가 뿌리내려 성리학 가부장제가 확립됐다. '아내는 반드시 지아비 뜻을 따른다', '여자는 어려서 아버지를 따르고, 시집가서 남편을 따르고, 남편이 죽으면 아들을 따른다', '남편이 아내를 내쫓을 수 있는 일곱 가지 잘못'이 여성을 옥죘다. 심지어 여성을 가축처럼 노동 수단으로 취급해 '소 죽으면 며느리 얻는다'는 말도 생겼다. 딸 가진 자들이 예비 사돈에게 돈을 미리 얻어 쓰는 풍조가 성행했다.

그렇게 혼인한 삶이 행복할 리 없었다. 고달픈 시집살이에서 탈출하려고 여성들이 불교, 천주교로 귀의했다. 신유박해 이후 천주교인 60~70%가 부녀자였다. '미련한 여인들은 성경 한 구절을 외우고 세례를 받는다. 그러면 천당에 가는 줄 믿고 기꺼이 죽으려 한다. 마치 불꽃 속에 달려드는 불나방들 같다'(한성임, 1868)는 옥중 진술은 조선 여성의 고난을 반증한다.

19세기 말 갑오개혁이 "부녀의 재가는 귀천을 막론하고 자율에 맡긴다"고 재혼을 허용했지만, 여성 재혼을 향한 편견이 사라지지 않았다.

욕망의 소용돌이, 입신양명

부모로부터 받은 몸을 다치지 않는 게 효 시작이요, 몸을 세워 도(道)를 행하고 후세에 이름을 떨치는 게 효 마지막이니라.　　　　　　　-『효경』-

요행으로 과거 급제하면 평소 익힌 문장을 죄다 버린다. 평생 정기를 모두 과거시험에 쏟지만 정작 나라에 쓸모가 없다.　　　　　-박제가, 『북학의』-

세상에 이름 떨치기가 효도의 마무리라고 말할 만큼 유학은 입신양명(출세)을 강조한다. 고려시대에 이미 구재학당을 비롯해 '고시학원'이 성행했고, 조선시대 선비들은 과거 급제하려고 사서·삼경과 그 해설서 주자 주석본, 그리고 중국 역사서 『자치통감』을 읽었다. 답안지에 불교, 도교 등 이단이 들어가면 과거 급제가 어려웠다. 중국이 발명한 과거제가 한국에 들어와 교조화됐다.

집안에서 아들 출세 교육은 대개 어머니 몫이었다. 율곡 이이 어머니 신사임당 말고도 수많은 맹모들이 활약했다. '어머니가 내게 제일명을 이루라고 권하고 격려했다'(백사 이항복) '어머니를 위해 뜻을 굽혀 과거 응시해 사마시에 급제했다'(조선 중기 이신성) … 문묘에 배향된 김집의 어머니도 아들이 과거 공부에 몰입하도록 집안 살림을 도맡아 헌신했다. 유학이 지배한 사회에서 아들이 출세해야 집안에서 어머니 입지가 올라갔다. 권세가는 숙사(가정교사)를 들여 아들을 교육했다.

공부 목적이 오로지 과거 급제이니 중국, 일본에서 새로운 학풍이 일어도 조선에서 주목을 받지 못했다. 조선 선비들은 과거 기출 문제집을 끼고 살았다. 암기력이 곧 실력이라 창의력은 언감생심이었다. **과거제가 성리학 교조화를 부채질했고, 수기치인 학문이 입신양명 도구로 전락했다.** 노론 영수이며 '조선의 주자'라는 송시열도 '선비들 풍속이 투박하고 비천해 고작 과거 공부나 하고 구차하게 벼슬아치가 되려 한다'고 비판했다.

경학뿐 아니라 또 다른 과거 과목 사장(詞章)도 문제였다. 시와 산문 쓰기로 관료를 뽑아 행정 실무 능력을 측정하지 못했다. 중국 송나라 개혁가 왕안석이 보수파 사마광을 '법을 모르는 글쟁이'라고 비판했듯 법과 경제를 모르는 '낭만파 시인들'이 천하를 운영하기 어려웠다. 다만, 시 쓰기 능력은 중국 황제가 보낸 칙사를 대접할 때 유용했다.

중종 때 급진개혁가 조광조가 과거제 폐단을 줄이려고 현량과(추천제)를 도입했다. 암기력 좋은 시험 기계보다 실력 있는 인재를 선발하려는 게 현량과 취지였다. 조선 후기 정약용도 과거제 부작용을 국왕 정조에게 상소했다. "**과거(科擧) 폐단이 날로 불어나고 달로 성행합니다. 과거는 사람 기능을 분별해 등급을 매기고, 천거(추천제)가 사람 재능을 보고 발탁합니다.**" 정약용은 과거와 천거를 함께 시행하자고 건의했다. 그런 그도 사회적 동물이라 맏아들 정학연의 백일 때 '장성하면 책과 역사서를 읽고, 때가 오면 출세하여 밝은 임금을 보좌하라.'고 시를 지어줬다. 극성 아버지가 아들 조기 교육에 열을 올렸지만, 정학연은 과거 급제하지 못했다.

조선 후기 과거 시험장을 표현한 말이 '난장판'이다. 정조 18년 삼짇날 치른 과거에 2만 4천여 명이 응시해 창덕궁 인정전 앞마당이 인산인해였다. 여섯 해 뒤 과거에는 111,838명이 몰려들었다. 시험장으로 먼저 들어가려고 싸우고 밀치다가 압사 사고도 났다. 응시생이 너무 많아 시험 진행도 어렵고 채점은 더 큰 문제였다. 그 많은 사람의 장편 논술을 정확히 읽고 등수를 매기기가 처음부터 불가능했다. 응시생들이 답안지를 먼저 내려고 경쟁했다.

정규 과거는 3년마다 실시했지만, 증광시, 알성시, 정시, 친시, 춘당대시, 기로과, 현량과, 개시, 충량과, 식희과, 구현과 등등 시도 때도 없이 과거를 열어 배보다 배꼽이 더 컸다. 그 가운데 임금이 성균관 문묘에 제사 지내고 나서 치르는 알성시(공자 앞에서 치는 시험) 인기가 좋았다. 알성시는 한 번 치고 바로 그날 합격자를 발표했기 때문에 운이 작용했다.

심지어 제주도에서 진상한 황감(귤)을 유생들에게 내리며 치르는 황감제, 명절 때 치르는 절일제까지 열어 그 합격자 수가 관직 수의 10배였다. 인구 대비 과거 합격자 수에서 조선이 중국의 5배였다. 갑오개혁으로 과거제를 폐지할 때까지 502년 동안 조선왕조는 총 804회, 연평균 1.6회 과거를 실시했고, 평균 19명씩 합격자를 선발했다(한국학중앙연구원, 『고문서에 담긴 조선의 일상』). 과거 합격자 15,151명 가운데 5,515명(36.4%)이 한성(서울) 출신이었다. 전라도 장흥이 2위인데 204명(1.35%)에 그쳐 의미 없는 순위였다(엘도라도 역사TV).

어차피 과거제 목적이 인재 선발이 아니라 불만 세력 무마, 체제 유지였다. 선심성 과거 남발은 부작용을 낳았다. 관직은 적고 과거 합격자가 넘쳐나니 파벌 싸움(당쟁)은 필연이었다. "이(利)는 하나인데 사람이 둘이면 두 당이 생기고, 사람이 넷이면 네 당이 생긴다."(이익, 『성호사설』).

치열한 경쟁이 부정행위를 낳았다. 몰래 책을 숨겨 들어와 베끼기, 다른 응시자 답안 훔쳐보기, 미리 작성한 답안지 제출, 두 사람이 답안 작성하고 더 좋은 것 제출하기 등 그 수법도 다양했다. 부정 행위자에게 차후 응시 자격 박탈, 곤장 100대, 유배 등 중형을 내렸지만, 오히려 그 수법이 점점 대담했다.

양반가 자제들이 여러 수종을 데리고 시험장에 들어가 책 베끼기, 외부 연락 등 임무를 분담하는가 하면, 시험장을 빠져나와 답안을 작성해 제출했다. 또 권세가 자제들이 시험관, 채점관을 매수해 시험 문제를 미리 입수하거나 응시생이 답안지에 '비밀 코드'를 표기해 높은 점수를 받았다.

남의 과거 시험지 대신 작성해 주고 사례금을 받는 거벽은 어엿한 직업이었다. 정조 때 한성 고봉환, 개성 이환룡, 호서 노긍, 영남 유광억, 호남 이행휘 등이 잘 팔리는 거벽이었다. 그 가운데 유광억은 과적(科賊, 과거 부정행위자)으로 몰려 자살하고 말았다.

정약용도 '눈 밝은 감독관이 백 명 있어도 (과거 부정행위를) 낱낱이 감시하지 못한다'고 한탄했다. 그는 유배지에서 두 아들에게 편지에 "(일본은) 과거를 통해 관리를 뽑는 못된 제도가 없어 제대로 학문을 연구할 수 있어 오늘날 그 수준이 우리나라를 능가했으니 부끄럽기 짝이 없다."고 썼다. 왕조 말 애국지사 황현은 '유학이 극도로 번성했지만, 진정한 재능과 참된 학문이 시들었다'고 썼다.

고종 29년(1892) 황해도 해주에서 응시한 김구도 왕조 말기 과거 시험장 풍경을 『백범일지』에 남겼다.

차작(남이 대신 써준 글) 아닌 게 없었다. 세력 있고 재산 있는 자들은 모두 글 잘 쓰는 사람에게 글을 빌고, 글씨 잘 쓰는 사람에게 글씨를 빌어서 과거를 치렀다. 그러나 이것은 나은 편이었다. 서울 권문세가의 청탁 편지 한 장이나 시관의 수청기생에게 주는 명주 한 필이 급제나 진사가 되기에는 글 잘 쓰는 선비의 글보다 빨랐다. 이번 과거를 보고 나는 크게 실망하였다.

개화기 외국어학교 육영공원 교사 윌리엄 길모어가 '과거 시험장을 행상이 돌아다니며 떡, 과자, 음료를 팔았고, 과거 합격하려면 뇌물 10만 냥이 들었다'고 기록했다. 역사가들이 1냥을 현재 가치 6~7만 원으로 환산한다.

12~13세 때 사서삼경을 독파했다는 수재 이승만도 고종 24년(1887)부터 갑오개혁이 과거제를 폐지할 때까지 몇 번 과거 응시했지만, 번번이 낙방했다. 고관대작들 뇌물이 인생 당락을 결정짓는 왕조 말기 현상을 보며 청년 이승만은 절망했다.

명분의 감옥, 관존민비·사농공상

과거제가 출세 등용문이다 보니 '관료가 높고 백성은 낮다'는 관념이 싹텄다. 벼슬아치가 나오면 당사자뿐 아니라 그 가문의 영광이었다. 이에 광해군 때 등급별로 관직에 값을 매겨 팔아 부족한 재정을 메웠다. 조선왕조 말기 매관매직은 가렴주구를 낳아 망국을 재촉했다. 갑오개혁부터 한일병합까지 16년 동안 한성부윤(서울시장) 70명이 바뀌었다. 망국 이후에도 고종 장례 치르는 하루짜리 관직을 사려고 전국에서 수천 명이 몰려들었다.

지식인·독서인이 국가 권력을 지배한 사례는 세계사에서 보기 드물다. 한자가 고난도 문자라서 문자 해독 능력이 곧 권력이었다. **과거 급제해 정계 진출한 조선 사대부(학자 소양 갖춘 관료)가 정치·경제·사상·문화 등 모든 분야 권력을 장악한 가운데 관존민비가 직업관으로 뿌리내렸다.** 글 읽는 선비가 으뜸이고, 그다음이 농자천하지대본 농부, 그다음이 물건 만드는 대장장이, 물건 파는 장사치가 가장 비천하다.

다른 나라 사정은 어땠을까? 중국 사대부가 벼슬길 오르지 못하면 농장을 경영하거나 상공업에 종사했고, 과거제 없는 일본은 사무라이와 상인도 선비(쥬샤)가 될 수 있었고, 중세 유럽 왕족도 상업에 종사해 근대 자본주의 성장에 이바지했다.

성리학에선 도덕이 최고 가치이고, 재물은 밑바닥 개념이다. "농사는 몸이 땀에 젖고 발에 흙을 묻혀 수고롭고, 땅 넓이를 계산해 요역에 나가니 괴롭습니다. 장사치는 천한 물건으로 귀한 물건을 바꾸니 이익이 배가 되고, 일이 수고롭지 않습니다."(태종 10년, 사간원 상소). 조선왕조는 상업이 부가가치를 창출하지 않은 채 물건값만 더 얹어 이익을 챙기고 사치를 조장하는 말업이라며 천대했다. 시장에서 물건값 속이고 가짜를 진짜라고 속이는 장사치는 군자의 도덕과 거리가 멀었다.

조선 말기, 정3품은 쌀 3천 석, 정5품은 5백 석에 팔렸다는 말이 나올 만큼 매관매직이 성행했다. 몰락한 양반이 국밥집을 운영하며 체면 때문에 얼굴을 가리고 발(簾) 아래로 국밥을 내줬다는 '팔뚝집' 일화, 선교사 언더우드가 연희전문학교에 상과를 세우려 하자 주변에서 극구 말렸다는 이야기는 조선의 왜곡된 직업관을 보여준다. **신분제가 무너졌지만, 직업의 귀천은 남았다. 존중받지 못한 상업이 직업 윤리를 품지 못했고, 오늘날 한국형 천민자본주의도 그와 무관치 않다.**

물건을 사든 안 사든 사람들 북적거리는 시장에 가면 흥이 난다. 치열한 삶이 뒤섞인 장터를 한 바퀴 돌고 나면 묘하게도 기운이 솟는다. 아마도 그것은 인간 본능이다. **소비 욕망, 소유 욕망, 그 본능을 억누른 체제가 존속하기 어렵다. 기계 같은 세계관에 빠져 인간 본능을 억압한 점에서 성리학과 공산주의가 닮았다.**

농사꾼, 대장장이, 장사치를 우습게 여긴 성리학자들이 국가를 제대로 운영할 리 없었다. 그들은 고상한 도덕으로 국가를 통치할 수 있다고 착각했다. 이익보다 의로움을 추구하는 것은 개인 삶의 도덕으로서 의미 있지만, 국가 운영 논리로는 허망하고 무책임했다. 역사는 손으로 만든다.

성리학 발상지 송나라가 문치주의에 젖어 북방 오랑캐 거란, 여진, 몽골에 수모를 당했듯 조선왕조도 그 잘난 명분과 의리에 국운을 걸다가 오랑캐 황제 앞에서 무릎 꿇고 머리를 조아렸다(1637, 삼전도 치욕). 그들에게 군사력은 비도덕적 폭력이며 그 폭력을 쓰는 군인은 군자가 아니었고, 부국강병은 패도정치와 다르지 않았다. 북벌을 추진했다는 효종 때 조선은 표류해온 하멜 일행의 총포를 녹여 농기구로 썼다. 관념에 젖은 조선 사대부들은 경제, 재정, 군사 관련 업무를 업신여겼고, 실무를 말단 서리에게 맡겼다. 국방을 책임질 병조판서도 문신이 맡았다.

'공자가 죽어야 나라가 산다'는 말은 절반의 진실이다. 일찍이 공자가 '정치는 충분히 먹게 하고, 충분한 군비를 갖추고, 백성의 믿음을 얻는 것'이라고 말했지만, 조선 사대부들은 군대를 가볍게 여겼다. 삼국시대 벽화 속에 등장하는 용맹이 거세됐고, 안일하고 나른한 의식 세계가 자리 잡았다. 무인이 건국했고, 건국 초 왜구 소굴 대마도를 정벌한 조선왕조가 백 년도 채 지나지 않아 책상물림으로 전락했다. 성종 19년(1488), 명나라 사신 동월이 "조선 양반 자제들이 책만 읽고 기술과 재주를 익히지 않는다."고 지적했다. 중종 39년(1544), 성균관과 향교에 등록한 선비들이 군역을 면제받았고, 군대 가기 싫은 선비들이 향교에 위장 등록했다.

윗물이 맑지 못하니 아랫물도 썩었나. 백성들이 군 지휘관에게 뇌물 수고 군적에서 빠졌고(방군수포), 국가는 그 병역 비리를 엄벌하기는커녕 그것을 제도로 만들어 세금을 걷었다(군적수포제). 그렇게 거둔 세금도 국방비로 쓰지 않았다.

무사안일은 대가를 치른다. 임진왜란 때 일본군이 부산 상륙 스무날 만에 수도 한성까지 들이닥쳤다. 주자의 나라엔 군대가 없었고 숭고한 도덕이 외적을 막아주지 못했다. 명나라 관리 유황상이 조선 국왕 선조에게 '그대 나라는 고구려 때부터 강국이었지만, 농사와 독서에 치중해 변란을 초래했다'고 지적했다.

조선 사대부에게 부국강병은 고결한 왕도정치와 거리가 멀었다. 그들은 칼보다 붓이 고결하다고 믿었다. 땀 흘려 일하는 것도 그들에겐 비천한 짓이었다.

4. 파탄

백성 수탈 서원

대원군이 격노하여 "백성에게 해로우면 공자가 다시 살아나더라도 나는 용서하지 않겠다. 하물며 서원은 선현께 제사 지내는 곳인데 지금 도둑 소굴로 변하지 않았더냐?"
-야사집 『근세조선정감』-

조선왕조는 한성부에 국립대학 성균관과 중등교육기관 4부 학당, 지방에 중등교육기관 향교를 두었다. 경상도 풍기 백운동서원을 시발로 전국에 우후죽순 들어선 서원은 지방 사립대학이며 사림 세력 거점이었다.

본래 서원은 조광조, 이황 같은 대석학이나 조상 신주를 모시며 유생에게 성리학을 가르치는 교육기관이었지만, 향촌을 교화하며 공자, 맹자, 주자 등 성인 이름을 팔아 잇속 차리는 기득권 집단으로 변해갔다. 한 인물을 여러 서원이 중복해 모시거나 문중 이름값 올리려고 자격 미달 조상을 모셨고, 그 비용 명목으로 지역 주민들로부터 '세금'을 걷었으며, 군대 가기 싫은 유생들 군역 도피처로 전락했을 뿐 아니라 학연과 당파의 온상이었다.

‘조선의 주자’ 송시열은 44개 서원에서 배향됐다. 그의 제자 권상하가 속리 산에 세운 화양서원의 횡포는 상상을 초월했다. 영조 32년(1756) 송시열이 문 묘 배향되며 그 위세가 고을 수령을 압도했다. **유생들이 모여 앉아 제멋대로 남의 재산을 평가하고 고지서를 발행했다. 고지서를 받으면 양반이건 상놈이 건 누구를 막론하고 논밭이라도 팔아서 ‘세금’을 납부해야 했고, 불응하면 서 원으로 잡혀가서 불법 형벌을 받았다.** ‘임금 위에 만동묘 지기’라는 노래가 유 행했다.

숙종 때 성균관 대사성 김만중(소설 『구운몽』 작가)이 서원 폐단을 적어 상소 했고, 영조가 서원·사당 3백여 개를 철폐했지만, 정조 때 6백여 개로 다시 늘 어났다. 흔히 영화, 드라마가 정조를 개혁 군주로 묘사하지만, 그는 주자와 당 송 팔대가를 숭상하며 문체반정을 일으킨 복고풍 군주였다. 조선 후기 서원 은 생명력을 잃고 교조화된 성리학 진지였다.

고종 2년(1865), 실권자 흥선대원군이 창덕궁 대보단의 기능과 겹친다며 화 양서원 내 만동묘를 철폐했다. 만동묘는 임진왜란 때 조선에 군사를 보내준 명 황제 만력제와 마지막 황제 숭정제 사당이었다. 만동묘 올라가는 계단은 경사가 70도를 넘고 그 디딤판이 좁았다. 황제 앞에서 얼굴을 뻣뻣이 들지 말 고 옆걸음으로 오르던지, 개처럼 기어서 올라가라는 뜻이다. 죽은 중국 황제 가 살아있는 조선인을 지배했다.

화양서원 만동묘 폐쇄는 서원 철폐 신호탄이었다. 전국 유생들이 반발했지 만, 서원 철폐는 시대정신이었고 개혁 정치가의 의지가 굳건했다. 경복궁 건 설 사업으로 잠시 주춤했던 서원 철폐가 고종 8년(1871) 본격화됐다. 『정감록』 이 예언한 이씨 왕조 멸망 시기가 다가와 왕실이 긴장했고, 강화도에서 조선 군이 미군 함대와 혈전(신미양요)을 치르며 ‘공안 정국’이 형성됐다. ‘포졸들을 이끌고 서원으로 들이닥치니 유생들이 겁에 질려 저항하지 않았다.’고 실무

자가 보고하니 흥선대원군이 되레 '젊은 선비들 기개가 없어 나라 앞날이 걱정'이라고 말했다는 일화도 전한다.

'백세토록 받들 47개 서원을 제외하고 나머지 모든 서원은 제사를 멈추고 현판을 떼라.'는 철폐령 이후 서원·사당 6백여 개가 47개로 줄었다. 안향을 모시는 소수서원(백운동서원), 조광조를 모시는 심곡서원, 이황을 모시는 도산서원, 류성룡을 모시는 병산서원 등 명문 서원들이 살아남았다.

흥선대원군은 서원 소유 토지와 노비를 관아와 향교로 귀속시켰고, 서원을 허물 때 나온 목재와 기와를 백성들 건축 자재로 재활용했으며, 군역 회피자들에게 군역을 부과했다. 공부하고 싶은 유생은 국립학교 향교에 가서 공부하라고 권고했다. 유생들 불만이 쌓여갔다.

고려 말 사찰과 조선 말 서원은 왕조 말기 현상을 보여줬다. 정도전이 『불씨잡변』으로 고려 불교를 때렸고, 흥선대원군이 서원 철폐령으로 '성리학 박물관'을 폐쇄했다.

성리학 근본주의

정자와 주자는 공자 다음가는 성인입니다. … 정자는 (여진과) 강화(講和)함이 중화를 어지럽힌다고 말했고, 주자는 강화가 삼강(三綱)을 무너뜨리고 모든 일을 망치니 큰 환란의 뿌리라고 말했습니다. 정자와 주자의 교훈으로써 오늘날 일을 헤아리면 적(일본)과 강화하는 것은 난리와 멸망을 가져오니 만에 하나라도 요행은 없습니다.

-최익현, 도끼 들고 대궐 앞에 엎드려 척화를 논하는 상소(고종 13년, 1876)-

심리학 용어 인지부조화는 인식과 행동이 다를 때 겪는 괴로움이다. 그 고통을 회피하려고 인간은 자기합리화로 간다. 가령, 담배 끊겠다고 며칠 동안 애쓰다가 포기하고 나서 '골초 처칠도 오래 살았어'라고 스스로 위로하며 늪 속으로 빠져든다.

조선왕조 말기 위정척사운동이 인지부조화를 보여줬다. 과학, 기술, 경제력, 군사력 등 여러 면에서 외세 열강이 조선보다 뛰어남을 알면서도 그들을 오랑캐로 치부하고 성리학 도덕으로 국난을 극복할 수 있다고 자기 최면을 걸었다. '삼강오륜 존화양이가 근본이고 부국강병 기예 술수는 맨 아래'라고 위정척사 최고봉 최익현이 말했다.

개항 이후 일본에 수신사로 간 김기수(정3품 예조참의)도 근대 문물을 보고 '기교가 이럴 수 있나! 화륜(엔진) 하나 가지고 천하 모든 것을 만든다. 공자께서 말씀하지 않은 바이니 나는 이것을 보고 싶지 않다'고 말했다. 위정척사파는 외세에 대한 두려움을 고결한 도덕으로 덮고 싶었다. 그것은 성리학적 정신 승리였다.

위정척사는 바른 학문(성리학)을 지키고 사악한 학문(천주교를 비롯한 서구 문물)을 배척한다는 뜻이다. 이항로가 "천하 사물은 한 가지 이치를 갖는다. 난세를 구제하려면 바른 학문을 밝히고 이단을 물리쳐야 한다"고 말했다. 그의 제자 최익현이 개항 반대 상소에서 말했듯 **위정척사론은 북방 유목 세력 여진에게 압박받던 송나라에서 성리학을 개척한 정자(정호·정이 형제)와 주자의 화이사상이었다. 옛 북방 오랑캐를 근대 제국주의 열강이 대체했다. 위정척사론은 성리학 근본주의였다.**

조선 후기는 이단 시대였다. 두 차례 전란 이후 대기근, 역병이 번지는 가운데 미륵불 사상, 도참사상, 천주교 등 '이단'이 민심을 파고들었다. 숙종 14년 (1688) 승려 여환이 미륵 세상이 도래한다며 모반을 꾀하다가 죽었고, 유사 사건이 영조 13년(1737)에도 황해도에서 일어나 경기도, 강원도까지 들썩였다. 또한 작자미상 도참서 『정감록』은 정씨 성을 가진 초인이 나타나 새 왕조를 건설한다고 예언했다.

천주교를 만나며 조선 성리학이 공격성을 띠었다. 조선 정조 때 재상 채제공이 천주교를 사학(邪學)이라 불렀고, '개혁 군주' 정조가 선비들에게 '위정척사에 힘쓰라'고 말했다. 성리학자들에게 천주교도는 사람이 아니라 짐승이며 체제 전복 세력이었다. 위정척사는 저물어 가는 왕조를 지키려는 성리학자들의 몸부림이었다. 그들은 세상 변화에 눈을 감은 채 성찰하지 않고 외길로 치달았다.

위정척사파는 호락논쟁 때 인간과 짐승의 본성이 다르다고 주장한 호론 계열이었다. 자연스럽게 그들은 신분제와 소중화 화이사상을 옹호했고, 통상을 요구하며 접근해 오는 외세를 배격했다. 서세동점 시대, 제국주의와 성리학이 운명의 대결을 예견했다. 그것은 동서양 근본주의의 충돌이었다.

세상사 동전의 양면이다. 위정척사파가 시대 변화를 수용하지 않고 성리학 신분 체제 기득권을 지키려는 보수 반동 세력이었지만, 그들의 우국충정을 무시하기 어렵다. 그들은 '고루한 의인'이었다. 위정척사운동 최고봉 최익현이 도끼 들고 개항을 반대하며 이렇게 주장했다.

강화를 맺고 나면 적들이 물화(物貨) 교역에 욕심냅니다. 저들 물화는 사치스럽고 기이한 노리개로, 공산품이라서 무한합니다. 반면 우리 물화는 백성 생명이 달리고 땅에서 나 유한합니다. … 몇 년 지나지 않아 동쪽 나라 수천 리에 전답이 황폐화하고 집은 다 쓰러져 다시 보존하지 못하고, 나라도 뒤따라 망합니다.

예나 지금이나 경제 규모 큰 나라와 작은 나라가 교역하면 불공정이 일어나기 마련이다. 개항 이후 값싼 영국산 면제품이 일본을 통해 조선에 들어와 소비자들에게 혜택을 줬지만, 국내 영세 수공업이 몰락했다. 제국주의 시대에 최익현 주장은 기우가 아니었다.

위정척사운동이 근대 민족주의운동으로 발전했다고 보는 시각도 있다. 외세 침략에 맞서 저항했다는 점에서 그렇게 보이지만, 그들이 지키려는 가치는 양반·상놈 신분 체제이며 중국 중심 화이질서였다. 심지어 근대 민족운동으로 평가받는 동학농민운동도 왕정 의식, 중화 의식을 버리지 못했다. "우리 임금께서 어질고 효성스럽고 백성에게 자애롭고 총명하고 지혜로우시니 현명한 신하가 돕는다면 요, 순의 덕과 문제, 경제의 치세를 바라볼 수 있다"(전봉준, 무장동학배포고문, 1894.3.21).

근대 민족주의는 신분제 폐지, 인민 평등에서 시작했다. 핍박받던 보통 사람들이 국토를 내 나라·내 땅이라고 느껴야 민족주의가 싹텄다. 조선민주주의인민공화국 주체사상이 사이비 민족주의인 것처럼 인민 주권을 담지 않은 민족주의는 진짜 민족주의가 아니다. 기계처럼 건조한 언어 체계, 외골수 근성, 배타성 등 성리학과 공산주의가 여러모로 닮았다.

서세동점 시대 위정척사파가 미처 생각하지 못한 로고스가 있다. 주체성은 단절과 고립이 아닌 공존과 교류에서 나온다. 최익현이 도끼 들고 개항을 반대할 때 일본 이와쿠라 사절단이 유럽을 돌며 근대 문물을 흡입했다. 한 세대 후 조선은 일본 식민지로 전락했다.

유교 망국론

우리 국조 5백 년 동안 문치를 숭상했는데 ··· 경서를 읽은 선비들 가운데 바위굴에서 늙어 죽는 자가 많아 오늘 같은 침체를 가져왔다. 과거 급제하고 벼슬길에 오르면 일신이 행복하지만, 백성, 국가, 천하에 아무 이익이 없다. ··· 우리는 쓸모없는 사람들이다.　　　　　　　　　　-이기, 『일부벽파론』(1908)-

'종교'는 조선에 없던 말로 영어 'religion(신과 인간의 관계)'을 번역한 근대어다. 유학은 현세주의라서 종교와 거리가 있지만, 조상신 모시는 점을 고려하면 '도덕적 종교'로 볼 수 있다. 게다가 교조화, 우상화로 치달은 조선 후기 성리학은 유일신만 없을 뿐 유사 종교였다.

　19세기 말, 서구 기독교가 조선에서 세력을 확장하고 유학이 쇠락하는 가운데 문묘 제사가 소홀하다며 유림이 정부에 항의했다. 서세동점 시대 유학이 저물어 가는 석양빛을 띠었지만, 그 영향력이 여전해 정부도 그들을 무시하지 못했다. 광무 3년(1899), 대한제국 정부가 공자를 존숭하는 왕령 「존성윤음」을 발표했다.

　「존성윤음」이 유학(유도, 유술 ···)을 기독교에 맞설 종교라는 뜻으로 '유교'로 표기했다. "앞으로 짐과 태자가 유교 종주로서 기자와 공자의 도를 밝히고, 선조의 뜻을 잇고, 모든 신하에게 물어 공자를 받들고 도를 따르겠다."며 **유교를 국교로 선언했다.** 왕조가 몰락해 갈 때, 죽은 용 꼬리 붙잡듯 유학이 국교로 태어났다. 이후 주자 후손 관직 특별채용, 성균관 부활 등 유교 우대 조치가 뒤따랐다.

　그러나 유교계는 국난 앞에서 무력했다. 3·1운동 기획자 33인 가운데 유교계 인사가 한 명도 없었다(천도교 15명, 개신교 16명, 불교 2명). 반면, 한일병합

조약 주역 이완용은 노론 명문가 출신이었고, 3·1운동 기획자 명단에 참여해 달라는 요청을 거절했다.

3·1운동 충격 이후 조선총독부가 경학원(옛 성균관)과 그 세포조직 조선유도연합회를 통해 유림 친일화 공작에 착수했다. 유림은 지방 중소 지주이며 명망가여서 3·1운동 후 총독부가 반일 정서를 추스르고 친일 여론을 조성할 때 그들이 유용했다. 조선총독부가 보조금, 부역 면제 등 당근을 제시했고, 조선유도연합회를 비롯해 대동사문회, 유도진흥회, 황도회 등 유교 단체들이 친일 경쟁에 나섰다.

친일행각도 이념이 필요했다. 조선 성리학을 주리론과 주기론으로 설명한 다카하시 도오루가 황도 유학을 고안했다. 황도 유학은 일본 천황이 태양신 아마테라스 오미카미 후손으로 신성불가침 존재라며 절대복종을 주장했다. 다카하시는 "새로운 동아시아 질서 건설을 위해 중국 중심 왕도 유교를 일본 국체 황도 유교로 변경해야 한다"며 황도 유학을 식민지 내선일체 도구로 내세웠다. 각 지방 유림이 전쟁 성금을 모아 전시체제 충성 경쟁했다. 권력의 단맛을쫓는 자들에게 왕조든 식민지든 체제 성격은 중요치 않았다.

흥미롭게도 **성균관 박사 출신 신채호가 조선왕조 멸망 원인으로 유교를 지목했다. 그는 '일찌감치 육경(시경·서경·역경·예기·춘추·악경)을 불 싸질렀어야 했다'고 말했다.** 그는 유교 교조주의가 중국 문명에 대한 사대주의에서 더 나아가 당쟁, 벼슬 욕심, 공익 개념 빈약, 형식주의 등을 낳았고, 조선 사람을 도덕의 노예로 만들었다고 비판했다. 그것은 처절한 자기 부정이었다. 이어 그는 **"강한 힘만 있고 인·의가 없는 세상에 선비들이 다 떨어진 멍석으로 대문을 가리고 도덕을 외칠 뿐 떨치고 일어나 칼을 휘두르지 않았다."**고 지적했다. 제국주의 열강이 득실거리는 시대에 '수신제가치국평천하'가 통하지 않았다.

이어 신채호는 박은식 '유교구신론'(1909)을 '새로운 빛'이라고 평가했다.

박은식은 유교 폐단을 지적한 후 지행합일 양명학을 대안으로 제시했다. 그
것은 새로운 주장이 아니라 임진왜란 때 명나라 장수들이 조선 사대부들에게
던진 충고였다. 수백 년 동안 유교 성리학이 조선왕조를 지배했다면 그 망국
의 책임을 벗기 어렵다.

누구를 위해 종은 울리나?

예(禮)는 사치스럽지 않고 검소해야 하고, 장례는 형식 갖추기보다 슬퍼해야
한다.   -공자-

성종 13년(1482), 한성부윤 한간이 사위를 들일 때 사라능단(중국산 고급 비
단)을 혼수품으로 받아 대간의 공격을 받았다. "요즘 혼수품 열 가지를 요구
하는 집안이 많습니다. 가난하면 혼수품을 마련하지 못해 혼기를 놓칩니다."
연산군 8년, "신부가 사라능단을 갖고 시집가는 것을 일절 금지한다."고 법
령을 내렸지만 소용없었다. 왕족, 사대부뿐 아니라 상민도 결혼, 장례, 제사
때 사라능단을 사용했다. "혼인 때 사치가 심해 혼수 경쟁에 여념이 없다."
"쌀 한 섬도 없는 자들이 사치를 본받아 혼인, 장례 때 분수를 넘는다." "서로
다투어 아름답게 보이는 것만 숭상해 귀한 물건을 부질없이 낭비한다."고 우
려가 나왔다. 『경국대전』이 '금, 은 등 사치품을 사용하거나 당상관 이하 자녀
가 혼인할 때 사라능단을 사용하면 곤장 80대를 친다'고 명시했다.
일제 식민지 조선총독부가 한국인 결혼식, 장례식에 시간과 돈이 낭비된
다며 '의례준칙'을 발표했다. 결혼 예물은 청홍 2단, 장소는 사찰, 교회, 신
사, 장례 기간은 5일 이내, 3년 상(喪) 폐지, 조문객의 통곡 폐지, 제사는 조

부모와 부모에 한정, 제사상에 올리는 음식 종류 제한 등이 그 내용이었다. 총독부가 '의례준칙' 보급을 위해 경찰과 경학원(성균관)을 동원하고 팜플렛, 영화까지 만들었다. 해방 이후 박정희 정부도 허례허식을 없애려고 '가정의례준칙'을 시행했지만, 법은 멀고 일상이 가까웠다.

한국 사회에서 인맥은 곧 경조사 네트워크다. 평소 여기저기 '예금'해 놓은 경조사비는 유사 연금으로 작동한다. 한 집단 안에서 자연스러운 게 합리성이니 탓할 일이 아니지만, 체면과 형식에 얽매인 결혼식은 비용 부담을 줄 뿐 아니라 그 의미를 갉아먹는다. 영국인 교사 마틴 크레이그는 붕어빵 찍어 내는 듯한 한국 결혼식을 이렇게 표현했다. 'Next. Finished. Next. Finished. …' 그는 지방 향교에서 한국인 여성과 한국 전통 혼례를 검소하게 올렸다.

고단한 여정을 마치고 무욕의 땅으로 떠나는 장례식장에도 현세의 욕망이 넘쳐난다. 죽음의 무게가 모두 같다는데 저승 가는 길에 꽃가마가 따로 있는지 빈소 앞이 화환 모시기 경쟁터로 변한다. 화환 크기와 개수가 유족의 세(勢)를 과시한다. 추모받아야 할 고인은 사라지고 밀려드는 조문객과 지친 유가족이 남는다.

결혼식과 장례식은 어쩌다 한 번이니 그나마 낫다. 명절을 포함해 때만 되면 돌아오는 제사가 가족 갈등을 부추긴다. 설, 추석 전후 10일간 이혼 건수가 평소보다 2배 이상 늘어난다는 통계도 있다. 문재인 정부 청와대 게시판에도 명절을 폐지하자는 의견이 올라왔다.

"제사가 따로 있는데, 왜 명절에 차례를 지내나?"
"왜 여자들은 본 적도 없는 조상을 위해서 시간과 생활을 희생하나?"
"명절 때 시댁에 가자마자 앞치마 두른다. 시댁을 나서는 순간까지 편히 앉아 있지 못한다."

"여성이 힘들고 남성도 절대로 행복할 수 없는, 세대 갈등으로 이어지는 명절
과 제사를 없애자"

명절과 제사는 바쁜 일상 속을 살며 내 삶의 뿌리를 짚어 보는 의식이다. 그
숭고한 의미를 살리되 격식의 늪 속에 빠져 본질을 망각하고 사람을 구속하
는 세태에서 벗어나야 한다. 제사 치른다고 자손들이 서로 싸우면 제삿밥이
조상님 입으로 들어가겠나? 하늘에 계신 조상님이 바라는 건 상다리 휘는 제
삿밥이 아니라 자손들 화목이다.

"자기 점검 없는 사람은 발전하지 못한다"고 성리학 집대성자 주자가 말했
다. 이제 바뀐 세태에 맞게 명절과 제사도 점검받아야 한다. 고려시대처럼, 현
대 일본처럼 종교 시설에서 간소하게 제사를 치르는 것도 좋다. 명절도 추석
하나로 통합하면 좋다. 새해 인사 실컷 해 놓고 한 달쯤 지나 설 명절 쇠는 것
도 어색하다.

제사상도 '홍동백서' '조율이시' 따지지 말고 산 사람들이 먹을 제철 음식
네댓 개만 올리자. 살기 바빠 그것도 번거로우면 영정 앞에 술 한 잔만 올리면
또 어떤가? 갑오개혁 때 신분제 폐지 후 '상놈 출신' 소리 듣지 않으려고 상민
들이 4대 봉사와 제사상 차리기 경쟁하다가 그 관성이 오늘날까지 내려왔다.

"전통은 담힘이 아니라 열림이다."(국악인 김덕수), "고정불변의 신비로운
전통이 존재한다기보다 오히려 우리 자신이 전통을 찾아내고 창조해야 한
다."(역사학자 이기백). 전통은 말 그대로 '후세에게 전달해(傳) 통한다(統)'는
뜻이다. 뜻이 통하려면 세상이 변한 만큼 사람 생각도 변해야 한다. 전통도 생
물처럼 진화한다.

불교 佛敎

- 무소유가 세속 욕망으로

유입

처음 만난 고등종교

조선인은 불교로 말미암아서 철학을 알았습니다. … 조선인의 본질은 소박한 낙천주의인데 불교를 얻고서 정교하고 심오한 사유 방법을 알아서 마음과 눈이 차차 형이상학적인 방면으로 열리고, 옳은 의미에 있는 사상 생활을 갖게 되었다 할 것입니다.　　　　　　　　　　　　-최남선, 『조선상식문답』-

후한 명제 10년(서기 67), 인도 불교가 실크로드를 통해 중국으로 들어왔다. 자존심 강한 중화 민족이 수용하고 내면화한 외래 종교는 중국 역사에서 불교밖에 없다.

손바닥도 마주쳐야 소리 난다. 불교는 선교할 때 배타성을 띠지 않았고, 현실에서 도피하며 무위자연을 강조하는 중국 노장사상이 불교와 서로 통했다. 노장사상 개념을 빌려 불교를 이해하는 격의불교(格義佛敎)가 나왔다. 격의불교는 노장사상 무(無)를 빌려 불교 공(空)을 설명했고, 고대 중국인은 부처를 도교 신선으로 여겼다.

제국 말에는 중국인이 불경을 한문으로 번역했고, 국정 문란과 황건적 난으로 고통받는 백성에게 불교가 위안을 줬다. 파미르고원과 히말라야산맥으로 단절됐던 인도 문명과 중국 문명이 불교를 통해 만났다.

중국 화북을 지배한 5호(흉노·선비·갈·강·저) 통치자들은 자신들을 오랑캐라고 차별하는 유학보다 모든 사람과 천신까지 평등하게 여기는 불교를 좋아했다. 그들은 고승을 예우했고, 불교 이념으로 이민족과 토착 중국인(한족)을 통합해 국가를 운영하고 싶었다. '모든 게 덧없다'는 인도 불교가 중국 정치 체제와 만나 현세성을 띄었다.

고구려, 백제, 신라가 현세화된 중국 불교를 받아들였다. 부족 국가에서 중앙집권 고대 국가로 성장하며 정복 전쟁을 시작하던 삼국도 체제 이데올로기로 불교가 필요했다. 그들은 불교를 이용해 귀족과 백성을 통합해 갔다. 여러 부족 토착 신앙을 불교라는 용광로 속에 녹이고, 현세를 살기 괴로워도 착한 업(業, karma, 의도를 가진 행동)을 쌓으면 윤회 사슬을 끊고 구원받는다며 체제 불만을 달랬다. 자연스럽게 신분 불평등은 현세 문제가 아니라 전생의 결과라는 이야기가 성립했다. '내가 지은 악업의 재앙은 세상 어디서도 피할 곳 없나니.'(『법구경』). 불교는 한반도인이 처음 만난 고등종교였다.

토착인 마음을 파고들려면 현지화 전략이 필요했다. 그리스도교 역사 초기 예수가 병자 치료 기적을 통해 포교한 사실은 유명하다. 전도승 묵호자가 신라 눌지마립간 딸을 치료했듯 종래 무의(巫醫, witch doctor)가 맡아온 질병 치료를 불교 승려가 대체했고, 경주 천경림을 비롯한 토착 신앙 성지에 흥륜사, 분황사, 황룡사, 사천왕사 등 절이 들어섰다. 현세주의 신앙 무속은 흡착력이 강했다.

피로 피어난 꽃

"제가 오늘 죽는다면 그 이튿날 위대한 교리가 일어 부처님의 해가 중천에 뜨고 대왕께서는 길이 편안하시오리다." … 옥사정이 이차돈 목을 베니 흰 젖이 한 길이나 솟아 올랐다. 하늘이 사방으로 침침하고 저녁 땅이 흔들리며 빗방울이 꽃처럼 나부끼며 떨어졌다.
-『삼국유사』-

불교는 토착 신앙의 천신을 사람과 짐승처럼 윤회 사슬을 끊지 못한 불완전 존재로 본다. 윤회 사슬을 끊은 존재는 부처뿐이다. 천신을 매개로 지배력을 행사해 온 귀족에게 불교는 위협이었다.

불교가 고대 귀족에게 불편한 요소가 또 있었다. 순장 풍습이 말해주듯 고대 귀족은 현세 신분을 내세로 가져간다고 믿었다. 그런데 불교 말씀은 달랐다. 귀족도 현세에서 나쁜 짓 저지르며 못되게 살면 내세 지옥으로 떨어지고 다음 생애에 비천한 신분으로 태어난다고 말한다. 귀족에게 불교는 이래저래 불청객이었다. 변방 국가 신라에서는 불교가 낯설어 전도승이 숨어다니며 포교했고, 순교자도 나왔다.

그러나 신라도 민간에서 불법을 잉태해 싹을 틔우더니 법흥왕 14년(527), 신앙 혁명이 일어났다. 그 한 가운데 순교자 이차돈이 있었다. 이차돈의 성은 박씨(또는 김씨), 이름은 염촉, 법흥왕 5촌 조카이며 측근 신하였다고 전한다. 그는 왕실 내 불교 세력을 대표해 총대를 멨다.

당시 신라 왕권은 아직 취약했다. 울진 봉평비가 법흥왕을 '훼부모즉지매금(喙部牟卽智寐錦)'이라고 적었다. 훼부(탁부)는 법흥왕 소속 부족, 모즉지는 법흥왕 이름, 매금은 우두머리라는 뜻이다. 비문은 법흥왕을 국왕이 아니라 일개 부족장으로 표현했다. 법흥왕이 귀족을 견제하고 왕권을 확립하려면 귀족이 믿는 천신을 불교에 녹여야 했다.

이차돈은 '왕명을 사칭해 흥륜사를 짓게 한 죄로 귀족들이 보는 앞에서 제 목을 베라'고 법흥왕에게 자청했다. 불교로 왕권을 강화하려는 정치 욕망과 신라에 불국토를 실현하려는 신앙의 순결이 만났다.

이차돈이 왕명을 받들어 흥륜사를 중창하기 시작하자 신하들이 왕에게 항의했다. 왕은 자기 뜻이 아니었다고 발뺌하고 이차돈을 불렀다. 이차돈은 "불사를 일으킨 것은 부처님 뜻에 따라 내가 한 일"이라고 말했다. 이미 짜놓은 각본을 따라 왕은 형리를 불러 이차돈 목을 쳤다. "목을 베자 잘린 곳에서 피가 솟는데 흰빛이 젖과 같아 사람들이 괴이하게 여겨 더는 불사를 비방하지 않았다."고 『삼국사기』가 전한다.

국왕이 제 혈족을 공개 처형하다니, 순식간에 일어난 사태에 정적들이 충격을 받았다. 전하는 기록마다 이야기 구조가 조금씩 다르지만, 법흥왕이 이차돈을 희생양 삼아 공포 분위기를 조성한 후 반대 세력을 틀어막고 불교를 공인했다는 게 줄기다.

외골수 불자를 처형해 놓고 국가가 불교를 공인했다는 이야기 구조가 모순이지만, 순교가 영적 각성 효과를 내고 희생양은 집단 내 갈등을 해소한다. 한 사람이 희생해 다수를 구원하는 이야기가 무속의 '희생제의' '천신제'를 닮았다. 한 사람이 스스로 희생해 신의 뜻을 이루는 것은 무속 제사의 전형이다. 단군신화에서 곰이 동굴 속 금욕 수행 이후 국가 시조를 낳았고, 이차돈은 순교를 통해 인간과 신령을 이어줬다. 그의 목에서 흰 피가 흘러나왔다는 이야기는 신령스러운 죽음을 강화한다. 이차돈 순교는 불교가 무속과 융합해 신라에 정착해 가는 과정을 보여준다.

이차돈 순교 몇 해 전, 신라가 중국 남조 양나라와 교류한 것도 불교 공인에 영향을 끼쳤다. 양 무제는 부처 제자를 자처하고 사찰 노비로 일해 '보살 황제'로 불렸다. 양나라 승려들이 부처님 사리를 들여와 신라 귀족들에게 불심을 전파했다. 법흥왕도 말년에 사신(捨身, 불교에 깊이 귀의)했고, 그의 조카 진흥왕도 부처 제자가 됐다.

진흥왕은 고대 인도 불교를 전파한 아소카왕처럼 전륜성왕을 자처했다. 유학에 이상적 군주 요·순 왕이 있다면 불교에 전륜성왕이 있다. 전륜성왕은 수레바퀴 돌리듯 세상을 바른 법으로 이끄는 군주다. 고구려 호태성왕(광개토왕), 백제 성왕도 전륜성왕을 이상 속 군주 모델로 여겼다.

신라 왕족은 불교식 이름을 사용해 신성을 부여했다. **진흥왕 손자 진평왕은 석가모니 아버지 이름 백정, 그 동생들은 백정의 동생 백반·국반, 왕비는 석가모니 어머니 이름 마야부인, 딸 선덕여왕은 불경 속 이름 덕만, 조카 진덕여왕도 불경 속 이름 승만이었다. 불교 공인 50여 년 만에 신라가 고대 인도 카필라 왕실 석가모니 집안을 재현했다.** 이 왕성한 문명의 미메시스여!

흥미롭게도 삼국 가운데 가장 먼저 불교를 수용한 고구려는 불교가 번성하지 못했다. 고구려의 승려, 고관들이 석가모니 탄생에 대해 잘 모를 만큼 불교 교리 지식도 부족했다. 불교 장례법인 화장도 고구려에선 찾아보기 어려웠다. 고구려는 유학, 노장사상 등을 이미 받아들이고 고대 국가 체제를 수립해 불법과 왕법을 한 몸으로 여기지 않았다. 고구려가 중앙아시아와 폭넓게 교류했고, 백제는 교리 연구에 치중한 중국 남조 불교를 수용해 불교 소용돌이가 일지 않았다.

이차돈 순교 이후 신라는 굶었다가 밥을 몰아 먹듯 불교를 흡입했다. 귀족들이 불교를 거부하는 동안 불교가 민간에 기반을 다졌고, **신라는 고대 국가 체제 형성기에 불교를 수용해 왕권과 불교가 결합했다. 왕즉불**(王卽佛), **왕이 곧 부처였다. 변방 속 변방 신라가 한국 고대 불교 중심으로 떠올랐다. 변방으로 갈수록 사상의 소용돌이가 강렬했다.**

정착

서라벌 점령한 절

(경주 시내에) 절과 절이 별처럼 펼쳐있고, 탑과 탑이 기러기 떼처럼 늘어섰다.

-삼국유사(진흥왕 26년, 565)-

이차돈 순교 후 봇물 터지듯 신라 불교가 성장했다. 진흥왕 14년(553), 월성 왕궁이 좁고 분지 남쪽에 치우쳐 새 궁궐을 짓고 싶었지만, 수도 서라벌(경주)은 이미 건물 포화 상태라 땅이 없었다. 왕이 월성 동북쪽 늪지대를 흙으로 메우고 궁궐을 지으라고 지시했다.

무슨 조화인지 늪지대 연못에서 황룡이 나타나 하늘로 올라갔다. 동아시아 문화권에서 오방색 가운데 황색이 중앙색이다. 왕은 황룡을 기이하게 여겨 궁궐 대신 절을 짓고 황룡사라고 이름 지었다. 아마도 용을 신으로 모시는 지역 토착 세력이 궁궐 공사에 반발했고, 그렇다고 아무 일도 없었던 듯 지나가면 국왕 체면이 서지 않으니 무난한 종교 시설 건설로 타협한 듯하다. 공교롭게도 불교에서 용은 호법신이다. 토착 신앙과 불교가 만났다.

황룡사는 대지 12만 평, 건물 2,800칸, 공사 기간이 20여 년에 이르렀다. 황룡사 금당은 훗날 조선 경복궁 근정전보다 더 컸다. 나라가 위태로울 때 고승 100명이 황룡사에 모여 "깨닫고 얻은 지혜가 국토를 수호한다"며 백고좌회를 열었다. 선덕왕 5년(636), 여왕이 병석에 누우니 황룡사가 백고좌회를 열고 쾌유를 빌었다. 용이 호법신이며 국왕을 상징하니 황룡사는 국가 안녕을 비는 호국 대찰이었다. 그 이름도 누를 황 황룡사(黃龍寺)에서 임금 황 황룡사

(皇龍寺)로 바뀌었다.

인도 아소카왕이 보낸 재료로 만들었다는 전설 속 본존불 장육존상, 자장이 당 유학 후 돌아와 세운 9층 목탑(높이 80미터)은 황룡사 명물이었고, 옥황상제가 진평왕에게 내렸다는 허리띠 천사옥대도 황룡사에 보관했다. 비슷한 시기 백제 장인들이 일본 법륭사 5층 목탑을 세웠다니 아비를 비롯해 백제인 2백여 명이 황룡사 9층 목탑을 지어 올린 일도 이상하지 않았다. 9층 목탑은 1층부터 왜, 당, 오월, 탐라, 백제, 말갈, 거란, 여진, 고구려 등 주변 오랑캐를 가리킨다. 새들을 속여 불러들였다는 솔거의 소나무 그림도 황룡사 금당벽화였다.

삼국 전쟁이 끝나고 평화가 찾아와 불교가 더욱 번성했다. 신라 불교가 통치 이념에서 사상과 신앙으로 바뀌어 갔다. 무열왕(김춘추) 이래 비성골 출신 국왕들이 등장해 왕실 권위를 불교로 포장하는 전략도 한계에 이르렀고, 영혼 구원의 목소리가 신라인 가슴 속으로 스며들었다.

통일 이후 신라 전성기 수도 경주 풍경을 『삼국유사』가 묘사했다. "178,936호 … 기와집이 끝없이 늘어서 맞닿은 처마 아래로 비를 맞지 않고 이동했다". 오늘날 한국 도시를 교회 십자가가 수놓듯 고대 경주 시내 그 많은 기와집 가운데 상당수가 절이었다. "백성 집들이 서로 이어지고 노래가 끊이지 않았다."는 『삼국사기』 기사 속 노래도 염불 소리였을지 모른다. 경주 남산에는 절과 암자 120여 개, 석탑 60여 기, 불상 80여 채가 빼곡하게 들어섰다. 남천(南川) 건너 왕궁과 남산을 월정교가 이어줬다. 경주가 불국토였다.

경주 밖에도 절이 늘어났다. 근대 기독교 교회처럼 고대 국가 절도 천신당·산신당·서낭당 터에 들어섰다. 황룡사 창건 과정이 보여주듯 불교가 토착 신앙과 충돌하며 융합했다. 자연스럽게 신라 불교가 현세 기복으로 흘렀고 밀교 색채를 띠었다. 대승불교의 분파 밀교(密教)는 '스승이 수제자에게 전수하는 비밀스러운 가르침'으로 주술성이 강했다. 훗날 『왕오천축국전』을 남긴 혜초도 밀교 수행승이었다. 그는 당 황제 명을 받고 기우제를 지냈다.

격랑의 역사, 현세 불교

무속은 출산, 질병 치료, 재산 증식, 출세, 더 나아가 국가 수호 등 소망 성취를 빌어 현세주의를 낳는다. 무속과 결합한 한국 불교는 아들 낳으려고 불공 드렸고, 부처 힘을 빌려 나라를 지켰다.

선덕왕 5년(636), 자장과 제자 10여 명이 당으로 불법을 구하러 갔다. 자장이 중국 오대산에 머물 때 문수보살(복·덕·지혜를 갖춘 수행자)을 자처한 승려가 나타나 예언했다.

(신라 경주) 황룡사 불법 지키는 용이 내 맏아들이다. 범왕(인도 바라문교 으뜸 신) 명령을 받아 그 절을 지키고 있으니 신라로 돌아가 절 한 가운데 구층 탑을 세우면 이웃 나라들이 항복하고 아홉 나라가 조공하며 나라가 평안하리라. 탑을 세운 후 팔관회를 열고 죄수들을 석방하면 외적이 침범하지 못하리라.

-삼국유사-

신비한 경험 이후 자장은 당 태종을 만나고 종남산 운제사 동쪽 절벽 위에 집 짓고 3년 동안 화엄 사상을 공부하며 수도 정진했다. '윗동네 소가 풀을 뜯는데 아랫동네 말이 배탈 나 천하 명의를 찾으니 돼지 왼쪽 다리에 뜸을 뜨누나'. 화엄 사상은 만물이 시공간에서 얽히고설켜 서로 의존한다는 연기설을 강조한다. 만물은 대립을 초월해 하나로 통한다. 자장의 명성이 제국 수도 장안까지 미쳤다.

선덕왕 12년(643), 자장이 귀국했다. 당시 신라 불교는 공인 이후 백여 년이 흘러 교세가 성장했지만, 불교 사상 이해가 깊지 못해 승려와 신도들이 지켜야 할 계율이 자리 잡지 못했다. 이에 자장이 대국통에 올라 불교계를 총괄했다. 백제 장인(匠人) 아비가 기술을 지도하고 공사감독 용춘이 기술자 2백 명을 거느리고 국가 전략 상징물 황룡사 9층목탑을 세웠다. 전략 요충지 대야성(경남 합천)이 백제군에 점령당해 김춘추의 딸 부부가 살해당하고 신라가 위기를 느낄 때, 자장은 불교로 국론을 통합하고 국난을 극복하려 했다. 불교가 신앙을 넘어 국가 이데올로기로 작동했다.

'세속오계'로 유명한 원광은 불교를 현실에 맞게 적용했다. '임금에게 충성하라' '전쟁에 나가 물러서지 마라' '생명을 죽이되 가려서 죽이라' 등 파격 계율은 시산혈해 삼국 전쟁기 현실을 반영했다. 파격은 역량에서 나온다. 원광은 유학과 노장학에도 해박했다고 『삼국유사』가 전한다.

진평왕 30년(608), 원광은 신라가 고구려를 치려고 중국 수나라에 파병 요청 문서를 쓰라는 왕명을 받았다. 그는 "내가 살려고 남을 죽이는 것은 승려가 할 일이 아닙니다. 그러나 못난 제가 대왕의 땅에 살고, 대왕의 풀을 먹으며 어찌 명령을 따르지 않겠습니까"라며 글을 지어 바쳤다. 불교가 정치·외교 언어로 활용됐다. 4년 후 수양제가 백만 대군으로 고구려를 침공했나.

자장이 세운 황룡사 9층목탑, 원광이 쓴 걸사표 모두 호국 불교를 상징했다. 치열한 국제 정세 속에서 신라 불교는 교학보다 현실에 무게를 두었다. 그 어떤 내세 신앙도 삶이 치열한 한반도에 들어오면 현세주의 자기장을 벗어나기 어렵다. 대몽항쟁기 고려왕조가 팔만대장경을 조판했고, 조선왕조가 불교를 탄압했는데도 나라 구하겠다며 승병들이 전장으로 나아갔다.

고난의 불국토

굶주리는 백성들 바람은 잘 먹는 일입니다. 도탄에 빠진 백성에게 세금과 부
역을 줄여 잘 먹고 잘 살도록 만들어야 합니다. 그러면 그들이 이 땅 신라를
버리고 어디로 가겠습니까? … 태평성대가 저절로 옵니다.”

-충담사 「안민가」-

통일 이후 평화가 찾아오고 8세기 성덕왕 때 신라 왕권이 안정 궤도에 들어
가 불교 신앙도 새로운 단계로 들어섰다. 아미타불(극락에서 중생을 구원하는
부처)을 믿어 내세에서 성불할 수 있다고 원효가 설파했지만, 한발 더 나아가
사바세계(현세)에서 부처가 되려는 신앙이 유행했다. 그러려면 신라 땅이 불
국토 즉 부처의 나라여야 했다. 석가모니 고향 인도처럼 신라도 불국토(극락,
열반, 서방정토)이니 신라 땅에서 성불하라는 이야기다.

성덕왕은 정전제를 실시해 농민 토지 소유를 법제화해 민생을 챙기고 국가
재정을 늘려 전제 왕권을 확립했다. 그는 외교도 탁월해 당-발해가 대립할 때
당을 도와 대동강 이남 영유권을 확보했다. 신라 수도 금성(경주)은 당 제국,
서역, 인도, 페르시아, 일본 등과 교류하는 국제도시였다.

그 아들 경덕왕은 아버지 성덕왕이 구축한 전제 왕권을 이어가고 싶었다.
그는 즉위하자마자 아버지 공덕을 기리며 에밀레종(성덕대왕신종) 주조에 들
어갔다. 불가에선 범종 소리로 인간 번뇌를 날려 보낸다고 믿는데, 에밀레종
은 고구려 광개토대왕릉비나 조선왕조 용비어천가처럼 국왕 권위를 형상화
했다. 대형 불사는 왕권 불안의 반증이었다.

무게 12만 근 범종을 만들기 쉽지 않아 시행착오 끝에 에밀레종은 경덕왕
아들 혜공왕 때 완성됐다(742~771). 종을 만들 때 쇳물 속에 어린아이를 넣었

다는 설화는 일곱 살에 즉위해 외척 섭정에 휘둘리다가 피살된 혜공왕 이야기를 연상시키지만, 인신 공양 이야기가 나올 만큼 대형 불사가 백성을 수탈했다는 은유이리라.

현재 전하지 않지만, 경덕왕 13년(754) 완성한 황룡사 대종은 에밀레종 네배 크기였다니 신라 불교가 그만큼 번성했음을 보여준다. 그 거대한 화려함은 중생의 땀과 눈물이었으니 부처의 가르침과 거리가 멀었다. 부처님 코를 갈아 마시면 아들 낳는다는 속설이 돌다가 근대에는 미혼 임신 여성이 에밀레종 쇳가루를 마시면 낙태한다는 미신이 돌았다. 밤마다 여성들이 경주박물관에 잠입해 쇠꼬챙이로 에밀레종을 긁어대는 통에 관리자들이 골머리를 앓았다. 현세주의 자기장 속에서 에밀레종은 천년을 울어도 슬프다.

전쟁이 끝나고 평화와 안정이 찾아온 8세기 중엽, 한국 불교 예술은 불국사, 석불사로 절정을 이뤘다. 신라 하대와 고려시대 불교 예술 수준이 오히려 떨어졌다고 말할 만큼 신라 중기에 불교가 꽃을 피웠다. 7세기 백제 무왕이 미륵사 창건으로 왕권 강화를 꾀했듯, 신라 지배 계급은 영원한 태평성대를 바라며 불교 이상 세계, 불국토를 불국사와 석불사로 구현했다.

토함산 기슭 불국사는 법흥왕 15년(528) 지은 것을 경덕왕 10년(751)부터 재상 출신 김대성이 중수하다가 그가 죽고 나서 국가가 완공했다(혜공왕 10년, 774). 김대성은 당대 불교 주류 화엄 사상에 심취했고, 수도 경주에서 먼 지방에서도 교화승들이 백성을 교화했다. 부역 동원된 인부들은 '나무아미타불'을 외며 불국토 건설에 참여했다. 신라 인구 2~3백만 명 가운데 수십만 명이 동원됐다(1970년대 중장비 동원 불국사 복원할 때 5년 동안 석공 33,900명 포함 86,000여 명이 참여했다). 그 규모가 2천여 칸, 오늘날 불국사 대여섯 배였고, 비를 맞지 않고 사람들이 경내를 걸어 다녔다. 불국사 창건은 현대인이 상상하기 어려운 대역사였다.

더구나 경덕왕 치세 기간에 가뭄, 지진, 우박, 태풍 등이 빈발해 기근이 들었고, 혜성이 출현해 민심이 흉흉했다. 경덕왕은 부처님 말씀을 빙자한 폭군이었다. 흉년이 들어 향덕이 제 다리 살을 떼어 어머니를 봉양했다는 설화가 나왔고, 굶주린 백성들이 일본으로 탈출했다고 전한다. 충신들이 경덕왕에게 선정을 촉구하며 벼슬을 버렸다. 승려 충담사가 경덕왕에게 바쳤다는 향가 「안민가」도 세태를 담았다. 고난 없는 불국토를 건설한다며 중생이 고난을 겪었다.

불국사는 현세를 품었다. 대웅전을 비롯해 석가탑·다보탑·청운교·백운교 등이 현세 석가모니불을 모셨고, 극락전을 비롯해 칠보교·연화교·안양문 등이 내세 아미타불을 모셨다. 대웅전 구역을 더욱 크게 설계함은 현세를 강조하는 한편, 현세를 부처의 나라로 만들려는 의지였다. 황룡사가 규모의 절이라면 불국사는 구성과 조화의 절이었다.

신라인은 토함산을 불국토로 만들고 싶었다. 토함산 정상부에서 동해 일출을 바라보는 석불사는 불국사와 짝을 이룬다. "김대성이 현생 부모를 위해 불국사, 전생 부모를 위해 석불사를 창건"했다고 『삼국유사』가 전한다. 그 공사규모를 볼 때 불국사·석불사는 김대성이 발의하고 국가가 노동력을 동원한 민관 합동 프로젝트로서 신권과 왕권의 균형을 보여준다. 불자 김대성의 신앙과 경덕왕의 전제 왕권 욕망이 만났다.

조화는 부분과 전체의 관계이며, 하나가 전체요, 전체가 하나다. 불국사처럼 석불사도 화엄 사상으로 불국토를 구현했다. 그것은 언어로 표현할 수 있는 영역이 아니다. 고통 없는 불국토를 꿈꾸며 암석에 혼을 불어넣은 신라인의 땀이 석불사에 배어있다. 동서양 융합 문명 헬레니즘과 함께.

원효, 불국토는 마음속에

'정관의 치세' 당 태종 때 승려 현장은 17년 동안 서역과 인도 북부 천축국 등을 답사하고 돌아와 종래 불경 번역을 비판하고 새롭게 번역해 동아시아 불교계에 바람을 일으켰다. 7세기 현장은 동아시아 승려들에게 우상이었다.

진덕왕 4년·당 고종 1년(650), 신라 승려 원효와 의상은 현장에게 불법을 배우러 유학을 떠났지만 고구려군에 붙잡혀 실패했고, 몇 년 뒤 원효는 당 유학을 또 시도했다가 '해골물 사건'을 겪었다. 우주의 중심이 마음속에 있어 문명과 야만이 따로 있지 않았고, 바다 건너 유학도 허망했다. 경주로 돌아온 원효는 황룡사 옆 분황사에 칩거하며 집필에 몰두했다. 그는 난해하고 서로 충돌하는 불교 교리를 『대승기신론소』, 『십문화쟁론』으로 정리했다.

당시 불교계에 인도 불교 태동기부터 내려온 사상 논쟁이 있었다. 중관론(中觀論)이 말했다. 사물은 연기설에 따라 서로 의존하며 존재하므로 자성(自性, 본성)이 없다. 세상 본질은 실체 없이 이름만 붙은 공(空)이다. 공은 차별 없는 무아(無我)이며, 눈에 보이는 세상은 허상이다. 인간 의식이 미치지 않은 상태인 공이 최고 진리다. 인간의 고통도 공이고, 열반에 이르는 해탈도 공이다.

유식론(唯識論)이 반박했다. 현상으로서 공(空)을 인정하지만, 그 밑바닥에 깔린 의식이 존재를 결정한다. 우주 근원을 이루는 것은 공이 아니라 마음이다. 세상이 공이라는 사실을 의식하고 깨달으면 해탈할 수 있다. 공은 없음(無)이 아니라 의식으로 채울 수 있는 빈 그릇이다. 훗날 선종 불교 수행도 그 빈 그릇을 채우는 일이다.

부정은 긍정을 도출하는 수단이지 부정을 위한 부정은 덧없다. **원효는 중관론이 세상 모든 것이 공(空)이라며 부정에 치우쳐 파괴만 알 뿐 건설할 줄 몰라 편협하고, 유식론은 '세상 모든 현상이 식(識)'이라며 긍정에 치우쳐 그**

룻된 것을 부정할 줄 모른다고 비판한 후 일심(一心)을 강조했다. "깨끗함과 더러움은 둘이 아니며, 참됨과 허망함도 다르지 않아 일심이라 부른다"(『대승기신론소』). 일심은 봉황이 구름 위를 날며 천하를 내려다보는 큰마음이고, 우주처럼 넓고 차별 없는 마음이며, 만물의 근원이다.

두 극단을 그물처럼 하나로 엮어 부처의 진리로 이끄는 연결 고리가 연기설이다. 연기설은 모든 게 서로 얽혀 의존하며 인과를 이룬다는 '불교 상대성 이론'이다. 아인슈타인이 우주를 하나의 유기체로 인식하고 불교 연기설을 공부했다. 이것이 있어 저것이 있고, 이것이 없으면 저것도 없다. 가령, 나무는 흙, 물, 햇볕이 조화해야 존재한다. 그 가운데 하나만 없어도 나무가 존재할 수 없다. 씨가 있어야 열매가 열리고, 열매가 열려야 씨도 있다.

원효는 『화엄경』 말씀대로 '서로 같지 않아 화합하고, 서로 다르지 않아 논쟁한다'라고 봤다. 물과 얼음, 봉우리와 골짜기, 삶과 죽음이 각각 '따로 또 같이' 존재하며 상호작용하듯 모든 불교 교리가 한 수레 안에 있고, 빔과 채움이 대립하지 않았다.

일심이 화쟁 사상으로 열매를 맺었다. 원효 사상의 백미 화쟁은 정(正)과 반(反)이 투쟁하고 타협해 합(合)을 이루는 서구 변증법과 다르다. "뭇 경전의 부분을 통합해 여러 물줄기를 진리의 바다로 돌아가게 하고, 부처의 공평한 뜻을 열어 모든 논쟁을 화해한다"(『열반경종요』). 그것은 사상체계라기보다 철학 방법론이고, 인간의 논리가 아니라 자연의 순리이며, 삼국 분열이 통합으로 가는 시대정신이었다. 편견과 집착을 버리고 중관학파와 유식학파의 논쟁을 융합한 화쟁 사상은 중국 화엄 사상에 영향을 끼쳤다. 이로써 인도 불교를 뛰어넘어 새로운 불교가 신라에서 태어났다.

지식과 사상은 오랜 세월 축적의 산물이다. 코페르니쿠스, 갈릴레오가 있어 뉴턴이 나타났듯 귀족 신분과 당 유학을 포기하고 백성과 함께 생활한 혜숙,

교학 대가 혜공 등이 먼저 화쟁 사상 씨앗을 뿌렸고 원효가 꽃을 피웠다. 그 꽃물이 고려시대 의천 교관겸수, 지눌 정혜쌍수로 흘러갔다. 원효, 의천, 지눌, 토마스 아퀴나스, 임마누엘 칸트처럼 서로 대립하는 사상을 집대성하는 자가 역사에 이름을 남긴다.

인도 승려가 산스크리트어로 번역했다는 원효 저서 『십문화쟁론』은 모든 중생이 부처가 될 수 있다고 말한다. **오랜 전란으로 고통받는 중생을 목격한 원효에게 불교의 소명은 중생 구제였다. 그는 진흙탕 속에 핀 연꽃이었다. 중생처럼 머리 기르고 술집과 사창가를 드나들었고, 화엄 사상을 쉽게 풀이한 「무애가」를 부르며 돌아다녔다. 천민, 거지, 부랑자, 어린아이들이 원효를 따랐다. 그에게 진리는 문자보다 삶 속에 있었다.** 선종 불교가 들어오기 전 이미 원효는 불립문자(不立文字, 부처 말씀을 문자로 세우지 못함)를 실천했다. 성과 속을 넘나든 자유인은 부처 말씀을 사바세계 중생에게 전파했다. 대사상가 원효가 등장해 신라 불교가 새로운 단계로 접어들었다.

훗날 고려 대각국사 의천이 원효를 숭앙했다. 그는 원효 화쟁 사상에서 종파 갈등 해법을 찾으려 했고, 원효가 머물던 분황사를 찾아가 제사 올리고 원효를 '해동 교주', '해동 보살', '성스러운 스승'이라고 극찬했다.

분열과 갈등이 들끓고, 외국 유학파가 득세하며 혹세무민하는 오늘날 한국에 원효의 삶과 사상이 울림을 준다. '공감하고 소통하라고.' '남을 헐뜯지 말라고.' '문밖을 나가지 않아도 천하를 볼 수 있다고. 진리는 마음속에 있으니.' **'외래 사상을 줏대 있게 받아들이라고'**

세속화

1. 향기 잃은 연꽃

출가의 길, 출세의 길

인도 출신 승려 보리달마가 소림사에서 묵언수행 끝에 창시했다고 전하고, 제6조 혜능 때 융성한 선불교(선종 불교)가 신라에 들어왔다. 중생은 스스로 번뇌를 만들어 괴로워한다고 선종 불교가 말한다.

선종 불교는 경전 교리보다 스스로 사색하고 직관하는 참선(고요한 마음을 끊임없이 찾음)을 통해 마음속 불성, 참 나(true self)를 찾는다. 불교와 노장사상이 만난 중국식 불교가 선종 불교다. 노장사상 '도를 도라고 부르면 도가 아니다'가 선종 불교 '문자로는 깨닫지 못한다'로 나타났다. 두 사상 모두 언어를 불신한다(**언어 불신 때문에 동양에서 연역적 논리가 발달하지 못해 과학혁명이 일어나지 않았다고 보기도 한다. 서양이 '개념화→분석→ 법칙'으로 나아갔지만, 동양은 '상징→은유→통찰'에서 머물렀다는 해석이다). 실제로 혜능이 문맹인데도 법통을 이뤘다.

아니나 다를까 신라 구법승들이 신경향 불교를 수용하려고 중국으로 건너갔다. "유학자, 승려 가릴 것 없이 많은 사람이 앞을 다투어 바다 건너 당으로 유학 갔다"고 최치원이 증언한다. 송나라 승려 도원이 『경덕전등록』(1004)에 기록한 선승 1,701명 가운데 외국인이 43명, 그 가운데 42명이 신라인이다. 최치원도 열두 살 때 당으로 건너가 열여덟 살 때 빈공과 합격한 조기 유학생이었다.

고려왕조도 불교 전통을 이어갔다. 일통삼한 대업을 이룬 고려 태조 왕건은 신라왕조 때 이미 불교와 인연을 맺었다. 풍수지리설로 유명한 선승 도선은 개경 호족 출신 왕건에게 정치적 정당성을 부여했다. 왕건은 '도선이 예언한 땅' 개경에 도읍을 정했다.

왕건은 후백제군을 물리치고 나서 민심을 수습하려고 논산 개태사를 비롯해 절 26개를 곳곳에 창건했다. "병신년(태조 19년, 936) 9월, 숭선성 부근에서 백제군과 싸워 부르짖으니 흉적이 사라졌다. … 부처님 공덕에 보답하고, 산신령 은혜를 갚기 위해 불당을 짓고 절 이름을 개태라 부른다."(개태사 화엄도량 발원문). 왕건은 세상을 떠나며 남긴 「훈요」에서 불교를 숭상하라고 강조했다. "우리 대업(후삼국 통일)은 부처께서 지켜주셔 이뤘다. 선종과 교종 사원을 만들고 사람을 보내 지키게 하고, 향불 피우고 불도를 닦게 하여 각기 그 대업을 다스리게 했으니 … ."

제4대 광종은 옛 후백제 지역 논산에 은진미륵(관촉사 석조미륵보살상)을 세웠다. 은진미륵은 제작 기간 38년, 높이가 18미터를 넘고 머리에 황제 면류관을 쓰고 있다. 왕권에 저항하는 귀족을 숙청하고 스스로 황제를 칭한 광종이 '황즉불', 자신을 거대한 은진미륵으로 표현했을지 모른다. 태조 왕건을 괴롭힌 후백제 견훤이 가까운 곳에 잠들어 있어 그 잔당 세력이 결집하는 일을 막을 필요가 있었다.

과거(科擧)를 도입한 황제 광종은 승려 선발 시험 승과를 시행했다. 종교인을 국가가 시험 쳐서 뽑는 일은 종교사에서 보기 드물다. 종교가 중앙집권체제로 포섭됐고, 속이 성을 지배했다. 고려 왕실은 불교계를 제도권 안으로 포섭하고 싶었고, 승려들도 입신양명하려고 승과에 응시했다. 승과는 고려 불교가 '소용돌이' 속으로 들어가는 문이었다.

승과는 교종과 선종을 나눠 실시했다. 교종은 화엄경, 법화경 등 경전 지식을, 선종은 화두에 대한 즉문즉답을 심사했다. 승과 합격자는 능력과 경력에 따라 토지를 받았고, 사찰 주지로 임명됐다. 교종과 선종이 공존해 승과 합격자의 최고 승계가 각각 승통, 대선사였다. 개경 일대 사찰 주지는 왕실 제사를 지내며 막대한 재산을 관리했다.

명망 있는 고승은 왕사·국사에 올랐다. 말 그대로 왕사는 국왕 스승으로서 법회를 주관하거나 기우제를 지냈고 사람 병을 낫게 하는 기적도 보였다. 국사는 고승을 예우하는 명예직으로 죽은 뒤 추봉이 많았다. 원효, 의상, 도선 등 신라 고승들이 고려시대에 국사로 추봉됐고, 고려 왕실 출신 의천과 징엄도 마찬가지였다.

애정과 구속은 동전의 양면이다. 왕사·국사는 고려 왕실이 불교계를 우대하며 통제하려는 제도였다. 국왕이 아홉 번 절하고 임명하는 왕사·국사는 명예직에 가까웠지만, 국가 원로로서 불교 정책에 영향을 끼쳤다. 중세 유럽 가톨릭처럼 고려 불교가 정치권력과 유착했다. 왕사·국사는 가톨릭 교황과 추기경의 중간쯤 권력을 행사했다. 제도권 종교가 모순을 스스로 개혁할 수 없었고, 중세 가톨릭처럼 정치권력과 종교의 유착은 일탈을 예고했다.

권력은 자기장을 만든다. 절이 권력을 행사하니 문벌귀족이 불교계와 유착했다. 불교 최대 계파 법상종을 이끈 혜덕왕사 소현이 외척 이자연의 아들이었다. 고려 왕실은 정치·종교 카르텔을 견제하려고 왕족을 출가시켰다. 천태종을 개창해 법상종을 견제한 대각국사 의천이 문종 아들이다. 그는 열세 살 때 교종 최고 승계인 승통에 올랐다. 그런데도 고려 중기 이자연 집안과 결탁한 법상종이 불교계를 장악했다. 이자연의 손자 이자겸이 난을 일으켰을 때 법상종 승려 3백여 명이 가담했다.

의천 이후 고려 왕자들이 출가했다. 원명국사 징엄은 숙종 아들이며 의천 조카였고, 대거란 항쟁으로 유명한 현종도 즉위 이전 승려였다. 본인 뜻을 접고 억지 춘향 머리를 깎는 왕자들도 있었다. 언뜻 이해하기 어려운 일일수록 그럴만한 이유를 갖는다. 고려 왕실은 신라 왕실만큼 불교계를 장악하지 못했다.

늘어가는 절, 괴로운 백성

(진흥왕은) 부처에게 아첨해 부처 몸을 만드니 백성 고혈을 짜낸 것이며 … 주택가 절반을 절이 차지해 백성이 모두 승려가 되니 후세에 남긴 화가 컸다.

-동국통감-

불교를 받들어 그 폐해를 알지 못하고 마을 곳곳에 승탑이 즐비하고 평민들은 사찰로 달아나 승려가 됐다. 병사와 농민이 줄고 나라가 쇠약했다. 어찌 어지럽고 망하지 않으리오.　　　　　　　　　　　　　　　　　-삼국사기-

함부로 절을 세우면 땅의 기운을 해치고 왕업이 깊지 못하리라. … 신라 말 승탑을 앞다투어 짓다가 땅의 기운을 해쳐 (신라가) 스스로 망했으니 경계하라.　　　　　　　　　　　　　　　　　　　　　　　　　-왕건, 「훈요」-

고려 건국 전부터 왕건은 형미, 여엄, 이엄 등 승려들을 통해 호족을 포섭하려 했다. 고려 건국 후 민심 수습과 일통삼한 대업을 위해 그는 불교가 필요했다. 태조 25년(942), 염주·배주(황해도 연백)에 메뚜기 떼가 나타나 곡식을 공격할 때 승려 탄문이 불법으로 마구니를 퇴치해 풍년이 들었다는 이야기도 당시 불교 역할을 상징한다.

그러나 태조 왕건은 과잉 불사를 경계했다. 그는 지나친 절 창건이 풍수지리상 땅의 기운을 훼손한다고 말했다. 게다가 불교계 비대화가 낳는 재정 손실을 국가 통치자가 느끼지 못했을 리 없다. 왕건은 '어찌 불교나 산천 도움으로 나라와 백성을 다스리겠나? 혼란이 진정되면 풍속을 바꾸고 유학으로 교화하라'고 말했다.

그러나 절은 우후죽순 늘어갔다. 고려 말, 인구 50만 명 사는 개경 안에 절 3백여 개가 번성했다. 그 가운데 국왕과 왕비의 초상화를 봉안하고 명복을 비는 원찰(願刹)이 많았다. 왕릉 지키는 원찰은 노비, 곡식 등을 하사받았다. 원찰은 불교를 억압한 조선시대에도 번성했다. 원찰은 조세, 부역을 면제받고 그 지역에서 위세를 부렸다.

제6대 성종 때 개혁 정치가 최승로가 국왕에게 '시무 28조'를 올렸다. 현존 22개 조항 가운데 8개가 불교 비판이다. 신라 말·고려 초 불교가 빚어낸 풍경을 '시무 28조'가 비춰준다.

1. **불사를 일으켜 백성 고혈을 짜내고**, 죄인이 승려로 가장하고, 거지 떼가 승려들과 뒤섞여 지냅니다.

1. 불보(佛寶)의 돈과 곡식은 여러 절 승려들이 관장하며 **비싼 이자로 백성을 괴롭히니** 이를 모두 금지하소서.

1. 승려가 제멋대로 궁궐을 출입하며 총애받는 것을 금지하소서.

1. 승려가 객관이나 역참에 숙박하며 부리는 행패를 금지하소서.

1. **연등회, 팔관회로 동원된 백성들 노역이 심하니** 이를 줄여 백성이 힘 펴게 하소서.

1. 승려들이 절을 지을 때 지방 수령들이 백성을 동원해 일을 시키니 백성들이 고통스럽습니다.

1. 신라 말 불경과 불상 모두 금, 은을 사용해 사치함이 지나쳐 마침내 멸망에 이르렀습니다.

1. 불교는 몸을 닦는 일이고, 유교는 나라를 다스리는 근원이니, 몸을 닦는 일은 다음 생을 위한 것이며, 나라를 다스리는 일은 오늘 일입니다. 가까운 일을 버리고 먼일을 구하는 게 옳습니까?

흥미롭게도 최승로는 출생부터 불교와 인연이 깊었다. 아버지 최은함이 오랫동안 자식이 없어 절을 찾아 불공을 드리고 어렵게 낳은 아들이 최승로였다. 기쁨도 잠시, 시련이 닥쳤다. 백제 견훤이 신라를 침공해 경애왕을 죽이고 사세가 급박했다. 아버지는 생후 석 달 아들을 포대기로 싸 중생사 관음보살상 대좌 밑에 숨겨놓았다가 보름 뒤 백제군이 물러가고 나서 데려갔다. 훗날 최승로는 '관음보살이 점지하고 젖을 먹여 키운 아이'라는 말을 들었다.

그러나 경세가 최승로는 연등회, 팔관회를 비롯해 각종 불교 행사와 대형 불사가 국고를 낭비하고 백성에게 고통을 준다고 지적했다. 그는 현세주의 유학자답게 내세의 구원보다 현실 민생이 더 중요하다고 판단했다. 고려 성종은 최승로 건의를 받아들여 연등회, 팔관회를 폐지했다.

찬란한 연등, 침울한 민생

연등 불빛은 찬란하나 백성의 살림은 어둡고, 팔관 가무는 요란하나 농부의 호흡은 짧구나.   -목은 이색-

석가모니가 고대 인도 마가다국 아사세왕 공양을 받고 돌아가는 길에 귀족들이 값비싼 등을 매달아 불을 밝혔다. 여인 난타가 "저는 가난해 이 작은 등불로 부처님께 공양하나이다. 제 마음을 바칩니다."라며 값싼 등을 달았다. 새벽녘, 기름이 다 타 등불이 꺼져갈 때 난타의 등불은 오히려 강렬한 빛을 냈다. 돈보다 마음이 중요할 터, 석가모니가 말했다. "그 여인은 서른 겁 뒤 부처가 되리라".

연등회는 번뇌의 어둠을 지혜의 불빛으로 밝히는 불가 공양으로 인도에서 중국을 거쳐 9세기 후반 신라에서 나타났다. "왕(경문왕)이 황룡사에 행차해 등불을 밝히고, 백관에게 연회를 베풀었다."고 『삼국사기』가 전한다. 기록은 남아 있지 않지만, 신라보다 고구려와 백제가 먼저 불교를 수용한 터 연등회도 그들이 먼저 열었다고 보는 게 타당하다.

고려왕조는 매년 정월 대보름(또는 2월 대보름)이나 석가탄신일에 연등회를 열었다. 이날엔 대궐에 음악이 울려 퍼지는 가운데 연등 1~2천 개를 밝히고 임금과 신하들이 술과 음식, 기생들 춤을 즐기며 국가 안녕을 빌었다. 국왕이 과음해 몸을 가누지 못했고, 술 취한 병사들이 떠들고 싸웠다. 유교가 생활 윤리로 자리 잡기 전이라 격식에 얽매이지 않고 자유분방한 고려 풍속이 엿보인다.

대몽 항쟁 중에도 무신정권 통치자 최우가 석가탄신일 연등회를 요란하게 열었다. 개인 재산을 들여 팔만대장경을 제작했듯 최우는 연등회로 민심 이반을 수습하려 했다. 해마다 석가탄신일이 다가오면 집집마다 연등을 매달고, 아이들은 연등회 며칠 전부터 장대에 깃발을 달고 마을을 돌며 분위기를 띄웠다. 개성뿐 아니라 각 지방에서도 연등회가 열려 풍속으로 자리 잡았다.

팔관회는 원래 인도인이 하루 동안 절에 가서 살생 금지, 간음 금지, 거짓말 금지 등 불교 8계를 지키는 의식이다. 신라 진흥왕은 팔관회 때 전사자 위령제를 올려 유가족을 위로했다. 태평성대를 바라며 황룡사 구층목탑을 세운 뒤에도 팔관회가 열렸다. 삼국통일 이후 팔관회는 축제 색채가 강해 화랑 소속 승려가 용·봉황·코끼리 모형 실은 수레를 움직이며 춤과 음악, 곡예 등 공연을 펼쳤다.

개경과 서경에서 열린 팔관회는 태조 왕건『훈요』가 말해주듯 천신, 오악, 명산, 대천, 용신 등 토속신 제례 성격이 강했다. **잡귀를 달래거나 쫓는 의식은 무속 신앙이었고, 백성 괴롭히는 악귀를 국가가 달래줬다.** 고려왕조는 도교, 무속을 국가 불교 제의 속으로 끌어들였다. 그 어떤 외래 신앙도 토착 무속의 장악력을 벗어나지 못했다.

궁궐에 연등 달고 잔치를 벌인 점은 팔관회와 연등회가 비슷한데 팔관회엔 지방 관리들이 특산물을 보내왔고, 아랍, 송, 여진, 탐라(제주) 사신이나 상인들도 찾아왔다. '봄에 연등회, 겨울에 팔관회'라는 최승로 '시무 28조'가 말하듯 팔관회가 추수 감사절 성격도 띠었다.

그러나 연등회, 팔관회 비용은 중생의 땀과 눈물이었다. **"불사가 번성하고 연등·팔관의 향락이 끝이 없다. 국고는 텅 비고 백성들은 고달팠다."**(고려사). **"세속의 향락이 나랏일을 어지럽히고, 도량의 불사가 백성을 수고롭게 하니… 연등·팔관의 폐단이 심하다."**(고려사). **"해마다 연등회를 크게 베풀고, 팔관회를 융숭하게 열어, 궁중은 사치로 가득 찼고, 백성들은 굶주렸다."**(고려사절요) …. 불교 국가 고려는 불국토가 아니었다.

연등회·팔관회 외에도 헤아리기 어려울 만큼 불사가 넘쳐났다. 절 낙성식, 국왕 생일과 기일, 외침을 당할 때, 역병이 돌거나 천재지변을 당할 때 온갖 행사가 등장했다. 행사 후 뒤풀이로 국왕이 승려들에게 밥 제공하는 반승(飯僧)은 그 규모가 상상을 초월했다. 반승 한 번에 승려 수백, 수천 명이 참여했고, 현종 9년(1018) 봄, 궁궐에서 열린 반승에 10만 명이 참여했다. 흉년이 들어 반승 몇 달 전 개경 근교에서 굶어 죽은 시신을 치웠다니 그 10만 명 가운데 상당수가 기근과 부역을 피해 절로 숨어든 백성들이었다. 대(對)거란 항쟁기에 현종은 부처의 힘으로 빌려 나라를 지키려 했다.

연등회와 팔관회뿐 아니라 법회도 현세주의를 벗어나지 못했다. **원래 법회는 불경을 읽고 부처님 말씀을 함께 나누는 신앙 모임이지만 고려시대 법회는 태평성대, 풍년, 비 내리기, 출산, 질병 치료 등을 빌었다.** 이후 법회가 점차 격식에 얽매였다. 물과 육지를 헤매는 아귀(餓鬼)를 달래는 수륙재, 불자들이 팔계(八戒, '살생·도둑질·간음·거짓말·음주·화장·높은 평상 앉기·정오 이후 취식' 금지)를 지키며 심신을 닦는 재계 법회 등 대규모 법회는 지배층 권력 과시 수단이었다.

온갖 불사가 나라 살림을 갉아 먹어 성종 때 최승로가 연등회와 팔관회를 폐지했지만, 현종 때 부활했다. 거란군에 쫓겨 백성들 조롱을 받으며 전라도 나주까지 달아났던 국왕은 위엄을 되찾을 수단이 필요했다.

땅 부자 스님

(승려) 원광이 가서갑사에 점찰보(절 운영기금)를 설치했다. (여성 불제자) 단월니가 점찰보에 밭을 헌납했다.   -삼국유사-

석가모니는 '승려가 제 손으로 돈을 쥐거나, 남을 시켜 쥐거나, 땅에 놓게 하여 받으면 죄'라며 무소유를 강조했다. 다만, 승려도 먹고살아야 하니 재가 불자(속세에 머물며 사찰 일을 돕는 불제자)를 통해 돈을 마련하라고 그는 말했다. 재가불자에겐 꿀벌이 꿀을 모으듯 돈을 벌라고 말했다. 무소유는 아무것도 갖지 않는 게 아니라 불필요한 것을 갖지 않음이다.

번 돈을 짜임새 있게 쓰기도 중요하다. 초기 불경 『선생경』은 번 돈을 넷으로 나눠 각각 생계, 생산, 저축 그리고 대부업(이자놀이)에 쓰라고 말한다. 물론 그것은 절이 자급자족할 만큼이라는 조건이 붙었지만, 서구 기독교가 이자 소득을 금지하다가 종교개혁기에 이르러 변화가 나타났음을 생각하면 불교 경제관이 파격이다.

6세기 이차돈 순교 이후 신라에서 불교가 합법화·세속화·권력화됐다. 절이 국가와 귀족, 백성으로부터 토지를 시주받았고, 세금을 내지 않았다. 면세 사원전이 나라 살림을 갉아 먹었다. 긍정 해석하면 재가불자를 통해 재화를 취득했으니 석가모니 말씀을 크게 벗어나지 않은 셈이지만, 세금을 내지 않는 행태는 초기 불교 국가관에서 벗어났다. 문무왕 4년(664), 토지 시주를 금지했지만, 사원전은 늘어갔다. 큰 절은 책임자를 두고 토지를 관리했다.

국호와 달리 신라를 계승한 고려왕조는 종래 절 토지 소유를 인정했다. 고려시대에 들어 사원전이 더욱 늘어갔다. 절이 토지를 사들이거나 개간하기도 했지만, 신라왕조 때처럼 국왕, 귀족, 민간 토호가 시주한 토지가 많았다. 유학자 최승로를 등용해 불교를 견제했다는 국왕 성종도 토지 1,050결을 금강산 장안사에 시주했다. 현종 8년(1017), 숙종 6년(1101), 공양왕 3년(1391), 국가가 토지 시주 금지령을 내렸지만, 그 역시 소용없었다. 대토지를 소유한 절은 군데군데 장생표를 세워 영역을 표시했다.

절 소속 승려와 노비만으로 그 넓은 사원전을 경작하기 어려웠다. 절이나 그 근처 민가에서 비승비속으로 사는 수원승도가 사원전을 경작했다. 그들은 승려와 노비의 경계인으로서 절 사병이며 국가 비상시 전투에 징발됐다. 특수부대 별무반 항마군, 이자겸 난 때 동원된 승군이 수원승도였다. 고려 말 인구 2~3백만 명 가운데 1/3이 승려였다는 이야기도 그 경계인들이 있어 가능하다. 양산 통도사 승려 4천 명 가운데 3천 명이 수원승도였다. 송나라 사신

서긍이 묘사한 재가화상도 수원승도로 보인다.

재가화상은 가사를 입지 않고, 계율도 지키지 않았다. 좁고 흰 모시옷에 검은
띠로 허리를 묶고 맨발로 다닌다. 신발을 신은 자도 가끔 있다. 거주할 집을
스스로 지으며, 아내를 얻고 자식을 기른다. … 변경에 경보가 있으면 단결해
서 나가는데, 비록 달리는 것에 익숙하지 않으나 자못 씩씩하고 용감하다. …
그들은 형벌을 받은 복역자들인데 수염과 머리를 깎았기 때문에 화상이라고
이름 붙였다."
-고려도경-

토지와 함께 노비는 왕조시대 권력층의 재산 목록이었다. 중국 불교를 받
아들인 삼국시대에 이미 절이 노비를 소유했다. 고려 말 노국공주가 세상을
떠났을 때 남편 공민왕이 아내 명복을 빌며 운암사에 노비 46명을 하사했다.
그가 기용한 개혁가 신돈도 절 노비의 아들이었다. 무소유 도량이 노비를 가축
처럼 부렸다. 절 노비는 주로 음식과 땔감을 준비했고, 수공업품을 생산했다.

고려시대 절은 조세도 징수했다. 전시과 제도에 따라 국가 관리가 해당 지
역 농민에게서 조세를 징수하듯 절이 수조권을 행사했다. 해당 지역 토지소
유권을 가진 농민이 국가에 내던 조세를 절에 냈다. **고려 말 수조지 가운데
1/6이 사찰 소유였다는 통계가 있다. 국가와 불교계가 유착하다 보니 사찰이
'준국가 기관' 권한을 행사했다.** 명실상부 고려왕조는 불교 국가였다.

세속 불교의 욕망은 토지에 묶인 농업 경제에 만족하지 않았다. 그들은 상
업 자본으로 성장했다.

부역을 피한 무리가 이름을 승려에게 맡기고 돈을 벌어 생활한다. 농사와 목
축으로 업을 삼고, 장사하는 풍습이 있어 밖에서 계율을 어기고 안에서 청정

을 무시한다. 어깨 걸치는 가사는 술 항아리 덮개가 되고, 범패 부르는 마당은 파·마늘밭이 되며, 장사치와 통해 사고팔며 손님과 어울려 술 마시고 노래 부른다.   -고려사, 문종 9년-

절 승려들이 술과 파를 팔며 혹은 무기를 지니고 악한 짓을 저지르고 뛰어다니며 장난친다. 강상을 무너뜨리고 습속을 파괴한다. 청하건대 어사대와 금오위에게 순검하고 금지토록 하십시오.   -고려사절요, 인종 9년-

흥미롭게도 고려시대 절은 상업의 중심지였다. 절은 소유 토지에서 생산한 곡물을 팔거나 술을 빚어 팔았다. 식량이 모자라던 시절 곡물로 술 만드는 것도 문제였고, 금욕을 실천해야 할 절이 술을 만들어 파는 행위는 더 큰 문제였다.

현종 원년(1010) 절에서 술 만들기를 금지했지만 소용없었다. 고려시대 절은 국법을 무시할 만큼 강했다. 대각국사 의천이 건의해 만든 금속화폐 은병이 술 판매를 더욱 촉진했다. **절은 보관하기 어려운 곡물을 술을 만들어 팔아치우고 가치 높은 화폐를 확보했다. 충숙왕 3년(1316), 절 상업활동 금지령을 내렸지만, 이미 터진 봇물을 막지 못했다.**

그밖에 말, 소, 소금, 기름, 꿀, 파, 마늘, 수공업품도 절 판매 상품이었다. 국가가 전매 못 한 틈을 타 절이 소금을 팔았고, 음란한 욕망을 일으켜 불가에서 먹지 않는 파, 마늘, **부추**, 달래, 흥거 등 도 팔았다.

마침내 사찰 상업 자본은 금융 자본으로 성장했다. **농민이 부패 관리에게 수탈당하고, 흉년 기근에 허덕일 때 그들에게 절이 곡식을 빌려주고 이자를 받았다. 그 이자율이 법정 연 1/3보다 높았다.** "(무신집권자) 최우의 서자 만종, 만전이 무뢰배를 승려로 만들고 고리대금으로 백성을 착취했다."고 『고려

사절요』가 전한다.

만전이 훗날 집권자 최항이다. 그는 일찍이 진도에서 절 주지 행세하며 악명을 떨쳤다. 무뢰배 출신 승려들은 부녀자를 겁탈하고, 제멋대로 역마를 타고, 관리를 욕보였다. 만종, 만전은 비축 쌀 50만석을 백성에게 빌려주고 가을에 벼가 익기 무섭게 무뢰배들을 보내 원금과 이자를 내라고 독촉했다. 농민이 고리대금을 내고 나면 국가가 조세를 걷기 어려웠다.

고려 말로 갈수록 사찰 고리대금 폐해가 심각해 농민이 빚을 갚지 못해 땅을 팔고 처자식을 팔았다. 우왕 때 놀고먹는 승려들이 농민에게 쌀 1두와 포삼베 1척을 빌려주고 쌀 10두와 삼베 8척을 뜯어냈다. 고려 말 최고 부자는 불교계였다.

주색에 빠진 스님

승려들이 상인들과 어울려 취하도록 술 마시고 놀아 절간이 시끄럽고 더러운 냄새를 풍겼다.　　　　　　　　　　　　　　　　-고려사. 광종 10년-

(감찰기구) 사헌대가 왕에게 아뢰었다. "승려들이 술 마시고 풍악 연주하는 것을 금지하소서."　　　　　　　　　　　　　　-고려사, 현종 12년-

상좌부 불교 계율을 정리한 경전 『사분율은 "취하지 않으면 술을 마셔도 좋고, 취하면 술을 마시지 말라"며 음주를 조건부 허용했다. 석가모니가 상한 고기를 먹고 체해 입적했다는 이야기가 전해주듯 초기 불교는 음주·육식을 허용했다.

그러나 중국에서 대승불교가 번성하며 흐름이 바뀌었다. 음주·육식을 금지한 이가 남북조 시대 '보살 황제' 양 무제다. 그는 불제자를 자처하며 고기를 먹지 않았고, 콩죽과 현미밥으로 하루 한 끼만 먹었고, 옷차림이 검소했고, 여색을 밝히지 않았다. 그는 "부처 옷을 입고 부처처럼 행동하지 않으면 도적과 다르지 않다"며 음주·육식하는 승려를 환속했다. 이후 '죽이지 말라, 도둑질하지 말라, 간통하지 말라, 거짓말하지 말라' 등 사계에 '술 마시지 말라'를 더해 오계가 생겼다. 양 무제는 불교 유토피아를 꿈꾼 이상주의자였다.

그러나 고려 불교 사정은 달랐다. 절이 술을 만들어 팔았으니 자연스럽게 승려들도 술을 마셨다. 현종 12년(1021) 승려 음주를 금지했지만, 역시 소용없었다. 성과 속이 뒤섞인 대낮 개경 거리를 붉은 비단 가사 입고 술 취한 승려들이 비틀거리며 걸어 다녔다.

주색(酒色)이라는 말이 있듯 술과 여자는 바늘과 실이다. 석가모니는 수행자에게 '독사 입속에 남근을 넣을지언정 여성 음부엔 넣지 말라.'고 말했다. 그는 성욕 자체를 부정하지 않았지만, 욕망을 절제해야 깨달음에 이른다고 봤다. 음주를 조건부 허용한 『사분율』도 남녀 간 성교를 엄금했고, 자위, 동성애, 수간(사람과 동물의 성교) 등 유사 성행위까지 금지했다.

고려 충렬왕 때, 원나라 티베트 불교 승려가 고려로 와서 "우리 법도는 술과 고기를 꺼리지 않지만, 오직 여색을 멀리 둔다."고 말했다. 초기 불교 계율을 잇는 티베트 불교가 성행위를 금지했음을 보여주는데, 고려에선 적지 않은 승려들이 성 추문을 일으켰다.

덕천사 주지 익장이 영춘현 아전을 때려죽이고, 기생 옥진과 간통해 섬으로 유배됐다.
-고려사 충렬왕 6년-

왕이 감찰 관리를 불러 "승려 선근이 저지른 죄를 지나치게 다스리지 말라." 고 말했다. 내원당 승려 선근은 평소 왕의 총애를 받아 어느 선비 아내와 간 통해 헌부에서 국문을 받았는데 왕이 그를 석방하라고 명령했다. 당시 승려 들이 방자하고 음란한 짓을 저질렀다.   -고려사, 공민왕 4년-

판사 이적의 아내가 승려와 간통했다. 승려에게 장형 107대, 이적의 아내에 게 장형 77대를 내렸다.   -고려사, 공민왕 12년-

승려들이 토지 수입과 노비 노동력을 부처와 승려 공양에 쓰지 않고 개인 재 산을 축적하는 데 쓰며 과부집에 드나들며 풍속을 더럽히고, 권세가에게 뇌 물을 써서 큰 절을 차지하려 든다."   -고려사, 창왕 원년

판사 김귀의 아내가 승려와 간통해 모두 5일 동안 저잣거리에 세워두었다가 곤장을 쳤다.   -고려사, 공양왕 2년-

고려 말 승려들의 성 추문은 특별한 일도 아니었다. 승려가 과부를 꾀어 머리를 깎아 비구니로 만들어 동거하며 욕망을 채우는 일이 적지 않았다. 공민왕 때 승려 영욱이 유부녀와 간통했다. 감찰관이 영욱을 구속해 그 죄를 밝히려 드니 영욱이 적반하장이었다. "만약 나를 벌주려면 먼저 종파부터 없애야 한다. 지금 승려 가운데 누가 나를 비난할 수 있나?"

"(승려 출신 개혁가 신돈도) 집에서 술 마시고 고기 먹으며 제멋대로 여색을 즐기다가 왕을 알현하면 고상한 이야기를 나누고 채소와 과일을 먹고 차만 마셨다."고 『고려사』가 전한다. 역사가 승자의 기록이니 조선 유학자들이 『고려사』, 『고려사절요』를 편찬하며 신돈을 요승으로 묘사했더라도 그의 일탈이

    신채호에게 답하다

사실무근이라고 단정 짓기 어렵다. 환속 후 일이지만 신돈은 첩 여러 명을 뒀다. 공민왕과 만나 우왕을 낳은 반야도 신돈의 첩이었다. 훗날 이성계 세력은 우왕이 신돈 아들이라며 우왕과 그 아들 창왕을 죽였다.

둥지가 깨지면 알도 깨진다. 고려 불교가 타락했기 때문에 승려 신돈의 정치 개혁도 실패했다. 도덕을 상실한 불교계 출신 승려는 권문세족과 신진사대부 모두에게 표적이 됐고, 신돈은 지지 세력을 갖지 못했다. 어찌 보면 신돈은 세속 불교의 희생양이었다.

지눌, 명리 버리고 산속으로

"내가 즉위한 후 오늘까지 스님들 공양하고, 절 짓고, 경전 펴내고, 불상을 조성했습니다. 그 공덕이 얼마나 큽니까?"
"아무 공덕이 없습니다."
"어째서 공덕이 없습니까?"
"그런 공덕이 중생 세계에선 인과응보지만, 그 역시 생사를 윤회하게 만듭니다. 마치 형체를 따르는 그림자가 있지만, 그 그림자의 실체가 없는 것과 같습니다".
"그렇다면 무엇이 진실한 공덕입니까?"
"본체가 맑고 공적(空寂, 모든 분별이 사라져 텅 빔)한 지혜를 얻이야 합니다. 이런 지혜는 세속 일 많이 한다고 얻는 게 아닙니다".

달마와 양 무제가 주고받았다는 위 선문답은 선종 불교 창시자 달마의 위상을 높이려고 누군가 지어낸 이야기였으리라. 8세기 중반 안사의 난 이후 중

국 불교가 재편되는 가운데 선종 불교가 주류로 부상하며 달마를 신격화했
다. 달마 초상화가 액운 물리치는 수호신으로 둔갑했고, 언제부턴가 한국에서
수맥 차단용 부적으로 등장했다.

어쨌든 달마-양 무제 이야기는 사람이 현세 공덕을 바라면 미혹에 빠진다
고 경고한다. 절 짓고, 불상 만든다고 깨달음에 이르는 게 아니다. 승려들이
불사를 일으키고 재산을 소유하는 것도 집착일 뿐이다. 고려 불교는 그 집착
에서 벗어나지 못했다.

> "옛날부터 훌륭한 황제, 현명한 왕이 절과 탑을 세워 태평을 이루지 않았습
> 니다. … 지금 새 절을 지으면 백성을 수고롭게 만들어 원망이 일어나고, 산
> 천 기운과 맥이 상해 재해가 일어납니다. 신(神)과 사람이 함께 노여워하면
> 태평을 이룩하지 못합니다." 문하성에서 건의했지만, 왕이 받아들이지 않았
> 다.   -고려사, 문종 9년-

불교계 안에서도 성찰이 나왔다. 고려 중기 승려 지눌(1158~1210)이 불교계
타락을 비판했다.

> 우리가 아침저녁 행적을 돌이켜 보면 **불법을 핑계 삼아 나와 남을 구별하여
> 구구하게 이익을 꾀하고 어지러운 세상에 골몰해 도를 닦지 않고 옷과 음식
> 만 허비했다.** 그러니 비록 출가한다고 무슨 득이 있겠나? … 임인년(명종 12
> 년) 정월 개경 보제사 담선법회에 참석했다. 하루는 동학 10여 명과 약속했
> 다. "이 모임 후 명예와 이익을 버리고 산속으로 들어가 신앙 결사를 조직한
> 다. 선정을 익히고 지혜를 고르게 힘쓰며 예불하고 불경 읽으며 힘써 일한
> 다."   -지눌, 「정혜 닦음을 권하며 결사하는 글」-

무신정변 이후 문벌귀족이 몰락했고 그들과 유착한 불교계도 동요했다. 무신끼리 죽고 죽이는 하극상 풍조 속에서 불교계가 길을 잃었다. 어둠이 빛을 예고하듯 혼란은 새로운 길을 모색했다.

명종 12년(1182) 지눌은 승과에 합격했지만, 출세를 포기하고 남쪽으로 수행 길을 떠났다. 그는 신라 원효처럼 스승 없이 혜능, 종고, 종밀 등 중국 선사들 글을 읽으며 독학했다. 명종 20년, 경상도 팔공산 거조사에서 지눌은 「정혜 닦음을 권하며 결사하는 글」을 발표하고 수행공동체 정혜결사를 조직했다. 불교계 타락에 실망한 젊은 승려들이 모여들었다. 10년 뒤 정혜결사는 전라도 조계산 길상사(현재 송광사)로 옮겨갔다. 이곳 근처에 정혜사가 있어 혼동을 피하려고 정혜결사를 수선결사로 개칭했다.

수선결사가 향리, 농민의 지지를 받았다. 신종 7년(1204) 무신집권자 최충헌이 수선결사에 사액(임금이 절 이름 짓고 현판을 내림)했다. 무신정권은 문벌귀족과 유착했던 교종 불교 대신 현실 정치에 초연한 선종 불교를 후원했다. 신라 말 번성한 선종 불교가 고려 무신 정권기에 다시 부흥했다.

게다가 선종·교종 일치를 추구하는 수선결사 교리가 불교계 갈등을 관리하기 좋았고, 최씨 정권의 식읍이 전라도에 있는 점도 작용했다. 비워야 얻는 법인지 권력과 거리를 두려고 개경을 떠난 수선결사가 사액을 받았고 고려 불교 주류로 성장했다. 어쨌든 **지눌은 종래 고승들과 달리 궁궐을 출입하지 않았고, 제자들과 함께 고되게 일해 식량을 스스로 마련했다. 배고픈 중생으로부터 시주를 받는 행태도 그에겐 수행자 태도가 아니었다.**

기성 불교에 반발해 새로운 결사를 조직했으니 새로운 교리와 수행법이 필요했다. 결사 이름이 말해주듯 지눌은 정혜쌍수를 제시했다. **정혜쌍수는 선정(흩어진 마음을 참선으로 집중해 안정된 상태)과 지혜(불경 공부)를 함께 수행한다는 뜻으로 실천과 이론, 본체와 작용, 선종과 교종의 융합을 꾀했다. 참선에**

치우치면 건더기 없이 맹물 끓이기처럼 공허하고, 문자의 감옥 안에 갇히면 본질과 현실을 놓치기 때문이다. 그것은 불자가 아니라도 글 좀 읽고 세상을 진지하게 사는 사람이라면 한 번쯤 겪는 고민이다. 세상을 살다 보면 지식과 넉넉한 마음을 겸비한 현자가 드물다.

지눌은 당 제국 때 선사 하택신회 이론을 채용했다. 청정한 마음은 무정과 달라 영험한 인지 작용이 늘 작동한다. 수행하다 보면 어느 순간 문득 깨달아 제 마음속 불성을 찾는다. 하지만 한번 깨달았다고 그 상태가 계속 가지 않는다. 사바세계 온갖 번뇌가 마음을 흔들고 습관이 '요요 효과'를 부른다. 오랜 습관에서 벗어나려면 꾸준히 수행해야 한다. 여기서 깨닫고 나서 꾸준히 수행·실천하는 수행법, 돈오점수가 나왔다.

이후 돈오점수가 선불교 수행법으로 자리 잡았다. 자연스럽게 중국 임제종의 간화선이 주목받았다.

정혜결사에 참여한 승려 가운데 요세가 있었다. 그도 지눌처럼 승과에 합격하고 꽃길을 거부했지만, 지눌 수행법에 의문을 느꼈다. 그가 보기에 정혜쌍수, 돈오점수는 그 사유체계가 난해해 어리석은 중생이 다가가기 어려웠다.

이에 요세는 정혜결사를 벗어나 전라도 강진 백련사에서 백련결사를 조직했다. 삼국 통일기 원효처럼 요세는 대몽항쟁기 중생에게 정토 신앙을 전파했다. 죽은 후 구원받는다는 정토 신앙이 고난의 시기에 유용했다.

지눌 정혜결사가 염불을 형식에 치우쳐 의미 없는 소리로 여겼지만, 요세 백련결사는 염불을 옹호했다. 요세는 선정과 지혜에 더해 염불을 통해 깨달음에 이를 수 있다고 보고 아미타불 명호를 하루 1만 번 염불했다. (20세기 한국 개신교가 찬송가를 활용해 복음을 전파하고 교세를 확장했듯) 불교가 하층민에게 다가가려면 그 수단으로서 염불이 유용하다고 그는 판단했다. 지눌이 포문을 연 신앙 결사 운동을 요세가 그 저변을 넓혔다. 백련결사가 백성들 지지를 받자 무신 집권자 최우가 후원했다.

지눌 수선결사와 요세 백련결사는 그 수행법이 달랐지만, 고려 불교계 타락을 비판하고 새로운 바람을 불어 넣었다. 그들은 도시불교에서 산림불교로, 왕경 불교에서 지방 불교로, 국가 불교에서 개인불교로, 기복 불교에서 수도 불교로 전환하려 했고, 귀족 대신 향리·하층민에게 불심을 전파했다. 훗날 독일 종교 개혁가 루터가 말해주듯 종교개혁은 '초심 되찾기 운동'이다.

그러나 고려 후기 불교가 더욱 세속화됐다. 절이 정치권력과 유착해 재산을 축적했고, 승려들이 감투 하나 써보려고 주지 쟁탈전을 벌였다. 설상가상 몽골 지배기 고려 불교는 친몽골 색채를 띠어 육식, 음주, 성 추문 등으로 물들었다. 수선결사, 백련결사도 지눌, 요세 입적 이후 초심을 잃었고, 후원자 최씨 정권 몰락 이후 더욱 힘을 잃었다.

몽골 지배기엔 선종 불교 종파 가지산문(전남 장흥 보림사)이 주류로 떠올랐다. 『삼국유사』를 편찬한 일연이 가지산문 승려였다. 몽골과 결탁해 무신정권을 무너뜨린 왕정복고 세력이 일연을 후원했다. 훗날 일연은 국존('국사'를 갈음한 몽골 지배기 존칭)에 책봉됐다.

고려 후기엔 불교계 인력 공급망 질이 떨어졌다. 고려 중기까지는 그나마 학식을 쌓은 인재가 승과 합격해 출가했지만, 후기엔 자질을 갖추지 못한 자들이 뇌물·청탁으로 종단 고위직을 차지했다.

정치권력과 불교계가 한 몸이라 고려왕조 말기 현상이 곧 불교계 쇠락이었다. 공민왕이 승려 보우를 왕사로 모셔 불교 개혁을 시도했지만, 저무는 해를 붙잡지 못했다.

불씨잡변

불씨(佛氏, 부처를 비하하는 말)는 그 말이 고상하고 미묘하여 인간 본성과 천명, 도덕을 현혹함이 (중국 전국시대 사상가) 양주와 묵자보다 더 심하다. 주자가 "불씨의 말이 이치에 가깝지만, 참된 것을 어지럽힌다"고 말한 게 이 뜻이다.
                                                  -정도전, 『불씨잡변』-

성리학을 수용한 사대부들이 썩은 불교를 공격했다. 고려 선비들에게 성리학을 소개한 안향이 '불자는 부모를 버리고 출가한 오랑캐 무리', 정몽주는 '불교가 인륜을 외면'한다고 비판했다. 고려 초 최승로가 '불교는 몸을 닦는 일이고, 유교는 나라를 다스리는 근원'이라고 말한 것도 이젠 옛이야기였다.

공양왕 3년(1391), 박초를 비롯해 성균관 유생들이 승려들을 고향으로 돌려보내 군역과 부역을 부과하고, 절을 민가로 만들고 그 소유 노비를 국가가 관리하며, 불교 서적을 모조리 불살라버리고, 출가자를 죽이라고 상소했다. 불탑을 쌓으려고 민가 수십 채를 헐고 농번기 농민을 부역 동원하던 때였다. 성리학자들이 공격해 와도 불교계가 제대로 대응하지 못했다. 고려 말 불교는 허학, 성리학이 실학이었다.

고려 말 성리학자이며 조선 개국공신 정도전이 쓴 『불씨잡변』(1398)은 불교 비판의 결정판이었다. 친몽골·친불교 권문세족에 맞서다가 귀양살이 후 몇 년 동안 전국을 유랑한 성리학자가 불교를 좋아할 리 없었다. 『불씨잡변』은 축재, 음주, 육식, 간통 등 불교계 일탈뿐 아니라 불교 교리까지 비난했다. 음양의 기(氣)가 모여 천지 만물이 생성되고, 그 기가 흩어져 생명이 소멸한다고 믿는 성리학자 정도전은 전생 업보(karma)가 현생을 결정한다는 불교 윤회설을 맹비난했다. 흘러간 물이 되돌아오지 못하듯 활짝 폈다가 진 꽃과 이듬해

　신채호에게 답하다

피는 꽃은 다르다고 그는 믿었다.

정도전이 보기에 불교는 가족 인륜을 저버리고 허망하게 천지 생사를 말했다. 현세 윤리로 내세 신앙을 비판한 셈인데 성리학 이상 국가를 꿈꾸는 정도전은 낡은 왕조와 그 지배 이데올로기를 청산해야 했다. 그는 성리학을 '실학'이라고 말했다. 목적을 띤 비판은 일관되고 과격했다.

『불씨잡변』이 과장도 아니었다. 고려왕조가 멸망하고 조선왕조가 들어선 뒤에도 불교계 폐단이 사라지지 않았다.

임금이 도당에 명했다. "불씨(佛氏)의 도는 마땅히 청정과욕을 근본으로 삼아야 하는데, 오늘날 절 주지들이 산업을 경영하고 여색까지 밝혀 부끄러운 줄 모르고, 죽은 뒤에는 그 제자들이 절과 노비는 서로 전하는 것이라며 소송까지 건다."
-태조실록 6년-

육조가 글을 올렸다. "지금 절 승려들이 노비를 부려 배부르게 먹고 따뜻하게 지내며 음탕하고 더럽게 멋대로 행동하니, 어찌 그 스승의 가르침이겠습니까. 회암사와 진관사가 청정하다는 절인데, 계집종을 간음한 승려가 두세 명입니다."
-세종실록 원년-

정도전의 불교 배척론이 정책으로 나타나 태조가 도첩제를 시행했다. 출가해 승려가 되려면 돈을 내고 승려 신분증 도첩을 받아야 했는데, 그 액수가 산베 기준 양반 100필, 평민 150필, 천민 200필이었다. 도첩 수령자가 3년 동안 겨우 60여 명이었다.

승려는 조세, 역을 부담하지 않아 국가 재정에 부담을 줬다. 태종과 세종은 승려 수 제한에서 한발 더 나아가 출가한 승려가 속세로 돌아오기를 유도했고, 성종은 도첩제를 폐지해 출가를 금지했다. 게다가 조선시대에도 승려들의 치부, 성 추문 등 일탈이 사라지지 않았다. 세조의 왕위 찬탈 이후 벼슬을 버리고 방랑하며 승려로 산 김시습도 불교 타락상을 글로 남겼다. 유·불·선을 섭렵한 지식인이 남긴 기록이라 울림을 준다.

슬프다. 말세의 승려는 제어하기 어렵다. 속인에게 설법해 재물을 얻고, 불법을 희롱해 살기를 도모한다. 오만무도해 불법이 깊고 넓음을 모르고, 부처 마음이 크고 넓음을 깨우치지 못해 살아서는 어리석은 백성, 죽어서는 곤궁한 귀신이 되니 장차 무엇을 하려는가   -『임천가화』-

조선왕조는 승려뿐 아니라 절 개수, 절 소유 토지 면적·노비 수를 줄였다. 태종은 11개 종파 242개 절을, 세종은 불교 종파를 선종과 교종으로 통합하고 각 18개씩 36개 절만 공식 인정했다. 이로써 선종 18개 절에 토지 4,250결·승려 1,970명, 교종 18개 절에 토지 3,700결·승려 1,800명으로 불교계 공식 규모가 줄어들었다(실제는 전국에 절 1,500여 개가 존재했다).

사원전 혜택도 사라졌다. 국가가 절 소속 승려 수천 명과 노비 10만여 명을 환속·면천해 세금을 더 거둬들였다. 심지어 교종 본산 홍덕사, 선종 본산 홍천사는 유생들이 불태워 버렸다. 그런데도 불교계가 반발하지 않았다. 불교계가 중생의 밭에 뿌리 내리지 못하고 정치권력과 유착해 제도권 종교로 고착됐기 때문이다.

  신채호에게 답하다

청산은 나를 보고 말없이 살라 하네

왕조가 바뀌고 국가 정책이 바뀌었다고 인간이 영혼의 밑거름을 외면하지 못했다. 조선 왕실도 불교를 신봉했다. 가령, 태조 이성계가 말년에 머리 깎고 회암사에서 계를 받았고, 세종이 죽은 아내를 위해 석가모니 일대기 『석보상절』을 지었고, 세조가 종로에 원찰 원각사를 창건했고, 성종 사후 아들 연산군이 신료들 반대를 뿌리치고 불교 칠칠재(사람 죽은 뒤 7일마다 7번 지내는 제사)를 지내고 봉은사를 원찰로 중창했다.

일찍이 이성계는 시 '청산은 나를 보고 말없이 살라 하네'로 유명한 선사 나옹과 친분을 맺었고, 왕사 무학을 경기도 양주 회암사 주지로 임명하고 왕실 제사를 올렸다. 여기서 왕자의 난 때 죽은 아들 방석·방번을 추모했다. 쇠락하는 여느 절과 달리 회암사는 막대한 토지와 노비를 하사받았고, 그 크기가 신라 황룡사에 버금가 승려 250여 명이 머물렀다. 회암사는 건물 배치가 궁궐을 닮았다.

명종 때 섭정한 문정왕후가 승려 보우를 중용하고, 선종·교종을 되살려 승과를 실시했다. 서산대사 휴정, 사명당 유정이 이때 급제했다. 경기도 광주 봉은사와 양주 봉선사가 각각 선종과 교종의 본산으로 태어났고, 전국 사찰 3백여 개가 공인받았다. 녹여서 대포를 만들려던 종로 보신각종도 문정왕후 딕분에 살아남았다. 사명당은 보우를 '천고에 둘도 없는 성인'이라고 칭송했다.

문정왕후는 『경국대전』을 어겨가며 도첩을 발급했다. 각 사찰이 문정왕후와 직접 소통해 고을 수령이 들러리 신세였다. 게다가 군역을 면제받으려고 승려로 가장하는 자들이 늘어 백성들 고통이 컸다. 불교 비판 상소가 빗발쳤고, 성균관 유생들이 동맹 휴학하고 시위했다. 어찌 됐든 불교가 모처럼 부흥기를 맞았다.

그러나 '불교의 봄'이 오래 가지 못했다. 명종 20년(1565), 문정왕후가 죽고 반년 동안 보우를 죽이라는 상소 1천 건이 올라왔다. 성리학 근본주의 세력 사림파가 조선 정계를 장악하고 불교를 공격했다. 어머니 별세 후 출가한 적 있는 이이가 상소했다. "몇 년 동안 보우가 제멋대로 죄와 복을 베풀어 임금을 속이고, 궁 안의 재정을 축내고, 백성들에게 환난을 끼쳤으며, 교만하게 성인인 체 자신을 높여 사치스럽고 참람했습니다." 보우는 제주도로 귀양 가 척살됐고, 그가 머물던 회암사는 원인 모를 화재로 사라졌다.

왜란과 호란 이후 승려도 군역과 부역 의무를 짊어졌다. 광해군이 경덕궁(경희궁)과 인경궁 지을 때 2천여 명, 이괄의 난 이후 평양성 쌓을 때 2백여 명, 효종이 창덕궁과 창경궁 수리할 때 2천여 명을 동원했다. 그밖에 선비들이 절에 들어가 술 마시고 승려를 멋대로 부렸다. 조선시대 승려는 도성을 출입하지 못했다.

다만, 양반가 부녀자나 궁녀들이 드나들도록 사대문 밖에 절을 지을 수 있었다. 왕조 말에 이르면 그 절 안에 은밀한 공간이 생겼다. 과부가 죽은 남편 명복을 빌다가 승려와 간통하는 사건이 빈발했다. 조정이 각 절에 전령을 보내 "승과 속 구별이 없고 남녀가 뒤섞여 술과 고기가 질펀하고 비단과 보배가 놓였다. 불교계가 놀이터로 변했다"고 경고했다.

조선 승려에게 신분 차별보다 더 괴로운 건 먹고 사는 문제였다. 배고픈 승려를 비하하는 동요가 유행했다.

중중 까까중 뭐 하러 왔느냐? 탁발하러 왔다.
뭐 가지고 왔으냐? 바루 가지고 왔다.
뭘 두드리며 왔느냐? 목탁 두드리며 왔다.
염불 한번 해 보렴. 염불은 잊어먹었다.

해 봐라, 해 봐라. 이 고개 저 고개 넘어 승냥이 밭의 가짜 중이냐?

유람 떠나는 선비 말잡이, 걸립패, 매골승 등으로 승려들이 내몰렸다. 그 가운데 유기 시신을 수습하는 매골승은 극한 직업이었다. 역병으로 죽은 시신은 그 가족도 접근하지 못했지만, 매골승은 죽음을 각오하고 망자의 극락왕생을 빌어줬다. 그 대가로 매골승은 매달 국가로부터 곡식과 소금을 받았다. 그들이 '살아 있는 부처'였다.

2. 욕망의 덫

근대와 친일 사이

19세기 개항 이후 조선 불교도 변화를 맞았다. 일본 불교 각 종파가 조선 곳곳에 사찰이나 포교소를 설치하고 조선 승려들을 포섭하고 개종하려 했다.

일본이 승려들이 조선 불교의 가려운 곳을 긁어줬다. 고종 32년(1895), 일본인 승려 사노 젠렌이가 갑오개혁 정부에 요구해 '승려 도성 출입'을 허가받았다. 천주교, 개신교가 자유롭게 포교할 때 불교 활동만 금지힐 수 없었고, 단발령 때문에 속인과 승려를 구별하기도 어려웠다. 연꽃 모양 큰 삿갓을 쓴다는 조건이 붙었고, 일본 불교가 조선에 진출하려는 의도였지만, 승려 도성 출입은 조선 불교에 기쁜 소식이었다. 용주사 승려 최취허가 '오백 년 억울함을 풀어줘 감사하다'고 사노에게 편지를 썼다.

어찌 됐든 일본 불교 덕분에 조선 불교가 겨울잠에서 깨어나 기지개를 켰다. 그들은 일본 불교를 표본 삼아 조선 불교의 대중화·근대화를 꾀했다. 민족지사 승려 한용운도 일본을 시찰하고 일본 불교처럼 승려 결혼을 인정해 달라고 통감부에 건의했다. 나날이 성장하는 기독교와 불교가 경쟁하려면 일본 불교 벤치마킹이 필요했다. 종래 불법(佛法), 불도(佛道)를 근대어 '불교'라고 부르기 시작한 것도 이 무렵이다.

그러나 한국사에서 근대화는 양날의 칼이다. 식민지 불교가 친일불교로 변신하는 데 오랜 시간이 걸리지 않았다. 을사늑약 이후 조선 사찰들이 일본 사찰 말사가 되려 했다(관리청원). '불교계 이완용'이라는 이회광이 일본 궁내성을 방문해 "조선 13도 각 사찰 승려 대표자 71명을 대표하여 이에 삼가 한국병합을 축하드리고 아울러 천자께 문후를 드리옵니다."라며 한일병합을 경축했고, 최취허는 총독 데라우치의 식민 통치를 '성스럽고, 덕이 있고, 밝은 정치'라고 찬양했다.

불교계를 지원하겠다는 총독부 감언에 조선 승려들이 호응했다. 그것은 조선왕조의 불교 탄압에 대한 반동이었고 조선 불교는 일본 불교를 방어막 삼고 싶었다. 조선 불교계에는 조선왕조 멸망이 곧 해방이었다. 불교계가 식민지 근대화의 틀을 벗어나지 못했다. 불교계 친일 행위는 민족문제 이전에 계급 문제였다.

깨달음, 그 집착의 덫

일본 불교의 침공에 맞서 조선 불교가 내세울 정체성이 필요했다. 조선 불교는 선(禪, 깨닫기 수행)을 꺼내 들었다. 그 선봉에 '한국의 달마' 경허가 있었다. 한국 불교 새벽을 원효, 선불교 새벽을 지눌, 조선 선불교 새벽을 휴정, 근대 선불교 새벽을 경허가 열었다.

고려 중기 지눌이 수용한 이래 몽골 지배기를 거치며 중국 임제종 간화선(참선, 화두선)이 수행법으로 자리 잡았고, 조선 중기 휴정을 거쳐 조선 후기 선불교가 명맥을 유지하며 무교, 도교, 여러 토착 신앙과 뒤섞였다. 불교가 간화선이나 불경 공부보다 현세 기복으로 흘렀다. 이에 경허가 한탄했다. '사방을 둘러봐도 아무도 없으니 부처님 말씀을 누구에게 전하리오. 누구에게 전하리오.'

간화선은 언어, 논리보다 직관을 중시하며 목마를 때 물 찾는 간절함으로, 모기가 소 등가죽을 뚫는 인내로 말없이 화두를 의심하고 파고들어 깨달음에 이르는 수행법이다. 화두는 '달마가 서쪽에서 온 까닭은?' '개에게 불성이 있나?' '불법이 무엇일까?' 등등 1,700여 개에 이른다. 알쏭달쏭하고 그 많은 화두가 모두 의미를 갖기 어렵다. 그것은 존재와 현상을 바라볼 때 너무 따지지 말고 큰 그림을 보고 진리에 다가가라는 뜻이다. 조선왕조의 탄압으로 불교 종파들이 쇠락하거나 사라질 때 간소한 의식과 수행을 추구하는 선종이 살아남았다. 그 간결함이 선불교의 생명력이었다.

그러나 아무리 좋은 음식도 편식·과식하면 탈이 난다. 불가에는 도덕규범 지키는 계율, 경전 읽고 뜻 새기는 간경, 부처님 생각하며 불경 구절 읊는 염불, 밀교적 주문 외는 진언, 간화선 등 여러 수행법이 있지만, 한국 불교는 병목 소용돌이처럼 오로지 간화선을 고집한다.

불교가 욕망을 버리는 종교이지만, 깨달음을 얻으려는 마음도 욕망·집착이다. 게다가 '뜰 앞에 잣나무' '산은 산이오, 물은 물이로다' 등등 알아듣기 어려운 화두 때문에 불자들이 교리에 다가가지 못하고 기복신앙으로 더욱 기운다.

일본 불교에 맞선 대항마로서 선이 소명을 수행했고 몸과 마음이 지친 현대인에게 선이 안식을 주지만, 선 지상주의는 중생 구제하는 대승불교 정신과 거리가 멀다. 그것은 '모래알로 밥 짓기'라고 비판받는다. 신라 승려 원효가 오늘날까지 성스러운 스승으로 추앙받는 이유가 뭘까? 그는 인간의 방식으로 인간을 구원하려 했기 때문이다.

깨달음이란 입산수도, 면벽 수행으로 얻는 게 아니라 모든 부처가 소 노릇 말 노릇하며 진리와 현실을 직시하고 실천하는 것이다. 쾌락과 욕망을 억누르고 모든 생명체를 내 몸처럼 아끼는 마음, 모든 사람의 행복을 추구하는 마음이 깨달음이다. 진리는 삶 속에 있을 테니.

절에 왜 배롱나무가 서 있을까?

근현대 한국 불교 계파 갈등은 승려가 결혼하고 육식하는 일본 불교에서 기원했다. 만해 한용운도 결혼해 딸을 낳았고, 식민지 말기 승려 7천여 명 가운데 대처승이 90% 이상을 차지했다. 사찰 주지도 대처승이 맡았다. 승려 박용성이 총독부에 승려의 결혼과 육식을 금지해 달라고 청원했지만 거절당했다.

식민지 해방 이후 일제 잔재 청산 목소리가 나오는 가운데 대통령 이승만이 담화 '대처승은 절에서 물러가라'를 발표해 비구승과 대처승이 충돌했다(정화불사, 1954~1962). 이후 대처승이 태고종으로 독립해 오랜 갈등이 끝났지만, 독재 정권 시절 국가 폭력이 한국 불교계에 상처를 남겼다. 이승만은 해방 이후 중앙청(옛 조선총독부)의 전기 콘센트를 망치로 깨부수며 민족주의 퍼포먼스를 진행했듯 대처승을 때렸다.

오늘날 한국의 종교 문제는 거대 조직에서 나온다. 사람이 욕망의 동물이라 조직은 곧 자본과 권력을 동반한다. 무소유를 추구해야 할 불교도 예외가 아니다. 법정 스님은 '현실 종교를 멀리할 때 비로소 종교 본질에 다가갈 수 있다', 숭산 스님은 '부처를 만나면 부처를 죽여라'라고 극언했다.

한국 불교는 조계종 총무원의 권력 비대화, 지도층 승려의 아내 숨기기·폭력·도박, 종단 간부 금품 선거, 막대한 국가 지원금 사유화, 국가 권력 유착, 비리 혐의자를 제 식구로 감싸는 도덕 불감증 등이 문제로 지적받는다. 한국 불교계가 부처님 가르침을 잊고 자본과 권력의 유혹을 뿌리치지 못했다. 본래 불가에서 옷과 음식은 승려 개인 몫이지만, 토지와 건물은 종단 소유물이다. 그런데도 몇몇 승려들이 종단 토지 매매 대금을 개인 용도로 쓰다가 물의를 일으켰다.

불교는 욕망 절제를 강조한다. 사랑하는 가족을 버리고 카필라 왕궁을 탈출한 왕자 싯다르타는 낟알 한 줌과 물 한 모금으로 하루를 견디며 몇 년 동안 고행을 이어갔다. 그의 몸은 뼈와 가죽만 앙상하게 남고 해골처럼 눈이 움푹 들어갔다. 그런데도 싯다르타는 번뇌 사슬을 끊지 못했다. 그는 몸을 학대하지 말고 정신을 맑게 가져야겠다고 느꼈다. 한 소녀로부터 우유 한 그릇을 얻어 마시고 그는 원기를 회복했다.

싯다르타는 쾌락과 고행의 두 극단을 경계하며 수행한 끝에 번뇌 사슬을 끊고 내가 내 주인이 되어 열반과 해탈에 이르렀다. 그가 석가모니 부처(佛陀, buddha, 깨달은 자)다. 스물아홉 살 때 왕궁을 탈출하고 여섯 해가 흘렀다. 오늘날 한국 불교는 '우유 한 그릇'에 만족하지 못한다. **절에 껍질 없는 배롱나무가 많은 것은 '사람이 알몸으로 태어난 것처럼 깨끗이 살다 가라'는 뜻이다.**

계파 갈등도 문제다. 불교사회정책연구소 법응 스님은 불교 종단 전체를 쥐락펴락하는 특정 계파를 '일진'이라고 비판했다. 그들은 제 계파 소속 승려가 아니면 배척한다는 뜻이다. 티베트 불교 지도자 달라이라마는 중국공산당의 살육을 당하고도 비폭력노선을 고수한다. 그것이 현실 정치 문제를 해결하지 못하지만, 종단 운영 방식을 비판했다고 신도 한 사람을 괴롭히는 한국 불교 행태와 그 결이 다르다.

석가모니는 교단과 사제의 권위주의를 비판했다. 그는 열반에 들기 전 제자들에게 '**남을 맹신하지 말고, 자신을 섬으로 삼아 의지하라. 진리를 등불 삼아 자신을 밝게 비추며 정진하라**'고 말했다. 스스로 참 나(true self)를 찾는 게 종교이며, 사람 하나하나가 곧 부처다.

천주교 Catholic

- 수난과 반동 그리고 성찰

유입

왜군이 들여온 가톨릭

16세기 유럽에서 종교개혁이 일어났다. 프로테스탄트(청교도)가 가톨릭 타락을 비판하며 교세를 키워갔다. 이에 가톨릭이 유럽 밖으로 눈길을 돌렸다. 마침 '대항해 시대'여서 대륙 간 이동이 활발했다. 스페인 출신 로욜라, 사비에르가 조직한 예수회가 아시아, 남아메리카로 가톨릭을 전파했다.

예수회는 종래 가톨릭 교리와 조금 다른 길을 걸었다. **가톨릭은 전지전능 하나님의 은혜로 인간이 구원받는다고 말하지만, 예수회는 토마스 아퀴나스 사상을 수용해 신의 은총과 인간 자유 의지를 조화시켰고, 르네상스 인문주의를 수용했다.** 예수회는 회원을 엄선했고, 세계 곳곳에 학교를 세워 도덕성을 갖춘 인간, 이웃에 봉사하는 인간을 길러냈다. 계몽사상 대부 볼테르가 예수회 학교를 졸업했고, 일본 조치대학, 한국 서강대학이 예수회 설립 교육기관이다. 예수회는 '반종교개혁 돌격대'였지만 종교개혁의 자극도 받았다.

덴분 18년(1549) 여름, 예수회 선교사 사비에르가 폭풍우를 뚫고 일본에 들어와 선교에 나섰다. 그는 뚜렷한 성과를 내지 못했지만, 그 후배 사제들이 현지화 전략으로 일본 승려복을 입고 선교했다. 선교는 '사람 마음 사로잡기'다.

이후 일본 가톨릭교도가 급증해 1580년대에 20만 명을 넘어섰다. 선교사를 통해 포르투갈과 교역하는 일본 상류층이 개종을 주도했다. 스페인과 포르투갈에서 조총을 비롯해 신무기까지 받아들여 군비를 증강한 일본은 조선을 침략했다(1592, 임진왜란).

파죽지세로 한성을 점령하고 평양까지 진격했던 제1군 고니시 유키나가 부대원 가운데 가톨릭교도가 상당수였다. 그 부대 깃발에 십자가를 그려 넣었다. 그의 부대는 중국 명군(明軍) 참전과 조선군 반격에 밀려 후퇴했다. 선조 26년(1593) 봄, 일본군은 남하해 서생포(울산)와 웅천(진해) 사이에 성을 쌓고 명군과 종전 협상을 진행했다. 전쟁이 길어져 보급품이 모자랐고 역병까지 돌아 탈영병이 속출했다.

이에 고니시는 병사들 사기를 올리기 위해 사제를 보내달라고 예수회에 요청했다. 그해 겨울, 스페인 출신 그레고리오 데 세스페데스가 쓰시마를 거쳐 웅천으로 건너왔다. 그는 웅천에서 한 해 가량 머물며 추위와 배고픔에 지친 병사들을 위로했다.

일본으로 잡혀간 조선인 포로들이 가톨릭 복음을 만났을 가능성도 무시하기 어렵다. 훗날 이승훈이 중국 연경에 가서 세례를 받기 2백 년 전에 이미 조선인 가톨릭교도가 존재했을지 모른다.

서학은 『천주실의』를 타고

이마두(마테오 리치) 학문은 천주를 이야기한다. **천주는 바로 유가(儒家)의 상제다.** 천주를 공경하여 섬기는 것은 불교 석가와 같다. 천당과 지옥으로 악을 징계하고 선을 권하며 교화하는 것으로 예수를 삼으니, 예수란 서양에서 세상을 구제하는 칭호다.

-이익, 『성호집』(1774)-

예수회는 선교 대상 국가의 관습을 포용했다. 그들에겐 중국 유학도 신앙이 아니라 사상, 관습, 전통이었다. 여기서 한발 더 나아가 천주교가 유학과 연대하고, 유학 부흥을 도와준다는 보유론(補儒論)이 나왔다.

만력제 10년·선조 15년(1582), 이탈리아 출신 예수회 선교사 마테오 리치가 중국으로 들어왔다. 그는 예수회 현지화 전략에 충실했다. 그는 중국어를 구사하며 유학 경전에 해박했고, 중국식 이름 '이마두'를 사용하며 후덕한 인품으로 서광계, 이지조 등 사대부들과 교유했다. 그가 제작한 곤여만국전도는 유럽식 대서양 중심 세계지도와 달리 태평양 중심 지도로 중국을 세상 중심으로 배치했다. 그는 '중국을 빌어 중국을 변화시킨다'며 중국인의 공자숭배, 조상숭배를 용인했다.

유학은 형이상학, 신비주의, 미신을 부정한다. 유학 경전 『논어』, 『맹자』에 이성의 빛이 들어있어 중국인은 이미 계몽사상을 알고 있다고 마테오 리치가 극찬했다. 그를 비롯한 예수회 선교사들은 유럽에 유학을 소개해 계몽 사상가들을 매료시켰다. 유학의 건조함이 서구 근대성과 통했다. 볼테르는 "중국 법률이 세계에서 가장 훌륭하다. 민심을 반영해 관리 인사고과를 평가하는 것은 세계에서 중국이 유일하다"고 말했다.

마테오 리치는 이탈리아 예수회 신학교에서 신학, 철학뿐 아니라 천문학, 역법, 지리학을 공부했다. 다방면에 걸친 그의 해박한 지식은 중국에서 빛을 냈다. 'Christianity'를 '기독교(基督敎)'로, 가톨릭교를 '천주교'로 옮긴 것도 마테오 리치의 영향이 컸다. 중국인은 우주 관할 조물주를 '천주(天主)'라고 불렀다.

만력 31년·선조 36년(1603) 마테오 리치가 『천주실의』를 출간했다. 이 책은

'하나님에 대한 참된 논의'라는 뜻으로 유학자 서광계가 묻고 마테오 리치가 답하는 대화체 교리서다. **마테오 리치는 불교를 허무주의라고 비판해 천주교와 유학의 연합전선을 구축한 후 가톨릭 '하나님'이 중국 '천주'(상제)와 같다고 말해 사대부의 호응을 받았다. 이스라엘 여호와, 그리스 데오스, 영국 갓, 중국 천주, 한반도 하느님이 서로 통했다.** 중국 왕래하는 사신을 통해 『천주실의』가 이웃 나라로 흘러들었다.

마테오 리치 활동은 선교를 넘어 동서 문명 교류사 분수령이었다. 종래 그어떤 활동가도 마테오 리치처럼 깊이 있게 문명의 질적 교류와 변화를 이뤄내지 못했다. 일찍이 중국에 왔던 마르코 폴로도 유럽인에게 미지의 호기심을 줬을 뿐 문화 변동을 일으키지 못했고, 이븐 바투타는 돈 많은 고급 여행객이었다.

17세기 초, 천주교 서적이 조선으로 들어왔다. 허균이 중국(명)에 사신으로 갔다가 책 4천여 권을 사 왔다. 그 가운데 천주교 서적이 들어있었던 것 같다. 허균의 동서 이수광이 "허균 제자들이 하늘 말씀을 외쳤는데, 사실은 서쪽 땅 학문(천주교)"이라고 말했다. 이수광도 저서 『지봉유설』(1614)에서 천주교를 소개했다.

이마두가 지은 천주실의 두 권은 천주가 처음으로 천지를 창조하고 안식의 도(道)를 주재한다고 논하고, 사람 영혼은 불멸하여 금수와 다르다고 논했으며, (불교) 윤회 육도의 그릇됨과 천당, 지옥, 선악을 분별하고, 인성이 본래 선하니 천주 뜻을 경봉해야 한다고 논했다.

『천주실의』를 비롯해 천주교 교리서 수십 종이 중국 동쪽 '은둔의 나라'를 흔들어 놓았다. 유학 대가와 성균관 유생들이 천주교 서적을 읽었다. 교리서가 천주교뿐 아니라 과학, 지리, 역사를 담아 서양 세계를 조선에 알렸고, 중국 중심 세계관이 동요했다. 신유박해 때 충청도 청양 군수가 붙잡아 온 천주교인에게 "중국에서 마테오 리치가 백성을 속였다. 너도 속았다. 어떻게 그 속임수를 보지 못하느냐?"고 물었다. 심지어 동학 창시자 최제우가 『천주실의』를 읽었다는 이야기도 전하다. 조선인에게 천주교는 신앙이 아니라 신학문이었다.

병자호란 이후 청나라에 인질로 끌려간 소현세자가 독일 출신 선교사 아담 샬을 만났다. 일찍이 마테오 리치가 중국에서 역법이 필요함을 알고, 역법 전문가를 보내달라고 예수회 본부에 요청했다. 아담 샬은 서양 역법을 참고해 만든 중국 역법 시헌력(오늘날 음력) 제작에 참여했다.

아담 샬은 조선 왕세자 만난 것을 호재라고 느꼈다. 그는 백방으로 조선에 보낼 선교사를 수소문했지만, 적임자를 찾지 못했다. 훗날 그는 "그런 기회가 다시 오지 않았다"고 아쉬워했다. 소현세자는 그리스도상을 갖고 조선으로 돌아와 아버지 인조와 갈등을 겪다가 죽었다.

빛을 기다리는 어둠

시공간에 영원한 게 없다. 고려 후기 실학으로 수용한 성리학이 조선 지배 이념으로 작동하고 조선 후기에 교조학되고 허학으로 전락했다. 일찍이 임진왜란에 참전한 중국 명군 지휘부조차 조선이 성리학에 매몰되어 현실을 놓친다고 지적했다. 조선 후기 성리학은 덩치 큰 어른이 어릴 때 입던 옷을 그대로 끼어 입은 꼴이었다. 지배층이 현실을 바라보지 못하고 공리공담에 빠져드니 백성 삶이 온전할 리 없었다.

군인 남편 못 돌아옴은 있을 법도 하지만

예로부터 남절양(男絶陽, 남자 생식기 절단)은 들어보지 못했노라.

시아버지 죽어서 이미 상복 입었고

갓난아이는 배냇물도 안 말랐는데

삼대 이름이 군적에 실리다니 …　　　　　　　　-정약용, '애절양(哀絶陽)'-

순조 3년(1803), 전라도 강진에서 유배 생활하던 정약용이 어느 백성 사연을 듣고 시를 지었다. 죽은 시아버지와 갓 태어난 아기에게 관헌이 군포(軍布, 군 복무 대신 내는 삼베)를 부과했다. 이른바 백골징포, 황구첨정이다. 이에 흥분한 아기 아버지가 자책하며 제 성기를 잘랐다는 이야기다. 심지어 집에서 키우는 개, 곡식 빻는 절굿공이에도 군포를 매겼다는 풍문이 돌았다.

이상 기후도 삶을 괴롭혔다. 조선 후기는 소빙하기였다. 평균 기온이 낮아 흉년이 들고 대기근이 밀어닥쳤다. 사람이 인육을 먹었고, 음식을 제대로 먹지 못해 면역력이 떨어져 역병에 취약했다. 아니나 다를까 17세기 중반에서 19세기 중반까지 조선에서 역병이 연이어 창궐했다. 역병은 중국에서 요동 지방을 거쳐 평안도로 들어오거나, 산둥반도에서 황해를 건너 기호지방에 상륙해 전국으로 퍼져나갔다.

순조 21년(1821), 콜레라가 조선인 수십만 명을 희생시켰다. 콜레라는 인도 뱅골 지방의 풍토병이어서 당시 조선인에겐 신종 질병이었다. 조선인은 콜레라 면역력이 없어 그 전염 속도가 마른 들판이 불타듯 퍼졌다.

이 괴질은 집집마다 전염되어 불똥 튀는 것보다 더 빨리 유행했다. 처방법도 없어 의원들이 증세를 알 수 없다. 재상 이상 사망자가 10여 명, 여느 관리나 백성은 그 수를 헤아릴 수 없어 서울과 지방의 사망자를 모두 더하면 수십만

명이었다. -순조실록 21년-

바이러스에 감염되면 설사와 탈수 증세가 나타나고 호랑이가 할퀴는 듯 온몸이 아파 조선인은 콜레라를 '호열자'라고 불렀고, 어떻게 걸리는지 몰라 '괴질'로도 불렀다. 병마 정체를 모르니 그 대처도 허망했다. 임금은 종묘에 나가 빌고, 백성은 남산과 서강에서 액막이 제사를 올렸다. 스페인 군대에 묻어온 두창 바이러스가 잉카문명을 무너뜨렸고, 병자호란 때 천연두 때문에 청군이 서둘러 퇴각했고, 1차 세계대전이 스페인 독감 때문에 일찍 끝났다니 역병과 역사의 관계가 깊다.

오비이락인지 왕조 말기엔 통치 질서가 제대로 작동하지 않고 홍수, 가뭄, 기근 등 자연재해와 역병이 창궐했다. 19세기에는 콜레라를 비롯해 천연두, 홍역 등 역병이 90여 차례 조선을 강타해 전국에서 사망자가 속출했다. 거의 해마다 조선에 역병이 돌았다. 조선인에게 아직 위생 개념이 없어 불결한 생활환경이 바이러스 숙주였다. 연이은 기근과 역병은 왕조가 더 이상 백성을 지키기 어렵다는 인식을 심어주었다. 민심이 이반하고 통치 정당성은 흔들렸다.

무능하고 부패한 왕조의 수탈, 잇달아 닥치는 대기근과 역병을 겪으며 벼랑 끝으로 내몰린 조선인은 '현세의 삶이 헛되다'고 느꼈다. 어둠은 빛을 예고했다.

무교(巫敎)와 천주교

조선인은 감성적, 직관적이다. 성령의 진리를 가르치면 곧 감동해 신앙에 들고 어떤 희생도 무릅 쓰지만, 진리를 풀이하면 잘 알아듣지 못한다. 특히 부녀자와 천민들이 그렇다.　　　　　　　　　-제4대 조선 천주교 교구장 베르뇌-

　신앙은 이성과 논리보다 감성에 가깝다. 논리는 분석하고 따질 뿐 공감하지 못하고 감성은 이성이 이해하지 못하는 면을 갖는다. 조선 후기 '사학(邪學, 천주교)을 왜 믿느냐'는 관헌 추궁에 어느 신도가 '어떤 양반(예수)이 십자가에 고통스럽게 매달린 모습이 불쌍해 어쩔 수 없이 믿게 됐다'고 답했다.

　유학 경전 『맹자』는 노총각을 '집에 들어가 봐야 할 일 없는 남자' 노처녀를 '원한 맺힌 여자'라고 표현했다. 조선인은 결혼 못 하고 죽은 총각·처녀를 동정했다. 총각 귀신(몽달귀신)과 처녀 귀신이 산 사람에게 해코지 못 하도록 그들의 한을 풀어줘야 했다. 황진이에게 반해 상사병 앓다가 죽은 총각의 상여가 움직이지 않아 그녀가 속옷을 얹어주고 위로해 움직였다는 설화도 같은 맥락이다. 결혼 못 하고 십자가에 못 박혀 죽은 예수가 조선인에게 애잔하게 다가왔고, 그들에게 교회는 예수를 위로하는 사당이었을지 모른다.

　한 집단이 마음을 열고 낯선 신앙을 수용해 내면화하는 과정은 자동차, 전화기 등 문명의 이기를 받아들여 편리하게 사용하는 일과 다르다. 19세기 한·중·일 동아시아 삼국에서 나온 동도서기, 중체서용, 화혼양재도 서구 근대 문명을 수용하되 고유 정신문화는 지키려는 궁여지책이었다. 수백 년, 수천 년 동안 이어 내려온 정신세계를 개조하는 것이 그만큼 고통스러웠다. 더구나 인간 영혼의 밑거름이라는 신앙을 바꾸는 건 충돌을 낳는다. 신앙은 타협의 대상이 아니다.

　외래 신앙을 받아들일 때 수용자의 감성이 녹아들기 마련이다. 고대 불교가 한반도에 들어올 때 토착 신앙과 만났듯 조선 후기 가톨릭이 들어올 때도 다르지 않았다.

"천주교를 믿으면 아들을 낳고, 죽은 후 천당에 간다고 들었다."

"천주교를 믿으면 내 몸의 병이 나을 거라 어느 양반이 말해 믿었다."

"만사가 저절로 이뤄지게 천주가 복을 내려주신다는 말을 듣고 성경 공부하고 세례받았다."

조선인이 가톨릭을 만날 때 현세에서 복을 구하는 무교(巫敎) 감성이 녹아들었다. 그것은 정화수 한 그릇 떠 놓고 하늘에 무병장수, 현세 부귀를 빌던 전래 심성과 다르지 않았다. 천신, 지신, 인신, 잡신 가운데 천신(하느님)이 으뜸이었다. 무교 신과 성경 속 신이 서로 통했고, 무교 신내림 굿과 가톨릭 엑소시즘(exorcism, 귀신 쫓아내는 의식)이 닮았다. 죽은 자를 심판하는 염라대왕은 가톨릭 하나님과 호응했다. 그래서 가톨릭을 천주교(天主敎)라고 번역했다. 천주교가 토착 신앙을 비교적 너그럽게 대했고, 경전과 교단이 없고 천지인(天地人) 조화를 추구하는 무교는 흡착력이 강했다.

그리스도교도 팔레스타인 지방 원시종교에서 출발했다. 영화『엑소시스트』(1973)가 묘사하듯 그리스도교는 원래 신내림 종교였다. 요단강에서 요한이 예수에게 세례 주는 의식을 무교 내림굿과 비교하기도 한다. 예수가 세례받을 때 하늘이 갈라지며 성령이 비둘기처럼 내려오는 장면(마가복음 1:9~10)이 내림굿 신내림과 비슷하다. 아닌 게 아니라 **성령이 사람 몸속에 머무는 내주(內住, indwelling)와 무교 신내림이 닮았다.** 그리스도교 성령과 무교 잡신의 성격을 어떻게 규정할지는 그다음 문제다.

3세기경부터 그리스도교는 구마 사제를 지정하고 귀신 쫓기 사역을 수행했다. "(바울의) 손수건이나 앞치마를 가져다가 얹으면 악귀도 나가더라(행 19:12)", 초기 그리스도인은 하나님 말씀으로 귀신쫓기보다 성수(聖水), 성물(聖物) 등 성스러운 물건으로 귀신을 내쫓으려 했다.

여기서 가치 판단이 필요하다. 현세 기복 신앙을 악이라고 규정짓기 어렵다. 사람이 현세 욕망과 가족 평안을 소망하는 마음은 인지상정이다. 또 기독교 현세 기복 신앙이 모두 무교 책임이라고 보기도 어렵다. 모든 종교에는 기복 요소가 들어있기 마련이다. 원시종교, 고등종교라는 용어도 학술상 개념일 뿐 '삶의 기쁨과 위안'이라는 신앙의 본질은 다르지 않다. 다만, 현세 복을 구하려고 입교한 천주교인들 한계가 곧 드러났다. 그들은 박해 앞에서 교단을 이탈했다. 바라던 복 대신 시련이 닥치니 이탈은 자연스러웠다.

초기 천주교를 수용했던 양반층이 제사 문제로 교회를 떠나고 중인, 평인, 여성 등 서민이 신앙 주축 세력으로 떠올라 무교 감성이 더욱 짙게 작동했다. 학질 걸린 어린아이에게 순교자 머리카락 담근 물을 마시게 했고, 관헌이 압수한 성물 가운데 순교자 시신도 있었다.

고난 속 착근

절에서 싹튼 천주교

한국 천주교 신앙은 세계 교회 역사상 유일 사건으로 한국인 스스로 시작했습니다.
-교황 요한 바오로 2세-

정조 3년(1779) 겨울, 권철신을 비롯해 정약전·김원성·권상학·이승훈·정약종·정약용 등 남인 계열 젊은 학자들이 경기도 광주 외딴 사찰 천진암에서 강학회를 열었다. 강학회는 유학 공부 모임인데, 이벽이 눈길을 뚫고 천진암을 찾아오며 그 성격이 바뀌었다.

소현세자가 중국에서 선교사 아담 샬로부터 천주교 서적을 받아올 때 이 벽의 6대조 이경상이 그 수행원이었다. 남인 계열 학풍이 그랬듯 과거를 치지 않고 양명학처럼 열린 공부를 추구한 이벽은 천주교 서적을 읽으며 교리를 터득해 갔다. 그가 합류한 이후 천진암 강학회는 하늘과 인간 세상, 인간 본성, 유학의 한계 등을 토론했다. 마테오 리치가 중국 선교 때 그랬듯 천진암 강학회도 서학(천주교) 실용주의로 유학을 보완한다고 생각했다. 젊은 선비들은 『천주실의』를 읽었고 유학과 서학이 충돌하지 않는다고 믿었다. 그렇게 불교 사찰에서 천주교 싹이 텄다. 선교사보다 성령, 복음이 조선에 먼저 들어왔다.

역사서 『동사강목』 저자 안정복은 남인 선비들에게 천주교를 버리고 정학(正學, 성리학)으로 돌아가라고 호소했다. 안정복은 유학 합리론자였고, 그의 딸이 권철신 동생 권일신과 혼인해 강 건너 불구경하기 어려웠다. 안정복은 천주교가 현실을 외면하고 천당·지옥을 말해 백성을 현혹해 불교나 무속처럼 허황하다고 공격했다.

천진암 강학회도 열정만 가지고 낯선 사상을 이해하기 어려웠다. 자료가 턱없이 부족했고, 선비들이 '갈라파고스'의 한계를 느낄 때 기회가 찾아왔다. 건륭제 48년·정조 7년(1783) 겨울, 이승훈(정약용 매부)이 아버지 이동욱을 따라 사신단 일원으로 중국 연경(베이징)을 방문하게 됐다. 이벽이 이승훈을 찾아와 "자네가 연경에 가게 된 것은 천주가 조선 백성을 구원하려는 뜻"이라며 연경에 가면 성당을 찾아가 천주교 서적을 구해오라고 부탁했다. 이때만 해도 이승훈은 과거 급제 후 관직 진출을 준비하던 터라 천주교에 호기심만 느꼈다.

이승훈이 베이징 남당 교회를 방문하자 예수회 소속 신부 그라몽이 그를 맞았다. 남인 계열 소장 학자들과 교유했던 이승훈은 선교사들에게 수학, 천문학 서적을 요청했다. 이어 천주교 이야기를 꺼내니 선교사들은 이승훈에게 교리를 가르쳤다. 이듬해 이승훈은 단기 속성 교육 후 세례를 받았다. 조선 천주교 주춧돌이 되라는 뜻으로 그의 세례명은 베드로였다.

귀국한 이승훈이 이벽, 정약전, 정약용, 김범우 등에게 세례를 내렸다. 이벽은 "우리는 천주 부름에 귀를 막을 수 없다. 모든 사람에게 천주교 복음을 전파하자."고 말했다. 신앙공동체가 출발했고, 이제 천주교는 서학이 아니라 영혼 불멸 신앙이었다. 조선 정계에서 노론에 밀려난 남인에게 성리학이 말하지 않는 '사랑', '구원', '영혼' 등이 신선하게 다가왔다.

열여덟 살 청년 이벽은 자기 집(서울 종로 관수동)에서 양반, 중인에게 신앙을 전파했다. 이벽과 사상 토론을 벌인 후 당대 석학 이가환은 "이 도리(천주교)는 훌륭하고 참되다. 그러나 그것을 따르는 자들이 불행을 맞을 테니 어찌할 텐가?"라고 우려했다. 천진암 강학회를 이끌던 권철신과 그 동생 권일신도 세례를 받았다. 정조 8년(1784), 한국 천주교 원년 풍경은 그랬다.

이후 역관 김범우가 세례받은 후 한성 명례방(현재 명동성당 근처) 그의 집에서 신앙모임을 열었다. 이 모임엔 양반·상놈, 남자·여자 차별이 없었다. 천주교 인간 평등사상은 사회복음이었고, 쉬운 한글 교리서가 사람들을 명례방으로 불러 모았다.

중세 유럽 봉건 이데올로기였던 천주교가 주자의 나라에서 평등사상으로 거듭났다. "유대인이나, 헬라인이나, 종이나, 자유인이나, 남자나, 여자나 다 그리스도 예수 안에서 하나이니라"(갈라디아서 3:28). 중세 유럽 천주교가 정치권력과 결합해 신분제를 옹호했지만, 조선은 원시 그리스도교처럼 신분을 초월해 신앙공동체를 이뤘고, 인간 평등 교리를 날 것 그대로 받아들였다. 도시인보다 시골 사람이 도시 문화를 더 좋아하듯.

그러나 '불온사상'이 철퇴 맞는 데까지 오래 걸리지 않았다. 정조 9년(1785) 봄, 이벽을 비롯해 정약전, 정약종, 정약용, 권일신 등 명례방 모임이 형조 포졸들에 발각됐다(을사추조적발). 관헌이 보기에 신도들이 얼굴에 분칠하고 머리에 책건 쓴 모습이 괴이했다. 책건은 양반이 쓰는 반투명 검정 모자로 신도들이 신분을 위장해 박해를 피하려고 썼다. 아직 천주교 탄압이 심하지 않을 때라 양반은 풀려났고, 중인 김범우가 곤장 맞고 귀양 갔다가 죽었다. 김범우 토마스가 한국 천주교 최초 순교자다.

명문가 경주 이씨 문중이 서양 오랑캐 사학(邪學)을 용납할 리 없었다. 문중은 이벽에게 천주교를 버리라고 요구했고, 아버지 이부만은 목을 매 죽겠다고 아들을 압박했다. 아버지는 아들을 별실에 가두고 그가 몹쓸 병에 걸렸다고 문중에 거짓 보고했다. 신앙과 가족 사이에서 고민하던 세례자 요한 이벽은 서른두 살에 죽었다. 그가 배교했는지, 왜 죽었는지 알 수 없다. 자살, 페스트, 독살 등 여러 의혹이 남았다. 이벽은 거대 문명 충돌의 희생양이었다.

"밀알 하나가 땅에 떨어져 썩지 않으면 한 알 그대로 남아있고, 죽으면 많은 열매를 맺는다(요한 12:24~25)." 권력의 박해 속에서도 천주교는 계속 퍼져 한성뿐 아니라 경기도, 충청도, 전라도에도 신도 수가 급증해 수천 명에 이르렀다.

성리학은 건조한 주지주의·합리주의라서 인간 영혼을 달래주지 못했고, 성리학 지배 질서가 동요하는 가운데 천주교의 인간 평등사상이 고통받는 조선인 마음속으로 스며 들었다. 게다가 홀로 고통스럽게 깨닫고 득도해야 극락 왕생하는 불교와 달리 천주교는 절대 유일신을 믿고 모든 걸 맡기면 구원받는다고 말했다. 조선인에게 천주교는 명쾌하고 강렬했다. 조선 백성에게 천주교가 어둠 속 등불로 다가왔다.

이승훈을 비롯한 조선인 천주교인은 스스로 규율을 만들어 미사를 올렸다. 그러다 보니 그 미사가 천주교 교리에 맞는지 궁금했다. 이에 정조 14년 (1790), 권일신 제자 윤유일이 사신단에 잠복해 베이징 교구로 갔다. 프란치스코회 소속 베이징 교구 주교 구베아는 조선에서 스스로 탄생한 신앙공동체에 놀라며 정식 신부가 아니면 미사를 집전할 수 없고, 제사를 금지한다고 지침을 내렸다. 조상 제사를 인정한 예수회 마테오 리치 활동기와 달리 선교 기조가 바뀌어 있었다.

베이징 교구는 조선에 신부 파견을 결정했다. 조선인과 비슷하게 생긴 중국인 신부를 낙점했다. 이후 조선 천주교회는 베이징 교구에 편입됐다.

신앙과 조상 사이

고대 로마 제국 그리스도인들이 박해당했지만, 19세기 조선 천주교 신도들이 겪은 것만큼 고난을 겪었다고 말하기 어렵다.   -C·H 로빈슨-

마테오 리치가 죽고 나서 가톨릭 도미니코회, 프란치스코회가 중국으로 들어가 선교했다. 그들은 이미 필리핀에서 선교하며 현지 전통을 무시했던 강경파여서 중국에서도 갈등을 빚었다(전례논쟁).

예수회는 이탈리아, 포르투갈 출신 선교사가 주축이었고, 도미니코회와 프란치스코회는 스페인 출신이 많아 두 세력이 경쟁했다. 프랑스 파리외방전교회가 도미니코회와 프란치스코회 쪽에 가세해 논쟁이 더 뜨거웠다. 지루한 논쟁 끝에 결국 1715년 교황 클레멘스 11세가 조상 제사를 공식 금지했고, 1742년 교황 베네딕토 14세가 재확인했다. 계몽 사상가 볼테르가 '(교황이) 유럽인의 편협한 생각을 극동 천리에 강요한다'고 비판했다.

조상 제사가 천주교 교리와 충돌한다는 베이징 교구 지침은 조선 천주교인에게 충격이었다. 제아무리 하나님 아들이라도 나고 자란 성리학 국가에서 조상 제사를 버리기 쉽지 않았다. 양반가 사대부들이 더욱 그랬다. 동서양 문명이 충돌할 때 기어코 사달이 났다.

정조 15년(1791), 전라도 진산(현재 충남 금산) 사는 윤지충 바오로가 조상 신주(혼이 머무는 나무토막)를 불태우고 천주교 방식으로 어머니 장례를 치렀다. 문상 온 친척, 친지들이 고개를 절레절레 흔들며 돌아갔다. 윤지충은 정약용 고종사촌으로 김범우 명례방 미사에 참여하며 세례를 받고 베이징 교구에 가서 견진성사(천주교 성인식)까지 받았다. 외사촌 권상연 야고보도 윤지충을 옹호하며 신주를 불태우고 제사를 지내지 않았다. 그것은 충효 이데올로기 국가에서 사형에 처할 강상죄였다. 결국 두 '패륜아'는 전라도 관찰사 정민시에게 끌려가 조사받았다.

"도대체 천주교가 뭐길래 부모 신주를 불살라 버렸느냐?"

"신주는 귀신이 붙은 물건이요"

"닥쳐라. 국법이 있고 예법이 있다. 계속 고집부리면 극형을 면치 못하리라"

"나라에 법이 있듯 제겐 천주님이 있고 천주님을 위해 죽는다면 영광이오."

조선 중기부터 사대부들이 사대봉사(부모-조부모-증조부모-고조부모 제사)를 지냈고, 후기에 이르면 서민까지 합류했다. 그들은 사람이 죽으면 몸에서 혼이 빠져나와 가족 주변을 기체로 떠돌다가 4대를 넘어서면 그 기체가 증발해 사라진다고 여겼다. 아닌 게 아니라 성리학에도 종교성이 없지 않다. 낳고 길러준 부모와 그 조상을 다른 신과 동격으로 볼 수 있느냐가 논란거리다.

『가례』로 유학 예법을 정리한 주자는 "죽은 사람 신주 만드는 것은 그와 접촉하려 함이며, 신주 안에 죽은 사람 정신이 깃들어 있다."고 말했다. 신주는 죽은 사람 인적 사항(제사 지내는 자와 관계, 벼슬, 이름)을 적어 넣은 나무패다. 주로 밤나무를 쓰는데 제사 때 갈 곳 없는 영혼이 머무는 가상 신체가 신주다. 신주를 위패(位牌)라고도 부른다. 4대 봉사가 끝나면 신주를 땅에 묻는다.

모진 고문도 두 예수쟁이의 신념을 꺾지 못했다. 아무래도 그들은 지방 감사가 감당할 체급이 아니었다. 정민시는 조정에 장계를 올려 사건을 보고했다. 이 사건은 벽파(정조 반대파)가 시파(정조파)를 제거할 기회였다. 같은 시파가 윤지충에게 마음을 돌리라고 설득했지만, 그는 단호했다. '천당 가는 것은 축하할 일이지 슬퍼할 일이 아니다. 부모 신주를 불태우는 일이 어떻단 말인가. 신주는 공산(公山)의 나뭇조각일 뿐 필요 없는 물건이다.' 전국에서 유림의 분노가 들끓었다.

개혁 군주라는 정조도 "출중한 선비들이 어쩌다가 이렇게 됐는고?"라고 탄식했다. 시파 채제공도 "서학 무리를 엄히 다스려야 한다"고 호응했다. 윤지충과 권상연이 참수형으로 순교 후 그 시신이 아흐렛날 동안 공개됐다. 한 겨울이라 시신이 썩지 않았지만, 순교자 핏물로 병을 고친다며 사람들이 몰려들어 한바탕 촌극이 일어났다. 그밖에 이승훈이 삭탈관직당했고, 권일신은 제주도로 귀양 갔다가 곧장 후유증으로 죽었다(1791, 신해박해). 윤지충 피가 튀어 붙은 전주성 돌은 훗날 전주 전동성당 주춧돌이 됐고, 그 유해가 전북 완주 초남이 성지에서 권상연과 함께 발굴됐다.

동서고금을 막론해 기득권 세력은 변화를 꺼린다. 신해박해 이후 양반 교인들이 천주교를 떠났다. 역시 그들에겐 조상 제사가 문제였다. 성리학 국가의 지배 계급이 천주교 신앙을 아직 내면화하지 못했다고 지적할 수 있지만, 천주가 거룩한 만큼 그들에겐 조상신이 소중했고 윤지충, 권상연은 과격했다.

신해박해를 거치며 성리학 이데올로기에서 비교적 자유로운 중인과 평민, 속박받는 부녀자들이 입교해 천주교 신도 수가 오히려 늘어갔다. 그들은 산

속으로 숨어들어 신앙공동체를 이뤄 산적 떼로 오해받았다. 성리학 교조주의 세력은 그들을 '나라를 원망하는 무리' '세상을 변혁하려는 자'로 몰아갔다.

신해박해 이후 조선 천주교가 새로운 단계로 접어들었다. 조선 천주교가 개인 신앙을 넘어 사회복음으로 진화했다.

신앙과 국가 사이

지금 사학(邪學, 천주교)은 어버이도 없고 임금도 없어 인륜을 무너뜨리고 교화와 충돌해 오랑캐와 금수의 지경으로 돌아가고 있다. 저 어리석은 백성이 점점 물들고 어그러져 마치 어린아이가 우물에 빠진 것 같으니, 이 어찌 측은하고 상심하지 않겠나?   -『순조실록』원년 1월 10일-

건륭 59년·정조 18년(1794) 겨울, 중국인 신부 주문모가 조선인 역부(驛夫)로 가장해 얼어붙은 압록강을 건너 밀입국했다. 그는 한성에 잠입해 북촌 계동에 사는 역관 최인길 집(현재 현대그룹 사옥 근처)에서 조선말을 배우며 미사를 집전했다. 임금 사는 창덕궁 앞에 '불순분자'가 잠입했다.

그러나 그것도 이듬해 6월까지였다. 배교자 한영익(정약용 사돈)이 포도청에 밀고해 주문모 몽타주가 길거리에 나붙었다. 주문모가 정약용 도움을 받아 숭례문 부근 여신도 강완숙 골롬바 집에 숨어들었다. 그를 도운 최인길, 지황, 윤유일 등이 포도청에 체포되어 회유와 고문을 당하다가 이튿날 새벽 순교했다. 그들을 조급하게 처형한 사람이 남인 채제공이다. 그는 천주교 세력을 미지근하게 대처한다고 노론의 공격을 받고 있었다.

언제 붙잡힐지 모르는 초긴장 속에 주문모는 강완숙 집에 여섯 해 숨어 지냈다. 그동안 주문모는 왕실 여성, 계집종 등에게 천주교 신앙을 전파했다. 이에 용기를 얻어 충청도 온양·공주·홍성, 전라도 전주 등에서 포교한 결과 전국 천주교 신도가 4천 명에서 1만 명으로 늘었다. 한편, 주문모는 베이징 교구에 조선 천주교가 처한 실태를 알리고 포르투갈이 조선과 통상조약을 맺어 신앙 자유를 확보해 달라고 요청했다. 이 편지 내용이 조선 조정으로 흘러가 역효과를 냈다.

흥미롭게도 몇몇 천주교인은 주문모를 『정감록』에 나오는 해도진인(섬에서 나타나 세상을 구원한다는 귀인)으로 여겼다. 이몽학 난, 홍경래 난이 『정감록』 영감을 받았고, 19세기 말 김구도 『정감록』을 믿고 김재희, 백낙희, 김형진과 함께 정씨 왕조를 세우려고 거사를 모의했다(장연 산포수 사건). 양반 김건순은 군대를 길러 청을 공격해 병자호란 치욕을 씻자고 주문모에게 요청했다가 거절당하고 세례받았다. 현실 속 고난과 미래에 대한 열망이 천주교와 정감록을 이어줬다.

천주교를 받아들인 세력은 주로 남인 계열 학자들이었다. 국왕 정조가 정약용을 비롯해 남인을 등용해 노론을 견제했기 때문에 천주교를 덜 박해했다. 그는 유학을 부흥하고 백성을 교화하면 천주교가 저절로 사라진다고 믿었고, 정약용이 주문모를 숨겨줬음을 알고도 눈감아 준듯하다. 그러던 정조가 갑자기 죽고 나서 피바람이 불었다. 그것은 남인에 대한 노론 벽파의 정치 숙청이며, 동양 상제와 서양 천주의 충돌이었다.

순조 원년(1801), 조선 조정이 "천주교인은 인륜을 무너뜨려 짐승과 같은 자들이니 마음을 돌이키게 해보고, 그렇게 되지 않으면 처벌하라."고 교서를 내렸다(신유박해). 주민끼리 서로 감시하고 고발하는 오가작통법이 등장했고, 마녀사냥 광풍을 타고 포졸들이 횡포를 부렸다. 그들은 무고한 사람을 무차별 잡아들이고 뇌물을 받고 몰래 풀어줬고, 시신이라도 찾으려는 유가족에게 접근해 거래했다. 잡아들인 신도의 재산까지 약탈할 수 있어 천주교인 사냥이 돈벌이 수단으로 변질돼 가짜 포졸이 등장했다.

국문장에 끌려 나온 정약용은 "황사영은 제 조카사위이지만 원수입니다. 그자는 죽어도 변치 않습니다. 이백다록은 이승훈입니다. 그는 베드로라는 이름으로 불리기 좋아했습니다"라고 폭로했다. 그들은 이미 죽은 목숨이니 산 사람이라도 살아야겠다고 '실학자' 정약용이 판단했다. 더 나아가 정약용은 천주교도를 색출하려면 그들의 노비나 어린 자식을 심문하는 게 좋다고 수사 기법까지 조언했다는 풍설도 전한다.

천주교를 버렸다고 선언한 덕분에 정약용은 목숨을 지킨 채 곤장 수십 대를 맞고 기나긴 유배 생활에 들어갔다. '하늘이 마음을 깨우쳐 준다'며 상제를 선악 심판자로 규정했던 그가 배교했는지 알 수 없다. 샤를르 달레는 '정약용이 죽기 전 종부성사를 받았다'고 기록했다. 정약용은 내면의 고뇌와 삶의 치욕을 무덤으로 가져갔다.

한편, 주문모는 청으로 피신하려고 황해도까지 갔다가 억울한 희생자를 막으려고 자수했다. 조선과 청 외교 관계를 고려해 주문모를 그냥 추방하자는 의견도 나왔지만, 신유년 따뜻한 봄날 한강 새남터(용산구 이촌동)에서 주문모 야고보는 참수형으로 순교했다. "거룩한 순교자 영혼이 하느님께 날아가니 구름이 걷히고, 폭풍우가 가라앉고, 아름다운 무지개가 나타났다."고 황사영이 백서에 기록했다.

열여섯 살 때 진사과 급제하고 국왕 징조의 총애를 빋딘 횡사영은 천주교 박해를 피해 충청도 제천 배론으로 내려갔다. 작은 토굴 속에서 그는 베이징 교구 주교 구베아에게 보내려고 편지를 썼다가 관헌에 들통났다. 편지는 두 자 길이 명주 천에 13,311자 분량이었다. 조선 천주교 박해 실상을 서술한 후 황사영은 두고두고 논란거리가 될 내용을 썼다.

여자 임금(대왕대비 정순왕후)이 섭정해 힘센 신하가 권력을 농락하고 정치가 혼란해 백성이 원망합니다. 진실로 이럴 때 (조선이 중국의) 속국이 되라고 명하십시오. 그 옷을 같이 입고 서로 왕래하여 (조선을) 영고탑(만주 행정구역)에 소속시켜 황실의 근본인 땅을 넓히십시오.

전선 수백 척과 병사 5~6만 명, 대포 등 날카로운 무기와 함께 글 잘 쓰는 선비 서너 명을 데리고 와 조선 국왕에게 말하십시오. "우리는 서양 종교를 전하는 배다. 자녀나 재물 때문에 온 게 아니다. 교황 명령을 받아 이 지방(조선) 생명을 구원하러 왔다. … 천주님 사신을 받아들이지 않으면 마땅히 벌을 내리고 죽어도 발길을 돌리지 않겠다.

진산 사건에서 신앙과 조상이 충돌했고 황사영 백서 사건에서 신앙과 국가가 충돌했다. 황사영은 오늘날까지 묵직한 화두를 던진다. **개인의 사상·양심 자유는 국가 이익을 초월할까? 고결한 신앙 자유를 쟁취하려고 외국 군대를 불러들여 제 나라를 위협하는 게 정당한가? 더 나아가 모든 걸 뛰어넘는 보편 가치가 존재할까?**

가치 영역을 벗어나 사실을 들여다보자. 황사영은 백서를 다급하게 작성했는지 선교 전략상 허점을 드러냈다. 당시 청나라도 천주교를 박해한다는 사실을 그는 몰랐거나 간과했다. 제후국 조선을 서구 제국주의 군대가 협박하면 황제국 청이 좋아할 리 없었고, 나폴레옹 전쟁으로 교황청도 힘이 빠져 황사영이 끌어들일 외세도 없었다. 물론 황사영 백서 자체가 왕조 국가 위정자에겐 섬뜩한 위협이었다.

선량한 교인들이 피 흘리며 쓰러져 가는 참상을 십분 고려하더라도 강대강

총칼로 쟁취한 신앙 자유가 사람 마음속으로 스며들기 어렵다. 실제로 백서 사건 이후 민심이 천주교에 불리하게 흘렀다. 스물여섯 살 황사영은 '목적이 수단을 정당화할 수 없다' '그리스도는 사랑이시다'라는 진리를 놓쳤다.

훗날 파리외방전교회 선교사 샤를르 달레도 황사영 백서 사건을 '유치한 망상'이었다고 혹평했다. 백서 사건은 대박청래(大舶請來, 서양 군함을 불러 조선 문호를 개방하고 신앙 자유를 얻으려는 관념)의 절정이었다. 황사영뿐 아니라 당시 조선 천주교인들은 선교사가 배를 타고 자꾸 들어오면 금령이 풀리리라 믿었다.

조선 조정은 황사영 백서를 "하늘과 땅을 다 찾아보고 만고에 걸쳐 살펴봐도 듣지도 보지도 못한 흉모·음계"라며 천주교 박해의 정당성을 찾았고, 교우 황필이 밀고해 붙잡힌 황사영 알렉시오는 한성 서소문 밖에서 팔다리가 찢겼다. 황사영 아내는 노비가 됐고, 그의 처삼촌으로 유배 중이던 정약전, 정약용이 백서 사건 배후로 몰려 국문장에 다시 끌려 나와 고문을 당했다.

신유박해로 주문모, 황사영을 비롯해 천주교인 3백여 명이 목숨을 잃었다. 최초 세례자 이승훈, 천진암 강학회 좌장 권철신, 남인 영수 이가환, 정약용의 친형 정약종, 주문모 지킴이 강완숙, 그리고 왕실 여성 교인들이 순교했다.

정약종 아우구스티노는 하늘을 보며 떠나겠다며 누워서 칼을 받았다. 충청도 홍주에서 순교한 백정 황일광 알렉시오는 '내겐 천국이 이 세상 교회에 하나 있고, 하늘에 또 하나 있다.'고 말했다. 순교자들은 신앙 증거자였고, 삶이 곧 복음이었다.

강완숙이 천국 가는 길도 험난했다. 그가 배교를 거부하자 형리들이 그의 의붓아들 홍필주를 끌어다가 몽둥이로 두들겨 팼다. 그 참상을 보지 않으려고 고개 숙이면 머리채를 뒤로 당겨 형틀에 묶었고, 비명을 듣지 않으려고 손으로 귀를 가리면 손을 뒤로 묶었다. 강완숙은 아들에게 '이 고통은 영생할 천

국 문을 여는 시련'이라고 말했다. 그는 여인이니 옷은 벗기지 말아 달라고 부
탁하고 서울 서소문 밖에서 참수형으로 순교했다.

황사영 가족의 사연은 더 기구했다. 그의 아내 정명련(정난주)은 정약용 맏
형 정약현의 딸이다. 명문 사대부가에서 태어나 부러운 것 없던 그녀 삶이 신
유박해로 산산조각 났다. 정명련은 제주도로 유배 가다가 두 살배기 아들 황
경한을 추자도 황새바위에 두고 그가 죽었다고 관아에 보고했다. 생이별 고
통이 얼마나 컸던지 그녀는 배 위에서 혼절했다. 정명련은 제주도 대정현(서
귀포 대정읍) 김석구 집 노비로 37년 동안 살다가 선종했다. 그는 절망 속에서
도 '살아 있는 예수'였다. 김석구의 아들 형제를 친아들처럼 키웠고, 마을 사
람들에게 글을 가르쳐 '한양 할머니'로 불렸다. 삶은 질기다. 추자도 갯바위에
남겨진 황경한은 뱃사공 오씨에게 발견되어 양민으로 살았다.

박해를 피해 운 좋게 살아남은 교도들은 각 지방으로 흩어져 신앙을 전파
했다. 산간 지역 곳곳에 교우촌이 등장했다. 작은 곳은 10여 명, 큰 곳은 100
여 명인 교우촌은 함께 일하고 생활용품을 나눠 쓰는 신앙공동체였다. 그들
은 추위를 견디며 초근목피로 연명했고, 이동이 잦아 거지나 다름없었다. 굶
주림에 지쳐 해마다 수백 명씩 죽어 나갔다.

천주교 신앙을 전파할 때 이벽, 정약전 등이 펴낸 한글 교리서가 빛을 냈다.
교리서가 목판으로 인쇄되어 비싸지 않은 값에 팔려나갔고, 한성부 몇몇 책
방이 큰돈을 벌었다. 이후 조선 천주교 중심축이 양반 지식인에서 상민으로
옮겨갔다. 그 가운데 과부, 동정녀(신앙 목적 비혼녀)가 적지 않았다.

가문 혈통 잇기가 중요한 유교 국가에서 혼인을 거부하는 동정녀가 탄압받
았다. 이에 동정녀들이 유부녀 또는 과부 행세하거나 혼인하고도 성교를 거
부했다. 정약종 딸 정 엘리자베스는 욕정을 누르려고 등짝에 피가 나도록 채
찍으로 맞았다. 조선 천주교가 지식에서 신앙으로 변해갔다.

밀알의 결실, 그러나 …

형관 : 조선 풍속을 따르지 않고, 남의 나라 도(道)로 세상을 어지럽히는 게 옳으냐?

정하상 : 남의 나라 좋은 물건은 취하여 쓰고 천주교는 남의 도(道)라 하여 옳은 일을 배반하리까?

형관 : 네가 천주를 보았느냐?

김 루시아 : 먼 지방 백성이 임금을 직접 보고 믿습니까? 천지 만물을 보고 그것을 만드신 대군 대부를 믿나이다.

형관 : 형벌을 무겁게 내려도 천주를 믿겠느냐?

김 루시아 : 매 맞아 죽어도 공경하는 천주를 배반치 못하나이다.

형관 : 제사를 지내지 않는 게 옳으냐?

김 골롬바 : 제사는 허사라 세상 감옥에 갇힌 자도 자손이 생일이나 기일(忌日)에 제수를 차려 놓아도 제 마음대로 출입하지 못하거늘, 하물며 지옥에 갇힌 자가 어떻게 나와서 제사상을 받는단 말이오.　　　　　　 -기해일기-

한 알의 밀알이 썩어 새 생명을 키워내듯 조선 천주교 순교자들 희생이 열매를 맺었다. 순조 31년(1831) 가을, 교황 그레고리오 16세가 북경교구로부터 조선교구를 분리해 승인했다. 경기도 광주 산골 작은 암자에서 젊은 선비들이 모여 복음의 씨앗을 뿌리고 반세기 만에 조선 천주교가 세계 가톨릭 무대에 등장했다.

다섯 해 후 선교사 피에르 모방이 조선으로 밀입국했다. 프랑스혁명 후폭풍이 잦아들고, 주문모 순교 후 30여 년 동안 조선 천주교가 사제 모시기를 추진한 결실이었다. 그렇지만 선교사를 공개 처형하고 그 목을 저잣거리에 걸어놓는 나라로 들어오기 쉽지 않았다. 초대 조선 교구장 임명받은 브뤼기에르는 밀입국 직전 만주에서 뇌출혈로 선종했다.

모방은 먼저 와 있던 중국인 신부 유방제, 정약종 아들 정하상, 조신철 등과 함께 한성, 경기도, 충청도를 돌며 2백여 명에게 세례를 내렸다. 뒤이어 샤스탕, 잉베르가 합류해 조선에서 천주교인 수가 다시 늘어갔다. 조선의 열악한 주거 환경과 음식으로 온갖 고통을 겪으며 세 사람은 2년 동안 2천여 명에게 세례를 내렸다.

헌종 5년(1839), 조선 조정이 다시 칼을 뽑아 들었다. 천주교에 온건하다는 이유로 시파를 제거하려는 벽파의 노림수였다. 20세기 냉전시대 공산주의를 매개로 정적을 제거하는 메커니즘과 닮았다. 체포령을 내리고, 배신자 밀정을 교회 안에 풀어 거짓 정보 흘리고, 밀입국 공작원 3명 소재를 파악했다. 거액 현상금도 걸었다. "천주교도를 체포한 사람이 양반이면 고을 하나를 주고, 평민이면 모든 가족 세금을 면제한다."

선교사 3명 가운데 잉베르가 가장 먼저 체포됐다. 그는 "천주를 배반하라"는 협박을 거부하고 매질을 견뎠다. 앞서 주문모가 그랬듯 교인들 피해를 줄이려고 2대 교구장 잉베르도 모방과 샤스탕에게 자수하라고 권유했다. 모방과 샤스탕은 "우리 목자이며 아버지이신 교구장께서 감옥으로 오라고 권하시므로 1839년 9월 6일 자수할 예정입니다."라고 파리외방전교회로 편지를 쓰고 10리 길을 걸어가 체포됐다. '고국으로 돌아가라'는 관리 말에 "가기 싫다. 우리는 조선인 영혼을 구하러 왔으니 여기서 죽겠다"고 말하고 새남터 처형장으로 끌려 나왔다. 망나니 12명이 돌아가며 칼을 휘둘러 순교자들 목이 땅바닥으로 떨어졌다. **신유박해 이후 38년 만에 일어난 탄압으로 선교사 3명**

포함 교인 110여 명이 순교했다(기해박해, 1839).

정하상은 "천주교가 어떤 종교인지 알아보지도 않고 죄 없는 사람을 죽이는 게 옳으며, 성인군자를 자처하는 유학 선비가 이 횡포를 보고도 침묵하는 게 옳으냐?"고 지적하고 "살고 싶은 게 인지상정인데, 신도들이 기꺼이 목숨을 버리며 천주를 믿는 게 천주교가 참된 신앙인 증거"라고 말했다. 그는 순교 직전 "내 몸이 백번 죽어도 내 신앙을 포기하지 않겠다"고 말했다.

정씨 집안은 신유박해 때 이미 몰락했다. 천주교를 버리고 살아남은 그의 숙부 정약용은 긴 유배를 마치고 고향 남양주로 돌아와 3년 전 세상을 떠났다. 정하상과 그 가족은 정약용 집에서 살았다. 그는 아버지 정약종 아우구스티노가 순교한 서소문 밖에서 같은 길을 떠났다. 그의 어머니 유소사, 누이동생 정정혜도 순교했다.

기해박해 순교자들 대부분이 상민이었다. 양반과 상놈 차별하지 않고, 제사를 거부하는 천주교 교리는 제사상 차리고 싶어도 돈이 없어 못 차리는 상민에게 복음이었다. 그들도 푸른 눈 선교사처럼 모진 고문을 견디며, 배교하면 살려준다는 회유를 뿌리치고 천주의 나라로 떠났다. 여성 신도들은 심문받을 때 겁탈까지 당했다. 앞서 정하상이 지적했듯 불순분자를 다루는 곳에 공자의 나라 도덕은 작동하지 않았다.

조선 조정은 사학(邪學, 천주교)을 배척하려고 백성에게 내리는 말씀 모음집 『척사윤음』을 한문·한글로 발행했다. 그 거친 표현 속에 성리학 위정자들의 두려움이 녹아있다.

성모, 신부, 성세 견진 등과 같은 것에 이르러서는 여러 가지 모습으로 이랬다저랬다 하니, 말하자면 여우나 무당 마술꾼이 세상을 속임과 같다. 조금이라도 식견을 가진 자라면 어찌 이에 속아 넘어가랴. 천당, 지옥의 설에 이르러

서는 그 어리석음이 버러지도 웃을 일이다. 한마디로 터무니없는 거짓말이다.

여기서 언어 프레임의 역설이 일어났다. '코끼리를 상상하지 말라'고 듣는 사람이 코끼리를 더욱 떠올리듯 『척사윤음』이 오히려 조선인에게 천주교를 소개하고 신앙을 퍼뜨렸다. 복음이 바람에 날려 사방으로 흩어졌다.

고난의 길, 김대건의 길

포도청에서 한 달 동안 조사하였는데, (김대건은) 말하는 것이 교활하여 강한 서양 배를 믿고 "우리나라에서 마침내 천주교를 금할 수 없으리라"고 말했다.

-헌종실록-

파리외방전교회는 '적임자를 찾아 성직자로 양성하기'를 최우선 목표로 삼 았다. 피에르 모방은 기해박해 때 순교한 김제준의 아들 김대건에게 세례를 주고, 그를 마카오 신학교로 유학 보냈다. 충청도 당진 솔뫼 마을에서 태어나 경기도 용인 골배마실에서 자란 김대건은 순교자 후손이다. 아버지 김제준 아냐시오를 비롯해 순교자 10여 명이 그의 집 안에서 나왔다.

충청도 서북부 내포(內浦, 오늘날 삽교천 주변 당진·예산·홍성·아산 일대) 지방 은 그 지명이 말해주듯 바닷물이 내륙 깊숙이 들어와 외부 세계와 교류가 활 발했다. 내포는 선교사들이 황해를 통해 들어오는 기착지여서 천주교도 일찍 이 들어왔다.

정조 8년(1784), 내포 출신 이존창이 서울에서 권일신 하비에르로부터 복음 을 받고 신리(당진시 합덕읍)로 내려와 포교해 교우촌을 건설했다. 19세기 중반 조선의 천주교인 수가 2만 명을 돌파할 때 충청도에 그 숫자가 가장 많았고(충청-서울-경기-전라-경상), 그 가운데 절반 이상이 내포에 거주했다. 관헌에 끌려가 모진 고문을 못 이겨 잠시 배교했지만, 이존창 루도비코 곤자가는 '내포 사도'로 불렸다. 김대건의 할머니가 그의 조카다. 내포는 한국 천주교 못자리였다.

도광제 16년·헌종 2년(1836) 겨울, 열다섯 살 김대건 안드레아가 최양업, 최방제 등과 함께 조선을 떠나 요동을 거쳐서 이듬해 여름 마카오까지 걸어서 갔다. 두통, 황달로 몸이 약한 김대건에게 쉽지 않은 길이었다. 그들은 마카오 신학교에서 프랑스인 선교사로부터 라틴어, 프랑스어, 신학, 철학, 역사, 지리를 배웠다. 스승을 존경하는 선비의 나라 학생들은 좋은 평판을 들었다. 최방제는 풍토병에 걸려 죽었다.

아편전쟁이 일어나던 1842년 마카오, 프랑스 군함 에리곤 호 함장 세실이 조선으로 가겠다며 파리외방전교회 극동 선교부에 통역사를 요청했다. 선교부는 세실 제의를 반기며 신학생 김대건, 선교사 메스트르를 추천했다. 기해박해 후 조선과 연락이 끊겼고, 신임 조선 교구장 페레올을 조선에 어떻게 들여보낼지 고심하던 터였다. 게다가 김대건은 아편 팔려고 전쟁 벌이는 영국보다 인심 좋은 프랑스가 문명국이라고 말해 중국 내 프랑스 호감도를 높였다. 페레올은 김대건을 신임했다. 그런 페레올이 훗날 김대건 명을 새촉할시 아무도 몰랐다.

2월 15일, 김대건이 탄 에리곤 호가 마카오를 출발했다. 그들은 필리핀 마닐라와 타이완을 거쳐 7월 초 장강(양쯔강) 하구에 도착했다. 세실은 제국주의 첨병답게 아편전쟁 이후 영국과 중국(청) 사이에서 중립을 지키며 중국 내 프랑스 이익을 어떻게 챙길까 고심했다. 8월 29일 세실은 난징 조약식 연회에 참석하고, 일행과 함께 난징 시내를 관광했다.

결국 에리곤 호는 조선행을 포기했다. 세실은 배 안에 환자가 많다는 이유를 들었고, 신임 조선 교구장 페레올은 아편전쟁 결말을 지켜보겠다며 조선행을 연기했다. 실망한 김대건과 메스트르가 에리곤 호에서 내렸다. 메스트르는 "언젠가 우리 신부들이 서양 배로 조선 해안에 갈 날이 올지 누가 압니까?"라며 희망을 버리지 않았다. 육로 입국이 그만큼 어렵다는 뜻이지만, 그는 제국주의 근성을 숨기지 않았다. 훗날 메스트르는 조선에서 활동하며 "한성 수비병은 5~6천 명인데 활과 화승총으로 무장해 부대 하나로 진압할 수 있다."고 프랑스 정부에 편지를 썼다.

한 세대 전 신유박해 때 황사영은 군함을 조선에 불러달라는 편지를 프랑스인 주교에게 보내려다가 들켜 극형을 당했다. 황사영보다 한발 더 나아가 외국 군함을 타고 조선으로 출항한 김대건은 어떤가? 처음 계획대로 김대건이 군함 타고 조선으로 들어왔다면 역사는 그를 어떻게 기록할까? 신앙과 국가 사이에서 뫼비우스 띠가 떠오른다. 그것은 스물한 살 청년이 짊어지기 어려운 역사의 무게였다.

헌종 11년(1845) 정월, 김대건 안드레아는 바닷길 입국이 어렵다고 판단하고 중국 요동에서 의주를 거쳐 한성에 잠입했다. 그 고난의 여정이 얼마나 긴장되고 고됐던지 도착 후 그는 앓아누웠다.

그러나 신앙 열혈 청년에게 쉴 겨를이 없었다. '배를 마련해 상하이로 오라'고 페레올 지시가 떨어졌다. 4월 30일, 김대건은 배 한 척을 사들여 교인 11명과 함께 제물포를 출발했다. 배는 작고 허름했고, 초보 선원들은 항해에 미숙했다. 믿을 건 나침반이었다. 폭풍이 불어 돛대가 부러졌고 항구로 되돌아가기를 반복했다. 배가 침몰할 것 같으면 식량을 바다에 버렸다.

출발 보름 만에 중국 땅을 밟은 김대건 일행은 현지 선교사들 도움으로 6월 4일 상하이에 도착했다. 페레올이 감동했다. 8월 17일, 진쟈샹(김가항) 성당에서 김대건은 사제서품을 받고 일주일 후 첫 미사를 횡당 성당에서 올렸다. 새로운 바닷길 개척 공로가 컸다. 김대건은 강철같은 신앙과 용기로 고난의 바다를 건너 조선인 최초 신부가 됐다.

그러나 감동은 감동이고, 낡은 조각배를 타고 바다 건너는 일은 현실이었다. 선원들의 항해술도 미숙해 믿음을 주지 못했다. 주교 페레올이 당시 마음을 기록했다.

나는 이 초라한 배를 보고 공포를 느꼈다. 이 허술한 나무토막을 타고 어떻게 400킬로미터 이상 항해할지 묻지 않을 수 없다. 그런데도 조선인들은 모두 즐거워하며 파도와 맞서 싸우려 한다. 그들의 신앙은 위대하다. 그들은 주교를 만났고 재난을 잊었다. 주교와 함께 있으면 모든 위험이 사라질 거라 믿는다. 천주님께서 이 순진함에 축복을 내리시기를 ….

8월 31일, 김대건은 3대 조선 교구장 페레올, 신부 다블뤼를 태우고 조선으로 출발했다. 수호성인 라파엘 대천사를 빌어 배 이름이 라파엘 호였다. 라파엘 호를 중국 배가 굵은 밧줄로 묶어 끌고 갔다. 얼마 못 가 그 밧줄이 끊겨 결국 페레올, 다블뤼, 김대건 일행은 조각배를 타고 항해했다. 페레올이 우려했던 시나리오가 현실로 다가왔다. 그들은 뱃길을 잃고 표류하다가 9월 28일 제주도 서귀포를 거쳐 10월 12일 충청도 강경 황산포에 닻을 내렸다. 이로써 기해박해 후 여섯 해 만에 시양인 선교사가 조선에 발을 디뎠디. 그들은 조선 옷으로 변장하고 한성, 용인을 중심으로 선교에 들어갔다. 이때 김대건은 10년 만에 어머니를 만났다. 아버지가 이미 순교했고, 어머니는 문전걸식했다.

페레올은 더 많은 선교사가 조선으로 올 수 있게 더 안전한 바닷길을 개척하라고 김대건에게 지시했다. 그가 '김대건 바닷길'을 통해 조선으로 오는 여정이 괴로웠음을 알 수 있다. 이듬해 봄, 김대건은 마포를 출발해 백령도에서 중국어선과 선원을 포섭했다. 김대건은 그들을 통해 중국 내 선교 본부와 편지를 주고받고 선교사들을 조선으로 입국시키고 싶었다.

그러나 김대건은 어이없이 체포됐다(1846.6.5.). 당시 황해에서 중국어선의 불법 어획이 기승을 부렸다. 이를 단속하는 포졸들이 배를 빌려달라고 김대건에게 요구하자 이를 거절해 실랑이가 벌어져 그의 정체가 드러났다. 그 일행 10여 명이 고을 관아를 거쳐 해주 감영으로 끌려갔고, 중국인 어부를 통해 선교 본부로 부치려던 편지도 압수당했다. 사건이 범상치 않음을 간파한 해주 감영은 김대건을 서울로 압송했다.

아홉 해 전 서양말 배우러 마카오로 떠난 세 명 중 한 명이 자기라고 김대건이 자백했다. 판관과 구경꾼들이 말했다. "가엾은 젊은이! 어려서부터 고생 많았군". 문초를 당하면서도 김대건은 천주교 탄압을 중지하고, 조선이 세계 정세에 눈을 떠야 한다고 설파했다. 사람 볼 줄 아는 몇몇 대신이 아까운 인재를 외국어 번역에 활용하려고 생각했다. 좌포도청 포장 이응식이 '조선 팔도 지도를 그릴 수 있느냐?'고 묻자 김대건이 '조선 팔도뿐 아니라, 세계지도까지 그릴 수 있다고 답했다.

그러나 나쁘지 않던 분위기가 외부 충격으로 깨졌다. 김대건 체포 이듬해 여름, 세실 함대 군함 세 척이 충청도 홍주(홍성) 앞바다에 나타났다. 4년 전 마카오에서 김대건과 함께 배를 탔던 그 세실이었다. 김대건은 희망을 품었고, 조선 조정도 그를 통해 세실 함대를 접촉하려 했지만 세실은 수호천사가 아니었다. 세실은 기해박해 때 순교한 프랑스인 선교사(모방, 샤스탕, 잉베르)를 거론하며 통상을 요구했다. 검은 연기를 내뿜는 이양선 출현으로 민심이 동요했고, 조선 정부는 이양선과 김대건이 연결됐다고 직감했다. 순교 전 김대건은 교인들에게 쓴 편지에서 "세속과 마귀를 이겨내 덕과 공적을 쌓자"고 말했다.

9월 16일, 스물다섯 살 김대건 안드레아는 한강변 새남터에서 군중이 지켜보는 가운데 망나니 10여 명이 돌아가며 내리치는 칼을 맞고 순교했다. 운명의 순간에도 그는 의연했다.

내 마지막 시간이 왔으니 잘 들으시오. 나는 종교를 위해, 천주를 위해 외국인과 접촉했다. 나는 그분을 위해 죽는다. 이제 내 영원한 생명이 시작되려 한다. 여러분도 죽은 후 구원받으려면 천주를 믿으시오.

김대건과 함께 붙잡힌 현석문, 남경문, 김임이, 이간난, 우술임, 정철염, 한이형, 임치백 등을 포함해 30여 명이 순교했다(병오박해, 1846). 한강 변 마포 출신 임치백은 체포된 아들 임성룡을 만나러 갔다가 김대건을 만나 옥중 세례받고 순교했다. "정오부터 해질 때까지 형리들이 그를 때리다가 지쳤다. 그래도 숨이 붙어 있어 감옥으로 끌고 가 목 졸라 죽였다"고 교황청 조서가 전한다.

김대건이 끝까지 비밀을 지킨 덕분에 교구장 페레올은 화를 입지 않고 선교 활동을 이어갔다. 김대건은 페레올에게 홀어머니를 걱정했다. 페레올은 "그를 잃은 것은 큰 슬픔이며 갚기 어려운 불행"이라고 말했다. 김대선과 함께 입국한 조선 천주교 5대 교구장 다블뤼 안토니오는 충청도 내포 신리에 은둔하며 포교하다가 훗날 병인박해 때 순교한다.

사형수 시신은 가족에게 인계하는 게 통례였지만, 조선 조정은 국사범 김대건 시신을 새남터 백사장에 묻고 경비병을 세웠다. 경기도 안성 출신 열일곱 살 이민식 빈첸시오가 한 달 동안 그곳을 지켜보다가 경비가 허술한 틈을 타 김대건 시신을 꺼냈다. 이민식 일행은 수의와 이불로 김대건의 머리와 몸통을 각각 쌓아 안고 나흘 밤을 이동해 안성에 안장했다(미리내 성지). 훗날 두 개골 위에 복원한 김대건 얼굴은 작고 갸름했다.

영생불멸로 가는 문, 순교

초기 그리스도교처럼 한국 천주교도 고난을 먹고 자랐다. 고무공을 눌렀다 가 손을 떼면 다시 부풀어 오르듯 박해가 끝나면 평화가 찾아오고 교인 수가 다시 늘었다. 이런 양상이 병오박해 뒤에도 계속됐다. 조선 팔도를 강타한 호 열자(콜레라)도 교세 확산을 한몫 거들었다. 철종 때 선교사 14명, 교인 수가 1 만 8천 명을 넘었고 병인박해 무렵 2만 5천 명을 돌파했다.

병오박해 이후 20년 동안 이어오던 평화가 기어코 깨졌다. 고종 3년(1866), 홍선대원군은 전국에 천주교도 수색령을 내렸다. '너희 나라로 돌아가라' '신 앙을 버리면 살려 주겠다'는 회유를 뿌리치고 프랑스인 선교사 9명과 조선인 신도 수천 명이 순교의 길을 선택했다(병인박해). 가까스로 조선을 탈출한 선 교사 리델은 청으로 달아나 프랑스 공사 벨로네, 함대사령관 로즈에게 조선 의 참상을 알렸다. 청 조정은 조선의 천주교 박해 규모에 경악했고, 박해를 빌 미로 프랑스가 보복하리라 우려했다. 그 우려가 현실이 되기까지 오랜 시간 이 걸리지 않았다.

그해 가을, 제독 로즈가 이끄는 프랑스군이 천주교도 최선일·최인서·심순 려 안내로 한강을 봉쇄하고 함선 7척에 군사 1천여 명으로 강화도를 침략했 다(병인양요). 강화유수 이인기가 달아났다. 로즈는 조선 조정에 선교사 살해 책임자 처벌을 요구하고 강화성을 약탈했다.

홍선대원군은 이경하, 이기조, 이용희 등을 강화도로 급파해 프랑스군 철수를 요구했다. 9월 18일 문수산성에서 조선 주력군을 물리친 프랑스군이 10월 3일 삼랑성(정족산성, 전등사 품은 산성)에서 사상자 수십 명을 내고 물러났다. 나흘 뒤 프랑스군은 강화도에서 철수했다.

흥선대원군은 조선인 천주교인들이 프랑스군을 도운 것에 분노했다. "천주교인 때문에 서양 배가 우리 강물을 더럽혔다. 그들 피로 더러움을 씻겠다"며 새남터, 서소문 밖 대신 잠두봉에서 신도들을 처형했다. 프랑스 함대가 최선일, 최인서, 심순려 안내로 한강을 거슬러 올라온 양화나루 옆 봉우리가 잠두봉이다. 이의송 프란치스코(46), 김이쁜 마리아(55), 이붕익 베드로(24) 일가족을 시작으로 이듬해 여름까지 이적 행위자들이 끌려 나왔다. 잠두봉 특별 처형지에서 순교한 천주교인은 1백여 명으로 추정된다. 목 잘린 후 그들 머리가 한강 물을 붉게 물들였고, 풍류객들이 운치를 즐기던 잠두봉은 절두산(切頭山)이 됐다.

1868년 9월에 벌써 박해로 희생된 사람이 2,000명이 넘었는데, 그 가운데 500명이 바로 서울에서 죽었다. 1870년에 조선에서 공공연히 떠도는 풍문에 따르면 산에서 굶어 죽은 사람을 빼고도 희생된 사람 수가 8천여 명에 이르렀다. 물론 이 숫자들을 확인할 수 없다.

-샤블르 달레, 한국천주교회사(1874)-

파리외방전교회 선교사 샤를르 달레도 인정했듯 병인박해 순교자 수 '8천 명 설'은 떠도는 소문이었다. 소문이 소문을 확대 재생산했고, 박해받는 신앙의 비장미가 녹아 들었다. 병인박해 때 몇 명이 죽었는지 알 수 없겠지만, 합리적 추론을 통한 순교자 수는 2~3천 명이다(방상근, 「병인박해기의 순교자와 체포자」).

지역별로 보면 충청도 순교자가 가장 많았다. 충청도 홍주와 해미에서 "교우를 다 형벌로 죽이기 어려워 땅을 파고 묻어 죽였다"고 전한다. 경기도 광주 남한산성에서는 물 묻힌 한지를 얼굴에 몇 겹으로 발라 물기가 말라가며 숨을 못 쉬게 만드는 도모지(塗貌紙)로 천주교인을 처형했다. 한국 천주교 발상지 광주에서 교인들이 서서히 밀려오는 호흡 곤란에 몸부림치며 쓰러졌다. 일설을 따르면 도모지가 '어찌할 방법이 없다'는 부정문 부사 '도무지'로 변했다. 교황청이 병인박해를 '유례없는 야만'이라 맹비난했다.

여기서 냉정하게 짚어볼 대목이 있다. 조선 천주교가 선교사 없이 책을 읽고 스스로 싹을 틔우는 과정에서 몇몇 교리(필립비서 1:21, 요한의 묵시록 14:13, 마태오 복음서 10:39)를 교조적으로 수용해 순교를 예수의 고난에 동참하는 행위, 영광스러운 희생, '영원불멸 천국으로 가는 문'으로 여겼다. 배교하면 목숨을 살려주겠다는 회유를 뿌리쳤고, 뇌물 스무 냥이면 간수를 매수해 탈옥도 가능했지만, 그들은 순교의 길을 선택했다.

모진 고문을 당하고 만신창이가 돼 형장으로 끌려가는 교인들 표정은 밝았고, 비웃고 욕하는 구경꾼들에게 "불쌍한 건 우리가 아니라 당신들이다. 당신들은 웃지 말고 울어야 한다"고 말했다. 가톨릭 교리뿐 아니라 유교적 절개, 체면을 중시하는 공동체 문화, 기적을 바라는 무교(巫敎) 정서 등이 소용돌이처럼 작용했다.

중국인 신부 주문모도 '내포 사도' 이존창에게 "권한도 없이 성사를 집행했으니 어떻게 그 죄를 씻겠나? 오로지 순교만이 자네에게 용서를 구해줄 걸세."라고 말했다. 조선 교구장 다블뤼는 '(주문모를 숨겨준) 최인길이 순교의 영광을 얻었다'고 말했다. 순교자의 서간, 상소문, 옥중 기록이 교리서처럼 기능했다. 순교가 순교를 낳았고, 건조한 성리학이 채우지 못한 영적 공간을 촉촉한 천주교가 파고들었다. 당시 중국에선 천주교가 오히려 쇠퇴하고 있었다.

앞서 기해박해 때 정하상은 "내 몸이 백번 죽어도 내 신앙을 포기하지 않겠다"고 말하고 순교했고, 병오박해 때 남경문은 잠시 방탕했던 삶을 회개하는 마음으로 순교를 선택했다. 순교가 신앙공동체 결속과 정체성을 강화했다. 개신교 선교사 알렌은 '조선의 그리스도인들이 순교가 미덕이라는 위험한 생각에 빠졌다'고 우려했다.

한편, 병인양요 무렵 개신교 선교사 로버트 토마스가 미국 상선 제너럴셔먼호를 타고 평양까지 왔다가 칼을 맞고 순교했다. 한국 그리스도교 역사에서 병인년은 '대살육의 해'였다.

반동

을에서 갑으로

척화비가 곳곳에서 뽑혀 나가는 가운데 개항 이후 조선왕조의 천주교 정책이 바뀌어 갔다. 병인박해 때 중국으로 탈출해 프랑스군을 불러들인 선교사 리델이 다시 입국해 활동하다가 붙잡혔지만, 조선 당국은 그를 처형하지 않고 추방했다. 1882년엔 한성 명례방에 선교사 블랑이 한한학교(漢韓學校)를 열고 신학생들을 가르쳤다. 같은 해 조선이 미국과 수교한 뒤엔 개신교 신교사까지 입국해 활동했다.

고종 23년(1886), 조불수호통상조약을 맺었다. 군인·빈민 소요(임오군란)를 진압해 조선 왕실을 살려준 대가로 청이 조선 내정을 간섭할 때였다. 이이제이 전략으로 청은 미국, 영국, 독일, 프랑스 등을 조선에 불러들여 러시아, 일본을 견제하고 싶었다. 조약 협상 과정에서 프랑스가 천주교 합법화를 요구했지만, 조선이 거부했다. 그런데도 프랑스는 '선교사가 가르치고 잘못을 깨우치게 한다(教誨)'는 글귀를 '선교 자유'로 해석하고 활동했다. 그동안 프랑스인 선교사 12명이 조선에서 순교한 터라 프랑스는 집요하게 신앙 자유를 요구했다.

13년 뒤 조선이 천주교를 공식 합법했다(교민조약, 1899). 한성 명례방 김범우 집에 숨어 밀알을 심은 지 백 년 만에 조선 천주교가 피와 땀으로 신앙 자유를 얻었다. 그것은 더 나아가 한국사에서 사상과 양심의 자유 확장이며 인권 신장이었다. 이후 종현성당(명동성당)을 비롯해 원산, 제물포, 부산, 마산포, 목포, 수원, 평양 등에 성당이 들어섰다. 신도들은 일당도 받지 않고 성심으로 추위를 녹이며 건설 현장에서 일했다.

고종은 주교 뮈텔에게 과거 천주교 박해를 사과하고 순교자 명예를 회복시켰다. 박해에 대한 보상으로 고종은 '나와 똑같이 대하라(如我待)'라는 특별 증표를 프랑스 선교사에게 줬다. 뮈텔은 "박해가 공식 종료했다"고 일기장에 썼다.

천주교가 지하에서 지상으로 올라왔지만, 현실은 녹록하지 않았다. 천주교인은 아직 '믿는 자' 소수였고, 백성 대부분은 양요 사태를 겪으며 '천주교가 외세 침략자와 한통속'이라고 느꼈다. 촉감 좋은 옥양목(개항 이후 인기 좋았던 수입 면직물)과 달리 신앙은 집단 정서라서 갈아타기 쉽지 않다. 이젠 예수를 믿어도 붙잡아 가지 않겠다지만, 법과 일상 사이 메울 수 없는 틈 속에서 잡음이 났다. 여전히 조상 제사가 뜨거운 감자였고, 성당 건축에 따른 토지·벌목 문제, 여성 지위 문제, 개신교 교세 확장 등이 갈등 요인이었다. 이젠 천주교가 국가 권력을 넘어 사람 마음을 얻어야 했다.

과거의 고결한 고난이 아름다운 미래를 보장하지 않는다. 식민지 독립운동가, 반독재 민주화 투사, 가난을 딛고 자수성가한 기업인이 기득권 세력으로 변신해 타락하는 사례가 적지 않다. **천주교 합법화 이후 해방감에 취해 몇몇 외국인 선교사가 치외법권 행태를 보였고, 그 양대인(洋大人, 서구인 선교사를 높여 부르는 말) 의식에 편승해 몇몇 교인이 물의를 빚었다. 그것은 이차돈 순교 후 신라 불교가 권력화됐듯 조선 천주교가 핍박당한 것에 대한 반동이었다. 이런 종교 분쟁 사안을 줄여 교안(敎案)이라 부른다.** 교안은 서구 선교사들의 문화 우월주의, 제국주의 근성이 부른 갈등이었고, 전근대와 근대, 토착 세력과 외세의 충돌이었다.

교안은 중국에서 먼저 일어났다. 의화단 운동이 그 절정이었다. 조선은 원산, 전주, 안변 등에서 주민들이 선교사를 내쫓고, 수원에서 신부 빌렘을 폭행했다. 한불수호통상조약 이후 을사늑약까지 20년 동안 교안 2백여 건이 일어났다. 대략 1895년 이전 관민이 교회를 공격했고 그 이후에는 천주교 세력이 지역 관권을 압도해 교회가 횡포를 부렸다. 그 가운데 강경포 교안, 제주 교안, 해서 교안 때문에 온 나라가 떠들썩했다.

제 멋대로 민간인 처벌

강경포에는 천하고 무식한 무리가 천주교와 결탁해 민간에서 저지른 폐해를 모두 거론할 수도 없다. … 선교사가 교인들을 시켜 사사로이 사람을 가두고 형벌을 가한다. … 조선 사람을 우습게 보고 불법을 저지른다. -『한성신보』, 1899.4.23.-

고려시대 대형 미륵불이 서 있는 충청도 은진 일대에 천주교 박해를 피해 교인들이 숨어들었다. 천주교 합법화 이후 그들은 음지에서 양지로 나와 기지개를 켜며 주민들과 갈등을 빚었다.

광무 3년(1899) 4월 4일, 은진군 강경에서 술장수 김치문과 소금 장수 조흥도가 소금값을 흥정하다가 시비가 붙었다. 강경 공소 교인 김치문은 익산 화산성당(나바위 성당) 신부 베르모렐을 찾아가 조흥도가 천주교를 이단으로 모욕했다고 말했다. 베르모렐은 복사 박제원에게 지시해 조흥도를 '체포'해 '심문'했다. 의혹을 부인하는 조흥도를 교인들이 폭행하고 객주에 구금했다. 그것은 민간인이 민간인을 처벌하는 불법 사형(私刑)이었다(*1980년대 마르크스주의에 경도된 운동권 몇몇 학생들이 무고한 시민을 공안 프락치로 몰아 폭행을 저질렀다. 가톨릭과 마르크스주의 본래 고귀한 이념이 사라지고 그 외피를 쓴 특권 의식이 폭력성을 띠었다).

이튿날, 강경 주민들이 천주교 사제 베르모렐의 월권에 격분했다. 조흥도 사촌 조흥서를 비롯해 윤성여, 최성진 등 지역 지도자들이 통문을 돌려 집집마다 한 명씩 봉기에 참여하라고 독려했다. 그것은 5년 전 갑오농민운동 때 농민들을 동원한 방식이었다. 군중 수백 명이 화산성당에 난입했다.

성당으로 몰려든 군중은 복사 박제원과 마부를 때렸다. 베르모렐도 폭행당하고 달아나다가 주민들에게 붙잡혀 끌려왔다. 다행히 그는 은진 군수 김일현 도움을 받아 성당으로 돌아왔다. 4월 6일, 전주에서 사건 소식을 보고받은 신부 보두네가 한성 주교관 뮈텔에게 '최성진 일당이 복사, 하인, 선교사까지 구타. 사망 여부 모름'이라고 전보 보내고, 뮈텔은 프랑스 공사 플랑시를 통해 대한제국 외부(外部, 외교부)에 도움을 요청했다.

외부대신 박제순이 충남, 전북 관찰사에게 베르모렐 구출을 지시했다. 공주와 전주에서 각각 병사 50명씩 강경포로 급파됐고, 난동 주모자 7명을 체포해 전주로 압송했다. 충남 관찰사 정주영이 사건 진상을 외부에 보고했고, 외부가 다시 프랑스 공사에게 알렸다. 원만하게 사건을 마무리하나 싶었는데, 베르모렐이 '몸에 부상을 당했다'며 프랑스 공사를 통해 외부에 강력항의했다. 이런 게 천지개벽이다. 이젠 조선 천주교가 박해 대상이 아니라 정부를 압박하는 권력이 됐다. 하늘나라 황사영, 김대건이 이 광경을 보면 마음이 어떨까?

이에 외부는 '사태 원인은 교인들의 평소 패행(도리에 어긋난 행위)' '베르모렐이 죄 없는 사람을 구금한 게 잘못' '위기에 빠진 조흥도를 주민들이 구한 일은 당연' '주민들이 기물을 부수고 몇몇 사람을 다치게 한 것은 처벌'하겠다고 답했다. 그것은 누가 봐도 상식과 맞는 판단이었다.

그러나 프랑스 공사는 베르모렐이 옷이 찢길 만큼 폭행당했고, 소금 장수 조흥도 구금은 잘못이지만, 주민 집단행동은 민란이니 처벌해달라고 요구했다. 이에 주동자 처벌과 손해배상을 요구하며 한성재판소에 소송을 걸었다. 피고와 원고 양측이 1심에 불복, 최종심까지 간 끝에 재판부는 피고 최성진, 윤상여에게 태장(태형과 장형) 1백 대와 징역 15년, 천장옥에게 태장 1백 대와 징역 10년을 내렸다(1899.10.5.).

판결 직후 교회 요청으로 피고인들이 석방됐다. 교회 측은 명분을 챙기고 품위를 지켰다. 다음 꼭지에서 서술할 제주 교안과 비교하면 강경포 교안은 나름대로 해학이 있고, 사람 냄새를 풍겨 해피엔딩으로 끝났다.

강경포 교안을 겪으며 주민들은 천주교를 새롭게 바라봤다. 이제 더 이상 천주교는 지하 세계 불온사상이 아니라 실정법을 뛰어넘어 국가 권력을 움직이는 권력이었다. 탐관오리와 토호의 횡포를 겪어온 백성에게 교회 권력은 사회 안전망으로 다가왔다. 이후 강경 지역 천주교인이 크게 늘었다. 선교사 힘을 빌려 이익을 얻으려는 세태가 만연했다.

유혈 참극

"여기 세우는 이 비는 **종교가 무릇 본연의 역할을 저버리고 권세를 등에 업**
었을 때 그 폐단이 어떠한가를 보여주는 교훈적 표석이 될 것이다."

-제주도 대정 삼의사비-

오랫동안 제주도는 류큐(오키나와)처럼 독립국이었다가 고려왕조 때 지방
행정구역으로 편입됐다. 고려 편입 뒤에도 제주도는 온갖 민간 신앙을 비롯
해 색다른 토착문화를 간직했다. '변방' 거주 제주인은 거친 바다와 바람, 척
박한 토양과 싸우며 1만 8천여 자연신을 섬겼다.

사소한 일로 교안이 일어나 충청도 강경포가 시끄러울 때, 천주교 선교사
페네, 김원영 아우구스티노가 제주도 포교를 시작했다. 이듬해 페네가 제주도
를 떠나 라크루가 부임했고, 김원영이 한논 마을(서귀포 호근동)에 네 칸짜리
초가집을 구해 성당을 세웠다. 선교사에게 제주인은 '거칠고 미개한 자연인'
이었다.

육지처럼 제주도에도 부패한 관리의 수탈을 피하려고 천주교로 입교한 주
민이 많았다. 한발 더 나아가 사이비 교인들은 수세에서 공세로 전환해 천주
교 교세를 등에 업고 횡포를 부렸다. 토속 신앙 성소 서낭당을 없애는가 하면,
해녀들에게 세금을 매기고, 남의 염전 소금을 퍼오고, 남의 첩을 뺏고, 살인·
강간을 저지르고 성당으로 달아났다. 성당으로 피신한 자는 그 대가로 돈을
냈다. 국왕이 하사한 '여아대'를 믿고 프랑스 선교사가 범죄를 방관했고, 관헌
은 속수무책이었다. 천주교 신부가 제주목사 머리 위에 있어 주민들이 천주
교인을 '법국 새끼'라고 욕했다.

신축년(1901) 초, 기어코 사달이 났다. 성당 신축 문제로 시끄러울 때 신부

김원영이 마을 주민 오신락을 성당으로 '연행'해 '심문'했다. 앞서 일어난 강경포 교안과 판박이였다. 얼마 후 오신락이 죽었다. 천주교인들이 오신락에게 고문을 저질렀다는 의혹이 일었다. 또 얼마 후 관가에 수감 중인 교인을 라크루가 감옥 문을 부수고 데리고 나왔다. 천주교인이 관헌과 주민을 적으로 몰았다.

이런 교폐(종교 폐해) 때문에 주민들 불만이 들끓는 가운데 세폐(세금 폐해)가 비극의 불을 지폈다. 그 주인공은 황실 살림을 늘리려고 한성에서 내려온 봉세관 강봉헌이었다. 천주교인 강봉헌은 지방관을 배제한 채 제멋대로 그물, 소나무, 잡초에도 세금을 매겼다. 그는 천주교인을 마름으로 고용해 징수 방법도 거칠었다. 갑오개혁에 참여했다가 아관파천 후 제주도로 유배와 있던 김윤식이 봉세관 악행을 기록했다. "어부가 물고기 열 마리를 잡으면 천주교인이 절반을 탈취, 달걀 수십 개를 모으면 그 절반을 탈취한다." 강봉헌이 관헌과 주민들을 적으로 몰았다. 조선왕조에 대한 불만이 천주교를 향한 적개심으로 바뀌어 갔다.

참다못한 대정 군수 채구석, 양반 출신 오대현을 비롯해 주민들이 모여 지나친 세금 징수와 천주교 횡포를 바로잡아 달라고 제주목사 김응석에게 요청했다. 그들은 탐관오리와 외세 종교의 폭력 앞에서도 평화로운 해결을 바랐다.

그러나 4월 29일, 천주교인 수십 명이 상무사(상업 업무 관할 기관) 소속원 송희수 집을 습격했다. 그들은 송희수를 말에 묶어 끌고 가려 했지만, 주민들이 항의해 멈췄다. 송희수가 주민들로부터 신망받는 인물이었으리라. 천주교 횡포에 반발해 상무사 오대현 등 수십 명이 성당을 습격해 교인들을 폭행했다. 이 사건은 한성 주재 주죠 뮈텔를 통해 프랑스 공사에 보고됐다. 5월 14일, 라크루 휘하 천주교인들이 발포해 주민 김봉년을 죽였고, 오대현을 납치했다.

28일, 관노비 이재수가 수천 명을 이끌고 봉기했다. 그 응집력은 반(反)천주교 정서였다. 세폐와 교폐에 시달려 온 주민들이 봉기군을 환영했다. 주민들이 "이재수는 영웅답고 한라산 정기를 받아 보통 사람과 다르다"고 여겼다.

칼·몽둥이·죽창·일본제 무기로 무장한 봉기군은 천주교인들이 숨은 제주 읍성을 공격했다. 라크루는 제물포 주둔 프랑스 함대에 도움을 요청했다. 읍성 내 식량과 땔감이 떨어지고 주민들도 천주교인을 별로 좋아하지 않아 성문이 안에서 열렸다. 봉기군은 천주교인 3백여 명을 관덕정 앞으로 끌고 가 살해했다. 피살자가 거의 다 남성이었다. 시신이 땅속에 묻히지 못하고 썩어 갔다. 그들은 순교자인가?

천주 교단은 유혈 참극 책임을 지방관들에게 돌렸다. "허무맹랑한 중상모략에 주민들이 흥분해 신자들에게 공격 화살을 돌렸다." 한성에서 봉세관이 내려와 '수입'이 줄어든 지방관들이 주민들을 선동해 애꿎은 천주교인들이 죽었다고 그들은 주장했다. 고결한 신앙도 언어의 당파성을 피해 가지 못했다.

피살자 가운데 프랑스 선교사들이 끼어 있어 외교 문제가 불거졌다. 제물포 정박 프랑스 함대가 제주도로 출동했다. 황사영이 부르고 싶었던, 김대건이 탔던, 병인양요를 일으켰던 프랑스 군함이었다. 국내외 긴장이 감돌아 이재수는 더 큰 참극을 막으려고 봉기군 1만여 명을 해산하고 자수했다. 뒤이어 오대현, 강우백도 자수했다.

10월 9일, 봉기 주동자 이재수 포함 3명이 처형됐고, 천주교도 봉세관 강봉헌은 풀려나 종적을 감췄다. 훗날 이재수 누이동생 이순옥이 조선총독부에 오빠의 명예 회복을 탄원했다. "오빠는 하나님이 보내신 사람이다. 하나님을 팔아 하나님을 모독한 무리를 없애라고 보내셨다." 자칭 천주교인과 이재수 가운데 누가 하나님 제자일까?

제주교안이 한창일 때 황해도에서도 교안이 일어났다. 황해도 신환포 천주교인들이 공소를 짓겠다며 주민들을 부역 동원하고 돈을 걷었다. 이에 개신교인 한치순 등이 항의하다가 폭행당하고 돈을 빼앗겼다. 석 달 뒤에는 황해도 감찰부가 탐관오리 천주교인 김병호를 압송할 때 교인 수십 명이 달려들어 순검(순경)을 구타했다. 인신 구속, 금품 갈취, 폭행, 공무수행 방해까지 천주교인들의 횡포가 도를 넘었다(해서교안).

천주교 합법화 이후 교안 2백여 건 가운데 유독 제주교안이 유혈 참극으로 번졌다. 그 이유를 설명하기 쉽지 않다. 옛 탐라국 제주는 바깥세상과 교류가 적고 내부 결속이 강해 외래 문물을 경계했다. 이때 몇몇 천주교인들이 관권과 결탁해 주민들을 자극했다. 고려왕조 말 목호의 난(1374), 조선왕조 말 제주교안(1901), 대한민국 탄생기 4·3사건(1948) 등 역사의 격동기 제주도에서 피바람이 불었다. 역사 속 제주도는 '낭만의 섬'이 아니었다.

친일

한국 천주교 지도부는 … 정교분리 정책을 내세워 해방을 선포해야 할 사명을 외면한 채 신자들의 독립운동 참여를 금지하였습니다. 나중에는 신자들에게 일제의 침략 전쟁에 참여할 것과 신사참배를 권고하기까지 하였습니다. 3·1운동 100주년을 맞이하여 … 잘못을 부끄러운 마음으로 성찰하며 반성합니다.
-대주교 김희중 히지노, 2019.3.1.-

융희 3년(1909) 10월 26일, 중국 하얼빈역에서 안중근 토마스가 이토 히로부미를 사살했다. 50년 전 역모죄로 참형을 당한 스승 요시다 쇼인 머리통을 부둥켜안고 '스승님 뜻을 이루겠다'며 울먹인 열여덟 살 청년이 이토였다. 그는 초대 일본 총리를 지낸 뒤 을사늑약을 맺어 스승의 뜻을 이뤘다.

안중근은 재판정에서 일제 침략을 온 세상에 알렸고, 중국 언론이 안중근 거사를 칭송했다. '조선의 원수는 우리의 원수다. 조선인이 자기 원수를 갚았지만, 우리 원수를 갚았다'(상하이 민우일보), '조선은 나라가 망했지만, 정신은 죽지 않았다'(톈진 대공보) …. 신해혁명 지도자 쑨원은 "안 의사의 공은 삼한을 덮고 이름은 만국에 떨친다"고 말했다. 그밖에 중국 지식인들이 안중근의 구국정신을 본받자고 호소했다. 아편전쟁 이래 중국도 외세 침략에 시달렸다.

그러나 정작 조선 분위기는 달랐다. 황제 순종은 일본 천황에게 "우리나라 흉수(괴한)가 이토를 죽였다"며 애도했다. 한글 연구와 종두법 선구자 지석영이 이토 히로부미 추도사를 낭독했다. 그는 갑오농민운동을 진압해 악명 높은 토벌 대장이었다.

정계뿐 아니라 조선 천주교계도 '테러리스트' 안중근과 거리를 뒀다. 빌렘은 안중근이 종부성사(죽기 전 천주교 의식)를 원했다고 말했지만, 대주교 뮈텔은 "안중근 토마스가 정치적 잘못을 시인하지 않으면, 허락할 수 없다"며 거부했다. 그는 안중근 교인 자격을 박탈했다. 빌렘이 대주교 지시를 어기고 뤼순으로 가 종부성사를 집전하자 뮈텔은 그에게 두 달 정직 징계를 내렸다.

프랑스혁명 때 천주교가 큰 피해를 당한 탓에 파리외방전교회 선교사들은 '정교분리'를 추구했다. 그들에게 '정치' '혁명'은 트라우마여서 종교가 정치와 거리를 둬야 한다고 믿었다. 그 흐름 정점에 조선 천주교 총책임자 뮈텔이 서 있었다. 프랑스인 선교사 12명을 처형하며 천주교를 박해한 왕조가 사라지는 것이 그들에게 아쉬운 일도 아니었다. 그들에게 안중근 거사는 숭고하지 않았다.

종교의 본질은 개인 실존 영역에 들어간다. 종교가 현실과 거리 두는 걸 마냥 비판하기 어렵다. 선승이 속세와 거리 두고 산속 암자에서 혼자 수행한다고 나무랄 수 없는 것과 같다. 종교가 역사의 정의를 외치면 금상첨화겠지만,

그렇지 못하다고 공격하는 건 가혹하다. 더구나 조선 천주교는 정치권력 박해로 백 년 동안 피를 흘린 상처가 있었고, 선교사들은 본국 프랑스와 일본의 외교 관계도 무시하기 어려웠다.

그러나 **대주교 뮈텔은 정교분리 원칙마저 지키지 못했다. 그는 안중근 사촌 안명근 야고보가 총독 데라우치를 암살하겠다는 고해성사를 경무총감 아카시에게 밀고했다.** 빌렘은 분노했다. 뮈텔의 '공익 제보'와 안명근 수사 과정에서 지하조직 신민회 실체가 드러나 윤치호, 양기탁, 이동휘, 유동열, 김구 등 수백 명이 경성감옥으로 끌려갔다. 피와 땀, 똥·오줌 냄새가 진동하는 가운데 팔·다리가 부러지고, 눈알이 뽑히고, 성기가 파열됐다. 그들은 삶과 죽음의 경계에서 신음했다. 그 덕분에 명동성당에서 진고개(충무로) 방향 도로가 시원하게 뚫렸다.

뮈텔도 일본을 썩 좋아하진 않았지만, 프랑스 언론 『Le Petit Journal』 인터뷰에서 '조선인은 게을러 식민 지배를 받아야 한다'고 말했다. 게으름과 식민 지배가 서로 무슨 관계인지 알 수 없지만, 뮈텔의 고국 프랑스가 아시아, 아프리카에 식민지를 운영했음을 상기시킨다. **서구 제국주의 서자 일본이 식민 지배해 조선이 발전한다는 게 푸른 눈 선교사들 인식이었다. 거룩한 신의 대리자들도 당시 유행한 '우승열패 신화'를 벗어나지 못했다.**

조선 천주교는 3·1운동 때에도 현실과 타협했다. 그들은 식민지 독립운동이 괜한 짓이며 조선 독립은 불가능하다고 봤다. 그들은 시위 군중을 비적으로 여겨 참여 학생들에게 학교를 떠나라고 경고했고, 실제로 용산신학교에서 학생 몇 명이 퇴교했다. 3·1운동 민족 대표 33인 가운데 천주교 인사가 전혀 없는 것도 그들과 무관치 않았다. 대한민국임시정부가 "전 민족이 다 일어나 피를 흘리며 자유를 부르짖을 때 어찌 30만 천주교 동포의 소리는 없느냐"고 호소했다.

을사늑약 무렵, 이토 히로부미가 말했듯 정치는 일제가 장악하고 조선인 정신세계는 종교가 책임진다는 일제 전략이 선교사들에겐 솔깃했다. 어차피 선교사들에겐 체제 성격보다 선교 자유가 더 중요했다. 그들에게 정교분리는 '식민 통치 역할 분담'이었다.

대주교 뮈텔과 프랑스 선교사들 의식 속엔 오리엔탈리즘이 녹아있었다. 그들은 조선을 아시아 변방 미개한 나라로 여겨 조선인 사제마저 동역자로 대우하지 않았다. 뮈텔이 안중근 거사를 바라보는 시각도 정교분리보다 무시에 가까웠다. '네깟 놈들이 무슨 …'. 조선에 대학을 세우자는 안중근 건의를 뮈텔이 거절한 것도 식민지 우민화 정책과 닿는다. 푸른 눈 선교사들의 인종 우월주의가 천주교인을 이탈시켜 개신교로 개종시킨다는 내부 우려가 나왔다.

조상제사를 금지했던 천주교가 일제 신사참배에 참여할 수 없었다. 신사는 일본 전통 신앙 신도(神道)의 사당으로 서낭당과 사당을 합쳐놓은 곳이다. 일제는 신사참배를 종교 행사가 아니라 국민의례라며 참여를 독려했지만, 그것은 유일신 신앙인에게 양심의 십자가 문제였다. 이 난제를 돌파하는 천주교계 전술은 '구렁이 담 넘어가기'였다.

신도 의식(신사참배)에 참여했다. 모든 참석자가 등급에 따라 길이 20칸, 폭 5칸 천막 2개에 배치됐다. … 모든 사람이 종려나무 가지를 들고 줄을 지어 제단 위에 바쳤다. 이 의식을 피하려고 우리는 행사장을 몰래 빠져나왔다.

-뮈텔-

일제 식민 당국과 한국 천주교계 사이에서 자율 신경이 작동했다. 경찰이 성당 안에 일장기 게양을 요구하자 천주교계가 성당 입구에 국기 게양대 설치로 갈음했다. 양측은 서로 자극하지 않고 명분을 챙기며 공생했다. 그 공생이 식민지 해방 후 천주교에 부담을 줬다.

반공

태평양 전쟁이 절정이던 1942년, 파리외방전교회가 서울과 황해도를 관할하는 경성대교구장에 한국인 주교 노기남 바오로를 임명했다. 순조 31년(1831), 로마 교황청이 승인한 조선교구가 비로소 조선인에게 넘어왔다. 조선총독부가 외국인 선교사를 내쫓고 일본인을 기용하려던 때였다. 이후 식민지 조선인 성직자가 교단 지도자로 속속 등장했다.

노기남은 경성대교구장 취임사에서 "대개 열심한 신자요 충량한 국민은 자기 책임 수행에 심혈을 기울이며, 그 책임이 중대한 것이면 자기 생명까지라도 아낌없이 희생한다"고 말했다. 태평양 전쟁 때 그는 특별지원병제도를 선전했다. 2009년 대통령 직속 친일반민족행위 진상규명위원회가 노기남을 친일반민족행위자로 결정했다.

일제 식민지 때 파리외방전교회가 정교분리를 지향한 것과 달리 해방 이후 한국 천주교는 정세 변화에 맞춰 발 빠르게 움직였다. 주교 노기남은 '종교라고 해서 현실과 유리돼선 안 되며, 현실 위에 서야 한다'고 말했다. 1945년 8월 15일, 소련군이 서울에 진주한다는 소식을 듣고 노기남과 성직자, 신도들이 그들을 기다리다가 그것이 헛소문으로 드러나고 미군이 들어오니 명동성당에 성조기와 태극기를 함께 걸었다. 일제 식민지 때 천주교 교단의 친일 행적 때문에 그들이 격동기에 살아남으려면 점령군과 손을 잡아야 했다. 9월 26일 명동성당에서 신도 수천 명과 미군 수백 명이 모여 미군 환영 대회를 열었다.

미군정은 함께 일할 한국 정치인 60명을 추천해달라고 노기남에게 부탁했다. 노기남은 송진우, 김성수, 장덕수, 김병로 등 우익 인사들을 추천했고, 용산 소신학교 재학 시절 영어교사 장면 요한(훗날 국무총리)을 정계 입문시켰다. 천주교계 전폭 지원으로 제헌 국회에 입성한 장면은 헌법에 '혼인의 순결과 보호' 조항 삽입으로 축첩 관행을 없애 여권 신장에 이바지했고, 대통령 특사 자격으로 교황 비오 12세를 만나 한국 천주교 위상을 높였다.

미국 가톨릭 주교 패트릭 번은 "일본에 구축한 반공 방파제를 보호하려면 한반도 공산화를 막아야 한다"고 말했다. 노기남도 반공주의자였다. 그는 '좌익 세력의 선전·선동을 막아달라', '적색 마수의 공세를 분쇄해야 한다'고 미군정에 호소했다.

당시 38도선 이북에서 공산주의 세력이 종교를 탄압했다. 특히 '무상 몰수·무상 분배' 토지개혁이 토지 소유한 천주교 교단을 위협했다. 함흥 덕원 소재 성 베네딕도회가 수도원 대지 5헥타르를 몰수당해 끼니를 걱정했다. 인명 피해도 났다. 식민지 해방공간에서 주교, 신부, 수녀 등 수십 명이 체포됐고, 그 가운데 31명이 목숨을 잃었다. 천주교가 '제2의 박해기'를 맞았다.

한국 천주교도 '친일-반일'을 '친공-반공'으로 프레임 전환이 필요했다. 자연스럽게 노기남과 한국 천주교가 개신교처럼 좌우 대립 정국에서 신탁통치 반대, 남한 단독 정부 수립을 지지했고, 6·25전쟁 때 반공 십자군으로 우뚝 섰다. 황해도 장련성당 청년 신도들이 '가톨릭 십자군 유격대'를 조직해 활동했다.

한국 천주교에 6·25전쟁은 성전이었고, 붉은 인민군은 무신론 악마였다. 교황이 파견한 반공주의자 페트릭 번은 인민군에 납치당해 순교했다. 노기남은 성전 승리를 위해 순교 정신을 강조했다. 왕조시대 순교가 전시 국가 이데올로기와 맞물려 민국 시대에 등장했다. 조선 후기 한반도에 들어온 이래 한국 천주교는 2백여 년 동안 온전한 시대를 만나지 못했다.

흔히 한국 현대사에서 반공주의를 개신교와 연관 짓지만, 해방 이후 천주교도 다르지 않았다. 전쟁 중 노기남은 개신교 지도자들과 함께 대통령 이승만을 만나 군종병 제도를 건의해 관철했다. 전근대 호국 불교 전통이 근대 호국 기독교(천주교·개신교)로 흘렀다.

성찰

김수환 스테파노

누가 천년을 기다려도 오지 않는 그날을 위해 작지만 가능하고도 확실한 땅 위의 행복들을 포기하려 들겠소? 인간을 구하는 것은 인간의 방식대로 따르는 게 가장 나을 것이오.　　　　　　　　　　　　　　-이문열, 『사람의 아들』-

식민지기와 이승만 정권기 친정권 종교였던 한국 천주교가 군부독재 정권기 인권 수호와 민주화 주역으로 다시 태어났다. 그 성찰과 도약의 중심에 '바보 성자' 김수환 스테파노가 있었다. 무진박해(1868) 순교자 김보현의 손자 김수환은 '빛은 진리이고, 목저은 정의요, 원동력은 사랑'이라는 스승 요셉 회프너와 제2차 바티칸공의회 영향을 받았다.

교황 요한 23세가 개최한 제2차 바티칸공의회(1962.10~1965.9)가 '교회는 세상 속에 존재한다'고 선언했다. 그것은 천주교회가 종래 정교분리 노선을 벗어나 고통받는 사람들 목소리에 귀 기울여 세상의 '빛과 소금'이 되겠다는

뜻이었다. 서슬 퍼런 군사정권 시대, 추기경 김수환은 반독재 한국 민주주의 운동에 앞장서 어용 천주교 이미지를 씻어냈다. 지구촌을 휩쓴 68혁명이 상징하듯 1960년대는 역사의 청춘 시대였다. 자유를 갈망하는 젊은이들이 김수환을 지지했다.

대통령 3선 개헌론이 모락모락 피어나던 1969년 봄, 노기남 후임 서울대교구장 김수환이 추기경에 서임됐다. 마흔일곱 살 최연소 추기경이었을 뿐 아니라 김수환 추기경 탄생은 한국 천주교 역사의 분수령이었다.

"정부와 여당에 묻겠습니다. 비상대권(긴급조치)을 대통령에게 주는 것이 나라를 위해 유익한 일입니까?" 1971년 전국에 생중계된 크리스마스 미사에서 김수환은 박정희 정권을 정면 비판했다. 텔레비전 시청하던 대통령이 방송 중단을 지시했고, 추기경 도발로 정치권이 발칵 뒤집혔지만, 같은 날 대연각호텔 화재(166명 사망)가 일어나 바람에 파문이 묻혀버렸다.

이듬해 김수환은 남북한 정권이 전격 발표한 '7·4 남북공동성명'을 향해 "권력정치의 기만전술로 이용하면 안 된다는 것을 민족과 더불어 엄중히 경고한다"고 지적했다. 박정희 정권은 천주교 재단 성모병원을 세무 조사했다. 아니나 다를까, 서울·평양발 정치쇼 석 달 만에 출범한 유신체제를 추기경은 더 세게 비판했다. "10월 유신 같은 초헌법적 철권통치는 우리나라를 큰 불행에 빠뜨릴 것이며, 정권욕에 눈이 먼 박 대통령 자신도 결국 불행하게 끝날 것"이라고 예언했다. 분단시대 천주교가 민주주의와 민족 문제에 침묵하지 않았고, 독재 정권과 맞서는 구심체로 등장했다.

1974년 봄, 불온 세력 180여 명이 체제 전복을 꾀했다는 민청학련 사건 때 천주교와 유신 정권이 정면충돌했다. 원주교구 주교 지학순이 불온 단체에 자금을 댔다는 혐의로 용공 분자로 체포됐다. 추기경 김수환은 대통령을 직접 만나 지학순 석방을 이끌었고, 사형을 구형받은 이철, 유인태, 김지하 등을 감형시켰다. 훗날 국회의원 유인태가 사형제 폐지 법안을 발의했다. 양심의 소리가 권력의 칼날을 이겨냈다.

시국사건이 있을 때마다 중앙정보부장 김재규가 추기경 김수환을 찾아와 논의했다. 심지어 불자인 김재규는 긴급조치 해제를 건의해달라고 추기경에게 부탁했다. 한국 사회에서 천주교가 갖는 위상을 보여줬다. 유신 정권이 몰락해 가던 1979년에도 김재규가 명동성당을 찾아왔다. 얼마 후 김재규가 대통령을 암살했다. 대통령 장례식에서 김수환은 "이제 대통령이 아니라 한 인간으로서 주님 앞에 선 박정희를 불쌍히 여기소서"라고 기도했다. 마지막 순간에 정교분리가 실현됐다.

'바보 성자'는 신군부에게도 날을 세웠다. 보안사령관 전두환을 만난 자리에서 12·12 쿠데타를 '서부 활극'이라고 비판했다. 서부 활극 주연배우는 얼굴이 굳어 돌아갔다. 1984년 교황 요한 바오로 2세가 광주를 방문해 신군부의 학살을 '죄악'이라고 명명했고, 김수환은 윤보선, 함석헌 등 재야 인사들과 함께 시국 성명을 발표해 '광주 사태'를 평화롭게 해결하라고 촉구했다. 훗날 김수환은 5·18 광주민주화운동 때 가장 고통스러웠다고 회고했다.

1982년 봄, 부산 미문화원 방화가 일어났다. 이 사건은 5·18광주민주화운동 무력 진압을 승인한 미국에 대한 불만 표출이었다. 원주교구 신부 최기식이 사건 주범 김현장을 숨겨주니 언론이 천주교계를 용공 세력으로 공격했다. 그런데도 김수환은 "최 신부 행동은 사제로서 정당하고 합당한 행동"이라고 옹호하며 오히려 정권을 비판했다. 눈엣가시 천주교를 때리려는 정권 노림수를 그는 간파했다. 주교 지학순, 목사 박형규 등도 성명을 발표해 미국의 5·18 광주학살 개입을 비판했다.

김수환 스테파노의 현실 참여는 정치 문제에 한정되지 않았다. 과잉 자본주의가 낳은 물질만능주의, 생명 경시 풍조, 대화와 타협이 부족한 한국병도 그가 우려한 화두였다. 김수환은 사회 부조리 앞에서 눈감지 않고 인간의 방식으로 인간을 구원하려 들었다. 그는 각막을 두 사람에게 기증하고 선종했다. 이후 각계 인사들이 장기 기증을 약속했다.

1987

한국 천주교는 전래 초기 박해를 겪으며 정체성을 강화했고, 현대사에서 단순한 종교를 넘어 사회 변화 주체로 자리 잡아 인권과 정의를 외쳤다. 4·19 혁명과 5·18 광주민주화운동을 완결한 6월항쟁의 중심에 천주교가 섰다.

1987년 4월 13일, 대통령 전두환이 직선제 개헌을 거부하자 며칠 뒤 광주대교구 신부 12명이 개헌을 요구하며 단식농성에 들어갔다. 이후 24일 전주교구(23명), 27일 서울대교구(62명), 29일 안동교구(17명), 원주교구(16명), 30일 인천교구(45명), 다음 달 3일 부산교구(26명), 6일 수원교구(28명), 11일 청주교구(10명) 등 사제들이 단식을 이어가 항쟁 불씨를 지폈다. 개신교 목회자들도 단식했고, 불교계가 시국 선언에 동참했다.

5월 18일 명동성당, 추기경 김수환 주례로 5·18광주항쟁 추모 미사가 열렸다. 이때 천주교정의구현사제단 대표 김승훈 마티아가 '박종철 고문치사 은폐 조작'을 폭로했다. 안기부 남영동 분실로 끌려간 대학생 박종철은 '(탁자를) 탁 치니 억하고' 죽지 않고 경찰 고문으로 죽었다는 이야기였다. 추기경 김수환은 "(현 시국이) 국민에게 이런 정권을 그대로 따라야 하는지 중대한 양심 문제를 던지고 있다"며 분노했다.

6월 10일 서울시청 광장, 민주헌법쟁취국민운동본부 주최 '고문살인 은폐 규탄 및 호헌 철폐 국민대회'가 열렸다. 학생뿐 아니라 젊은 사무직 직장인들,

이른바 '넥타이부대'가 시위에 참여했다. 권위주의 정권의 개발독재가 중산층을 키웠고 그들의 현실 참여 욕구를 키워놓았다. 독재의 부메랑이 독재를 겨눴다. 역사는 정직한 역설이다.

저녁 6시, 성공회 서울대성당 종소리가 울렸다. 서울 시내 차량이 경적을 울리고, 시민과 경찰이 충돌하는 가운데 국민대회를 마친 학생·시민 6백여 명이 명동성당으로 들어가 엿새 농성에 들어갔다. 추기경 김수환은 '나를 밟고 가라'며 경찰 진입을 막았다. 학교 급식이 없던 시절 성당 옆 계성여고 학생들이 농성 대학생들에게 점심 도시락을 건넸다. 2백 년 전 첫 미사를 봤던 명례방 소재 명동성당은 이미 민주화 운동 성지였다.

6월 15일 명동성당 농성이 끝을 맺고 그다음 날부터 엿새 동안 부산가톨릭센터가 농성을 시작했다. 시민들이 시위대에게 주먹밥을 주며 응원하는 풍경도 명동성당 농성과 판박이였다. 그밖에 광주가톨릭센터, 광주 호남동성당, 대전 괴정동성당, 울산성당, 목포북교동성당, 산정동성당, 전주전동성당, 이리 창인동성당, 군산 월명동성당, 원주 원동성당, 제주 중앙성당 등으로 들불이 번졌고, 전국 22개 도시에서 항쟁이 일어났다. 연인원 5백만 명이 참여한 6월항쟁은 3·1운동을 넘어서는 규모로 발전했다.

6월 29일 마침내 전두환 정권이 민심 앞에 굴복하고 대통령 직선제 개헌을 수용했다(6·29선언). 외부 변수도 작용했다. 이듬해 열릴 서울올림픽에 불참하겠다고 미국 정계가 압박했고, 유럽과 남미 천주교 국가들이 미국과 동행할 가능성도 무시하지 못했다.

6월항쟁을 통해 한국 천주교가 자유, 정의, 인권을 대변하는 종교로 시민에게 각인됐다. 왕조시대 박해를 인동초처럼 견디고, 식민지 흑역사를 지나 한국 천주교가 민주화 시대에 '따뜻한 엄마'로 자리 잡았다.

깊은 물은 조용히 흐른다

불교처럼 천주교도 오는 사람 막지 않고, 가는 사람 붙잡지 않는다. 그들은 길거리나 지하철에서 '예수 천당, 불신 지옥'을 외치지 않는다. 오늘날 호감도 1, 2위 종교가 불교(52.5점), 천주교(51.3점)이며 개신교(33.3점), 원불교(29.4점), 이슬람교(14.3점)가 그 뒤를 잇지만, 그 격차가 크다(한국리서치, 2023). 깊은 물은 조용히 흐른다.

뜨거운 감자인 종교인 납세를 천주교계가 앞장서 실천했다. 법 시행 전인 1994년부터 천주교 신부가 소득세를 납부했고, 2013년부터 미사 예물까지 수입원으로 여겨 징세 대상에 포함했다. 천주교 성직자는 일반 직장인과 똑같이 세금을 낸다. 종교학자 배철현은 '사람이 어떤 신앙을 갖느냐가 중요한 게 아니라 주위 사람들이 그 사람을 어떻게 생각하느냐가 중요하다. 주위 사람들이 좋은 사람으로 느끼면 그는 좋은 신앙을 가지고 있다'고 말한다. 종교도 삶 속에 존재할 때 건강하다.

제2차 바티칸공의회 결의를 따라 한국 천주교는 종교 간 관용과 화합에도 앞장섰다. 김수환 추기경과 법정 스님이 길상사와 명동성당을 서로 오가며 종교 참모습을 보였다. 한국 천주교가 사찰에서 태어났으니 어쩌면 그것은 자연스러웠다. 또 김수환은 유학자·독립운동가 김창숙 묘소를 찾아 유교 예법으로 큰절을 올렸다. 그는 '유교의 인(仁)사상, **불교의 대자대비 사상, 그리스도교의 사랑 정신이 함께 손을 잡고 인류에게 희망을 주자**'고 말했다.

한국에 들어온 외래 사상·종교 가운데 천주교가 교조화 소용돌이에 휘말리지 않고, 궤도를 지킨다. 전 세계 천주교회가 교황청을 정점으로 피라미드처럼 묶여 권위와 긴장을 유지하며 깨인 성직자들이 나오기 때문이다. 다만, 천주교의 권위적 조직 문화는 양날의 칼이다. 왜 여성 신부가 나오지 않는지 천주교 스스로 묻고 답해야 한다.

해양의
물결

자본주의 capitalism

청교도 경제가 물신주의로

유입

엄습

1876년 2월 27일 오후 1시, 강화도 연무당에 조선 대표 신헌과 일본 대표 구로다 기요타카가 마주 앉았다. 일본 군함 운요호가 영종도를 난입해 살인과 약탈을 저지른 지 다섯 달 만이었다.

신헌 : 조약이 무엇이오?

구로다 : 당신 나라에 외교공관을 열고 통상하는 것이오.

신헌 : 삼백 년 동안 통상해 왔소. 갑자기 이런 것을 왜 요구하는지 알 수 없소.

구로다 : 지금 세계 여러 나라가 시행하는 일이며, 일본도 각국에 공관을 열어놓고 있소.

국가 운명을 짊어진 협상 대표가 '조약'이 무엇인지 몰랐다. 조선 위정자들은 전근대 유교적 사대교린·조공 질서 속에 갇혀 근대 국가 평등주의 세계 질서를 이해하지 못했다. 그들은 일본 측이 조약문 초안에 표기한 국호 '조선국'을 '대(大)조선국'으로 고치는 일에 매달렸다.

닷새 동안 서로 밀고 당기기를 거듭한 끝에 조선과 일본이 강화도조약(공식 '조일수호조규')을 맺었다. 강화도조약은 개항장 내 일본 화폐 사용과 일본인 치외법권 등을 담았다. 이것은 조선과 일본이 부산 초량에 왜관을 운영한 기유약조(광해군 원년, 1609)와 달랐다.

강화도조약 몇 달 뒤 체결한 조약 부록과 통상장정이 곡물 수출, 수출입품 무관세 등을 명시했다. 조선 측 협상 대표 조인희는 관세(tariff)가 국가 주권이란 점, 국내 산업을 보호한다는 점을 몰랐다. 막 근대화를 시작한 일본은 미국에 강제 개항 당한 후 입은 손해를 조선에서 만회하고 싶었다. 자본 축적이 덜 된 제국주의 후발 주자의 탐욕은 컸다.

준비 없는 개항 이후 조선이 세계 자본주의 체제로 편입됐다. '은둔의 나라'가 근대 세계사의 격랑 속으로 휘말려 들어갔다.

쌀-면제품 교역

강화도조약 이후 부산, 원산, 인천, 진남포, 목포, 평양, 군산, 마산, 성진이 차례로 개항했다. 개항 이후 조선은 일본에 곡물, 금, 은, 쇠가죽을 수출하고 면제품, 석유, 성냥, 음료 등을 수입했다. 1890년대 일본에서 '산업혁명'이 일어나 쌀 수요가 급증해 일본 상인이 조선에서 입도선매로 곡물 유통을 장악했고, 러일전쟁 무렵엔 농지를 사들여 생산에 개입했다.

일본인은 쌀 과식으로 비타민이 부족해 각기병이 생길 만큼 쌀 사랑이 유난하다. 일본 시장은 조선 지주에게 황금어장이었다. 국내 시장보다 일본 시장이 곡물값을 30% 높게 쳐줬다. 대일본 곡물 수출로 조선에서 만석꾼이 등장했다. 그들은 자본가형 지주였다. 전북 고창 만석꾼 김성수는 쌀 수출로 자본을 축적해 경성방직주식회사, 동아일보사를 설립해 근대 자본가로 성장했다. 그들은 전근대 농업경제와 근대 자본주의 경제를 잇는 연결 고리였다. 서구 부르주와지가 봉건 체제를 타도하며 성장했고, 개항기 한국 자본가는 외세와 결탁해 성장했다. 한국 자본주의가 식민지적 근대 속에서 태동했다.

생산량 1/3을 일본으로 수출해 국내 곡물값이 올랐다. 대일본 곡물 수출을 '수탈'로 표현하는 것은 내셔널리즘 감성 사관이지만, 돈 받고 곡물을 팔았으니 문제없는 '수출'이라는 주장은 삶을 거세한 역사 인식이다. 국내 식량 부족과 쌀값 폭등이 민생을 위협했고, 하급 군인과 도시 빈민이 일으킨 임오군란 배후에 민중의 빈창자가 있었다. 대일본 쌀 수출은 훗날 산미증식계획으로 확장했다. 일본은 조선 쌀을 수입해 고속 경제 성장기 노동자 저임금을 유지했다.

청, 일본 상인이 상하이, 홍콩, 나가사키, 오사카 등을 통해 들여온 옥양목(영국산 면제품)이 조선 상류층에게 팔려나갔다. 옥양목은 옷감 때깔이 옥처럼 곱다는 뜻으로 옷을 만들어 입으면 몸맵시가 났다. 하늘하늘한 그 품질이 거칠고 뻣뻣한 국내산 무명과 비교할 수 없었다. 옥양목 소비층이 점점 늘었다.

1890년대에는 일본 산업이 발달해 일본산 중저가 면제품 막베가 들어와 서민층을 공략했다. 1900년경 막베가 조선 시장 40%를 점령했다. 값싼 면제품이 소비자에겐 반가운 손님이었지만, 손으로 물레 돌리며 면직물을 생산하던 전통 영세 가내수공업이 몰락했다. 조선 농민은 면화 농사를 접고 쌀, 콩 농사에 전념했다.

일본 상인은 면제품을 비롯해 박래품(배 타고 들어온 수입품) 판 돈으로 곡물을 사 일본 시장에 팔아 꿩 먹고 알 먹고 이중 이익을 챙겼다. 조선 쌀 한 섬을 40~45전 주고 사서 일본 오사카 시장에 6~8원 받고 팔았다는 기록도 나온다. 그들에게 국경은 영업 구획선에 지나지 않았다. 힘의 격차는 분명했고, 조선은 대일본 무역적자를 면치 못했다.

일본 자본이 조선 시장에서 세력을 확장할 때 황제국 청이 가만히 있지 않았다. 청은 임오군란 때 민씨 정권을 구해주고 「중조상민수륙무역장정」을 맺어 조선 내정을 간섭하며 시장을 파고들었다. 청 상인이 개항장뿐 아니라 한성을 비롯해 내륙으로 진출했다. 경기도 안성·수원, 충청도 공주·강경, 전라도 전주 등에 청 상인이 나타나 물건을 팔았다. 1896년경 조선에서 청나라 상인 5천여 명이 활동했다. 조선 내 반일 감정 때문에 일본 상인은 내륙 진출이 활발하지 못했다.

외국 상인이 밀려와 토종 상인 시전, 객주가 위협받았다. 특히 인천이 개항하고 경인 철도 부설 이후 경이로운 개화 물품이 한성으로 밀려왔다. 그 품목은 값싼 면제품을 비롯해 그을음 없는 석유, 부싯돌보다 편리한 성냥, 때가 잘 지는 빨래용 양잿물, 병을 빨리 치료해 주는 양약, 곰방대 필요 없는 담배, 다용도 왜못, 화장품, 모피, 카페트 등 2백여 종이었다. 개항기 조선은 연평균 수출 9.2%, 수입 15.4% 증가했다(김낙년, 2001). 국내총생산 대비 대외무역 비중이 개항 이전 1~2%에서 1911년 20%로 늘어났다(이영훈, 2018).

토종 상인은 외국 자본에 맞서 동업조합을 조직해 경쟁했다. 오랜 역사를 가진 개성상인은 탄탄한 조직망을 갖춰 외국에도 물건 팔아 경쟁력을 유지했지만, 세곡 운송을 맡던 경강상인은 일본 근대 기선 앞에서 무력했다. 마지막 시전 육의전도 몰락했다. 외국 기선이 내뿜는 검은 연기가 새로운 시대를 예고했다.

회사, 은행

회사는 근대 역사 최고의 발명품이다. 증기기관이나 전기 발명도 회사보다 그 무게가 떨어진다.

-N·M 버틀러(철학자, 노벨평화상 수상자)-

개화파 유길준이 조선에 회사(會社, company)를 소개했다. 그는 합자회사, 주식회사 같은 기업 형태와 주주 총회, 이윤 분배 등을 설명하며 '여러 사람이 자본을 모아 몇몇 실무자에게 업무를 맡겨 처리하는 회사'가 나라를 부강하게 만든다고 주장했다. 김옥균도 '회사가 부강의 기초'라고 말했다.

고종 20년(1883), 평안도 상인 20명이 자본금 수십만 냥을 출자해 인천에 상회사(합자회사) 대동상회를 열었다. 대동상회는 유통회사로서 정부 보호를 받으며 쌀, 목화, 쇠가죽 등을 전국에 판매했고, 중국에도 수출했다. 이들은 종래 상권을 주도해 온 시전, 객주, 도고 등과 충돌했다. 대동상회 설립 얼마 후 역관들이 모여 사는 한성 장통방(현재 관철동)에 장통상회가 등장했다.

독일 자본 세창양행, 영국 자본 이화양행 등 외국계 회사가 조선인 회사 설립을 더욱 자극했다. 동학농민전쟁이 한창이던 1894년에 회사 73개, 1896년에서 1904년 사이 제조업, 농림업, 광업, 수산업, 운수업 등에서 회사 217개가 생겨났다. 소화제 '까스 활명수'로 유명한 동화약품도 이 무렵 태어났다. 궁궐 경호관 출신 민병호가 궁중 생약 비방을 서양 의학과 접목해 활명수를 생산했다. 국가가 수행할 수 없는 혁신을 회사가 맡아 근대 사회를 열어갔다.

근대 문명의 빛을 제공하는 전기회사도 등장했다. 대한제국 황실과 미국인 콜브란이 계약을 맺고 각각 10만 원씩 출자해 한성전기회사를 설립했다(1898.1). 한성전기회사는 전차, 전화, 가로등 사업을 주관했다. 남대문~홍릉

구간에서 운행 시작한 전차가 1960년대까지 서울 시민의 발 노릇했다.

그러나 초창기 회사가 갖는 한계도 분명했다. 개항기 회사들은 대개 고위 관료가 사장직을 맡고 거상이 운영했다. 그들은 근대 상업·산업을 발전시키기보다 옛 시전처럼 국가 비호를 받으며 상품 유통을 독점해 영세 상인을 수탈했다. 갑오개혁 때 회사 특권을 폐지했지만, 대한제국기 황실을 배경으로 그 특권이 되살아났다. 회사가 국가 권력과 유착해 특권을 누리며 성장했다. 태생부터 한국 자본주의가 반봉건, 민주, 자유, 인권 등 보편적 근대 가치를 키우지 못했다.

회사가 우후죽순 들어서니 자금을 공급할 금융기관이 문을 열었다. 갑오개혁 이후 조세를 화폐로 거뒀기 때문에 금융기관이 국고를 관리했다. 조선은행(1896)은 독립협회 회장 안경수를 초대 행장으로 출범했지만, 영업 부진과 독립협회 해산으로 5년 만에 폐업했다. 한성은행(1897)은 국고금을 취급하다가 대한천일은행 등장 이후 쇠락했다(훗날 한성은행은 조흥은행을 거쳐 20세기 말 외환위기 후 신한은행에 통합됐다).

대한천일은행(1899)은 김두승, 김기영, 백완혁 등 거상이 발기하고 심상훈, 민영기, 이용익 등 고위 관료들이 주주, 중역으로 참여했다. 1902년 영친왕 이은이 행장으로 취임하고 나서 자본금이 더욱 늘었다. 예치금 절반 이상이 황실과 정부 예금이었다. 대한천일은행은 '황실 사금고'이며 전환국(조폐공사)이 발행한 백동화 유통 창구였다. 객주, 포목상 등 거상들이 주요 고객이었고 상인들이 대한천일은행에 백동화로 세금을 냈다. 이 무렵 귀중품 담보로 급전 빌려주는 전당포도 등장했고, 만민회가 복권을 발행했다.

금융기관이 등장했지만, 왕조 말기 화폐 유통은 문란했다. 조선 정부가 전환국을 설치하고 백동화를 발행했지만, 민간이 만든 가짜 백동화가 시장에 풀려 인플레이션이 극심했다. 비싼 물건을 살 때 지게, 마차로 백동화를 운반

할 만큼 사태가 심각했다. 지역별 위조 백동화 유통 비율이 평안도 90~95%, 충북·황해도 80~90%, 충남 70~80%, 경기도 40~50%, 한성·인천 20~30% 였다. 게다가 적지 않은 지역에서 여전히 상평통보를 사용해 혼란이 극심했다. 왕조 말기 조선은 사실상 국가 기능을 상실했다.

뭔가 대책이 필요했지만, 불행히도 일제가 백동화 인플레이션을 해결하겠다고 칼을 들이댔다. 대한제국 재정고문 메가타 다네타로가 전환국을 폐지하고 화폐 발행 권한을 일본 제일은행 한성지점으로 넘겼다. 그는 한성·평양·인천·군산·진남포 등 다섯 곳에 교환소를 설치하고 백동화를 제일은행 발행 화폐로 교환케 했다(화폐정리사업, 1905.7~1909.11). 당장 급한 불을 꺼야 했지만, 그 불을 끈 자가 소방관이 아니라 약탈자였다.

역사에서 화폐개혁이 성공한 사례가 드물다. 화폐정리사업 때문에 자금이 돌지 않아 회사 도산이 속출해 업주들이 야반도주하거나 음독자살했다. 또 조선인 상인들이 백동화 제값을 받지 못해 손해를 봤다. 여기엔 어쩔 수 없는 속사정이 있었다. 백동화는 은화가 아닌데도 은본위제도 아래 은화처럼 유통됐고, 그마저도 위조 화폐가 많아 제값을 쳐주기도 어려웠다. 눈치 빠른 상인들이 백동화로 동산·부동산을 사들였다. 탁지부대신 민영기가 백동화-제일은행권 교환액 60%가 일본인 몫, 30%가 중국인 몫, 조선인 몫은 10%였다고 말했다.

피해를 본 상인들이 불만을 터트리자 메가타는 차관 150만 엔을 들여왔다. 각 지방에 어음조합, 농공은행, 금융조합(현재 농협) 등을 두고 상품 담보로 상인들에게 자금을 빌려줬다. 경영난에 허덕이던 한성은행, 대한천일은행도 긴급 융자를 받아 살아났다. 일제가 당근과 채찍을 함께 썼다.

화폐정리사업 이후 일본 제일은행을 정점으로 식민지 금융 체제가 수립됐다. 식민지 시기 한국과 일본은 서로 다른 지폐를 사용했지만, 동전은 같았다.

오늘날 한국의 화폐 단원 '원'도 일본 '엔(圓)'에서 나왔다.

한편, '자본주의의 꽃' 상품광고가 사농공상 사대부의 나라에 등장했다. 독일 무역회사 세창양행이 『한성주보』에 광고를 실었다(1886.2.22). 자명종, 요지경, 호박, 유리, 램프, 서양 단추·직물·바늘·실, 자래화(自來火, 성냥) 등을 아이, 노인이 물건 사러 와도 속이지 않고 공정가로 판다는 내용이다. 『독립신문』은 외국 회사 광고를 주로 실었다. 조선 경제를 외국에 종속시킨다는 비판이 나왔다.

사농공상의 나라가 개항 이후 자본주의를 재빨리 수용할 수 있었던 이유를 설명하기 쉽지 않다. 개항 이전 신분제가 해체해 임금 노동자가 성장했을까? 위로부터 자본주의화가 효과를 냈을까? 입신양명 관념이 자본주의 에너지로 작동했을까? 사농공상이 지배 계급의 관념일 뿐 백성은 상업 에너지를 일상에서 구현해 왔을까? 오랜 세월 억눌려 온 욕망이 개항 이후 봇물처럼 분출했을까? 어찌 됐든 체면보다 욕망을 추구하는 시대가 찾아왔다.

시장 유통망

우렁차게 토하는 기적 소리에

남대문을 등지고 떠나 나가서

빨리 부는 바람의 형세 같으니

날개 가진 새라도 못 따르겠네   -최남선, 경부철도가, 1908-

1905년 1월 1일, 경부선이 개통했다. 공사 기간 4년, 건설비용 2,500만 원, 동원 인원이 총 1억 명에 가까웠다. 이로써 한성 서대문에서 부산 초량까지

445km를 17시간 만에 갈 수 있었다. 사고 위험 때문에 밤에 운행하지 않아 실제 30시간이 걸렸지만, 종래 말을 타고 며칠이 걸리던 거리를 확 줄였다. 시인 하이네 말마따나 '철도가 공간을 살해'했다.

여섯 해 전, 축포를 쏘며 경인선을 준공한 일제는 러일전쟁을 일으킨 후 병참선 확보가 시급해 경부선, 이듬해 경의선을 부설했다. 철도가 지맥을 끊는다고 반발하는 주민, 공사 인부들의 부녀자 겁탈, 노동자들을 따라다니는 색줏집 등 말도 많고 탈도 많았다. 철도 근처 사는 여성을 며느리로 들이지 않는 풍속이 생겨났다.

이후 호남선(1914), 경원선(1914), 충북선(1929), 장항선(1931), 전라선(1936), 경춘선(1939), 중앙선(1942) 등이 한반도를 거미줄처럼 철도망으로 엮었고 총 연장 2,233km에 이르렀다. 일본은 한반도를 동북아시아 물류 중심지로 구상했다.

도로도 1937년에 27,732km로 늘어났다. 전주-군산, 평양-진남포, 광주-목포, 대구-경주 간 도로는 종래 길 폭을 네 배로 늘렸다. 그 새로운 길은 지게로 물건을 나르던 조선인에게 '신작로'라고 불렸다. 그 가운데 전주와 군산을 잇는 전군가도(46.4km, 1908)는 최초 시멘트 도로로 조선인 강제 토지 수용, 조선인 강제 노역으로 건설했다. 금강, 만경강, 동진강 유역 대평원이 낳은 쌀이 군산항을 통해 일본으로 실려 갔다. 곳곳에 일본인이 기업형 농장을 건설했고, 근대 농업 기술을 적용해 쌀 생산량을 늘렸다. 군산 장미동(藏米洞, '쌀 곳긴') 소재 칭고에 쌀 25만 가마를 보관했다. 호남평야는 일본 식량 공급시였다.

자본주의 성장은 곧 시장 확대다. 철도가 물품을 실어 나르며 새로운 유통망을 형성해 시장을 확대했고, 김천, 이리, 대전, 평택, 신의주 등 신도시가 성장했다. 갈대 무성하던 한밭골이 대전으로 급성장해 경부선 개통 4년 만에 상점 1,500여 개가 들어섰다. 또한 철도가 조선 쌀을 일본으로 유출하는 수단이 됐다. 1917년 일본으로 운반하려고 부산항으로 들어온 쌀 65%가 철도를 통해 실려 왔다. 식민지 시기 대일 무역에서 식량 수출·공산품 수입 구조가 고착했다.

빛이 그늘을 만든다. 철도가 새로운 물류 유통 수단으로 등장해 종래 수운 교통이 쇠퇴했다. 빠르고 안전하고 값싼 기차 운송 앞에서 배 운송은 경쟁력을 잃었다. 산악지대 한반도에서 그나마 육로로 기능하던 영남대로(한성-충주-문경새재-대구-밀양-동래)도 상업 기능을 잃었다. 유통 구조 변동으로 경주, 공주, 강경 등 전통 도시가 쇠락했고, 장시를 돌아다니며 활동한 보부상도 점점 역사 뒤안길로 사라졌다. 우렁찬 기차 기적 소리가 새로운 시대를 예고했다.

야누스 두 얼굴을 가진 철도야말로 '일그러진 근대' '식민지적 근대'의 단면이었다. 철도가 지나가는 지역 주민들이 토지를 헐값에 수용당했고, 아현 주민 김성삼, 양주 주민 이춘근, 신수철리 주민 안순서가 '철도 건설 방해죄'로 공개 처형됐다. **일제가 한반도를 영구 지배하고, 대륙을 침략하려고 조선의 토지, 인력, 물자를 수탈하며 건설한 철도가 식민지 해방 이후 한국 자본주의 성장의 사회간접자본 기능을 수행했다.** 역사가 참 얄궂다.

   신채호에게 답하다

정착

사유재산권

사유재산이란 무엇인가. 개인이 일정한 재산에 대하여 **배타적 지배권**을 유함이라. 고로 그 재산의 처분권은 전연히 그 소유자에게 속하고 타인의 용훼(容喙, 간섭)를 허치 아니하나니 그를 낭비하거나 그를 저축하거나 그는 그 소유자로의 자유이며 그의 처분은 그 자유로 함으로 인하여 빈익빈하며 부익부하여 사회의 분열을 내할지라도 그는 사유재산을 인정한 이상 또한 그의 자유로다.   -동아일보, 1920.7.21.-

소유는 인간의 오랜 습성이며 배타적 사유재산권은 근대 자본주의 토대다. 사유재산권이 수익 귀속을 명확히 규정해 경제 활동을 촉진한다. 근대 이전 조선에도 사유재산 개념이 있었지만, 그것을 제3자에 대한 절대적·배타적 권리로서 법이 증명하고 보호하진 못했다. 힘없는 백성이 권세가에게 재산을 약탈당해도 속수무책이었다. 그들에겐 가난이 보호막이었다. 생산 활력이 떨어지고 국가 경제가 침체했다.

한일병합 이후 조선총독부가 '조선토지조사사업'을 시작했다. 식민지 통치 비용은 식민지 안에서 조달해야 한다. 식민지 조선이 농경사회이니 토지가 주요 재원이다. 농민이 토지를 어디에 얼마나 소유하고 있는지 파악해야 세금을 징수해 재정을 확보한다. 총독부는 1918년 말까지 진행한 토지조사사업에 인력 152,600여 명, 예산 2,040만 원을 투입했다. 국채보상운동이 일어날 때 대한제국의 대일본 채무가 한 해 국가 예산과 맞먹는 1,300만 원이었다니 토지조사사업 규모가 얼마나 컸는지 짐작 간다. 그 효과가 나타나 과세 대상 논이 84%, 밭이 79% 늘어났다.

소유권을 확정 지으려면 관련 법이 필요했다. '조선민사령'과 '조선부동산 등기령'이 토지조사사업을 뒷받침했다. '소유권 불가침과 무제한 보호' 원칙으로 식민지 조선에서 근대 토지소유권이 정착했다. 이로써 식민지 조선에 근대 자본주의 토대가 구축됐다.

왕조 시대 땅문서 깃기(衿記, 지주 이름과 조세액을 적은 장부)는 향촌 단위 소유권이었고, 대한제국이 미국인 측량기사를 초빙한 광무 양전이 국가 공인 땅문서 지계(地契)를 발급했지만, 토지세 제도 정비가 목적이어서 등기 제도를 도입하지 않았다. 토지조사사업 때 비로소 등기 제도를 도입해 부동산 권리관계를 국가가 공식 장부에 기록해 관리했고, 땅 주인 실명을 기록했다. 처음엔 등기 제도가 식민지 거주 일본인 재산권을 보호하려는 조치였지만, 점차 조선인이 제도 안으로 포섭됐다.

신분제 해체와 맞물려 토지조사사업 이후 배타적 근대 사유재산권이 자리 잡았다. 그것이 토지 상품화를 촉진해 거래 규모를 키웠고, (확실하게 내 땅이니) 땅 주인이 토지 개량을 통해 곡물 생산량을 늘려 자본을 축적했고, 토지 담보 금융 대출도 가능했다. 가령, 1930년대 함경북도 빈농 출신 김기덕은 부동산 담보로 50만 원 대출받아 토지에 투자해 120만 원을 벌어들였다(당시 경성 시내 고급 주택 한 채 값이 1천 원이었다). 투자와 투기는 동전의 양면이지만, 김기덕 사례는 바뀐 시대 풍경이었다. 오늘날에도 김기덕 후예들이 자본주의 한국에서 욕망을 불태우고 있다.

한국 자본주의 토대를 구축한 일제 토지조사사업은 식민지'적' 근대의 단면이었다. 불편하지만 식민지 조선은 일본 영토였고, 일본은 한반도를 영원히 일본 영토로 운영하고 싶었다.

싹트는 근대 기업

한일병합 이후 조선총독부가 '조선회사령'(이하 '회사령')을 공포했다. 회사를 설립하려면 총독부 허가를 받아야 했고, 총독 마음에 들지 않으면 그 회사의 영업 정지·폐업까지 가능했다. 자유롭게 회사를 설립하는 일본 본토와 법 적용이 달랐다.

총독부는 '조선인은 회사가 뭔지 잘 모르고, 사기꾼에게 이용당해 투기적 사업을 벌여 가산을 탕진하고 경제 질서를 교란'한다며 모든 회사를 관리해야 한다고 판단했다. 아닌 게 아니라 조선 왕족 이재현이 유리공장 경성초자 제조소를 경영하다가 몰락했다. 한일병합 이전 조선 내 회사는 권세가와 결탁해 온갖 특혜를 받는 모리배 집단 성격이 강했다.

또한 총독부는 값싼 생산 비용(땅값, 노동자 임금)을 찾아 투기 자본이 식민지 조선으로 몰려들 일도 우려했다. 일본 본토 자본이 무분별하게 진출해 식민지 경제 질서를 교란하리라 판단했다. 내셔널리즘 사관은 한국인 소유 '민족 자본' 성장을 막는 게 회사령 목적이었다고 서술하지만, 일본 기업들도 회사령에 반발했다. 일본 의회가 회사령을 위헌이라고 비판했다. 식민 통치 초기 조선총독부는 회사령을 통해 '안정'을 추구했다. 총독이 식민지를 '원만'하게 통치하려는 게 인지상정이었다.

그러나 제1차 세계대전을 거치며 경제 여건이 변했다. 승전국 일본이 전쟁 특수를 누려 채무국에서 채권국으로 변신했고, 호황을 누렸다. 제조업, 조선업, 해운업 등이 급성장해 일본이 산업혁명에 가까운 경제성장을 이어갔다. 일본 내 회사가 늘고 식민지 조선 투자 열기가 달아올랐다. 총독부도 경제계 요구를 더 외면하지 못했다. 1916년부터 1920년 사이 조선 내 회사 설립이 급증했다. 그 가운데 운수업, 창고업 등 유통 부문 회사들이 많았다. 1920년 총독부가 회사령을 폐지했다.

3·1운동 여진이 남아 있던 1920년 봄, 전북 고창 만석꾼 김성수(중앙학교 교장)가 영등포에 경성방직주식회사를 설립했다. 일본 재벌 미쓰이가 부산에 주식회사 조선방직을 창업한 게 자극제였다. 김성수는 전국을 다니며 '1인 1주 갖기 운동'을 벌였다. 1주 값이 50원이었다. 주식 개념조차 없던 시절 그것은 쉽지 않았지만, 3·1운동 직후 민족의식이 고조된 가운데 지방 유지들이 경성방직 주식을 샀고, 경주 최부잣집 최준이 경성방직 발기인으로 참여했다. 경성방직 출범 초기 김성수 집안의 지분율은 14% 정도였다가 경영난을 극복하려고 토지를 담보로 대출받아 추가 투자해 65%로 늘었다. 1920년대 경기 불황으로 고전했지만, 경성방직은 1930년대 만주로 진출해 성장했다.

경성방직이 태극무늬를 상표로 사용했지만, 총독부 보조금과 조선식산은행(현재 한국산업은행)에서 저리 융자를 받아 생존했다. 조선총독 사이토가 임기 마치고 귀국할 때 김성수가 "각하가 조선에 계시는 동안 경성방직을 특별히 배려해 주셔서 감사합니다."라고 편지를 썼다. 그 한계가 분명했지만, 경성방직은 조선인 소유 대표 기업이었다. 그밖에 조희경(조일비누), 김정호(송도고무공업), 장길상·장직상(경일은행), 현준호(호남은행), 박기순(삼남은행) 등 대지주들이 회사, 은행을 설립했다. 조선토지조사사업 이후 지주 자본이 산업자본으로 전환했다.

1920년대 수입 면사 값이 폭등해 면직물 영세업체가 폐업하고 경성방직을 비롯해 조선견직, 대창직물, 동양염직, 평양 메리야스 공장 등이 살아남았다. 교육열이 불어 학생 수가 늘고 고무신과 양복이 보급돼 버선 대신 양말 수요가 늘었다. 평양 메리야스 공장 양말이 전국으로 팔려나갔다. '북으로 함경도, 남으로 제주도까지 평양산 양말이 보이지 않은 곳이 없었다'고 전한다.

영등포에 경성방직이 들어설 때 종로 포목상 박승직이 박가분을 만들어 팔아 선풍을 일으켰다. 박가분은 납 가루와 활석 가루를 반죽한 여성 화장품으로 일본 화장품 절반 값이었다. 방물장수들이 집집마다 찾아다니며 박가분을 팔았다. '여자에게 박가분 하나 못 사주면 무능한 남자'라는 말이 유행했다. 박승직상점이 훗날 두산그룹으로 성장했다.

식민지 말기, 삼성과 현대자동차의 싹이 텄다. 1938년 대구 수동(인교동)에서 이병철이 자본금 3만 원(현재가치 30억 원)으로 삼성상회(현재 삼성물산)를 설립했다. 삼성상회는 밀가루 만드는 제분기와 면 만드는 제면기를 갖추고 '별표 국수'를 생산했고, 대구 능금 사과와 포항 건어물을 만주, 중국, 일본, 동남아시아로 수출했다. 식민지 해방 이후 이병철은 삼성상회, 제일제당, 제일모직 등 제조업에서 자본을 축적했고, 은행까지 인수해 한국 대표 재벌로 성장했다.

1940년 정주영은 경성부 아현동 자동차 수리점 아도서비스를 인수했다가 25일 만에 화재로 점포를 잃고 신설동으로 옮겨갔다. 그는 10일 걸릴 수리를 3일 만에 끝내고 수리비를 더 받아내는 영업 전략으로 성공했다. 자동차로 먹고사는 사람들에게 수리비보다 수리 기간이 더 중요했다.

그러나 기쁨도 잠시, 또 시련이 닥쳤다. 태평양전쟁 발발 후 일제는 비군수 업종을 정비했다(기업정비령, 1942). 정미소 15,400여 개가 1,400여 개로 줄었나. 아도서비스도 일진공작소로 합병됐나. 하시만 자동차를 수리해 본 경험이 훗날 현대자동차 신화를 예언했다. 일제 식민지기는 억압과 모순으로 점철됐지만, 한국 자본주의 정착기였다.

식민지 공업화

덕수궁 옆 경성방송국(JODK, 현재 KBS)이 개국하던 1927년 봄, 신흥재벌 노구치가 함경남도 함흥 남쪽에 조선질소비료주식회사(이하 '질소비료공장')를 세웠다. 자본금 1천만 엔, 부지 6백만 평, 종업원 4천 명, 훗날 그 규모가 아시아 1위, 세계 5위로 성장했다.

그 규모도 놀라웠지만 질소비료공장으로 전력을 끌어오는 방식이 기상천외였다. 압록강 지류 장진강·부전강 상류 고원지대에 댐을 쌓고 길이 24km 터널을 뚫어 그 물을 함흥까지 흐르게 만든 뒤 2백 미터 낙차를 확보해 발전소 4개를 건설했다. 장진강·부전강 유역변경식 발전소는 당시 수력 발전량의 95%를 차지했다. 이 난공사를 강행하며 노동자들이 벼랑에서 떨어져 죽고, 흙더미에 깔려 죽고, 콘크리트 반죽 속에 생매장됐다. 노구치는 노동자 사망신고서를 미리 작성해 놓고 공사를 강행했다고 전한다. 준공된 질소비료공장에는 열악한 노동환경과 낮은 임금이 노동자들을 기다렸다.

질소비료공장이 쌀 생산량을 늘리고 조선을 식량 공급기지로 만들려는 산미증식계획을 추동했다. 이때부터 조선 농업이 화학비료를 본격 사용했고, 쌀 단작형 농업이 자리 잡았다. 농민이 금융기관에서 빌리는 대출금 80~90%가 비료값이었고, 화학비료를 쓰지 않으면 지주가 농민에게 소작을 주지 않았다.

질소비료공장은 종합 공업단지(콤비나트)라서 비료뿐 아니라 경화유, 화약, 카바이트, 철강, 아연 등을 생산했다. 중일전쟁 발발 이후 무기, 비행기 외강판, 항공연료까지 생산했다. 노구치는 일본 군부와 유착해 이 콤비나트를 군수산업단지로 키워갔다. 이곳에서 원자폭탄을 개발해 일제 패망 직전 동해에서 실험했다는 증언이 나왔다. 훗날 이곳에서 이승기가 합성 섬유 비날론을 개발했다.

콤비나트 효과로 함흥 남쪽 지역에 신도시 '흥남'이 태어났다. 노구치가 흥남 읍장을 겸임해 '영주'로 군림했다. 조선호텔 옆 반도호텔(현재 롯데호텔)도 노구치가 지었다. 조선호텔에 갔다가 복장이 허름하다는 이유로 문전박대를 당한 후 그 보복으로 반도호텔을 지었다고 전한다.

한편, 1920년대 후반 노구치 질소비료공장 뒤를 이어 미쓰이, 미쓰비시, 가네보 등 일본 대기업이 식민지 조선에 자본을 투자했다. 이 무렵 조선에서 종업원 수백 명 근무하는 대규모 공장이 등장했다. 흥미롭게도 일본 정부는 산업을 일괄 통제하려고 식민지 공업화를 꺼렸다. 현대인은 조선총독부와 일본 정부를 한통속으로 여기지만, 양측 이해가 항상 일치하지는 않았다.

1930년대에 식민지 조선 경제는 한 발 더 도약했다. 미국발 대공황이 낳은 경제 위기를 해결하기 위해 일제는 만주를 침략했고(1931, 만주사변), 일본 내 잉여 자본이 조선에 진출했다. 식민지 조선은 노동자 임금, 땅값이 쌀뿐 아니라 '공장법'을 시행하지 않았고, 장진강·부전강 발전소가 값싼 전력을 공급해 투자처로 적합했다. 일제는 만주를 새로운 시장으로 확보하고 만주-조선-일본을 엔 블록으로 묶어 자급자족 경제를 추구했다.

'만주 붐'이 일어 경성방직을 비롯한 조선인 기업들도 특수를 누렸다. 경성방직주식회사 배당수익률이 연 12%를 넘어섰다. 그것은 일제의 보호책과 노동 착취의 결과였지만, 당시 은행 이자의 3배를 넘는 고소득이었다. 자본은 이익을 추구할 뿐 국가와 민족을 초월했다. '민족 자본'은 가슴 뜨거운 용어지만, 실체 없는 개념이다. 자본이 국가 권력과 유착해 이익을 추구하는 행태가 이미 식민지에서 싹텄다.

훗날 한강의 기적을 낳을 '경제개발 5개년 계획'도 만주국 정책이었다. 5개년 계획을 발표한 장면 정부 부흥부 차관 김준태가 만주국 대동학원 출신이고, 쿠데타로 집권해 5개년 계획을 실행한 박정희는 만주국 신경군관학교 출신이며, 그밖에 만주국 인맥이 한국현대사를 주도했다.

1930년대 후반, 일제가 중국 본토를 침공한 뒤엔 조선 공업화 정책이 병참 기지화 정책으로 격화됐다. 일제는 석유, 화약, 황산암모늄, 금속, 자동차, 기차, 선박, 항공기 등을 중요 산업으로 지정하고 모든 가용자원을 군수산업에 집중하는 한편, 수출입을 통제해 무역 수지를 관리했다. **악명 높은 '국가총동원법' 시행 후 한반도 병참 기지화가 가속화됐고, 전시경제 체제로 접어들었다. 목적은 불순했지만, 병참 기지화 정책으로 식민지 산업이 성장했다. 특히 대륙과 가까운 북한 지역은 세계적 중화학공업 지대로 발전했다.** 식민지 말기 북한 지역 인구 대비 전력 생산량과 철도 길이가 일본 본토를 능가했다.

그러나 식민지 공업의 한계가 명백했다. 가내수공업자를 빼고 나면 공업 종사자가 인구 대비 10% 미만이었다. 게다가 전시체제 때 줄었지만 봉건지주 소작제가 식민지 자본주의 경제와 공존했다. 식민지 경제성장은 뿌리가 허약한 열매였다.

삶을 쥔 주먹, 노동운동

- 강습소와 팜플렛 등으로 노동자의 계급의식을 현저히 높일 것
- 노동자 임금을 최저 1일 1원 이상으로, 노동시간은 8시간제로 할 것

-조선노농총동맹 결의(1924.4.20.)-

일제 식민지기는 자본주의 걸음마 단계라서 노동운동과 농민운동이 분리되지 않았다. 농사만 지어서 먹고 살기 어려워 틈틈이 품을 파는 '반농민·반노동자'가 식민지 조선에 많았다. 그들은 도시에서 지게꾼으로 날품을 팔거나 철도

공사장, 광산에서 일하는 자들로 농민에서 임금 노동자로 넘어가는 과도기 존재였다. 대형 공사장 주변에 함바(숙소 겸 식당)와 빈민굴이 형성됐다.

식민지 공업 발달과 함께 노동 문제가 떠올랐다. 1916년부터 일본은 '공장법'으로 노동시간 및 유년 노동을 규제하고 노동자 생활을 보장했지만, 식민지 조선은 법 적용 대상에서 빠져 노동자가 저임금·장시간 노동에 시달렸다. 농촌 잉여 인력이 공장으로 '값싸게' 들어오는데 굳이 공장법을 시행할 필요도 없었다.

자연스럽게 식민지 노동자는 임금 차별을 받았다. 식민지 경제성장에 따라 1인당 실질소득이 꾸준히 성장했지만, 작업 숙련도 떨어지는 조선인이 일본인보다 임금을 적게 받았다. 1930년대 남성 노동자가 받는 평균 일당 60~80전은 모던보이가 카페에서 즐기는 맥주 두 병값 또는 경성 시내 택시비 수준이었다. 물가가 오르고 실질 임금이 하락해 저임금 노동자는 최저 생활을 영위했다. 쌀값이 올라 그들은 좁쌀, 보리로 끼니를 해결했다.

'불온'한 사회주의 바람을 타고 노동자 생존 위기가 노동조합과 노동쟁의를 불렀다. 3·1운동 이후 민족주의가 민족개량주의로 기울어 사회주의가 사회 운동 주축으로 자리 잡았다. 식민지에 붉은 물결이 밀어닥쳤다.

1924년 사회주의 단체 조선노농총동맹이 노동운동을 전국화했고, 시·군 단위 지역 조직이 확산했다. 용산제등고무공장 200여 명 파업, 경성 대동인쇄노동자 150여 명 파업, 경성전기회사 500여 명 파업 등이 그 사례였다. 이젠 노동운동이 자연 발생 단계에서 벗어나 조직화됐고, 1920년대 후반 출판업계 엘리트들이 산별 노조를 조직했다. 식민지 조선을 풍미한 사회주의가 노동자 의식을 일깨우는 가운데 1920년대 쟁의 891건에 노동자 73,000여 명이 참가했다. 그 가운데 원산총파업이 국내외 반향을 일으켰다.

세계 공산주의운동 본부 코민테른의 지시에 따라 좌파 지식인들이 함경도 홍남, 원산 소재 산업현장에 노동자로 잠입해 혁명적 노동조합이나 지하조직을 조직했다. 함경도는 공산주의 종주국 소련과 거리가 가깝고 공업단지가 일찍 들어서 노동자 의식이 고양됐다.

1929년 1월 14일, 함경남도 덕원군 문평리 소재 석유회사 '라이징 선' 저유소에서 파업이 일어났다. 저임금·장시간 노동에 시달린 노동자들을 일본인 감독관 고다마가 자극했다. 평소 그는 노동자들을 구타하기로 악명 높았다.

16일, 라이징 선 화물이 원산항에 들어왔다. 원산노동연합회 지시로 부두 노동자들이 하역을 거부했다. 원산노동연합회는 지도부가 청렴했고, 신간회와 연대해 노동자 권익 지키기에 힘썼다. 이에 맞서 회사 측이 강경 대응했고, 자본가 단체 원산상업회의소가 파업 노동자들을 해고했다. 게다가 그들은 어용노조를 만들어 노동자 분열을 책동했다.

22일, 원산노동연합회가 총파업을 선언했다. "외래자본의 착취를 파괴하라."는 구호 아래 노동자 3천여 명이 파업했다. 원산 일대 산업, 운수, 교통이 마비됐다. 원산총파업은 민족을 초월한 계급투쟁이었다. 파업에 참여한 일본인 노동자가 있었고, 회사 측을 지지하는 조선인이 있었다.

조선총독부가 병력 7백여 명을 동원해 파업 지도부를 협박·폭행하고 구속했다. 이에 반발해 전국 각 지역에서 파업 자금을 모아 주고, 파업 지지 연설회가 열렸다. 게다가 일본, 프랑스, 소련 등 외국 노동단체들이 총파업 지지 성명을 보내왔다. 사태가 심상치 않게 흘러 총독부는 원산총파업을 사회주의 운동으로 규정하고 치안유지법을 적용하겠다며 으름장을 놓았다.

4월 6일, 원산총파업은 지도부가 이미 구속됐고, 투쟁 자금 부족으로 목적을 이루지 못하고 막을 내렸다. 파업을 주도한 원산노동연합회 위원장 김경식은 징역 6개월을 선고받았다. 조선공산당은 원산 파업 지도부가 개량주의에 빠져 온건하게 타협하려다가 실패했다고 비판했다. 이듬해 신흥탄광 파업과 평양 고무공장 파업도 같은 비판을 받았다. 아닌 게 아니라 1930년대 혁명적 노동조합운동이 식민 당국으로부터 탄압받고 매수당하며 어용화되거나 해체됐다.

저개발국가 노동자 차별은 오늘날 한국에서 현재진행형이다. 외국인 노동자 임금 차별·체불, 폭행까지 그것은 식민지 때 노동 현실과 다르지 않다. 진짜 '일제 잔재'는 산에 박힌 쇠말뚝이 아니라 자본의 탐욕과 인간 차별이다. 한국은 일본 제국주의로부터 자본주의를 배웠다.

사회주의자도 홀린 주식 열풍

미두를 시작하고 보니, 바로 맞는 때도 있고 빗맞는 때도 있으나, 바로 맞아 이문을 보는 돈은 먹고사느라고 없어지고 빗맞을 때에는 살 돈이 떨어져 나가곤 하기 때문에 차차로 밑천이 졸아들었다. … 노름이라는 것은 잃는 것이 밑천이요, 그러므로 잃을 줄 알면서도 하는 것이 미두꾼의 담보란다.

-채만식 소설 『탁류』, 1937-

19세기 말, 일본 상인들이 인천에 미두취인소(곡물 거래소)를 설립했다. 이후 부산, 군산, 목포, 진남포, 강경, 대구 등에 미두취인소가 생겼다. 채만식 소설 『탁류』의 배경이 군산 미두취인소다. 곡물 품질과 가격을 표준화해 자본주의 거래 질서를 구축하려는 게 미두취인소 설립 목적이었다.

그러나 미두취인소는 점차 투기꾼 소굴로 변해갔다. 투기꾼들이 미두취인소에 담보금을 맡기고 곡물 사고팔 권리를 확보해 시세 변동에 따른 차익을 노렸다. 오늘날 주식 투자자가 기업 가치에 베팅한다면, 미두취인소 투기꾼은 쌀값에 베팅했다. "인천 앞바다는 미두로 전답을 날린 자들 한숨으로 파인 것이요, 인천 바닷물은 그들이 흘린 눈물이 고인 것이다." 투기성 강한 미두취인소에서 투자자들은 재산 날리고 눈물 흘리기 일쑤였지만 일확천금을 거머쥐는 행운아가 가끔 나타났다.

인천 출신 청년 반복창은 미두시장에 뛰어들어 1년 만에 밑천 400원을 400,000원으로 불려 인생 역전에 성공했다. 그는 '미두신(米豆神)'으로 불리며 유명 인사가 됐고, '제2 반복창'을 꿈꾸는 사나이들이 미두시장으로 몰려들었다. 3·1운동, 청산리전투가 민족 해방을 꿈꿀 때 자본주의 열망이 식민지 일상을 달궜다.

1921년 5월 28일 오전 11시, 경성 소공동 조선호텔에서 반복창이 호화결혼식을 올렸다. 신부는 경성여고보 출신 김후동, 주례는 인천시장 요시마쓰, 결혼식 비용은 3만 원이었다. 하객을 실어 나르려고 인천~경성 간 특별열차가 운행했고, 경성역에 자동차 수십 대가 대기했다. 반복창은 고향에 논, 밭, 산, 호화주택 지을 부지를 사들였다.

그러나 추락하는 건 날개가 있는지 결혼 이후 '미두신'이 추락해 생계를 걱정했다. 그런데도 그는 무리하게 돈을 빌려 투자하다가 사기 혐의로 구속됐다. 삶에 지친 아내 김후동은 세 아이를 남겨둔 채 남편 곁을 떠났다. 그 충격을 받아 반복창이 중풍으로 쓰러졌고, 정신 이상 증세를 보이다가 작은 움막에서 마흔 살에 세상을 떠났다. 20일 뒤 미두시장도 조선에서 사라졌다. 일본 '작전 세력'이 반복창을 이용해 투자금을 불러 모아 싹쓸이 해갔다는 의혹이 일었다.

만주사변 이듬해 첫날, 명치정(명동) 경성주식현물취인소가 인천미두취인소를 합병해 '조선취인소'(현재 한국증권거래소)로 이름을 바꿔 주식거래를 시작했다. 조선취인소는 조선은행, 동양척식주식회사, 조선방직, 조선석유 등

주식 27개 종목을 거래했다. 최고 블루칩은 도쿄취인소 주식이었다. 당시 증권거래소도 주식회사로 운영했다. 명치정은 조선은행, 조선식산은행, 동양척식주식회사, 일본은행, 십팔은행, 조선상업은행, 제국생명 등 금융기관이 모여 '조선 월스트리트'로 불렸다.

조선취인소에서 가진 돈 10배까지 주식거래가 가능해 투자자들이 모여들었다. 일본 유학생 출신 조준호가 주가 폭락 때 주식을 사들였다가 폭등할 때 팔아넘겨 3백만 원(현재가치 수천억 원)을 벌어 '주식 왕'으로 떠올랐다. 일본인이 주도하는 주식거래에서 조선인은 쪽박 차기 일쑤였지만 조준호는 도쿄, 오사카 주식 시세까지 분석해 가며 투자했다.

그러나 예나 지금이나 주식 투자로 돈 버는 사람은 드물다. 매일신보 기자·작가 김기진은 낮에는 조선취인소, 밤에 신문사로 출근했다. 이미 여러 사업에 손댔다가 쓴맛을 본 그는 5년 동안 주식 투자에 몰두했지만, 결과가 신통치 않았다. 사회주의 리얼리즘 작가도 자본주의 욕망을 비껴가지 못했다.

조선 골드러시

금덩어리를 찾는 사람의 안광(眼光)은 전조선의 산야를 녹일 듯이 번쩍거리고 있다. 산야에는 광맥을 찾는 일확천금을 꿈꾸는 광객(鑛客)의 발길이 안이른 곳이 거의 없게 된 터이다.

-신태익, 「황금광시대의 광상곡」, 『신동아』, 1932.10-

19세기 아르헨티나, 브라질, 칠레, 오스트레일리아, 뉴질랜드, 남아프리카, 미국 등에서 골드러시(Gold Rush, 금 발견 지역에 사람들이 몰려드는 일)가 일었다. 그 가운데 미국 서부 골드러시가 유명하다. 캘리포니아에서 황금이 발견되자 25만 명이 인생 역전을 꿈꾸며 황금을 찾아 '엘도라도'로 몰려들었다.

흥미롭게도 1930년대 식민지 조선에도 골드러시가 일어났다. 황금에 미친 시대, 이른바 '황금광(狂)시대'가 열렸다. 미국발 경제대공황을 타개하려고 만주를 침략한 일본은 국제사회의 견제를 받는 가운데 전쟁을 치르려면 국제통화 금이 필요했다. 예나 지금이나 불황기에 가장 안전한 자산은 금이다. 화폐 가치가 폭락하고 금값은 6배 이상 폭등했다. 이에 일본은 보조금을 줘가며 금 채굴을 장려했다.

경제 불황 속에서 먹고 살기 힘들 때 금값이 폭등하니 금 생산 정책에 대한 반응이 뜨거웠다. **미쓰비시, 미쓰이, 노구치, 구라하 등 대기업을 필두로 노동자, 농민, 소설가, 언론인, 의사, 변호사, 기생, 난봉꾼 등이 뭔가에 홀린 듯 금 생산에 뛰어들었다. 함경도부터 경상도까지 전국에서 금광 개발 붐이 일었다.** 산에 굴을 파고, 논밭을 갈아엎고, 집을 허물고, 무덤도 파헤쳤다. 죽은 사람의 금이빨도 표적이었다.

해마다 금광 수천 개를 개발하고 금 20~30톤을 채굴해 조선이 남아프리카공화국, 미국, 소련, 오스트레일리아에 이어 세계 5위 금 생산국에 올랐다. 경제대공황 속에서 오로지 금광 사업이 호황을 누렸다. 금광 개발 신청이 폭주해 조선총독부 광업 담당 공무원들이 과로로 쓰러졌다.

'조선 엘도라도'를 찾아 나선 모험가들이 대개 패가망신했지만, 최창학, 방응모, 이종만, 박용운, 김대원 등이 금맥을 터뜨려 인생 역전에 성공했다. 평안북도 출신 최창학은 1920년대에 이미 노다지 금맥을 터뜨린 뒤 금광을 아예 미쓰이 재벌에 팔아넘겨 벼락부자가 됐다. 김구가 흉탄을 맞고 숨을 거둔 경교장이 그의 서울 별장이었다.

역시 평안북도 출신 방응모는 삭주 교동광산에서 금맥을 터뜨리고 중외광

업주식회사에 금광을 매각했다. 동아일보 정주 지국장으로 근무할 때 구독료 수금 문제 때문에 경성 본사로 불려 와 수모를 겪은 방응모는 경영난에 허덕이던 조선일보를 인수한 후 과감하게 투자해 동아일보 자본금을 넘어섰다. 조선일보 기자 김기진은 일자무식 사장 밑에서 일하기 싫다며 사직했다. 이후 먹고 살려고 그가 달려든 곳이 금광이었다. 장안에 화제가 됐다.

최창학, 방응모가 보여줬듯 금광 개발 고수는 금 채굴보다 프리미엄을 붙여 사업권 팔기로 거액을 벌어들였다. 미두보다 미두 투기판이 뜨거웠듯 금보다 금광의 부가가치가 더 높았다. 조선 최대 금광이며 '노다지'의 고향이라는 평안북도 운산 금광도 미국 자본에서 일본 자본에 넘어갔다.

반면, 소설가 김기진, 채만식도 금광 개발에 투자했지만, 재미를 보지 못했다. 소설가 김기진은 정어리 사업, 주식 투자, 금광 사업에 두루두루 손댔지만, 행운의 여신이 따라주지 않았다. 그는 자본주의와 인연 없는 천생 '사회주의 리얼리즘' 작가였다.

1920~30년대 식민지를 휩쓴 미두, 주식, 금광 등 투기 열풍은 국토를 파헤쳐 자연환경을 파괴했지만, 한국인이 자본주의 경제를 배워가는 과정이었다. 식민지 모순과 병폐 속에서 그 배움은 환멸로 변했고, 근대의 꿈은 절망으로 변해갔다.

백화점의 유혹

"친구, 여인들 욕망에 불을 지르는 게 중요해. 그러려면 고객을 유혹할 대박 상품이 필요해. 그런 다음 다른 상품을 다른 곳만큼 비싸게 팔면 돼. 그래도 고객들은 우리 백화점에서 더 싸게 산다고 믿는다고."

백화점은 자본주의 욕망이 집결한 근대 공간이다. 그곳엔 창문도 없다. 바깥세상과 단절된 채 소비자는 오로지 상품에 집중한다. 진열대 상품이 '소비는 고귀하다'고 속삭이며 욕망을 자극한다.

17세기 일본 에도(도쿄)에서 미쓰이 다카토키가 개업한 에치고야 포목점이 1904년 미쓰코시 백화점으로 거듭났다. 미쓰코시 백화점은 재벌 미쓰이 그룹의 뿌리였다. 정찰제, 쇼윈도, 휴게실 등 새로운 소비문화를 제시한 백화점이 식민지 조선에 상륙했다.

1930년 10월 24일, 미쓰코시 백화점 경성지점이 진고개 입구 옛 경성부청 터(현재 충무로 1가)에서 문을 열었다. 지하 식료품·간이식당, 1층 약·화장품, 2층 일본 옷, 3층 남녀 양복, 4층 가구·귀금속·기성복·커피숍, 옥상정원을 엘리베이터가 오르내렸다. 그 구조가 오늘날 백화점과 다르지 않았다. 미쓰코시 백화점이 새로운 소비문화를 창조했고, 경성 시내 명소로 자리 잡았다. 백화점은 '근대의 유혹'이었다.

경성 진고개 일대에 미쓰코시백화점뿐 아니라 조지야, 미나카이, 히라다 등 일본인 소유 백화점이 들어서 상권을 형성했다. 백화점 주요 고객은 조선 주재 일본인 고위 관료와 무역상사 직원이었다. 그들은 해외 근무 수당 덕분에 본국 사원보다 봉급을 두 배 가까이 받았다. 돈 많은 고객들이 모여들다 보니 백화점에서 쓰리꾼(소매치기)이 기승을 부렸다.

미쓰코시백화점 개점 이듬해, 평안남도 용강 출신 박흥식이 종로 보신각 건너편 화신상회를 35만 원(현재가치 수백억 원) 주고 인수해 화신백화점을 열었다. 박흥식은 20대 중반 때 이미 캐나다, 스웨덴에서 종이를 직수입해 일본산 종이보다 싸게 동아일보사, 조선일보사에 공급해 큰돈을 벌었다. 그는 전통 한지가 저물고 서구식 인쇄용지 시대가 밝아 오는 흐름을 재빨리 간파했다.

화신백화점 옆에서 동아백화점이 경쟁했다. 사장 최남은 '손님이 왕'이며 한 번 찾아온 고객이 반드시 다시 찾아오도록 만드는 서비스가 이익을 창출한다고 보고 미쓰코시백화점 점원을 거액 스카웃해 마케팅 기법을 배웠다. 백화점을 다시 방문한 고객에게 앞서 사간 물건을 잘 사용하고 있는지, 그때 함께 온 자녀가 학교에 잘 다니는지 물어 마음을 파고들었다. 게다가 동아백화점은 첨단기기 엘리베이터를 설치하고 점원 200명 가운데 100명을 젊은 미인으로 채용했다. 유니폼 갖춰 입은 여성 점원들이 연예인 버금가는 인기를 끌었다.

화신백화점은 저가 전략으로 동아백화점 미인계에 맞섰다. 그들은 일본 오사카에 건물을 임대하고 현지에서 생산한 상품을 공동 구매로 들여와 싸게 팔았다. 게다가 네온사인 전광판 광고, 반품 허용, 무료 배달, 야간 배달, 통신 판매, 방문 판매, 상품권 발행 등을 도입했고, 20평 문화주택을 경품으로 내걸었다. 동아백화점뿐 아니라 일본계 백화점들이 경악했다. 이듬해 화신백화점이 동아백화점을 인수하고 일본계 백화점과 경쟁했고, 지방에 분점을 열었다.

시인 김동환이 창간한 삽지 『삼천리』(1936.2)가 연중 고객 수 백화점 순위를 발표했다. 1위 미쓰코시백화점 126,000명, 2위 화신백화점 117,000명, 3위 조지야백화점 95,000명이었다. 나라 잃은 식민지에도 자본주의 욕망이 들끓었다.

한편, 식민지 조선에 자본주의 경제가 확산하며 경성(서울)을 중심으로 모던보이, 모던걸이 등장했다. 그들은 서구식 쫓·신발·머리 모양으로 치장한 채 백화점 쇼핑하고, 영화 감상하고, 카페에서 커피와 삐루(맥주)를 마시며 자본주의 소비를 과시하고 조장했다. 그 흐름을 타고 황해도 사리원 출신 오엽주가 화신백화점 안에 미용실을 열었다. 그는 쌍꺼풀 수술한 눈에 선글라스를 착용한 멋쟁이 여성으로 식민지 조선에 파마머리를 보급했다. 파마 비용이 쌀 두 가마니 값이라 배우, 의사 등 고소득 여성들이 고객이었다.

예나 지금이나 백화점은 서민이 발 디디기 어려운 곳이었다. 백화점 고객은 대도시 상류층이거나 꼬박꼬박 월급 받는 '사라리맨(샐러리맨)'이었다. 하루 벌어 하루 먹고 사는 서민들은 종로 야시장 등에서 싸구려 모조품을 사서 썼다.

식민지 해방 이후, 미쓰코시백화점이 신세계백화점, 조지야백화점이 미도파백화점(2002년 롯데백화점으로 합병)으로 변신했고, 화신백화점 사장 박흥식은 반민특위 1호로 구속됐다가 풀려난 후 무리한 차입경영으로 섬유, 화학, 가전 분야까지 사업 영역을 넓혔다가 몰락했다.

근대라는 몸, 식민지라는 옷

① 일제가 한국을 수탈했다. : 식민지 수탈론

② 일제가 한국을 근대화했다. : 식민지 근대화론

③ 일제 식민지 때 한국이 근대화됐다. : 식민지 '적' 근대화론

'근대(近代, modernity)'는 서구인이 만든 옷이다. 19세기 이래 아시아·아프리카인은 서구인 옷을 빌려 입어 왔다. 옷이 몸에 맞지 않으면 옷에 몸을 맞췄고 마찰도 생겼다.

근대의 요소는 민주주의, 자유·평등, 합리성, 자본주의 등이다. 식민지에서

민주주의를 기대하긴 어렵고 사회 약자 권리를 주장한 여성 운동, 천민 운동, 공업화 등이 근대 느낌을 풍겼다. 가령, 유교 왕조 시대에 숨죽여 살던 며느리들이 식민지기에 제 목소리를 내며 고부 갈등이 생겼다. 갈등은 양측 힘이 서로 엇비슷할 때 일어난다.

앞서 서술한 대로 일제 식민지기에 자본주의가 성장했다. 식민지를 경영한 제국주의가 독점 자본주의이니 어쩌면 그것은 자연스러웠다. 중상주의 시대 스페인이 남아메리카 원주민을 무차별 학살하고 금을 약탈해 배를 불렸지만, 산업혁명 이후 자본주의 시대 제국주의자들은 상품 생산·교환에 따른 구조적·영구적 수탈을 꾀했다. 조선인이 경영하는 고무신, 메리야스 업체가 일본으로 상품을 수출했다. 제국주의자들은 닭 모가지를 치지 않고 닭을 건강하게 키워 그 알을 지속 수탈했다. 이것이 '식민지 공업화' '식민지 근대화'의 본질이다.

이른바 '식민지 근대화론'이 뜨거운 감자다. 식민지 수난을 겪고 내셔널리즘이 강한 한국에서 대중과 적지 않은 지식인이 '식민지 근대화론'을 ②로 개념 규정하고 그것을 친일 논리라고 비판한다(②는 현실에 존재하지 않는 명제다. 일제가 한국을 잘 살게 만들어줬다고 말할 바보가 어디 있겠나?). 그 가운데 몇몇 지식인은 식민지 이전 조선이 근대로 나아가고 있는 걸 일제가 망쳤고, 식민지기를 '일제강점기'로 규정한다. 그들은 ①을 주상하며 식민지 35년을 역사의 공백기로 본다.

그런데 ①시각으로 식민지 때 자료를 읽으면 당황스러운 게 한두 개가 아니다. 전염병 예방 접종을 비롯한 보건의료 확충으로 식민지 조선 인구가 연평균 1.33% 늘었고, 곡물 수출 주도로 경제가 연평균 3.7% 성장했다(김낙년, 2006). 인구 증가율과 경제성장률 모두 세계 평균을 웃돌았다. ①이 자주 언급하는 일본인과 조선인의 임금 격차도 노동 숙련도 차이를 따져 봐야 한다.

　그밖에 입시경쟁, 수학여행, 청년취업난, 자본주의 문화를 즐기는 젊은이들, 사랑에 고뇌하는 청춘남녀, 외래어 남용, 연예인 우상화, 스포츠 민족주의 … 등등 컴퓨터, 휴대전화가 없을 뿐 100년 지난 현대인 삶과 닮았다.

　①을 주장하는 지식인들은 일제 식민 지배 때문에 한국 전통문화가 단절됐다고 말한다. 흥미롭게도 그 주장을 뒤집으면 오늘날 한국문화가 일제 식민지기에 형성됐다는 뜻이다. 가령, 식민지기에 전통 택견이 쇠락하고 일본 가라테가 해방 이후 태권도로 태어나 한국 고유 무예로 자리 잡았다. 조상 제사상에서 전통주가 사라지고 일본 정종이 자리를 잡았다. 전통 판소리가 쇠락하고 트로트(일본 엔카)가 전통 가요로 뿌리내렸다. 한국에도 ‘만들어진 전통’이 적지 않다.

　주체를 생략한 ③은 어중간한 절충론처럼 보이지만 그 개념 깊이가 얕지 않다. 19세기 개항 이후 밀어닥친 일련의 사회경제 변동이 식민지라는 왜곡 조건 속에서 일어났고, 식민지 조선인은 억압과 수탈에 저항하고 근대에 적응해 가며 삶을 개척해 갔다. 이것을 굳이 명명하면 ‘식민지‘적’ 근대화론’이다. 식민지 해방 이후 한국인 삶이 그 연장선에 있다. 사람이 빠져나가도 구조와 문화가 남는다.

　역사는 굴곡이 있을망정 강물처럼 흐른다. 식민지 때 근대 교육을 받은 엘리트들이 전쟁 폐허 위에서 조국 근대화를 주도했고, 식민지 때 일본인 소유 기업을 해방 이후 한국인이 불하받아 글로벌 기업으로 키웠고, 식민지 때 일제가 부설한 철도를 현재 대한민국 기차가 달린다. 그래도 뭔가 개운치 않다면 ①과 ② 대립 논쟁이 철학 문제로 귀결한다. 배부른 돼지로 살 텐가, 배고픈 철학자로 살 텐가?

귀속재산, 정경유착, 재벌

식민지 해방 이후 일본인이 한국에 남겨놓고 간 귀속재산(적산, 토지·가옥·공장 등 부동산)이 52억 달러, 국가 재산 80%에 가까웠다. 그 가운데 43%가 남한, 57%가 북한에 분포했다. 남한에 농어업, 상업, 건설업, 금융업, 북한에 광업, 화학, 철강 등 군수 관련 중화학공업이 많았다. 남한으로 시선을 좁히면 농경지 14%, 공장 28.5%(종업원 55.4%)가 귀속재산이었다. 그 가운데 일부를 미군정이 민간에 판매했다(귀속재산 불하).

북조선임시인민위원회가 강행한 무상 몰수·무상 분배 토지개혁에 자극받아 미군정이 특별기구 신한공사를 두고 귀속농지 75%를 불하했다. 그들은 남한 농민이 북한 토지개혁을 보고 동요한다고 우려했다. '지주 정당' 한민당을 제외한 대부분 정치 세력이 귀속재산 국유화를 구상했지만, 귀속농지는 대개 해당 소작농에게 불하됐다. 농지 불하받은 농민은 1년 생산량의 30%를 5년 동안 현물로 나눠 냈다.

미군정이 불하한 귀속기업은 239개로 적었지만, 비리가 만연했다. 미군정청이 파견한 귀속재산 관리인 가운데 부적격자들이 원자재, 제품, 기계·부품 등을 몰래 내다 팔거나 귀속공장을 불하받았다. 그들은 경영 능력 없이 미군정 인맥을 통해 관리인 자리를 꿰찼다. "귀속공장 경영 부실 속에 관리인만 살찐다"는 말이 항간에 돌았다. 심지어 건물을 무단 점거한 무뢰배들이 있었다. 역사 격동기에 세상이 어지러웠다.

이승만 정부가 귀속공장 불하를 본격 시작했다. 반공 정권을 지탱할 자본가 세력 육성도 필요했다. 불하 조건은 귀속기업 대금 20% 이상을 계약금으로 납부하고 나머지 대금을 10년 동안 연이자 7%로 나눠 갚기였다. 당시 극심한 물가 상승을 고려하면 그것은 거의 공짜 증여였다. 그마저도 체납하기 일쑤였다.

귀속재산 불하 배후에서 정치인, 관료, 민간 업자가 결탁해 정경유착이 뿌리를 내렸다. 불하가는 시가의 60% 정도였다. 그나마도 6·25 전쟁 이후 사업자들이 헐값으로 사들인 지가증권(농지개혁 때 지주가 받은 토지 대금 증권)으로 귀속재산 불하 대금을 납부했다. 그것은 '꿩 먹고 알 먹기', '손 집고 헤엄치기'였다.

조선화약공판 → 한국화약(현재 한화그룹), 조선중공업 → 대한조선공사(현재 한진중공업)

조선이연금속 → 대한중공업(현재 현대제철), 한국스레트공업 → 동양물산(현재 벽산그룹)

선경직물 → 선경(현재 SK그룹), 미쓰코시백화점 → 신세계백화점

소화기린맥주 → OB맥주(현재 카스맥주), 조선맥주 → 크라운맥주(현재 하이트맥주)

미쓰야장유 양조장 → 샘표식품, 나가오카제과 → 해태제과, 풍국제과 → 오리온

닛폰제분 → 대한제분, 가와이제약소 → 대웅제약, 주가이제약 → 중외제약

1962년 말까지 대한민국 정부가 귀속재산 33만 건을 불하했다(건수 기준 85%, 금액 기준 61%). 귀속농지 불하는 농지개혁 전초전이었고, 불하 기업 가운데 상당수가 대기업 재벌로 성장했다. 경성방직, 화신그룹 등 1세대 기업이 주류에서 밀려나고 대한산업, 동양, 삼성, 현대, 럭키금성(LG), 선경(SK), 코오롱, 쌍용, 태광, 애경, 벽산, 삼호 등 신흥 기업이 대기업으로 성장했다. 1950년대 23개 재벌 가운데 21개가 귀속기업 불하를 비롯해 정부 특혜를 받았다.

귀속 재산 불하는 단순히 국유재산 매각이 아니라 정부가 국가 자산을 재
편하고 초기 자본가 계급을 낳은 변혁이었다. 이후 한국 자본주의가 '관치+정
경유착+불평등'의 소용돌이 속에서 성장했다.

소용돌이

대이변

트랜지스터 조립 공정에서 일하는 한국인 여성들은 같은 공정 미국 노동자
의 1/10 임금을 받는다. 그러나 그 조립 공정은 3교대 방식으로 6일 동안 작
동해 미국보다 생산량이 20% 높다.

-1970년대 한국 경제를 관찰한 경제학자 구스타프 레니스-

남북분단 이후 남한 농업·경공업 지대와 북한 중화학공업 지대가 서로 분
리돼 남한이 경제난을 겪었다. 해방 이후 월남민과 교포 입국으로 남한 인구
가 2백만 명 늘었는데도 공업 생산액은 1/3 이하로 줄었고, 그마저도 6·25전
쟁 때 공장 70%가 파괴되어 한국은 미국 원조를 받았다.

미국은 한국의 중장기 경제개발에 관심 두지 않았다. 한국도 경제 구조 개
혁보다 눈앞의 식량 문제 해결에 급급했다. 경제원조는 밀가루·설탕·면직물
등 소비재에 집중됐다. 제일제당, 대한제당, 삼양사, 해태제과 등이 값싸게 불
하받은 원료를 가공해 팔아 독점 기업으로 성장했다(삼백산업). 그들은 정부
특혜 융자까지 받아 부지를 확보하고 공장 설비를 갖췄다. 역사의 격동기에

정경유착이 작동했다.

정부가 원조물자를 민간기업에 판매한 대금(대충자금)은 국가 재정 수입 절반에 가까웠다. 이승만 정부가 무너질 때까지 미국이 (당시 아프리카에 제공한 자금과 맞먹는) 28억 달러를 제공했지만, 한국 경제는 자립 구조를 구축하지 못하고 미국에 종속됐다. 대충자금도 미국 통제를 받았다. 1950년대 한국 경제는 '원조경제'였다.

그러나 미국의 대한국 경제원조도 1957년을 정점으로 줄어들었다. 이승만 정부의 반일 정책이 자금 조달을 막아 경제난을 부채질했다. 한국 경제가 불황에 빠져 실업률이 치솟는 가운데 부패한 이승만 정부가 4·19혁명으로 무너졌다. 4·19혁명 밑바닥에도 민중의 빈창자가 있었다. 이후 장면 민주당 정부가 혁명 정신을 망각한 채 허둥대다가 몇 달 만에 쿠데타로 무너졌고 박정희 군사정부가 들어섰다.

5·16쿠데타로 집권한 박정희 정부는 경제개발에 집중했다. 그들은 부족한 정통성을 빵으로 메우려 했다. 박정희 정부 핵심 세력은 옛 일제 만주국에서 교육받고 성장한 자들이라서 만주국 정책을 답습했다. 경제개발 5개년 계획도 만주국 정책이었다. 박정희 정부는 만주국처럼 투자, 수출, 금융을 장악하고 기업을 통제하며 공업화를 추진했다. 그것은 사실상 사회주의 계획 경제였고 개발 초기에 효과를 냈다. 이후 한국 기업이 근대적 산업자본으로 성장했다.

쿠데타 이후 부정 축재자로 몰렸다가 살아난 기업인들이 정권에 협력했다. 정경유착이 박정희 정부 때 더욱 구조화됐다. 군사정부가 차관을 들여와 고속도로, 댐, 공장 등을 짓고, 금융기관을 장악해 낮은 이자로 몇몇 대기업에 돈을 빌려주며 선심 쓰듯 일감을 몰아줬다. 가는 정에 오는 정 있듯 권력자들 뒷주머니로 검은돈이 흘러갔다. '칼과 돈'이 이해관계로 만나 초고속 경제개발의 닻을 올렸다.

경제개발 초기 박정희 정부가 인플레이션과 자금 부족에 시달렸다. 동네 구멍가게도 밑천이 필요하다. 군사 정권은 국내 반발을 무릅쓰며 한일 수교(1965)를 강행해 일본 자금을 들여왔다. 이승만 정권기가 원조경제 시대였다면 박정희 정권기는 차관 경제 시대였다.

소련-중국-북한 공산주의 블록에 맞서 남한-일본-미국 삼각 안보 체제를 구축하려는 미국의 동아시아 전략도 한일 수교 에너지로 작동했다. 박정희 정부는 돈이 절실했고, 미국은 동아시아 반공 전선이 필요했다.

냉전시대 미국은 동아시아에서 공산주의 확산을 막으려고 한국을 자본주의 블록으로 만들고 싶었다. 사실상 마셜 플랜·봉쇄정책이 유럽뿐 아니라 한반도에서 작동했다. 1949년부터 1952년까지 미국은 영국에 32억 달러, 프랑스에 27억 달러, 서독에 25억 달러, 이탈리아에 15억 달러, 1953년부터 1961년까지 미국이 한국에 17억 4천만 달러를 지원했다. 흥미롭게도 한반도가 냉전 최전선이라서 '한강의 기적'이 일어났다. 2차 세계대전 때 폭삭 망한 독일과 일본도 미국-소련 냉전 덕분에 미국 도움으로 경제 대국으로 발돋움했다.

말 많고 탈 많은 베트남전쟁 파병도 경제개발 자금 확보에 도움을 줬다. 파병군인 수당 국내 송금, 대베트남 물자 수출 등 전쟁특수로 한국이 벌어들인 10억 2,200만 달러는 한일 수교 후 일본에서 늘여온 외자 10억 8,900만 달러와 맞먹었고, 당시 외환보유고 30%를 차지했다.

게다가 미국이 "바이 아메리칸"("Buy American." 미국 상품 구매 정책) 적용 대상에서 한국을 제외해 대미 수출도 급증했다. 1961년 총수출액 비중 16.6%이던 대미 수출액이 1971년 49.8%까지 올라갔다. 경제 선진국이 노동집약산업을 저개발국으로 이전하는 가운데 한국은 일본 자본과 기술을 들여와 국내 저임금 노동력으로 상품을 생산해 미국 시장에 수출했다.

‘수출만이 살길’이라며 박정희 정부 이래 한국은 수출에 주력해 성과를 이뤘다. 1956년 수출액 24,595,000달러가 2023년 632,225,824,000달러로 늘어났다(한국무역협회 통계). 두 세대 만에 수출액이 2만 5천 배 늘었고, 무역 규모가 세계 10위권 규모로 성장했다.

1962년 1인당 국민소득 87달러가 2018년 3만 달러로 성장해 인구 5천만 명 이상 국가 중 미국, 영국, 독일, 프랑스, 이탈리아, 일본을 이어 일곱 번째로 국민소득 3만 달러를 돌파했다. 나머지 여섯 나라는 제국주의 약탈로 부를 축적했지만, 한국은 식민지를 극복하고 ‘3050클럽’에 당당하게 들어갔다. 국가 주도 경제개발 초기에 속도와 효율을 내세운 권위주의 군부 정권 통치와 한국인 특유의 교육열과 응집력이 대이변을 낳았다. 5·16 쿠데타 이전 젊은 장교 1천여 명이 미국 유학을 다녀올 만큼 군부는 엘리트 집단이라서 국민의 신뢰를 받았고, 노동자는 징병제 예비역 군인들이었다.

그러나 한국 경제가 급성장한 만큼 부작용도 컸다. 1982년 외채가 372억 달러로 그해 국민총생산(GNP) 대비 56.8%였다. 이 액수는 브라질, 멕시코, 아르헨티나를 이어 세계 4위였다. 한국은 만성 채무국이었다. 그나마 1, 2, 3위 나라는 천연자원이 풍부하지만, 한국은 조물주로부터 물려받은 게 없어 외채 부담이 더욱 컸다.

또한, 수출 주도 경제가 한국 경제의 무역 의존도(수출액+수입액/국내총생산)를 높였다. 한국 무역 의존도(84.3%)가 영국(75.8%), 프랑스(70.6%), 일본(43.9%), 미국(33.6%)보다 훨씬 높다(통계청, 2021). 한국 경제는 무역 의존도가 높아 전쟁, 혁명, 미국 경제 위기 등 세계 정세 변동에 민감하게 반응한다. 무역 의존을 줄이고 내수 경제 규모를 키워야 하지만, 저출산·인구 감소가 암초다.

경제력에 비해 한국 노동 현실이 열악한 이유도 높은 무역 의존도와 물려 있다. 냉전시대 남북한 군사 긴장이 민주주의를 억눌렀듯 신자유주의 시대 무역전쟁이 노동자 권리를 유보한다.

대마불사

모든 기업은 72년 8월 2일 현재 보유하는 모든 사채를 정부에 신고해야 한다.
사채는 8월 3일 자로 월 이자 1.35%, 3년 거치 후 5년 분할 상환으로 조정한다.
-경제의 성장과 안정에 관한 긴급명령 15호(1972.8.2.23:40)-

5·16 군사쿠데타 11년 후 '금융 쿠데타'가 일어났다. 정부가 대통령 긴급
명령으로 '8·3조치'를 발표했다. '8·3조치'는 연 40~50% 사채 금리를 월
1.35%(연 16.2%)로 낮추고, 그것도 상환 기간을 8년까지 늘려 기업의 빚 부담
을 줄여주겠다는 내용이다. 1970년대 물가상승률 15%를 적용하면 정부가 기
업들에 거의 무이자 혜택을 준 셈이었다.

자본주의 시장경제 체제에서 상상하기 어려운 '8·3조치'는 정경유착 산물
이었다. 1971년 6월 11일, 전국경제인연합회(전경련) 회장 김용완을 비롯해 기
업인들이 대통령에게 '국가 경제를 위해' 사채 금리 인하를 요청했다. 고심 끝
에 대통령은 비서실상, 재무부 장관, 한국은행 총재 등 몇몇 실무자와 1년 동
안 몰래 '8·3조치'를 준비하다가 한밤중에 기습 발표했다.

당시엔 아직 한국 자본주의가 성숙하지 않아 제도권 금융기관 보유 자금보
다 사채시장 유통 자금이 더 많았다. 은행에 돈이 많지 않아 대기업도 사채시
장 돈을 빌려 썼다. 사채 금리가 은행 금리보다 훨씬 높아 서민들도 돈을 불
리려고 사채시장에 돈을 맡겼다. 서울 명동 일대에 사채중개업소 100여 개가
성업했다. 그렇게 시한폭탄이 작동했다.

세계 경제 변동이 한국 기업들을 위협했다. 일본의 경제성장과 베트남전쟁이 미국 경제를 압박해 미국이 수입 관세를 올렸다. 대미 수출이 어려워 한국 기업들이 궁지로 몰렸다. 1969년 국내 기업 83개 가운데 거의 절반이 부실기업 평가를 받았고, 이미 몇몇 기업이 도산하기 시작했다. 경제성장률도 1969년 14.5%에서 1970년 10%, 1971년 10.5%, 1972년 7.2%로 떨어졌다.

사채 신고 기간 막바지에 채권자들이 세무서로 몰렸다. 사채 건수 4만 677건, 액수 3,456억 원, 당시 통화량의 80% 수준이었다. 더욱 놀라운 건 그다음이었다. 채권액 3,456억 원 가운데 1,137억 원(33%)이 기업 회장님들 소유였다. 경영 합리화에 앞장서야 할 기업인들이 제 회사를 상대로 사채놀이해 놓고 나라님을 찾아가 '배 째라'고 시위한 셈이다.

아닌 밤에 홍두깨, '금융 쿠데타' 때문에 채권자들이 눈뜨고 코를 베었다. 그들 가운데 악덕 사채업자도 있었지만, 알뜰살뜰 모은 돈을 사채시장에 맡긴 서민들이 더 많았다. 마른하늘 날벼락을 맞은 그들 가운데 자살자가 속출했다. 놀란 정부가 30만 원 이하 사채를 '8·3조치' 대상에서 제외했다. 꼭 무슨 일이 터져야 당국이 움직인다.

정부는 파렴치 기업인들을 처벌하기는커녕 긴급자금 2,000억 원(현재가치 40조 원)을 낮은 이자로 그들에게 빌려줬다. 서민을 짓밟으며 특혜를 베푼 것도 모자라 나랏돈으로 속물 자본가들을 한 번 더 구제했다. '8·3조치'가 기업 연쇄 도산을 막고, 이듬해 국가 경제가 14.8% 성장했고, 석유파동을 견딜 보약으로 작용했지만, 재벌에게 '못된 버릇'을 심어줬다. 대기업이 위기에 빠지면 국가가 살려준다는 신화가 나타났다. 한국 경제가 호랑이 등에 올라탔다.

단군 이래 최대 호황

과속은 과잉을 낳는다. 1970년대 말, 중화학공업 중복 과잉 투자와 2차 석유파동이 겹쳐 한국 경제가 위기를 맞았다. 1975년 물가상승률이 30%를 넘었다. 철옹성 같던 유신체제도 경제 위기 속에서 무너졌다.

국내총생산 성장률 -1.6%, 물가상승률 28.7%, 실업률 5.2% 등 악조건 속에서 12·12쿠데타로 집권한 전두환 정권이 산업구조조정에 나섰다. 당시 중화학공업 가동률이 50% 안팎이었다. 정부는 자동차, 건설중장비, 선박용 디젤엔진, 중전기기, 합금철, 직물 분야 신규 사업 진출을 금지했고, 조선·해운업 재무구조를 개선했고, 국제그룹, 삼호그룹, 대한중기, 풍만제지, 덕수종합개발 등 9개 기업을 정리했다. 재계 9위 국제그룹은 정치적 이유로 해체됐다는 의혹이 일었다. 반면 삼성, 현대, 럭키금성(LG), 대우, 선경(SK)은 정부 혜택을 받아 성장했다.

1980년대 후반, 산업구조조정과 함께 한국 경제에 훈풍이 불었다. 저유가·저금리·저달러 '3저 호황'이 찾아왔다. 2차 석유파동에 대응해 영국, 미국, 멕시코, 소련, 말레이시아 등 여러 나라가 원유 개발에 나서니 중동 산유국들이 원유 생산량을 크게 늘렸다. 배럴당 40달러까지 치솟은 원유가가 14달러, 한때 7달러까지 떨어졌다(저유가). 기름값이 안정되니 미국 연방준비제도기 경기부양책으로 기준금리를 20%대에서 10%대로 내렸다(저달러). 대일본 무역적자에 시달리던 미국이 플라자합의(1985, 미국이 일본을 압박한 환율 조정)를 통해 1달러 250엔을 150엔으로 조정해 달러 가치가 떨어졌다(저달러). 종래 일본에서 물건 사 가던 미국 업자들이 한국에서 물건을 사 갔다. 한국 경제가 어부지리를 얻었고, 일본 경제는 불황의 늪으로 빠져들어 '잃어버린 30년'을 예고했다.

3저 호황으로 자동차, 가전제품, 기계, 철강 등 한국 경제가 호황을 누렸다. **경제성장률이 1986년부터 1988년까지 3년 연속 12%를 넘었고, 주가가 연평균 77% 올랐다. 실업률과 물가상승률이 떨어지고, 외채가 줄고, 1986년 한국이 역사상 처음으로 무역 흑자를 냈다.** 한국 경제가 성장과 물가 안정, 두 마리 토끼를 모두 잡았다. 실업계 고교 졸업생이 무난히 취업했고, 유명 대학 졸업생들은 어느 대기업에 취업할지 고민했다. 그것은 단군 이래 최대 호황이었다.

역사는 정직한 역설이다. 독재 정권이 추진한 경제성장이 중산층을 양산했고, 현실 참여 욕구를 자극했다. 6월항쟁(1987)도 3저 호황으로 성장한 중산층이 참여해 성공했다. 항쟁 이후 경제성장 열매가 서민에게 흘러갔다. 대통령 직선제 개헌 쟁취 이후 '노동자 대투쟁'이 일어나 오랫동안 억눌렸던 권리를 주장했다. 실질 임금이 올라가 서민이 자가용 자동차를 몰며 레저 문화를 즐겼다. 6월항쟁은 정치 혁명을 넘어 삶의 질을 바꾼 사회혁명이었다.

추락하는 것은 날개가 있다

단군 이래 최대 호황이라는 '3저 호황'이 단꿈으로 끝났다(1986~1989). 미국, 일본을 비롯해 세계 경제가 하향 곡선을 그려 한국경제의 일장춘몽도 사그라졌다. 그런데도 족벌 대기업은 빚잔치와 몸집 불리기 경영, 관치금융, 정경유착 등 낡은 관행을 고치지 않았다. 1997년 30대 재벌 계열사가 819개였다. 꼬박 한 세대 동안 앞만 보고 달려온 한국경제가 성장 신화에 도취했다.

1996년 말 30대 재벌 부채 총액 269조 9천억 원이 1년 후 357조 4천억 원으로 급증했다. 자기자본 대비 부채 비율이 3.8배에서 5.1배로 늘었다. 뉴코아

17.9배, 해태 15배, 아남 12.7배였고, 한라그룹과 진로그룹 등은 자기자본이 마이너스 상태에 빠졌다. 그나마 기업 경영이 건실하다는 삼성도 부채 비율이 자기자본 3배를 넘었다.

게다가 김영삼 정부가 대책 없이 밀어붙인 '세계화'가 위기에 불을 붙이고 한국 경제를 벼랑 끝으로 몰았다. 세계화(globalization)는 미국이 재정적자와 무역적자를 해결하려고 내놓은 전략이었다. 무역 장벽을 낮추고 상품, 용역, 자본, 인력 이동을 자유롭게 만들어 강대국 미국이 이익을 챙기려는 게 그 핵심이다. 그 사전 작업으로 미국은 세계무역기구(WTO, 1995)를 조직해 세계시장을 하나로 묶었고, 자유무역협정(FTA)을 추진했다. 한국에서 신자유주의 용어 '세계화'가 정치구호로 유행했다.

김영삼 정부는 '선진국 모임' 경제협력개발기구(OECD)에 가입해 '세계화'를 실현했다(1996.12). 이미 1980년대부터 미국이 한국을 압박했고, 김영삼 정부는 OECD 가입을 '선진국 진입'이라고 선전했다. 박봉 월급쟁이가 돈 많은 사장님들 모임에 가입하려니 고급 양복, 자동차, 골프채 등 갖출 게 많았다. 김영삼 정부는 환율을 조정해 1인당 국민소득 1만 달러를 맞춰 놓고 대책 없이 자본시장을 개방했다. 시기상조라는 비판이 일었지만, '단칼의 승부사'가 뒤를 돌아보지 않았다.

대문 빗장을 들어내자 투기성 단기자본이 국경을 넘나들었다. 무역수지는 만성 적자였지만, 자본수지는 흑자를 기록했다. 이 기현상을 정부는 '새로운 경제 패러다임'이라 강변했고, 국민은 환호 속 착시현상에 빠졌다. 너도나도 자동차를 샀고, 외국 여행을 떠났고, 음식쓰레기가 넘쳐났다.

그 이면에는 국내 은행들 '곡예 영업'이 있었다. 그들은 외국에서 저리 단기 외채를 끌어와 고금리 장기대출로 대기업에 빌려주며 차익을 챙겼다. 관치금융의 손아귀 안에서 은행은 사업성도, 상환 능력도 따지지 않고 부실기업에 돈을 빌려줬다.

실물 경제는 이미 휘청였고, 나라 살림도 악화해 나랏빚은 1993년 439억 달러에서 1996년 1,574억 달러까지 치솟았다. 그중 절반 이상이 1년 미만 단기외채였다. 동남아시아 외환위기에 외국 자본이 불안을 느껴 한국에서 썰물처럼 빠져나가니 정부는 외환보유고를 풀었다. 그것은 가라앉는 배 밑바닥을 손으로 막는 격이었다. 외환보유고가 바닥을 드러냈고, 시장은 더 큰 불안을 느꼈다. 먹구름이 밀려왔다.

운명의 해가 밝아왔다. 1997년 정초, 재계 14위 한보그룹 계열사 한보철강이 부도났다. 대통령 아들이 국정을 농단하며 한보철강에서 비자금을 받은 사실도 드러났다. 이어 **삼미그룹, 기아자동차, 고려증권, 한라그룹, 뉴코아 등이 무너졌다. 그들이 은행에서 빌린 돈이 30조 원을 넘어 은행도 함께 무너졌고, 외환보유고가 바닥을 드러냈다.** 10월 한 달 동안 외국 자본 1조 원이 빠져나갔다. '아시아의 용'이 부도 위기를 맞았다. **결국 김영삼 정부가 국제통화기금(IMF)에 긴급자금을 요청해 국가 부도를 가까스로 모면했다**(1997.12.3). 종**합금융사 9개를 폐업하고 583억 달러 지원을 약속받았다. 12월 5일, IMF 자금 56억 달러가 한국은행 계좌로 들어왔다.** 가보지 않은 길이 펼쳐졌다.

1998년 초 한국 경제는 처참했다. 외채가 국민총생산의 37%, 7~9%를 달리던 경제성장률이 마이너스 7%로 추락했고, 실업률은 2~3%에서 9%로 치솟았다. 고통 분담한다며 교사, 공무원월급을 10% 삭감했다. 한국 역사가 늘 그래왔듯 강자들이 사고치고 그 부담은 힘없는 백성들 몫이었다.

IMF가 한국 정부에 급전을 빌려준 대가도 가혹했다. 국제 관행상 보기 드물게 부채 탕감이 전혀 없었다. '외국인의 주식·채권 보유 한도 폐지', '외국은행과 증권사 설립 허용' 등 IMF의 요구는 곧 미국의 요구였다. 이후 단기자본이 더욱 손쉽게 한국 시장을 드나들었다. 한국 내 부실기업이 외국 자본 손아귀로 넘어갔고, 경제 구조조정에서 살아남은 몇몇 대기업이 시장을 독점했다.

IMF가 노동 시장 유연성, 즉 정리해고제를 한국 정부에 주문했다는 게 통설이지만, 이견도 있다. IMF 총재 캉드쉬가 '(구제금융 협상 때) 정리해고제는 한국 정부가 결정했다'고 말했다(MBC 뉴스데스크, 1998.1.13.). 실제로 한국 정부는 IMF 사태 이전 정리해고제를 도입하려다 실패했다. 캉드쉬 말이 사실이라면 IMF가 울고 싶은 아이 뺨을 때려준 셈이다. 미국 유학생 출신 경제 관료들은 한국 경제를 미국식 자본주의 경제로 개편하고 싶었다.

1998년 2월, 그동안 미뤄왔던 정리해고제와 근로자 파견법이 국회를 통과했다. 낯선 용어 '비정규직'이 화두로 떠올랐다. 제2의 국채보상운동이라는 '금 모으기 운동' 열기 때문인지 노동조합도 관료와 자본의 횡포 앞에서 무력했다. 국내 금 보유량의 1/4이 애국 운동으로 쏟아져 국난 극복을 이끌었다.

IMF 사태 이후 박정희식 계획 경제가 신자유주의 경제로 바뀌었다. 정글 같은 시장에서 자유는 곧 강자 논리였다. 정부 개입을 줄이고 시장 자유 경쟁을 강조하는 신자유주의는 '시장 근본주의'라서 독재 정권의 관치 경제보다 더 냉혹했다. **재계 서열 4위 대우그룹을 비롯해 업체 2만 2천 개가 무너졌고, 대우자동차는 시가의 10% 헐값에 미국 제너럴모터스(GM)로 넘어갔다. 실업률이 올라가 노숙자와 자살자가 속출했다.** 성수대교 붕괴(1994), 삼풍아파트 붕괴(1995)처럼 '한강의 기적'이 물거품처럼 꺼졌다.

전쟁특수처럼 우는 자가 있으면 웃는 자가 있기 마련이다. 금리가 고공 행진하는 가운데 돈 많은 금융 자산가들이 즐거운 비명을 질렀다. 그들은 이자 소득뿐 아니라 폭락한 부동산을 낙엽 줍듯 사들였다. 천당 아래 분당 신도시 30평 아파트가 1억 원에 사고 팔렸다. 고환율을 맞아 달러 사재기도 기승을 부렸다.

2001년 8월 23일, 한국이 특유의 결집력과 오뚜기 근성으로 국제통화기금 대출금 355억 달러를 3년 8개월 만에 모두 갚았다. 355억 달러는 IMF 자금 210억 달러와 세계은행, 아시아개발은행 등에서 빌린 액수로 당초 빌리기로 약속한 583억 달러보다 적었다. 'IMF 조기 졸업'이라는 자화자찬 속에 한국 경제는 아무 일도 없었다는 듯 또다시 앞만 보고 달렸다. 그 오뚝이 근성이 한국인의 저력이다.

그러나 외환위기 후유증이 컸다. 노동 유연화 정책에 따라 평생직장이 사라져갔고, 비정규직이 늘어 소득 불평등을 심화했다. 2023년 6월 기준, 비정규직 시간당 임금이 정규직의 70.9%였고, 소득 상위 20%가 하위 20%의 4.5배를 벌었고, 그 격차가 점점 벌어졌다(고용노동부, '고용형태별 근로실태조사 결과'). 절대 빈곤보다 상대 빈곤·불공정이 인간을 괴롭힌다.

소유냐 존재냐

청교도들은 많이 벌고 적게 썼다. 금욕주의 열정이 소득을 절약하고 합리적인 자본주의 사업에 재투자하게 만들었다.

-막스 베버, 『프로테스탄트 윤리와 자본주의 정신』-

개신교 청교도 윤리가 근대 자본주의 발달에 이바지했다고 막스 베버가 주장했다. 자본주의 발달 초기 자본가 가운데 제 직업을 소명(召命, beruf)으로 믿고 일하는 청교도가 많았고, 가톨릭 국가(이탈리아, 스페인 …)보다 청교도 국가(네덜란드, 영국, 미국 …)에서 자본주의가 발달했다. 개신교에 고해성사가 없어 청교도는 열심히 일해 원죄를 씻으려 했고 그것이 자본주의를 발전시켰다는 해석도 존재한다. 근대 자본주의 토대는 근면·성실·합리성이었다.

그러나 불행히도 **한국 자본주의는 장사치를 천시하는 사농공상 유교 왕조 때 들어왔고, 군국주의 식민지 때 뿌리 내렸고, 군부 파쇼 정권 때 초고속 압축 성장했다. 현세주의자 한국인은 탐욕을 절제할 윤리와 교양을 생략한 채 수단·방법 가리지 않고 돈 버는 것을 자본주의라고 이해했다.** 부를 축적해 성공하더라도 존경을 받기 어려워 그들은 사회적 책임을 잊고 오로지 사익을 추구했다.

그 천민자본주의가 국경을 넘어 외국 교민 사회에서도 나타난다. 동업했던 사람이 근처에 같은 업종 매장을 내는가 하면, 경쟁 식당 요리사를 웃돈 주고 데려가 똑같은 메뉴를 만들어 팔고, 한글 가르치는 한국어 학교들이 학생을 유치하려고 경쟁 학교를 헐뜯는다(조선일보, 2024.3.23.). '개처럼 벌어 정승처럼 쓰라'지만, 개처럼 벌면 개처럼 쓰기 마련이다. 자본주의 상품 질서가 인간을 지배한다.

페르낭 브로델은 역작 『물질문명과 자본주의』에서 '자본주의는 국가라는 거추장스러운 존재와 동격 관계를 유지하며 생존한다'고 말했다. 국가 권력과 유착해 온갖 혜택을 누리며 한국 경제성장을 주도해 온 대기업 재벌이 한국 자본주의 민낯을 보여준다. 삼성·현대자동차·엘지·롯데·한진·두산·효성·농심 등 8개 대기업 총수 지분율이 2.46%, 친족 지분율은 5.33%다(리더스인덱스, 2023). 주주가 소유한 시분만큼 권리 행사하는 회사 형태가 주식회사지만, 재벌은 10% 미만 지분율로 계열사 순환 출자를 악용해 그룹 전체를 지배한다. 또 그들은 주주들 감시 받지 않으며 총수 지분율을 유지하려고 주식 발행을 꺼린다. 내부 보유금을 필요 이상 쌓아두는 이유가 거기에 있다.

그밖에 경영권 편법 세습, 총수 집안 회사에 계열사 일감 몰아주기, 계열사 제품을 비싸게 사줘 경쟁 업체를 죽이는 부당 내부 거래, 하청업체 기술을 낚아채 계열사 차리기, 비상장계열사 영업 실적을 낮춰놓고 그 계열사를 헐값에 사들이기, 끼리끼리 독과점 담합, 부동산 투기 등 재벌의 역량은 끝이 없다. 한국 자본주의 직계 선배 일본은 기업 주거래은행이 해당 기업 지분을 보유하며 경영을 감시한다.

재벌의 부동산 투기는 정경유착의 도움이 컸다. 재벌은 개발 정보를 미리 빼내 해당 지역 땅을 미리 사들여 차익을 챙기고 그 땅을 담보로 은행 돈을 빌려 또 다른 땅을 사들였다. 그 은행 돈은 서민들이 '공돌이' '공순이' 생활로 벌어 반찬값 아껴가며 맡긴 돈이었다. 그 부당 이익의 일부가 권력층에 흘러갔다.

6월항쟁을 거쳐 1990년대로 들어서며 한국 사회 영향력에 있어 자본 권력이 정치권력을 넘어섰다. 직선제 개헌이 대통령 권한을 줄였고, 재벌이 국가 생산 기반인 중화학공업을 장악해 경제 지배력을 강화했다. 박정희 계획 경제 시절 정치권력과 유착해 온갖 특혜를 누리며 성장한 재벌이 이젠 정부의 시장 개입에 반발한다.

자본시장 개방 이후 국가가 재벌을 통제할 돈줄도 사라졌다. 종래 군부 권력이 재벌, 검찰, 언론으로 넘어갔다. 김영삼 정부의 재벌 개혁 정책에 맞서모 재벌총수가 '정치 4류, 관료 3류, 기업 2류'라며 맞불을 질렀다. 대통령은 5년 임시직이지만, 재벌총수는 종신직이다. 재벌 산하 경제연구소가 실력과 규모에서 국책연구소를 능가하고, 재벌 소유 언론이 재벌에 유리한 여론을 조성한다.

어느 호사가가 한국 도시인 일상을 통해 재벌의 영향력을 흥미롭게 표현했다. 재벌이 지은 아파트에서 기상해 재벌이 만든 냉장고에서 음식을 꺼내 먹고, 재벌이 만든 자동차를 타고 재벌이 운영하는 회사에서 재벌이 만든 컴퓨터로 일한다. 퇴근 후 재벌이 운영하는 대형마트에 들러 쇼핑하고 재벌이 지은 아파트로 귀가한다.

그 이야기를 수치가 증명한다. 2007년부터 2022년까지 삼성, 현대차, SK, LG, 롯데 등 5대 재벌 총자산이 305조 2천억 원에서 1,324조 8천억 원으로 늘었고, 국내총생산(GDP) 대비 비율은 32%에서 61%로 늘었다. 그 가운데 1등 기업 삼성 총자산의 GDP 대비 비율이 22%였다(경실련, '5대 재벌 경제력 집중 및 부동산 자산 실태 발표, 2024.2.28.). 한국경제 1/5을 한 회사가 차지한다.

1997년 구제금융 협상이 한창일 때 IMF 총재 캉드쉬가 "한국이 경제 위기에 대처하려면 재벌을 해체해야 한다"고 폭탄 발언해 논란이 일었다. 자본주의 시장경제의 토대는 상호 신뢰이며, 신뢰는 투명한 기업 경영과 공정한 거래 질서에서 나온다.

윗물이 맑지 못하니 아랫물도 맑지 않다. 서민들도 경제 불공정이나 범죄를 무겁게 여기지 않는다. 개발 정보를 미리 빼내 땅을 미리 사놓고 떼돈을 버는 행태는 한국 자본주의에서 범죄 축에 끼지 못한다. 오히려 그것은 학연, 지연, 혈연 등 인맥을 동원한 '능력'이다. 내가 하면 재테크, 남이 하면 투기다. 자본 소득이 자기 복제·세포 분열하며 노동 소득을 추월하고 삶의 쉼터여야 할 집마저도 사용가치보다 교환가치로 평가한다. 땀 흘려 일하는 가치가 사라진다.

시장주의자들이 자유를 강조하지만, 늑대의 자유는 양의 죽음이다. 부동산 투기는 불로소득일 뿐 아니라 부동산 없는 사람들의 재산을 약탈한다. 투기 바람이 일면 부동산값이 오르고 부동산 미소유자 재산 가치는 그만큼 줄어들기 때문이다. 기성세대 탐욕이 그다음 세대 부담으로 넘어간다. 젊은 세대가 성실히 일해 수도권에 내 집 마련하기는 복권 당첨만큼 어렵다. 국가 소멸을 예고하는 저출산은 그들의 생존 본능이다.

낯 뜨거운 통계도 보인다. 인구 10만 명당 사기 범죄 발생 건수가 한국 683건, 일본 24건이다(유엔 마약 및 범죄사무소, 2020). 연예인, 스포츠 스타가 사기를 당해 재산을 날렸다는 뉴스가 한국에 왜 그리도 많을까? 조선일보 기자 조성관은 캐나다 특파원으로 5년 동안 근무하며 현지 신문을 두루 읽었지만, 사기 범죄 기사를 단 1건 봤다고 증언했다(『아! 대한민국』).

더 나아가 천민자본주의가 사회 가치관을 왜곡해 소유가 존재를 규정한다. 한국 자본주의 체제에서 거주 지역과 아파트 평수, 자동차 배기량이 사람 평가 기준이다. 마을에 장애인 학교가 들어서면 아파트값 떨어진다며 주민들이 반대 시위하는 풍경도 낯설지 않다. 이탈리아에서 공부한 성악가 임웅균은 공중파 생방송에 나와 '한국인은 돈 없는 사람을 우습게 본다. 이 못된 버릇 빨리 고쳐야 한다'고 작심 비판했다.

자본주의 병폐가 한국에서만 나타나진 않으리라. 인간 욕망을 자극하는 자본주의는 과잉을 낳기 마련이지만, 한국 자본주의는 브레이크 없는 폭주 열차처럼 앞만 보고 달린다. 그 폭주가 낳은 무한 경쟁·불평등·불공정 속에서 한국은 노인 자살률 OECD 1위를 달린다(통계청, 2023). 그것도 압도적 1위다. 젊음을 바쳐 한강의 기적을 이끈 주역들이 자살로 내몰리는 현상은 '사회적 타살'이다.

산업 재해도 심각하다. 2024년 한 해 동안 산업 재해로 2,098명이 사망했다(사고사 827명, 질병사 1,271명). 중대재해처벌법을 시행하지만, 책임자 처벌이 미미하다. '우리는 기계가 아니다' '근로기준법을 준수하라'. 반세기 전, 아름다운 청년 전태일의 절규가 끝나지 않았다.

근대 인문주의자들이 중세 기독교 세계 이전 고대 그리스를 통해 인간을 찾았다. 현대인은 자본주의 물신 지배에서 벗어나 인간을 되찾아야 한다. 물신은 종교의 신보다 질기고 강력하다.

기후 악당

한국은 태양광, 풍력 발전보다 석탄, 석유 발전이 더 싸다. 참 희귀한 나라다.
세상을 바꿀 의지가 절실하다. -미국 전 부통령·환경운동가 앨 고어-

자본주의는 지구 생태계 피를 먹고 자란다. 인류에게 재앙으로 다가온 지
구 온난화는 자본주의 경제가 화석연료를 태워 이산화탄소를 배출해 일어난
다. 지구 평균 기온이 19세기 후반보다 1.1℃ 올라갔고, 남극과 북극 빙하가 녹
아 해수면이 해마다 5㎜씩 상승하고 있다(세계기상기구, 2019). 그 1℃가 하찮
아 보이지만, 지구 평균 기온 1℃를 사람 체온 1℃로 여기면 그 절박함이 다가
온다.

과학자들 말을 빌리지 않더라도 기후변화를 누구나 일상에서 피부로 느낀
다. 한반도에서 봄, 가을이 사라졌고 겨울도 춥지 않아 한강 물이 얼지 않는
다. 세계지리 교과서에나 나오던 고온 날씨와 열대성 소나기가 일상화됐고,
한반도 식생이 바뀐다. 이제 곧 한반도에서 열대지방 전염병이 창궐한다는
경고가 나온다.

지구 온난화는 악순환을 낳는다. 빙하는 햇빛 80%를 반사하고, 바다는 햇
빛 95%를 흡수한다. 빙하가 줄어들고 바다가 넓어지면 점점 더 많은 햇빛을
흡수해 지구 기온이 더 올라간다. 이 추세로 가면 2040년경 빙하가 거의 사
라지고, 신혼여행 명소 몰디브는 100년 안에 사라지고, 부산과 인천 등 한반
도 해안 도시도 위협을 받는다. 자본주의를 위협하는 건 계급투쟁이 아니라
생태계 파괴였다.

늦었다고 느낄 때 행동해야 한다. 2015년 세계 각국은 '야심 차고 균형 잡
힌' 파리기후협약에서 지구 평균기온 상승을 2℃ 이내로 막자고 약속했다. 지

난 백 년 동안 1.1℃ 올라 앞으로 0.9℃ 남았다. 평균기온 2℃ 이상 올라가면 지구가 회복력을 잃는다. 생물 다양성이 붕괴하고 물 부족, 식량 위기가 인류의 삶을 위협한다.

파리기후협약 이후 10년 동안 OECD 국가가 이산화탄소 배출량을 평균 10% 줄였지만, 세계 7위 온실가스 배출국 한국은 오히려 25% 늘렸다. 산업화 이후 지구촌 평균기온이 1.1도 오를 때 한국은 1.6도 올랐다. 국제환경단체 기후행동추적(CAT)이 사우디아라비아, 호주, 뉴질랜드와 함께 한국을 '기후악당(climate villain)'이라고 지목했다.

2020년 10월 28일, 한국 정부가 "국제사회와 함께 기후변화에 적극 대응해 2050년 탄소 중립을 목표로 나아가겠다"고 선언했다. 늦었지만 지구 살리기에 동참한 게 반갑지만, 중요한 건 국가의 선언이 아니라 개인의 생활 습관 변화다. 여름엔 조금 덥게, 겨울엔 조금 춥게, 조금 부족하게, 조금 불편하게 살아야 한다. 지금처럼 자본주의 풍요에 취해 흥청망청 살면 과학자들이 경고하는 재앙이 현실로 다가온다.

인간은 스스로 해결할 수 있는 문제를 제기한다. 천민자본주의 횡포와 기후 위기를 대처하려면 공존을 추구하는 '큰 정부'가 필요하다. '큰 정부는 악, 작은 정부가 선'이라는 미국식 자본주의 이념을 전파하는 유학생 출신 지식인, 관료, 정치인 그리고 재벌 소유 언론의 혹세무민을 경계한다. 체제 경쟁에서 자본주의가 공산주의를 꺾은 이유는 공산주의 장점을 수용했기 때문이다.

개신교 Protestantism

신문명의 빛에서 사회 기득권으로

유입

한 알의 밀알

순조 32년(1832), 독일 루터교 선교사 칼 귀츨라프가 동인도회사 소속 상선 로드 앰허스트를 타고 충청도 고대도에 나타나 선교를 요청했다가 거절당했다. 천주교인들이 '서양 귀신'을 믿었다가 떼죽음 당한 기억이 있어 관리들이 몸을 사렸다. 귀츨라프는 "이것이 미약한 시작일지라도 하나님이 축복한다는 사실을 『바이블』이 가르친다. 조선에 더 좋은 때가 오리라 희망한다."며 조선을 떠났다.

고종 2년(1865) 가을, 영국인 선교사 로버트 토마스가 중국 정크선을 타고 황해도 창린도에 나타났다. 어린 고종이 즉위하고 흥선대원군이 섭정하던 때였다. 토마스는 두 달 동안 창린도에 머물며 조선말을 배우고 주민들에게 『바이블』을 나눠줬다. 그는 "주민들이 참수 혹은 투옥 위험을 감수하고 책을 받았다. 그만큼 그들이 『바이블』 읽기를 소망했다."며 조선 선교 가능성을 느꼈지만, 조선에서 추방당했다.

이듬해 여름, 영국 메도스 상사 소속 미국 무장상선 제너럴셔먼호를 타고 토마스가 조선에 다시 나타났다. 때는 서세동점 제국주의 시대라 제너럴셔먼호 선주 프레스턴은 조선을 개항해 한몫 챙기고 싶었다. 그들은 비단, 유리그릇, 자명종 등을 싣고 와 조선의 쌀, 인삼, 호랑이 가죽 등과 교역하려 했고, 토마스는 복음 전파를 꿈꿨다. 제너럴셔먼호는 성과 속이 결합한 이양선이었다.

그러나 때가 좋지 않았다. 몇 달 전 조선 천주교에 피바람이 불어 수천 명이 순교해 정국이 엄혹했다(병인박해). 조선이 통상을 거부하자 제너럴셔먼호는 장맛비에 물이 불어난 대동강을 타고 평양 만경대까지 거슬러 올라갔다. 이를 제지하는 무장 이현익을 제너럴셔먼호가 납치했고, 분노해 몰려든 평양 주민들에게 발포해 7명을 죽였다. 평양 주민들에게 제너럴셔먼호가 병인박해를 보복하러 온 프랑스 군함으로 보였을지 모른다. 강자의 복음이 사람의 마음을 열지 못했다. 영국선교회도 토마스가 무장 선박을 타고 조선으로 가는 것을 우려했다.

유혈 사태가 일어나 평안감사 박규수가 제너럴셔먼호 화공을 지시했다. 그는 통상 개화론자였지만 외세 침략엔 단호했다. 제너럴셔먼호에 불이 붙어 선원들이 배 밖으로 뛰쳐나오니 성난 평양 주민들이 몰려가 침략자 20여 명을 응징했다. 둥지가 깨지면 알도 깨진다. 스물여섯 살 선교사 토마스도 마지막 기도를 올리고 최후를 맞았다.

"내가 칼로 찌르려 할 때 그는 두 손을 마주 잡고 뭐라고 중얼거린 후 웃으며 책 한 권을 내밀었다." 토마스를 처단한 무장 박춘권이 훗날 회고했다. 조선에서 순교한 첫 개신교 선교사가 로버트 토마스였다. 두 해 전 그의 아내가 유산 후 투병하다가 세상을 떠났다. 병인년은 대살육의 해였다.

박춘권은 토마스의 마지막 눈빛을 잊지 못했다. '도대체 그 책이 뭐기에 죽어가면서 내게 건네주려 했을까?' 그는 동료들 몰래 대동강 변에 흩어진 『바이블』을 주워 집에 돌아와 읽기 시작했다. 6척 거구 무사의 가슴속으로 성령이 스며 들었다.

30여 년 후 박춘권은 선교사 모펫 앞에서 간증했다. '저는 이제 더 이상 이대로는 못 살겠습니다. 제가 토마스 선교사를 죽였습니다. 그때 그가 죽어가면서 제게 준 작은 보따리가 성경이었습니다. 그것을 읽고 제 마음에 찔려 이렇게 목사님을 찾아왔습니다. 제가 어떡하면 좋겠습니까?' 훗날 그는 세례를 받아 안주교회 장로가 됐다. 그의 조카 이영태도 성령을 만나 신학자가 되어 『바이블』 번역에 업적을 남겼다.

후대에 각색했을 법한 이야기도 전한다. 토마스의 『바이블』이 열두 살 소년 최치량을 거쳐 평양성 경비 박영식에게 넘어갔다. 종이가 귀한 시절이라 박영식은 『바이블』을 찢어 제 집을 도배했다. 방 벽면과 천정까지 뒤덮은 '말씀'이 이 집 숙박객 마음속으로 스며들었다. 그 가운데 홍신길이 평양에 대동문교회를 세웠고, 천도교인 김영섭은 개종해 교회 장로가 됐다.

훗날 박영식 집이 평양 최초 교회 널다리골교회가 됐고, 장대현교회로 발전했다. 장대현교회에서 대역사가 일어난다.

『바이블』 번역

예수의 사랑을 노래하는 선율이 필멸(必滅)의 인간 귀에는 얼마나 감미로운가.
내 영혼이 종종 황홀경 속에서 천궁으로 쾌히 날아오르리.

-이수정, '복음서의 조화'-

세계 종교사에서 한국 천주교는 독특하다. 한국인 스스로 교리서 읽고 교회를 세웠고, 교황청이 그 사실을 나중에 알고 나서 선교사를 보내왔다. 천주교처럼 한국 개신교도 외국인 선교사가 들어오기 전 이미 스스로 교회를 세우고 신앙의 밀알을 심었다.

고종 11년(1874), 평안도 의주 청년 이응찬, 이성하, 백홍준, 김진기 등이 인삼 팔러 만주에 갔다가 스코틀랜드 장로교 선교사 존 로스와 존 매킨타이어를 만났다. 조선 선교를 꿈꾸던 선교사들이 인삼 판매 수익보다 더 큰 돈을 줄 테니 조선말을 가르쳐달라고 청년들에게 제안했다. 큰돈을 주겠다니 장사치가 마다할 리 없었다. 그들은 푸른 눈 선교사들에게 조선말을 가르쳤고, 미꾸라지 잡으려다 용 잡듯 신앙인이 됐다. 그들이 한국인 최초 개신교인이다.

또 다른 인삼 장수 서상륜은 만주에서 장사하다가 장티푸스에 걸려 사경을 헤맸다. 그는 이응찬과 매킨타이어 소개로 의료선교사 조셉 헌터에게 치료받고 살아났다. 인술(仁術)로 목숨을 구한 서상륜도 자연스럽게 예수 제자가 됐다. 그는 양반 출신이라 한문을 읽고 쓸 줄 알아 『바이블』 번역에 동참했다.

고종 16년(1879), 중국 봉천(심양)에서 서상륜, 존 로스가 복음서를 번역했다. 중세 라틴어 『바이블』을 독일어, 불어, 영어 등 각 지방어로 번역하며 종교개혁이 시작됐듯 『바이블』 한글 번역은 새로운 시대를 예고했다. 훗날 이광수가 "한글도 글이라는 생각을 조선인에게 준 것은 실로 야소교회"라고 말했듯 비주류 문자 한글이 민족 문자로 거듭났고, 한글 번역을 통해 이스라엘 '여호와'가 조선 '하나님'으로 태어나 개신교가 천주교보다 더 빨리 조선인 마음을 파고들었다. 홀로 고통스럽게 깨닫고 득도해야 구원받는 불교와 달리 기독교(천주교, 개신교)는 유일신에게 모든 걸 맡기면 천국 가는 점도 매력이었다.

서상륜은 한글 복음서를 품고 귀국길에 올랐다. 그는 국경을 통과하다가 '불온 도서'를 적발당해 붙잡혔다가 밤에 가까스로 탈출했다. 고향 의주는 국경에서 가까워 위험하다고 판단해 서상륜은 동생 서경조와 함께 외가가 있는 황해도 장연 소래로 피신했다. 이곳에서 서씨 형제는 주민들에게 복음을 전파했다. 가정집에서 예배를 보다가 주민들 반응이 좋아 초가집 하나를 구해 소래교회를 세웠다(1883.5.16). 미국인 선교사 아펜젤러, 언더우드가 조선에 들어오기 2년 전이었다. 훗날 **언더우드가 소래교회를 방문해 "우리는 이 땅에 씨를 뿌리러 온 게 아니라 이미 뿌린 씨의 열매를 거두러 왔다"**고 말했다. 언더우드가 한성에 새문안교회를 세울 때 서경륜을 비롯해 소래교회 교인들이 주축을 이뤘다.

중국 봉천에서 한글 복음서가 태어나던 임오년, 바다 건너 일본에서도 한국 개신교의 싹이 텄다. 임오군란으로 일본 공사관이 불타고 사람이 죽은 뒤 조일 관계를 바로잡으려고 조선 정부가 박영효, 김옥균, 민영익 등을 일본에 수신사로 보냈다. 민씨 척족 실세 민영익의 벗으로 임오군란 때 왕비를 피신시킨 이수정이 수행원으로 동행했다. 그는 선진 농업 기술을 배우려고 일본에 갔다가 농학박사 쯔다 센을 만났다. 여기서 이수정의 삶이 '엉뚱한 길'로 들어섰다.

이수정 선생, 공자의 빛은 등불 같아서 우리 일본을 밝게 비추지 못합니다. 지금 일본 동쪽 하늘에 솟아오르는 밝은 태양이 있어 공자의 등불보다 몇 배나 밝아 온 일본을 비추고도 남는 예수의 빛입니다. 이 족자에 담긴 예수 말씀을 읽어보십시오.

쯔다 센이 이수정에게 가르쳐준 것은 농업 기술이 아니라 복음이었다. 『바이블』 말씀은 주자의 나라 선비를 매료시켰다. 흥선대원군 때 천주교를 믿다가 순교한 이수정의 작은아버지 이신규, 이택규가 그에게 영감을 줬을지 모른다. 수신사 일행이 귀국한 뒤에도 이수정은 농학을 배운다는 핑계로 일본에 남아 『바이블』 공부에 몰두했다. 그해 크리스마스 예배에 참석해 본격 신앙생활을 시작했고, 이듬해 봄, 이수정은 미국 북장로교 선교사 조지 녹스로부터 세례를 받았다. 몰락해 가는 나라 조선을 살리려면 농업 기술보다 그리스도 복음이 필요하다고 그는 확신했다.

주지주의·합리주의 성리학과 달리 촉촉한 그리스도교가 영혼을 적셔 이수정의 신앙이 급성장했다. 암기력 좋은 유학자답게 일본어도 빨리 익혔다. 미국인 선교사 헨리 루미스는 "(이수정이) 그토록 짧은 기간 안에 얼마나 많은 것을 배웠는지, 그리스도교 신앙에 대해 그의 생각이 얼마나 명확한지 놀라웠다."며 이수정이 조선에 복음을 전파하리라 기대했다. 무교회주의자 우치무라 간조(김교신, 함석헌 스승)도 "이수정의 기도는 무한한 힘을 가졌다. 우리 머리 위에 뭔가 기적이 일어나고 있다고 느꼈다"고 말했다.

전라도 양반 출신 이수정은 『바이블』 번역하며 진가를 발휘했다. 그는 헨리 루미스 권유로 『바이블』 한글 번역에 들어갔다. 그는 초기 『바이블』을 평안도 사투리로 번역한 것을 비판했다. 그는 조선인에게 『바이블』을 읽힌다는 기쁨으로 한글 번역에 빠져들었다. 일본 내 조선인들이 개신교를 받아들여 신앙 공동체가 나타났다.

이수정은 조선으로 선교사를 보내달라고 미국 개신교계에 호소했다. 그가 쓴 한문 편지를 미국인 선교사가 영어로 번역해 잡지에 실었다. 평소 활달한 성격답게 그 어조가 강렬했다.

현재 조선 정부는 나라를 개방해 외국과 교류하며 국민 여건을 증진하려 노력합니다. (옛날보다는) 정부가 기독교에 대해 부드러운 정책을 쓰고 있고, 기독교를 공식 허용하지 않았지만 박해하지는 않습니다. … 미국은 기독교 국가로 잘 알려져 있습니다. 그러나 만일 여러분이 조선에 복음을 전하지 않는다면 다른 국가들이 선교사를 보내리라 우려합니다. 그렇게 되면 그런 가르침이 주님 뜻과 맞지 않는다고 우려합니다.

- 『The Missionary Review Of The World』, 1883.12.13.-

이후 이수정은 '조선에서 온 마케도니아인'으로 불렸다. 사도 바울이 꿈속에서 "바다를 건너와 우리를 도우라"는 마케도니아인 요청을 듣고 에게해를 건너 유럽에 복음을 전했다는 『바이블』 사도행전 이야기를 빗댄 표현이다.

이듬해 겨울, 마침내 이수정은 브리지만과 컬버트슨이 한문으로 번역한 『바이블』(1859)을 다시 번역했다. 한문을 그대로 두고 이두식으로 한글 토를 달았다. 이듬해 국한문 혼용체로 「신약마가젼 복음셔언ᄒᆞ」를 번역했다.

푸른 눈의 손길

부활절에 우리는 조선에 도착했습니다. 오늘 사망의 권세를 이기신 주께서 이 백성을 옭아맨 결박을 끊으시고, 하나님 자녀로서 자유와 빛을 주옵소서.

-1885.4.5. 아펜젤러-

고종 21년(1884) 겨울, 갑신정변 직후 조선 정세가 살벌했다. 종2품 병조참판 홍영식이 청군 칼을 맞았고, 살아남은 주모자 김옥균, 박영효, 서광범, 서재필 등은 제물포를 거쳐 일본으로 달아났다. 조선에 남은 역적 가족들은 자결하거나, 굶어 죽거나, 노비가 됐다. 폭약을 터뜨려 정변 시작을 알린 궁녀 고대수는 조리돌림당하고 눈밭 위에서 군중 돌팔매를 맞고 죽었다.

이듬해 4월 5일 부활절 오후 3시, 부슬부슬 봄비가 내리는 가운데 감리교 선교사 아펜젤러 부부와 장로교 선교사 언더우드가 인천 제물포에 도착했다. 갑신정변 몇 달 전, 일본에서 활동하던 선교사 맥클레이가 국왕 고종으로로부터 의료·교육 분야에 한정해 선교를 허락받았다. 한국 개신교의 4월은 잔인하지 않았다. 조선 근대화의 중심에 개신교가, 그 중심에 아펜젤러와 언더우드가 있었다. 아내가 임신 중이라 아펜젤러가 일본으로 잠깐 돌아간 사이 감리교 선교사 W·스크랜턴(이화학당 설립자 M·스크랜턴의 아들), 북장로교 선교사 헤론이 입국했다. 두 사람 모두 의사였다.

갑신정변 이전에 장로교 선교사 알렌이 조선에 와있었지만, 그는 의료 봉사에 전념했다. 알렌은 갑신정변 때 정변군 칼을 맞고 죽어가던 정권 실세 민영익을 기적처럼 살린 공로로 제중원(세브란스 병원)을 열어 환자를 진료했다. 제중원은 병원이며 선교 거점이었다. 언더우드, 헤론, 스크랜턴이 낯선 동방의 나라에 들어와 제중원을 거점 삼아 선교했다.

아펜젤러와 언더우드 모두 우연히 조선으로 왔다. 아펜젤러는 일본 선교를 계획하다가 기숙사 방 친구 대신 조선으로 향했고, 언더우드는 인도 선교를 꿈꾸다가 '조선에 갈 사람이 없구나! 조선을 어이할꼬?'라는 '하늘의 소리'에 이끌려 조선으로 왔다. 그 '하늘의 소리'는 바로 『The Missionary Review Of The World』에 실린 이수정 글이었다. 이 글을 읽고 감동한 언더우드가 조선으로 보내달라고 북장로교 선교부에 요청했다.

조선 입국 전, 언더우드는 일본에 들러 갑신정변 망명객 서광범, 서재필, 박영효를 만났다. 두 달 동안 그들은 서로 조선어와 영어를 가르치고 배웠다. 칼로 조선을 바꾸려다 실패한 혁명가들과 복음으로 조선을 구하려는 목자들이 공감했다. 보빙사로 미국을 다녀온 서광범은 개신교 신앙에 관심이 컸던지 요한복음 한 구절을 번역했다. 그리스도교 '천국'을 불교 용어 '극락세계'로 번역한 게 흥미롭다.

"하나님이 이렇게 세상을 사랑하시는 고로 당신의 사랑하는 아들을 내려보내서 세상의 모든 사람을 옳은 말로 인도하여 지옥의 괴로움을 면하고 반대로 극락세계로 인도함을 미리 알려주시니라"(요한복음 3:16).

아펜젤러와 언더우드는 이수정 번역 「신약마가젼 복음셔언히」를 들고 조선으로 왔다. **외국 선교사가 선교 대상국 언어로 번역된 경전을 들고 입국한 사례는 세계 종교사에서 보기 드물다. 외국인 선교사가 오기 전 조선인은 이미 개신교 밀알을 심어놓았다. 그것은 새로운 세상에 향한 갈망이었다.** 언더우드와 아펜젤러 뒤를 이어 선교사들이 조선으로 속속 들어왔다. 그들에게 조선은 불모의 땅이었다. 여름엔 모기와 파리 떼가 들끓고, 비가 오면 도로는 진흙탕이 됐고, 시궁창엔 똥물이 흘러넘쳐 악취가 진동해 천연두·장티푸스·이질·콜레라가 창궐했다.

게다가 **개신교 선교사들이 조선 천주교 수난사를 모를 리 없었다. 알렌처럼 그들은 왕실을 비롯한 정치권력과 친분을 유지하며 선교보다 교육·의료 봉사에 전념했다.** 아펜젤러가 정동제일교회와 배재학당(현재 배재고)을 세웠고, 언더우드가 새문안교회와 연희전문학교(현재 연세대)를 세웠다. 두 사람은 소속 교파가 달랐지만, 상대방 교회 설립을 축하했고, 지방 선교 정보를 교환하며 협력했다. 우리는 하나님의 동역자늘이요, 너희는 하나님의 밭이요, 하나님의 집이니라(고린도전서 3:6).

고종 26년(1889), 조선과 프랑스가 선교조약을 맺어 천주교를 공식 합법화하고 나서 개신교 선교사들도 본격 선교에 나섰다. 1888년 40여 명이던 개신교인 수가 2천 명을 넘어섰고, 미국인 선교사도 백여 명이었다. 꼬박 백 년 동안 수난을 겪은 천주교와 달리 개신교는 개화 바람을 타고 수월하게 조선으로 들어왔다.

개화사상가들은 개신교를 민족 자강 수단으로 인식했다. 민족지사 이상재는 "나라 구원의 길을 찾아보려는 일념으로 기독교 믿음을 갖게 되었다.", 투옥 중 이승만은 "예수교가 대한제국 장래의 유일한 기초"라고 말했다. 당시 강대국들이 대개 기독교 국가였고, 기독교는 근대화 수단이며, 몰락해 가는 조선을 구원할 방책이었다. 다른 아시아 국가와 달리 조선은 비기독교국 일본의 침략을 받았기 때문에 기독교를 개화 자강 수단으로 여겼다.

언더우드는 중국 옌타이에서 활동하던 존 네비우스를 초청해 조선 선교 방향을 들었다. 경험이 최고의 스승이다. 동방에서 수십 년 잔뼈 굵은 네비우스는 열흘 동안 조선에 머물며 언더우드, 게일, 마펫 등 젊은 후배 선교사들에게 아시아 선교 경험을 들려줬다.

중국 선교 초기 네비우스는 봉급으로 현지인 전도사를 고용했다가 실패해 조선 선교사들에게 토착 선교를 주문했다(네비우스 선교 전략). 조선인이 조선인을 일대일 전도하고, 조선인이 교회 운영비를 부담하며, 조선인이 교회를 운영한다는 원칙 아래 (주로 엄마가 자녀를 교육하므로) 하층민 여성을 전도하기, 예배당을 조선 전통 양식으로 짓기, 의료선교사가 환자를 따뜻하게 대하기, 교리서를 한글로 쓰기, 사경회를 열어 『바이블』 공부하기 등을 주문했다.

황해도 소래 마을 교인들이 교회 건축에 선교부 도움을 요청하자 언더우드가 "여러분 예배당을 여러분이 지을 수 있습니다. 저는 나무 자르고 기둥 세우는 일을 기쁘게 돕겠습니다"라고 답했다. 당시 조선 내 교회 건물 대부분을 교인 헌금으로 세웠고, 학교와 병원을 지을 때도 '스스로' 원칙을 적용했다. 물고기를 잡아 주기보다 물고기 잡는 법을 가르쳐 줘야 했다.

구심력은 원심력으로 작용해 경쟁을 유발했다. 조선인 스스로 교회를 세우고 교세를 확장하는 네비우스 선교 전략은 한국 개신교에 근대 시민성을 심어줬지만, 교회와 교회의 경쟁과 분열을 낳았다. 충돌을 막으려고 선교사들이 선교지 분할협정을 맺었다. 미국 북장로교가 평안도·황해도·경상도 북부, 남장로교가 전라도, 미국 북감리교가 충청도, 캐나다 장로교가 함경도, 호주 장로교가 경상도 남부를 맡았다. 한성(서울), 평양, 원산은 두 개 이상 선교부가 선교했고, 나머지 지방은 대체로 중복을 피했다. 선교지 분할은 고육책이었지만, 교파에 지방색을 더해 개신교 교파 분열을 부추겼다.

정착

조선인 목사 탄생

제주도에서 천주교 횡포에 맞서 이재수 난이 일어난 1901년 봄, 서울 상동 감리교회에서 데이빗 무어 집례로 스크랜턴, 존스, 노블이 보좌한 가운데 한국인 최초 목사가 탄생했다. 그 이름은 김창식, 김기범이었다. 최병헌은 아내와 두 아이를 잃어 목사 안수를 사양했다. 두 사람 중 먼저 안수받은 김창식은 신분제 해체기를 상징하듯 머슴 출신이었다.

황해도 수안에서 농사짓던 김창식(21)은 한성으로 과거 응시하러 가는 선비를 보고 무작정 가출했다. 그는 무미건조한 일을 반복하는 '시지프의 삶'에 싫증이 났다. 이후 김창식은 전국을 떠돌며 지게꾼, 장돌뱅이, 막노동꾼, 마부 등 밑바닥 삶을 살다가 당시로선 늦은 나이인 스물아홉 살 때 박노덕과 결혼 후 한성 남대문 근처에 정착했다. 여행은 사람을 키운다. 동학 교조 최제우처럼 김창식의 방랑도 훗날 목회자의 밑거름이었다.

당시 한성 장안에는 서양 선교사들이 '조선 아이들 간을 떼어 약을 만든다'

'아이들 눈을 빼내 카메라를 만든다.' '여자아이를 끼고 자다가 노예로 팔아넘긴다'는 소문이 돌았다. 그것은 외국 문물을 거부하는 수구 세력이 퍼뜨린 헛소문이었다. 호기심 많은 방랑객 김창식은 소문이 사실인지 궁금했다. 이에 미국 북감리교 선교사 올링거 집에 잡부로 들어갔다.

그러나 김창식이 올링거를 아무리 감시해도 괴소문은 거짓이었다. 유괴는 고사하고, 잡부 하인을 따뜻하게 대해주는 올링거 부부 매너가 인상 깊었다. 하인을 짐승 취급하는 조선 양반과 그들은 달랐다. 사람 마음을 움직이는 힘은 언어와 논리보다 감성에서 나온다. 자연스럽게 김창식은 그리스도 신앙에 호기심을 느껴 올링거, 아펜젤러로부터 마태복음을 비롯한 교리를 배웠다. 마침내 김창식은 위장 취업 2년 만에 세례를 받았고, 또 2년 뒤엔 전도사가 됐다.

올링거가 미국으로 돌아가자 김창식은 의료선교사 홀(W. J. Hall)과 함께 평양 선교에 나섰다. 김창식과 홀은 기생집을 사들여 병원 겸 예배당을 마련했다. 선교 초기 평양은 '기생 도시' '소돔과 고모라'였다. 관리와 주민들이 푸른 눈 외국인을 경계했고, 불량배들은 돌을 던졌다. 마침내 평안감사 민병석이 기독교인 체포령을 내렸다(1894.5, 평양 기독교도 박해 사건). 수구파 인사인 그는 외교 문제를 만들지 않으려고 외국인 선교사 대신 그 조력자들을 잡아들였다.

이에 김창식을 비롯해 교인 8명이 잡혀 배교를 강요받으며 모진 고문을 당했다. 6명이 굴복했고 김창식, 한석진은 끝까지 버텼다. 김창식은 한술 더 떠 "나는 기독교가 옳다는 사실을 안 이상 기독교 신자로 살 것이며 풀려나면 또 복음을 전하겠다."고 들이대 매를 더 벌었다. 이에 홀이 미국 공사관을 통해 조선 정부에 항의해 구금자들이 풀려나고 관찰사 민병석은 좌천됐다. '관찰사가 쫓겨나다니 …', 평양 주민들은 교회 힘을 실감했다.

김창식을 가리켜 스크랜턴은 "큰 믿음 안에서 인내와 기쁨으로 견뎌 낸 종", 홀은 "예수님을 위한 신실한 순교자", 그의 아내는 "조선의 바울"이라고 극찬했다(사도 바울도 그리스도교 박해자였다가 예수 음성을 듣고 회심해 고난의 길을 걸으며 신앙을 전파했다). 일찍이 김대건이 낡은 조각배 타고 바다를 건너 신부 페레올 마음을 움직였듯 김창식의 용기가 그의 목사 안수에 영향을 줬다. 참다운 신앙은 차가운 머리보다 뜨거운 가슴에서 나온다.

평양 기독교도 박해 사건 직후 청일전쟁이 터졌다. 전쟁 주요 무대가 평양이었다. 고래 싸움에 새우 등 터지듯 약소국 백성은 강대국 총칼에 쓰러지고 군홧발에 짓밟혔다. 이때 서구인 선교사가 운영하는 교회는 치외법권 지역이라서 전쟁 피난처였다. 홀과 김창식은 피난 가지 못한 주민들을 보호하고 역병 걸린 환자를 돌봤다. 제 몸 돌보지 않고 환자를 치료하던 홀이 세상을 떠났다. 평양 주민들 마음이 움직였다. 훗날 평양에서 터져 나올 대부흥 에너지가 쌓여갔다.

방랑객 출신답게 김창식은 '길바닥 목사' '민중 전도인'을 자처했다. 그는 순행 사역자로서 평양뿐 아니라 평안도 지방 하층민을 찾아다니며 복음을 전파했다. 은퇴할 때까지 25년 동안 전국을 돌며 김창식은 평양 남산현교회를 비롯해 교회 48개를 개척했다. 고인 물은 썩는다. 김창식은 순행 목회를 통해 '교회를 내 것'으로 착각하는 오류를 피할 수 있었다. 서양 선교사들이 그의 이름을 Kim Changsiki(김창식이)라고 표기할 만큼 김창식은 마지막 순간까지 낮은 자세를 지켰다.

김창식, 김기범에 이어 최병헌(1902), 전덕기, 강인걸(1903), 손승용, 홍승하, 권신일, 김우권(1907)이 목사 안수를 받았다. 이에 자극받아 장로교회에서도 길선주, 한석진, 양전백, 이기풍, 송인서, 방기창, 서경조(소래교회 설립자) 등이 목사로 태어났다(1907). **다른 아시아 국가보다 조선에서 현지인 목사가 빨리**

나왔다. 병목이 물을 빨아들이듯 조선이 다른 나라보다 개신교를 빨리 흡수
했다. 20세기 중반에 여성 목사도 나왔다.

신분·성별을 넘어

기독교(천주교·개신교)는 은둔의 나라 조선인이 바깥세상을 내다보는 창이
며, 제 삶을 들여다보는 돋보기였다. 기독교는 주자의 나라에서 당연하게 여
겨온 양반·상놈 차별, 남녀 차별이 당연하지 않다고 말했다. 그것은 인간 차
별을 걷어내고 근대로 나아가는 여정이었다.

고종 30년(1893), 북장로교 선교사 사무엘 무어가 한성 곤당골(을지로)에 교
회를 세웠다. 당시 서양인 선교사들은 정동 미국 공사관 근처 안전지대에 모
여 살았지만, 무어는 조선인 마을 초가집에 살며, 쌀밥·김치로 식사하고, 평
민·천민과 어울리며 선교했다. 덕분에 그는 조선말을 빨리 익혔고, 첫해 곤당
골교회 가족이 46명으로 늘었다. 주민들은 무어에게 조선식 이름 '모삼열'을
선물했다.

이듬해 갑오년 동학농민운동과 청일전쟁이 일어났다. 전쟁 말기에 콜레라
가 창궐해 한성에서만 하루 3백여 명씩 죽어 나갔다. 곤당골교회 학당 학생
봉출의 아버지 박성춘도 역병에 걸려 드러누웠다. 무당을 불러 굿판을 벌여
도 효과가 없었다. 이때 봉출이 선교사 무어와 제중원 의사 에비슨을 아버지
에게 데리고 왔다. 에비슨이 박성춘을 정성껏 치료했다. 이 '사건'은 지역 주
민들에게 충격이었다. 박성춘이 백정이었기 때문이다.

도축업자 백정은 조선시대 7천인(기생·무당·광대·포졸·갖바치·고리장·백정)
중에서도 가장 차별당했다. 그들은 인간 취급을 못 받아 인구조사 대상에서

빠졌고, 결혼하고도 상투를 틀지 못했다. 백정은 어른 나이가 들어도 어른 대접을 못 받았다. 게다가 외출할 때 갓 대신 패랭이를 써 '난 백정이요'라고 광고해야 했다. 1920년대에 백정 해방운동이 일어났으니 왕조 시대에 그 차별이 어땠을지 짐작하기 어렵지 않다.

가장 천대받는 백정을 임금 주치의가 직접 찾아와 냄새나는 몸에 손대며 인술을 베풀다니 그것은 조선인에게 충격이었다. 삶의 벼랑 끝에서 살아 돌아온 박성춘은 에비슨 인술(仁術)에 마음이 움직였다. 그는 곤당골교회를 나가기 시작해 세례를 받았다. 여기서 계급 갈등이 일어났다. '천민 중 천민'이 교회 세례를 받다니, 양반 신도들이 반발했다. 심지어 어떤 양반은 '백정이 가는 천당이라면 가지 않겠다.'고 단언했다. '예수께서 이르시되, 이 사람도 아브라함의 자손이로다.'(누가복음 19:9). 무어는 하나님 앞에 모든 사람이 평등하다며 원칙을 고수했다. 결국 양반 신도들이 곤당골교회를 떠나 광통교 옆에 홍문동교회를 차렸다.

박성춘이 친구 백정들을 전도해 곤당골교회 신도 수가 늘었지만, 큰 화재로 교회가 불타버렸다. 이때 성령의 역사가 일어났다. 홍문동교회 양반들이 과거 잘못을 회개하고, 곤당골교회 신도들을 받아들여 3년 만에 예배를 함께 보기 시작했다. 그 사이 양반 신도들이 영적으로 성장했고, 홍문동교회 교세가 신통치 않은 현실도 작용했다. 천주교인들 횡포로 강경포 교안이 일어나 온 나라가 떠들썩하던 고종 36년(1899) 가을이었다. 몇 년 뒤 홍문동교회는 승동교회(종로 인사동 소재)와 남대문교회로 분열했다. 박성춘은 승동교회 장로가 됐다. 그 장로들 가운데 왕실 종친 이재형이 있었다. 하나님 왕국 안에서 백정과 왕족이 동등했다.

주자의 나라에서 신분 차별뿐 아니라 여성 차별도 선교사들이 넘어야 할 장벽이었다. 남녀가 예배를 따로 봤고, 남녀유별 사회에서 '무섭게 생긴' 이방인 남성이 여성을 상대하기는 더욱 어려웠다. 그나마 예배는 남성과 여성이 따로 진행하면 그만인데, 세례가 문제였다. 선교사가 상대방 얼굴 맞대지 않고 세례를 내릴 수 없는 노릇이었다.

그러나 인간은 해결할 수 있는 문제만 제기하고, 이빨 없으면 잇몸으로 산다. 착한 편법이 등장했다.

우리나라 풍속에는 여자는 모르는 남자와 대면치 못하는 법이 있으니 어찌 하여야 하리까 물으니 그가 대답하기를 그러면 방 가운데 휘장을 치고 머리 하나 내놓을 만한 구멍을 낸 후에 그리고 머리만 내밀 것 같으면 물을 머리 위에 얹어 세례를 베풀겠다고 하였다.   -전삼덕-

평안도 강서 여성 전삼덕은 남편 김선주(전 우부승지)가 첩을 들여 상심했다. "내 나이 많아가니 남편 보기에 젊어서 만치 아름답지 못하였던지 그는 첩을 얻어 살며 나를 모른 체 함으로 나는 자연히 쓸쓸한 생활을 하게 되었다." 전근대와 근대가 충돌하던 개화기 1893년 일이다.

이웃 주민 오석경(선교사 W·J 홀 조력자)이 전삼덕에게 천금같은 정보를 줬다. "요즘 평양에 이상한 교리가 들어왔는데 예수 교리라고 합니다. 거기는 여자도 회원이 될수 있다고 하니 평양을 한번 가보시지요." 전삼덕은 이틀 동안 팔십 리 길을 이동해 평양 남산현교회 문을 두드렸다. 집 대문 밖에도 나가 본 일이 거의 없는 규방 부인에게 그것은 '영광의 탈출'이었다. "내가 예수를 처음 믿을 때 예수가 누구신지 또 그가 무엇을 하셨는지 다 알고 믿은 것은 아니오, 그저 호기심으로 한번 믿어볼 생각으로 믿은 것 뿐이었다."고 훗날 그가 회고했다.

양반가에서 태어나 한글을 배운 것이 전삼덕에게 큰 힘이 됐다. 남편과 시댁 식구들 반발도 그 영혼의 갈망을 막지 못했다. 전삼덕은 입교 두 달 만에 자기 집에서 W·스크랜턴이 고안한 휘장 세례를 받았다. 훗날 한국인 최초 목사로 태어날 김창식이 스크랜턴을 대동했다. 왕비가 일본 낭인들에게 난도질 당하던 을미년이었다. 휘장을 뚫은 그 작은 구멍은 조선 여성의 탈출구였다.

전도부인 전삼덕은 내친김에 역사를 이어갔다. 그는 두 며느리에게 전도했고, 두 아들 김익수·김진수의 재정 후원과 전도사 김재찬 도움으로 강서읍 교회를 세웠다. 또한, 선교사 에스티와 함께 집집마다 찾아다니며 선교 활동에 나섰다. 그가 『바이블』을 팔고 다녀 주민들이 수근거렸다.

"양반집 잘 사는 년이 무엇에 미쳐서 저 꼴이냐?"

"예수를 알고 나서 기쁘고 행복하다. 그 기쁨을 아직 모르는 여성들에게 자유와 해방을 전하는 일 또한 기쁘지 않은가?" 전삼덕 대답은 간명했다.

전삼덕은 선교하며 여성도 배우고 깨어나야 한다고 강조했다. 그는 고향에 학동교회와 숭덕학교를 세웠다. 말이 학교지, 사랑방 한 칸을 교실로 고쳐 '숭덕보통학교'라고 간판을 걸었다. 딸자식을 학교 보내는 게 낯선 시대에 학생 모집이 더 큰 난관이었다. 전삼덕이 지팡이 짚고 이 마을 저 마을을 다니며 '여자도 배워야 한다'고 호소해 학생 13명을 모아 개교했다. 개신교는 근대 여성 운동 발원지였다.

인생 만년에 전삼덕은 "나는 눈이 있어도 보지 못했고, 귀가 있이도 듣지 못했으며, 입이 있어도 말하지 못했다. 그러나 예수를 안 후로 나는 자주(自主)한 인간이 되었다."고 회고했다.

원산에 부는 바람

죄를 고백하는 사람은 이미 하느님과 함께 행동합니다. 하나님이 그대의 죄를 질책하실 때, 그대도 자기 죄를 질책하면 그대는 하느님과 결합합니다.

-성 아우구스티누스(354~430)-

에릭 홉스봄은 20세기를 '극단의 시대'로 규정했다. 한국도 세기 초부터 극단에 휘말렸다. 1901년 대기근으로 민생이 파탄 났고, 러일전쟁이 터져 승전국 일본이 고종을 쫓아냈다. 망국의 기운이 밀려올 때 신앙 지형도 불안했다. 중국에서 의화단 운동이 일어나 기독교인이 학살당했고, 이를 피해 함경도 원산에 모여든 선교사들이 조선에서 부흥을 기도했다.

1903년 여름, 원산에 모인 선교사들 앞에서 캐나다 의사 출신 로버트 하디가 강의했다. 그는 조선에서 몇 년 동안 사역했지만 그 성과가 신통치 않았고, 교회 안에서 벌어지는 굿판을 보고 절망했다. 바이블 말씀 "구하는 자에게 성령을 주시지 않겠느냐"(누가복음 11:13)를 읽고 '내 마음속 성령 결핍'이 사역 실패 원인임을 깨달았다.

세 차례 강의 내내 하디는 교만과 죄를 눈물로 고백했다. "내 노력의 결실을 가로막은 건 바로 내 안의 장애물이었다… 성령께서 내 실패와 원인을 교인 앞에서 고백하라 하셨다. 그것은 고통스럽고 수치스러운 일이었다." 그가 울며 무너진 순간, 교인들도 함께 무너졌다. 흥미롭게도 개신교를 연 종교 개혁가 루터도 고해성사 중독자였다. 그는 한 번에 몇 시간 동안 신부 앞에서 죄를 토해냈다. 하디의 고백은 루터의 '죄를 드러내 은총을 만나는 길'과 맞닿아 있었다. 하디의 고백은 회개의 도미노를 촉발했다.

조선에 파견 나온 백인 선교사들은 고학력 엘리트여서 우월감이 강했다.

천주교와 개신교가 다르지 않아 그들에게 한국인은 못 배우고 미개한 종족이었다. 그들은 조선인 선교사 수준도 평신도보다 높게 서양인 선교사보다 낮게 조절했다. 기독교인 안창호도 외국인 선교사들이 조선에서 우민화 정책을 썼다고 지적했다. 언더우드가 조선인 선교사 길선주를 '내 하인(my servant)'이라고 표현했고, 조선인도 양대인 의식(洋大人意識, 서양인 의존 심리)을 가졌다. 서양인 선교사들이 외교적 특권을 누리며 탐관오리 횡포를 막아 줬기 때문이다.

콧대 높은 엘리트 하디가 고백 이후 따뜻한 목회자로 변해갔다. 그의 대학 동문 게일은 하디가 '40일 금식 후 시내산에서 하나님을 만나 얼굴에서 광채가 난 모세 같다'고 표현했다. 모세가 시내산에서 내려와 금송아지(이스라엘 백성이 믿는 우상)를 부수듯 하디는 마음속 우상을 내려놓았다.

하디가 벌거벗듯 고백하자 그의 한글 선생 진천수를 비롯해 조선인 교인들이 도미노처럼 죄를 고백하고 회개했다. 고백한 죄는 대개 절도, 횡령, 간통, 위선, 증오, 질투였다. 고백이 물결친 이후 교인들은 서로 화해하고 용서했다. 강원도 김화 새술막교회 전도사 윤승근은 인천 주전소 근무 때 빼돌린 돈을 탁지부(재정부)에 돌려줬다. 그 돈이 '양심전(良心錢)'이다.

원산에서 시작한 고백과 회개의 물결이 이듬해 강원도 철원, 개성, 한성, 평양, 인천으로 번졌다. 하디가 주재한 한성 정동감리교회 부흥회에서 배재학당, 이화학당 학생들이 고백과 용서에 합류했다. 이 무렵부터 한국에서 '부흥회(復興會, 성령 재충전 모임)'라는 용어가 통용됐다. 목마른 자가 우물 파고, 결핍이 행동을 낳는다. 선교 부진과 망국의 기운이 복합 상승해 신앙 운동을 자극했다.

궁하면 통하는지 나라 밖 정세도 가세했다. 고종 43년(1906) 여름, 하디가 평양에서 사경회를 인도할 때 장로교 선교사 블레어와 그레이엄 리를 만났고, 가을에 미국 북장로교 부흥사 존스턴이 평양을 방문해 영국 웨일스와 인도의 부흥 운동 소식을 전했다.

1904년 영국 웨일스에 영적 부흥 열풍이 불었다. 광산 노동자 이반 로버츠와 청년들이 "부흥이 아니면 죽음을 달라."며 몇 달 동안 기도했다. 술집, 극장, 당구장, 경마장이 텅 비고 조선소 노동자들이 훔쳐 간 물건을 반환했다. 광산 노동자들은 석탄 운반차 끄는 당나귀를 채찍질하지 않고 '내 형제'라며 끌어안았다. 웨일스에서 솟아오른 성령의 들불이 인도로, 조선 평양으로 옮겨 붙었다.

1907 : 기생 도시가 '동방 예루살렘'으로

우리는 놀라운 은혜를 경험하고 있습니다. 성령께서 권능 가운데 임하셨습니다. 웨일스, 인도 등에서 일어난 부흥 운동을 읽었지만, (평양) 장대현교회 성령의 역사는 지금까지 읽었던 그 어떤 것도 능가합니다.

-1907.1.15. 선교사 조지 맥퀸-

고종 44년(1907) 정월 혹한 속에서 평양 장대현교회(옛 널다리골교회)에 4개 장로교회 2천여 명이 모여 부흥회를 열었다. 당시 평양 인구가 4만 명이었다. 앉을 자리가 모자라 여성과 학생은 따로 배치했다. 3백 리 길을 걸어온 사람, 겨울 추위와 싸우며 산을 넘어온 사람, 부흥회 기간 먹을 쌀 지고 온 사람 등 그 군상이 다양했다. 팔도 기생들이 모인 '풍류 도시' 평양에서 대부흥운동이 그렇게 일어났다.

순조 12년(1812) 홍경래 난이 말해주듯 조선왕조 때 평안도는 차별받고 소외당했다. 평안도 출신은 능력 있어도 출세하기 어려워 반조선 정서가 강했고, 성리학 지배 이데올로기가 약했다. 이에 선교사들은 평안도를 집중 포교했다. 평양대부흥운동이 일어나던 해, 전국 미션스쿨 405개 가운데 256개가 평안도에 있었다.

청일전쟁과 러일전쟁도 평안도에 개신교 안착을 촉진했다. 외세 총칼의 핍박 받는 평안도 주민에게 교회가 몸과 마음의 안식처였고, 쌀을 나눠줬다. 두 전쟁에서 승리한 일본이 조선을 침략해 올 때 조선인은 개신교를 신변 보호 수단으로 여겼다. 러일전쟁 후 2년 동안 개신교인 수가 2배로 늘었다. 비기독교 국가 일본의 침략을 당해 한국 개신교가 다른 아시아 국가 개신교와 다른 길을 걸었다.

6일부터 시작한 평양대부흥운동이 14~15일 저녁에 절정을 이뤘다. 운동 주역은 그래함 리, 블레어, 베어드 등 외국인 선교사와 조선인 장로 길선주였다. 사도 베드로가 수천 명 무리에게 "회개하고 죄를 용서받으라"고 촉구했듯 길선주가 먼저 나섰다.

"저는 1년 전 죽은 친구 돈을 훔쳤습니다. 저는 하나님의 일을 방해했습니다. 내일 그 돈을 죽은 친구의 아내에게 돌려주겠습니다." 길선주가 회개하니 참회가 줄을 이었다.

"주여, 용서하소서. 저는 병든 아내를 보며 술만 마시고 빨리 죽으라고 저주했습니다."

"하나님, 저는 첩을 두 명이나 두고, 마누라와 아이들을 돌보지 않았습니다. 용서하소서"

"저는 전쟁 피난길에 아이가 보챈다고 머리를 나무에 부딪혀 죽게 만들었습니다." …

비밀의 감옥 문이 열리니 살인, 강간 등 용서받기 어려운 고백까지 터져 나왔다. 마룻바닥을 머리와 주먹으로 내리치며 눈물, 콧물이 뒤범벅이 된 채 통성기도가 예배당을 가득 메웠다. "마치 수많은 연주자가 악보를 보고 연주하듯 기도 소리가 하나 됐다. 군중 천여 명이 하나님을 향해 얼굴을 들고 한목소리로 기도하는 장면은 말로 표현 못 할 전율이었다."고 선교사 존스가 전한다. 전쟁으로 몸과 마음에 상처받은 사람들에게 무속 황홀경(ecstasy)이 카타르시스를 줬다. 부흥회에서 병자의 증상이 잠시 멎는 일이 현대 부흥회에서 종종 나타난다.

기도는 늦은 새벽까지 계속됐다. 그 열기가 너무 뜨거워 선교사들이 돌발 사태를 우려했다. 논의 끝에 그레이험 리가 찬송가를 불러 분위기를 진정시켰고, 울며 몸부림치는 사람들을 선교사들이 일으켜 "형제여, 주님께서 그대의 죄를 용서하셨습니다"라고 위로했다. 회개 효과도 나타났다. 훔친 물건을 주인에게 돌려주거나, 빚을 갚은 이들이 나왔다. 순사 방은덕은 흉악범 잡으러 부흥회 참석했다가 예수 제자가 됐다.

평양대부흥운동에서 통성기도가 태어났다. 길선주의 도교 심취 전력, 망국의 시기 민족 울분이 분출했다는 해석도 있지만, 통성기도는 한국뿐 아니라 미국, 캐나다, 남미 몇몇 지역에서 나타난다. "아버지여, 아버지께서 내 안에, 내가 아버지 안에 있는 것같이 그들도 다 하나가 되어 우리 안에 있게 하사 세상으로 아버지께서 나를 보내신 것을 믿게 하옵소서"(요한복음 17:21). **통성기도를 토착 무속 정서 발현으로 볼 수 있지만, 성령 하나님이 성자 예수 안에 들어와 하나 되는 상호내주(相互內住, Perichoresis)로 해석할 수 있다.** 기독교도 팔레스타인 지방 원시종교에서 출발했고, 요단강에서 요한이 예수에게 세례 주는 의식이 내림굿을 닮았다.

통성기도 열기가 평양 시내 숭의여학교, 숭덕학교, 숭실학교, 장로교신학교 등과 여러 신앙모임으로 번졌다. 미션스쿨에선 예비 목회자들이 울며 회개하느라 교과 수업이 중단됐다. 성령의 불빛이 영혼을 비췄고, 신앙이 신학을 넘어섰다. '기생 도시'가 '동방의 예루살렘'으로 변신해 갔다. 그 신앙이 민족의식으로 승화해 신민회를 주도한 세력이 평안도 개신교인이었고, 일제 식민지 말 신사참배에 맞서 저항한 곳도 평안도였다.

이후 '조선 베드로' 길선주가 성령의 역사를 한성에서 이어갔다. 2월 17일 승동교회를 시작으로 연동교회, 수구문교회, 상동교회 등에서 그가 집회를 열었다. 평양 대부흥 소문을 듣고 찾아온 사람들로 집회가 초만원이었다. 근대로 접어들어 경부선, 경의선 기차가 달리고, 『황성신문』『대한매일신보』 등이 뉴스를 실어 날라 길선주 명성이 이미 한성까지 들렸다. 강화도 진위대 참령 이동휘(훗날 대한민국임시정부 국무총리)도 유교에서 개신교로 개종했다. 그는 "**무너져 가는 조국을 일으키려면 예수를 믿으라. 예배당을 세우라. 자녀를 교육해라. 기독교도가 백만 명 되는 날이 곧 독립의 날**"이라고 말했다.

여러 지방 가운데 경상도 대구 집회가 눈에 쏙 들어온다. 조선 성리학 본고장 대구에서 개신교 부흥회가 성황을 이뤘다. 그것은 동서 문명의 충돌이며 융합이었다. "나는 그렇게 간절한 기도를 들어본 적이 없다. 여기저기서 울부짖는 소리가 들려왔다. 내 옆 사람은 성경학교에서 돈을 훔쳤다고 고백했다."고 선교사 브루엔이 전한다. 평양 대부흥 나비 효과로 대구 개신교인 235명이 564명으로 늘었다.

평양대부흥운동 이후 전국 교인 수에서 개신교가 천주교를 넘어섰다(개신교 72,968명, 천주교 63,340명). 『뉴욕타임스』(1907.9.15.)가 "지금 두 강국이 등장하고 있다. 하나는 군사 대국 일본이고 다른 하나는 기독교 대국 조선"이라는 사설을 실었다. 한국 근대사가 정미년을 고종 강제 퇴위, 대한제국 군대 해산 등 망국의 역사로 기록하지만, 역사의 물줄기는 한 갈래로 흐르지 않는다. 개신교 역사에서 1907년은 신화의 출발점이었다. 이듬해 평양 대부흥 열기가 전국으로 퍼졌다.

금주·금연이 한국 개신교 불문율로 자리 잡았다. 에베소서가 "술에 취하지 말라. 이는 방탕한 짓이니 오직 성령의 충만을 받으라"고 말하고 시편이 '사람의 마음을 즐겁게 만드는 포도주'를 말하듯 『바이블』이 음주를 원천 금지하지 않는다. 초기 불교가 음주, 육식을 허용했듯 기독교도 성령을 거부하지 않는다면 음주를 용인했다. 불교와 기독교 모두 취하지 않을 만큼 음주를 허용했다.

그러나 선교 초기 미국인 선교사들은 청교도 금욕주의가 강해 음주·흡연을 비롯해 조상제사, 도박, 축첩 등을 금지했다. 평양신학교 설립자·교장이며 장대현교회 초대 목사를 지낸 S·A 모펫은 칼빈주의, 청교도주의를 신학생들에게 주입했다. '교회 다니면 새사람 된다'며 조선인도 선교를 받아들였다.

교회를 넘어 민족 부흥으로

백만 인을 예수에게로
주여, 우리 심령의 소원을 허락하소서.
백만 인을 예수에게로
주여, 복음의 불을 확산하소서. -R·학니스, '백만 인을 예수에게로-

삶은 고단한 일상의 연속이라 거룩한 평양대부흥운동도 서너 달 만에 열기가 식어 갔다. 꺼져가는 부흥 열기를 살리려고 백만인구령운동이 일어났다.

순종 3년(1909) 여름, 미국 감리교 개성 선교부 갬블, 리드, 스톡스가 한국교회 부흥을 기도했다. 원산과 평양에서 일어난 부흥운동처럼 이들은 신앙 부족과 교만을 고백하고 하나님 은혜를 경험했다. 며칠 뒤 그들은 조선인 신자들과 함께 민족 복음화를 염원하며 기도했다. 세 사람 가운데 스톡스가 5만 영혼 구원을 기도했고, 남감리교 연회에서 20만 명을 예수에게 인도하자고 뜻을 모았다. 왕조 멸망 1년 전이라 공기가 스산했다.

감리교 움직임에 장로교가 호응했다. 평양대부흥운동 발상지 장대현교회 목사 길선주가 부흥운동 쇠퇴에 위기를 느끼고 새벽기도를 시작했다. 교회 새벽기도는 새벽녘 장독대에 정화수 떠 놓고 소원을 비는 토착 정서와 다르지 않았다. 교인들이 하나둘씩 새벽기도에 모여들어 수백 명으로 늘어났다. 이들은 한발 더 나아가 날연보를 결의했다. 날연보(-捐補, day offering)는 말 그대로 교인이 신앙을 전도하려고 하루를 통째로 바치는 것으로 선교 인력이 부족하던 초기 교회 풍경이었다. 교인 한 명이 며칠씩 생업을 접고 전도에 참여해 장대현교회 날연보가 3천 일, 전국에서 10만 일을 넘었다.

백만인구령운동이 날연보와 함께 권찰 제도를 낳았다. 평양신학교와 장대현교회 설립자 모펫이 도입한 권찰(勸察, leader of ten)은 교인 10명씩 맡아 감독한다. 목사가 교장, 장로가 교감, 전도사가 부장교사라면 권찰은 학급 담임교사다. 교인이 교회 예배에 결석하면 권찰이 그 교인 집을 찾아가 결석 사유를 조사하고 예배 참석을 독려한다. 권찰은 오늘날 장로교 구역장, 감리교 속장과 비슷하다.

안중근 의거가 대륙을 울리던 1909년 가을, 감리교·장로교 연합공의회가 위원장 게일, 서기 무어, 위원 언더우드, 밀러를 위촉하고 '백만 인을 예수에게로'를 결의해 백만인구령운동을 시작했다. 당시 한국 개신교인 수가 15~20만 명이었으니 100만 명 전도는 담대한 프로젝트였다. 그들은 교파를 초월해 금식하며 기도했다.

지금이 한국을 그리스도교 국가로 만들 하나님의 기회이고, 한국이 극동 아시아 전략 요충지이며, 한국을 구하면 극동 아시아를 복음화한다. … 선교사, 한국 그리스도인, 아직 이교(異敎) 어둠 속에 있는 자들에게 성령 은혜를 주셔 백만 인이 성령을 구하게 기도합시다.

공교롭게도 바로 그날, 찰스 알렉산더 부부, 윌버 채프만, 조지 데이비스 등 외국 유명 부흥사들이 입국했다. 푸른 눈 부흥사들은 평양대부흥운동 소식을 뒤늦게 듣고 그 현장을 보고 싶었다. 그들은 전국 주요 도시를 돌며 집회를 인도하고 백만인구령운동에 에너지를 불어넣었다. 전도단 반주자 로버트 학니스가 운동 주제가 '백만 인을 예수에게로(A Million Souls For Jesus)'를 작사·작곡해 보급했다.

한국인은 감성이 발달해 흥을 즐긴다. 한국 개신교 성장에서 교리 못지않게 음악이 위력을 발휘했다. 석 달 동안 전국 주요 도시를 다닌 데이비스는 '집회가 말할 수 없는 축복'이었고, '올해 교인 백만 명을 달성하자는 구호가 번갯불처럼 전국을 휩쓸었다."며 흥분했다.

1910년 여름, 삼각산 진관사에서 열린 제1회 황성기독교청년회(YMCA) 여름 수련회도 눈에띤다. 유서 깊은 사찰에서 며칠 동안 기독교 행사를 개최한 게 흥미롭다. 불자들 사이에서도 '기독교가 민족 희망'이라는 말이 돌았다. 전국 10개 미션스쿨 우등생 46명을 대상으로 이상재, 김규식, 길선주, 언더우드, 에비슨 등 기독교 지식인들이 민족문제, 신앙 문제를 강연했다. 특히 기독교 민족주의자 이상재 강의가 젊은 학생들 가슴을 파고들었다. 오백 년 왕조 멸망 두 달 전이었다.

기독교가 시대의 대세임을 종교 용어가 보여준다. 기독교 경전 『바이블』을 '성경(聖經, '가장 성스러운 경전')', 역사에서 예수 탄생 이전·이후를 '기원전·

후'라고 번역한다. 또 '예배(禮拜)'는 말 그대로 엎드려 절하는 불교 의식이다. 교회에서 엎드려 절하지 않는데도 개신교가 불교 용어 '예배'를 가져다 썼다. '예배'를 개신교에 빼앗긴 불교는 현재 '예불'을 쓴다.

개인의 각성을 추구한 평양대부흥운동을 넘어 백만인구령운동은 민족 복음화를 위해 교회 울타리를 벗어났다. 날연보 전도자들이 길거리 포교는 물론 학교, 집을 일일이 찾아다니며 복음을 전파했다. 운동 기간 중 그들은 마가복음서 70만 권, 전도지 3백만 장을 배포했다. 당시 한반도 인구가 2천만 명 미만이었고, 제지술과 인쇄술 수준을 고려하면 그 물량이 대단했다. 선교사 찰스 클라크(곽안련)는 '산골짜기 깊은 곳이라도 복음과 접촉해 보지 않은 마을은 거의 없었다'고 전한다. 폭력의 세기 벽두 원산부흥운동, 평양대부흥운동, 백만인구령운동이 한국 개신교의 꿈을 키웠다.

성리학 데자뷔

야소교(예수교) 신교는 이미 삼십만 이상의 신도를 얻어 대소를 물론하고 도회란 도회에는 거의 1, 2의 야소교회당이 없는 데가 없으며, 방방곡곡이 거의 야소교 신도를 아니 둔 데가 없을 만하외다. … 조선 내에서 동일한 사싱과 기치 하에 이만큼 굳게 단결된 사회는 오직 야소교뿐이라 할 수 있나니, 이 점으로 보건대 유교도 멀리 야소교에 미치지 못한다.

-이광수, 「신생활론」, 『매일신보』(1918)-

조선왕조가 몰락해 갈 때 장로교, 감리교뿐 아니라 침례교, 안식교, 성결교, 구세군 등 개신교 여러 교파가 조선으로 들어왔다. 1916년 여름, 조선 총독 하세가와가 "기독교 신도 30만 명 가운데 절반이 천주교인이지만 교세가 부진하고, 미국 개신교 선교사들은 본국 후원을 받고 포교 방법이 교묘할 뿐 아니라 조선인의 사대성이 영합해 그 교세가 더 성장할 것으로 보인다"고 말했다.

그러나 식민지기 개신교가 몸집을 키웠지만 민족 현실에 무심했다. 조선 성리학이 『주자전서』의 자기장을 벗어나지 못했듯 조선 개신교는 『바이블』로 빠져들었다. '105인 사건'(서북지방 개신교 탄압 사건)과 '사립학교 규칙'(기독교계 학교 탄압법)도 『바이블』 제일주의를 부채질했다. 교육과 의료 등 사람의 방식으로 사람을 구원하던 초기 개신교와 달리 식민지기 개신교는 '오직 바이블(성경)'을 강조했고, 종말론도 등장했다.

미션스쿨 오산학교 교사 이광수는 교장 이승훈, 조만식을 통해 개신교를 만났다. 그는 서양 문물 소개, 도덕 진흥, 교육 보급, 사상 자극, 여성 지위 향상, 조혼 폐지, 한글 보급, 개성 자각 등을 거론하며 개신교가 '(조선에) 신문명의 빛을 전해준 은인'이라고 평가했다.

그러나 이광수는 조선 개신교의 폐해도 지적했다. 첫째, 조선교회는 목사·장로·교인이 관리와 백성, 어른과 아이, 스승과 제자처럼 상하 관계를 맺어 기독교 평등주의와 맞지 않았다. 둘째, 미국 청교도주의 선교사들이 개신교를 전파해 유대인이 이방인을 대하듯 배타성이 강했다. 셋째, 보통학교도 졸업하지 못한 자들이 몇 달 속성 과정을 거쳐 목사가 됐다. 넷째, **하나님을 무속 신앙 성황신으로 여겨 '병을 낫게 해줍소서', '혈육이 없으니 귀한 사내아이를 점지하여 줍소서', '천당에 올라가게 해줍소서' 등 허황된 기도를 올렸다.**

특히 교회 지상주의가 교역(教役)을 중시한 나머지 농업과 상공업을 천시한다고 이광수는 비판했다. "일요일 교회당에 가서 찬송하고 기도하는 것만이 하나님께 봉사하는 것이 아니라 다른 육일 간에 인류의 복리를 위하여 하는 사업이 온통 하나님께 봉사하는 일이 된다. …농상공업 어느 것이 하나님의 일이 아니겠는가."(「금일 조선 야소교회의 흠점」, 『청춘』, 1917.11).

개신교 청교도(프로테스탄트)가 근대 자본주의를 개척했다고 말한 막스 베버를 떠올리면 이광수의 비판은 설득력을 얻는다. 조선인이 개신교를 받아들였지만, 그들 직업관은 유교식 사농공상을 벗어나지 못했다. 1915년 선교사 언더우드가 연희전문학교 상과를 설치할 때 주위 사람들이 만류할 만큼 조선에서 상업은 가장 천한 말업이었다.

다섯 살 때 『명심보감』을 읽었다는 이광수가 조선 개신교를 보며 조선 후기 성리학 데자뷔를 느꼈다. "근세에 이르러서는 새로운 완고가 또 생겼으니 즉 '하나님이 가라사대' '성경에 이렇게' '교회 규례가 여차여차'라 하면 다시 비평할 여지도 없다"며 개신교 교조화를 간파했다. 그는 '**조선 개신교인이 교리를 줏대 있게 수용하지 못하고 몇몇 선교사의 해석을 맹종한다**'고 비판하며 '**조선이 유교라는 폭군을 떠나보내자마자 개신교라는 폭군을 만났다.**' '**조선의 불교를 못 낳고, 조선의 유교를 못 낳은 셈으로 조선 교회도 필경 남의 찌꺼기만 빨고 말 것인가?**'라고 혹평했다. 신채호가 동아일보에 문명 비평론 「낭객의 신년만필」(1925.1.2.)을 발표하기 몇 년 전 이미 이광수가 조선 사상사의 특수성을 지적했다.

한편, 원효, 지눌처럼 신앙의 본질을 잊지 않으려는 노력도 나타났다. 월간 『성서조선』(1927)을 발행한 김교신은 '기독교 신앙의 근거는 성서이며, 교회는 기독교를 담아내는 껍데기'라는 우치무라 간조(1861~1930) 영향을 받아 무교회주의를 주장했다. 무교회주의는 성서 강해, 비공식·소규모·자발적 모임, 일상 속 신앙, 교육을 통한 개혁 등이 그 특징이다. 일상이 곧 종교 영역이며 그 안에서 신앙을 실천하는 것이 무교회주의다.

종교 개혁가 루터가 '나는 내 영혼에 깃든 신의 뜻을 따른다'고 말했다. 김교신은 기독교인이 중개자(성직자) 없이 그리스도를 직접 만날 수 있다고 봤다. 『바이블』이 그리스도 말씀이니 무교회주의는 『바이블』에 충실했다. 김교신은 성직자와 평신도를 구별하는 계급주의, 구원을 독점하려는 교파주의·배타주의를 거부했다. 그는 신앙과 삶과 역사가 하나 됨을 추구했다.

소용돌이

붉은 용과 청교도 십자가

현재 기독교의 확장을 저해하는 조직과 운동이 퍼져 있다. 어떤 청년들은 예배 시간에 일어나 설교를 방해하고 신앙을 저해하는 투쟁을 벌인다. 이런 반대는 지금 대중 속에 퍼지고 있는 공산주의에서 파생된 것이다.

-감리교 연례보고서(1926)-

민족의 함성 3·1운동은 거룩했지만, 민족해방을 쟁취하지 못했다. 기대가 컸던 만큼 식민지 청년들의 실망도 컸다. 청년들에게 새로운 돌파구가 필요했다.

적의 적은 내 동지다. 제국주의(독점 자본주의)와 공산주의가 서로 적이니 제국주의 식민지 청년·지식인에게 공산주의가 매력을 풍겼다. 미국 대통령 윌슨의 민족자결주의가 공허한 메아리로 끝났지만, 러시아 레닌은 옛 제정 러시아 식민지를 독립시켰다. 민족주의자 박은식이 러시아혁명을 '세계 개조의 첫 신호탄'이라고 극찬했다. 일본 유학생들을 통해 들어온 공산주의가 어둠 속 등불처럼 다가왔고, 그리스도 청년들이 '신은 죽었다' '종교는 아편'이라며 공산주의로 전향했다.

1925년 '조선의 레닌'을 꿈꾼 청년들이 조선공산당을 조직했다. 공산주의자에게 기독교는 제국주의 첨병이며 타도 대상이었다. 그들은 교회 목사를 때리고 예배를 방해했다. 만주, 연해주 한인 사회에서도 기독교 선교사와 공산주의자들이 충돌했다. 당시 미국처럼 식민지 조선에서도 기독교와 공산주의 대립 구도가 형성됐다. 한국 개신교계 뿌리 깊은 반공주의가 그렇게 태동했다.

현대 청년들은 불안한 상태에 빠져있음이 명백하다. … 교회에 대한 반대 의사가 있으니 그 원인이 공산주의 영향과 종교 및 교회를 비판하는 서적들을 읽은 데서 온다. … 복잡한 현대생활과 유물사상의 범람으로 갈 길을 못 찾는 청년들에게 교회는 그 길잡이가 되어야 한다.

-『기독신보』, 1926.1.6.-

1930년대 개신교가 공산주의를 적으로 규정했다. 개신교 여러 교파가 모인 예수교연합공의회가 '일체의 유물교육·유물사상·계급적 투쟁·혁명에 의한 사회 개조를 반대'한다며 반공을 교리화했고, 성결교 지도자 이명직은 공산주의를 요한묵시록에 나오는 '붉은 용'으로 비유했다. 평양대부흥운동 주역 길선주도 공산주의를 적으로 규정했고 전국을 돌며 종말론을 설교하며 말세와 예수 재림을 말했다.

천주교도 반공 노선을 따랐다. 교황 비오 11세가 공산주의를 '동행할 수 없고, 물리쳐야 할 악마'로 봤다. 다만 천주교와 개신교는 반공의 결이 달랐다. 전 세계 모든 교회를 하나로 묶어 위계질서 강한 천주교계가 교황청 반공주의를 기계처럼 내려받았다면 미국 기독교 근본주의를 받아들인 한국 개신교는 현실에 맞게 반공주의를 스스로 정립하고 생산했다. 천주교가 반공을 조직 논리로 수용했다면, 개신교는 반공을 신념의 논리로 내면화했다. 이것이 식민지 해방 이후 두 종교의 차이를 낳았다.

한국기독교 흑역사인 식민지 신사참배가 해방 이후 기독교 반공주의를 부채질했다. '너희는 내 앞에서 다른 신을 모시지 못한다.'(십계명). 신사참배를 거부하다가 목사 주기철이 순교하고 지도자 수십 명이 구속됐지만, 대부분 교회가 어떤 식으로든 신사참배에 동조했다. 해방 이후, 신사참배 전력자와 출옥 성도(신사참배 거부하고 감옥살이한 신도)가 갈등을 빚었다. 그 상처를 치료할 처방이 반공주의였다.

편을 가르고 적을 만들면 말과 행동에 일관성이 생긴다. 공동의 적을 만들고, 치욕을 증오로 덮어 새로운 에너지를 창출하는 기제가 인간 세상에 존재한다. 한국 기독교계가 신사참배 트라우마를 반공주의로 풀었다. 반공주의가 죄책감을 씻는 자기 합리화 수단이었다.

설상가상 남북분단이 개신교 반공주의를 극단으로 내몰았다. 해방 직후 한국 개신교인 70%가 '동방의 예루살렘' 평양을 비롯해 공산주의 치하 북한 지역에 살았고, 일제에 맞서 저항한 개신교인들이 평양감옥에 갇혀 있었다. 무신론 공산주의와 반공 개신교가 한 지붕 아래 살기 어려웠다. 해방 이듬해, 평양대부흥운동 발원지 장대현교회에 3천여 명이 모여 3·1절 기념행사를 치를 때 두 세력이 대치했다.

공산주의 세력은 주일에 운동회를 열어 교인 예배 참석을 방해하더니 교회를 폐쇄하고 재산을 몰수했다. 더구나 개신교인 가운데 식민지 부역자와 지주가 적지 않아 무상몰수·무상분배 토지개혁 대상이었다. 붉은 정권 밑에서 개신교인은 신앙을 탄압당하고 삶의 기반마저 잃었다. 여섯 살 이상 모든 인민이 신앙생활 여부를 신분증에 명기했고, 종교인은 반동분자로 찍혀 공직에서 추방됐다. 북한 지역 개신교인 6~7만 명이 남한으로 내려왔다.

엇비슷한 사례가 17세기 지구 반대편에서 일어났다. 종교개혁 이후 인간이 신을 직접 만나며 금욕을 강요받았다. 영국 청교도(Puritans)는 결벽증에 가까운 복음주의와 도덕주의로 인간 욕망을 배격했다. 청교도혁명 지도자 크롬웰은 음주 가무와 도박을 금지했다.

이후 청교도들이 영국 국교회(성공회)의 탄압을 피해 자유를 찾아 대서양을 건넜다. **유럽에서 쫓겨난 신앙 난민들이 신천지에서 아메리카 원주민 인디언을 살육했고, 공동체 결속을 위해 기독교 근본주의를 강화했다**(대각성운동). 그들은 태생부터 편견과 배제를 품었다. 19세기 중엽, 청교도들은 개척자로 변신해 황금을 찾아 미국 서부로 몰려들었고 태평양을 건넜다. 서부 개척의 종착역이 한반도였다.

19세기 말~20세기 초, 『바이블』 절대 무오류를 내세운 근본주의가 미국에서 맹위를 떨쳤다. 바로 그 『바이블』 근본주의를 지향하는 미국인 선교사들이 조용한 아침의 나라에 기독교를 전파했다. 그들은 '야만' 지역에 기독교 복음 전파를 사명으로 여겼고, 금주·금연을 한국 개신교 불문율로 만들어 놓았다. 그들은 착한 사마리아인이며 제국주의 첨병이었다.

미국 개신교와 한국 개신교의 탄생 역사가 서로 닮았다. **영국 청교도가 바다 건너 신대륙에 개신교 근본주의 씨앗을 뿌렸고, 한반도 서북 지방 개신교인들이 38도선 이남으로 넘어와 반공 이데올로기를 심었다. 편견을 넘어 증오가 그들 내면세계를 지배했고 폭력을 낳았다.** 봉황이 구름 위를 날며 천하를 내려다보는 큰마음(一心)이 보이지 않았다.

제주 4·3사건 때 양민 학살로 악명 높은 극우 테러단체 서북청년회도 반공 개신교도 집단이었다. 평안도 신의주에서 월남해 서울 영락교회를 개척한 한경직이 그 사실을 인정했다. "서북청년회라고 우리 영락교회 청년들이 중심

되어 조직을 했시오. 그 청년들이 제주도 반란 사건을 평정하기도 하고 그랬시오. 우리 영락교회 청년들이 미움도 많이 사게 됐지요”

친미 반공 이데올로기와 남한 단독 정부를 지향한 미군정이 백색 테러를 묵인했다. 여수·순천 10·19사태와 한국전쟁 중 보도연맹 사건에서도 서북청년회가 양민 학살에 가담했다. 그들은 남한 반공 정권의 비공식 행동대였다.

하나님 아바디와 건국 대통령

영락교회 개척자 한경직이 한국 개신교 반공 역사를 보여준다. 해방 직후 평안북도 신의주 제이교회 목사 한경직과 제일교회 목사 윤하영(훗날 충북지사)이 반공을 목표로 (기독교)사회민주당을 조직하고 교회를 중심으로 세력을 확장했다. 그들은 종교인이며 정치인이었다.

반혁명 세력과 붉은 용이 충돌했다. 북한에 들어온 소련군은 해방군을 자처했지만, 점령군이었다. 그들은 은행, 상점, 가정집 등을 약탈하고 부녀자를 겁탈했다. 식민지 때 일제가 조성한 산업시설도 소련군 전리품이었다. 1945년 11월 18일 사회민주당 집회, 폐교당한 용암포수산학교 4학년 최병학이 학교 정상화를 요구하며 공산당 용암포 인민위원장 이종흡의 만행을 규탄했다. 학생들이 만세를 부르며 ‘학원 자유’를 외쳤다.

이에 소련군이 동양경금속 적색노조 산하 노동자들을 동원해 교회 장로 홍석황을 죽이고 시민, 학생들에게 중상을 입혔다. 23일, ‘공산당을 몰아내자’, ‘소련군은 물러가라’, 학생 5천여 명이 반공 시위를 벌이며 공산당 당사, 인민위원회를 습격했다. 조선인 공산당원과 소련군이 탱크까지 동원하고 기관총을 난사해 학생 30여 명이 죽고, 700여 명이 다쳤고, 구속자 천여 명 가운데

200여 명이 시베리아로 끌려갔다(신의주 반공학생의거). 사건 배후로 몰려 구속됐다가 풀려난 함석헌은 조선인 공산당원들이 소련군에 빌붙어 완장 차고 횡포를 부렸다고 증언했다. 신의주 반공학생의거는 학생 시위를 넘어 한국 개신교 반공주의의 첫 피 묻은 기억이었다.

한경직과 윤하영을 비롯해 평안도 출신 개신교인들이 유혈 사태 직전 지옥에서 천국으로 탈출했다. 그들은 대개 미국 유학생 출신으로 영어를 구사하고 미국 방식으로 사고하는 엘리트였다. 가령, 1925년 조선인 미국 유학생 159명 중 43%가 평안도 출신이었다. 그들은 해방 이전 이미 미국 주류 사회와 인맥을 쌓았고, 해방 이후 미군정 친위 세력으로 활약했다.

한경직이 천리교 경성분소를 불하받아 개척한 영락교회는 거의 난민 수용소였다. 한경직은 인간의 방식으로 인간을 구원해야 한다고 믿었다. 그는 교회 옆에 천막 몇 동을 치고 월남 피난민 수백 명에게 숙식을 제공했다. 영락교회는 개척 1년 만에 신도 수가 1,500명, 이듬해 4,500명으로 늘어났고 미션스쿨 대광중·고등학교를 세웠다.

이 무렵 옆구리에 『바이블』 끼고 서울 시내를 다니는 사람들은 평안도 사투리를 썼다. 그들은 평안도에서 월남한 사람이거나 평안도 출신이 아닌데도 개신교인은 평안도 말투를 흉내 냈다. 교회 예배 때 그들은 '하나님 아버지'를 '하나님 아바디'라고 불렀다. 한국 개신교계에서 한경직 말고도 평안도 출신들 영향력이 그만큼 컸다. 미국 근본주의 신학을 계승한 '한국 메이첸' 박형룡, '성경의 사람' 박윤선, 미션스쿨 연세대 총장 백낙준 등이 평안도 출신이었다. 한국 개신교가 평안도 스타일로 표준화됐다.

해방 직후 남한 인구 대비 개신교인 비율이 0.52%일 때 미군정 임명 행정고문 11명 중 6명, 이듬해 각 부처 한국인 국장 13명 가운데 7명이 개신교인이었다. '우익 트로이카' 이승만·김구·김규식도 개신교인이었다. 임정개선 환영

대회(1945.12.19.)에서 그들은 모두 그리스도를 말했다. 이승만 '그리스도 위에 나라를 세우자', 김구 '성서 위에 나라를 세우자', 김규식 '그리스도 반석 위에 하나님의 나라를 세우자'. 임시정부 요인 중 개신교인이 많아 시민들이 너도 나도 예배당을 찾았다.

정동교회 신도 이승만이 대한민국 초대 국회의장과 대통령으로 취임한 것도 한국 개신교계에 호재였다. 이승만은 기도로 제헌국회를 열었고, 대통령 취임식에서 '하나님과 민족 앞에서 헌법을 지키겠다'고 선서했다. **좌우 이데올로기 갈등 속에서 교회가 이승만 남한 단독 정부 노선을 지지했고, 대한민국 정부 수립 후 대통령 이승만은 교회에 특혜를 베풀었다. 40년 넘게 외국 생활한 이승만, 남한으로 쫓겨난 반공 개신교 세력 모두 국내 기반이 없어 전략적 공생 관계를 맺었다.**

영락교회 사례에서 보듯 귀속 재산 불하 특혜를 비롯해 이승만 정부는 형목 제도와 군종 제도, 기독교방송국(CBS)과 극동방송국(FEBC) 설립, 기독교청년회(YMCA) 후원, 크리스마스 공휴일 지정 등 개신교 우대정책을 폈다. 반면, 이승만 정부는 일제 잔재 사찰령을 폐지해달라는 불교계 요구를 묵살했고, 서울 왕십리 본각사를 비롯해 몇몇 사찰이 교회로 바뀌었다. 석가탄신일 공휴일 지정도 1970년대 일이다.

성장판 자극한 한국전쟁

공산주의야말로 일대 괴물이다. 이 괴물이 지금은 삼천리강산에 횡행하며 삼킬 자를 찾는다.

-영락교회 목사 한경직-

한국전쟁은 손님끼리 싸운 전쟁이다. 기독교와 공산주의, 낯선 두 손님이 유라시아 극동 반도에 들어와 한판 대결을 벌였다. 집주인은 손님 정체를 알지 못한 채 격랑 속으로 휘말려 서로 싸우며 죽고 죽였다. 한국 사상사는 주체가 사라진 손님맞이 역사다.

전쟁 이전부터 기독교(천주교·개신교)가 반공 세력임을 북한 인민군이 모를 리 없었다. 특히 '인민 낙원' 북한을 버리고 '친미 괴뢰 국가'로 월남한 반공 개신교인은 인민군에게 눈엣가시였다. 전쟁 발발 직후, 인민군 사령관 김일성이 "악질 종교인"을 처벌하라고 명령했다. 인민군이 기독교를 무차별 탄압했다. 특히 인천상륙작전 이후 '기독교 십자군'에 밀려 철수할 때 악에 받친 인민군이 반동 세력을 제거한다며 교회를 파괴하고 교인들을 학살했다.

16가정 66명을 잡아 "예수를 믿으면 다 죽이겠다"고 협박. 공산당원들이 삽, 몽둥이, 괭이, 죽창 등으로 구타하고 구덩이에 파묻음. 피에 홍건하게 물든 상태에서 젖먹이를 가슴에 안고 죽은 임산부도 있었음.

-1950.9.27~28. 충남 논산 병촌교회-

그밖에 영광 염산교회·야월교회, 완주 마재교회·단지동교회·학동교회, 군산 원당교회·해성교회·지경교회, 김제 만경교회 등 전남·북과 충남에서 대학살이 일어났고, 울산 월평교회, 강원도 장흥교회와 철원교회에서도 희생자가 나왔다. 심지어 생매장이 일어났다.

한센병 환자 수용소인 전남 여수 애양원 목사 손양원은 환자들을 버리고 피난 갈 수 없다며 자리를 지키다가 피살됐다. 그는 신사참배를 거부하다가 옥고를 치렀고, 여수·순천 사건 때 두 아들을 잃고도 그 살해범을 용서하고 양자로 삼았다. 그는 '감사의 기도'를 올렸다. "내 사랑하는 두 아들을 총살한 원수를 회개시켜 내 아들 삼고자 하는 사랑의 마음을 주신 하나님께 감사합니다.”

수많은 사연을 간직한 채 개신교인 1,026명, 천주교인 119명이 한국전쟁 중 희생됐다(진실화해위 보고서, 2022). 천주교는 왕조 시대 박해에 이어 ‘제2의 박해’를 맞았다. 서로 이해관계가 얽혀 있어 내전은 더 잔혹했다.

식민지기에 싹튼 친미 반공주의가 한국전쟁을 겪으며 한국 개신교 이데올로기로 뿌리내렸다. 반공 이데올로기는 혐오 정서였다. 역병 돌듯 혐오가 또 다른 혐오를 낳고 차별, 배제, 폭력을 재생산했다. 그들이 공산주의로부터 당한 고통을 생각하면 반공은 인지상정이지만, ‘눈에는 눈, 이에는 이’ 대응은 그리스도가 십자가에 못 박히며 인류에게 던진 메시지와 거리가 멀다.

선과 악, 천사와 악마가 대립하는 동서 냉전 구도 속에서 타협은 금기였다. **한국 개신교에 한국전쟁은 붉은 사탄에 맞선 십자군 성전이었다. 그들에게 미국은 하나님 나라였고, 그 섭리 속에서 반공주의는 종말로부터 한국 민족을 구원할 무기이며 국가 권력과 공생할 연결고리였다.** 교회는 이승만 정권에 편승해 휴전을 반대하며 붉은 침략군을 몰아내자고 주장했다. 식민지 때 신사 참배했고 전쟁 초기 인민군을 환영하던 목사 유호준이 휴전 반대 운동을 이끌었다.

한국전쟁은 한국 개신교에 위기이며 기회였다. 청일전쟁과 러일전쟁을 겪으며 서북인이 그리스도에게 다가갔듯 한국전쟁 때 상처받은 영혼들이 구원을 갈망했다. 참전국 부대를 통해 루터교회, 나사렛교회, 하나님의교회 등이 한국에서 선교를 시작했다. 한국전쟁이 한국 개신교의 성장판을 자극했다.

전쟁 중에 미국인 선교사 밥 피어스와 영락교회 목사 한경직이 전쟁고아 구호 기구 월드비전(World Vision, 1950)을 설립했다. 피어스는 전쟁고아의 참상을 필름에 담아 미국 전역에 방송했다. 붉은 사탄에게 고통받는 어린 천사들 이야기가 미국인 심금을 울려 기부금이 모여들었다. 이후 월드비전은 전쟁고아 문제뿐 아니라 교육, 의료, 복지 분야로 활동을 확대했고, 한국과 미국을 개신교 공동체로 묶었다. 역사의 격랑기 월드비전은 유사 정부였다.

한경직을 비롯한 서북 개신교 세력은 월드비전 사업을 통해 재정 기반을 구축했고, 한국전쟁 중 월드비전 모금액 14~15%가 영락교회로 흘러갔다. 그뿐만 아니라 세계교회봉사회(CWS)가 보내온 구호물자를 서북지방 출신 개신교인들이 차지했다(윤정란, 『한국전쟁과 기독교』). 식민지 한국을 해방해 준 나라도 미국, 전쟁에서 대한민국을 구원해 준 나라도 미국, 빈창자를 채워준 나라도 미국이었다. 오늘날 3·1절, 광복절에 그들이 미국 국기 들고 거리로 나오는 미국 숭배는 물질 토대 위에 서 있다.

권력·돈·미국

이승만 정부 12년 동안 목회자 포함 개신교인들이 요직에 기용됐다. 19개 부처 장·차관 242명 가운데 38%가 개신교인으로 불교 16.2%, 천주교 7%를 압도했다. 대통령 선거 때 개신교 단체가 이승만을 '한국의 모세'라며 공개 지지했고, 대한민국 헌정 흑역사로 기록될 사사오입 개헌을 지지했다.

박정희 정권 탄생에도 개신교계가 이바지했다. 한 해 국가 예산의 절반을 미국이 지원하던 때 쿠데타로 집권한 박정희는 미국의 지지가 필요했지만, 그의 남로당 좌익 활동 전력이 발목을 잡았다. 미국이 긴장했고, 북한은 반색했다. 이에 월드비전 이사 한경직, 이화여대 총장 김활란 등이 미국 개신교계 여론을 움직여 미국의 지지를 이끌어냈다. 이후 박정희 정권과 서북 출신 개신교 세력이 연대했다. 반공이 국시(國是, 국가 정책 기본 방침)였다. 개발독재

에도 서북 출신 개신교인들이 활약했고, 영락교회 신도 수가 1만 명을 넘어섰
다. 바야흐로 유라시아 극동 반도에 개신교 전성시대가 열렸다.

  1970년대 추기경 김수환이 독재 정권과 맞서며 천주교가 역사와 동행했
지만, 개신교는 그 주류가 반공 이데올로기를 매개로 정권과 동행했다. 1969
년 개신교 지도자 242명이 '3선 개헌'을 지지했고, 1972년 지도자 40명이 유
신헌법을 찬양했다. 여의도 순복음교회 교세가 급팽창하던 때 목사 조용기는
'기독교인은 성서의 가르침을 따라 날마다 그 나라의 수반인 대통령과 영도
자들을 위하여 기도해야 한다'고 말했다.

  1980년대 신군부 지도자 전두환은 여호수와(모세 후계자)였다. 1980년 8월
6일 롯데호텔, 한경직을 비롯해 개신교 지도자 23명이 모여 전두환을 찬양했
다. 겨우 석 달 전 광주에서 유혈 사태가 일어났다. "전능하신 하나님 아버지
이 자리에 친히 임재하옵소서. 이 복되고 영광스러운 앞날을 위해서 …"(초동
교회 목사 조향록), "전두환 사령관을 위해서 하나님 앞에 기도합니다. 최근 이
렇게 어려운 시국에 국보위 상임위원장의 막중한 직책을 맡아서 사회 구석구
석에 만연돼 있는 사회악을 제거하고 정화하는 운동에 앞장설 수 있게 해 주
신 것에 감사드립니다."(신촌교회 목사 정진경). "우리 국가를 위해서 특별히 많
은 수고를 하시는 (전두환) 위원장님께 감사드립니다"(영락교회 목사 한경직).
한 달 뒤 전두환이 대한민국 대통령으로 취임했다.

  한국 개신교가 '민주화'라는 시대정신을 망각했다. 개신교가 약자를 외면하
고 강자 편에 서서 한국 보수·수구 세력의 한 축을 이뤘다. 오욕의 시대, 명동
성당과 영락교회가 길 하나를 사이에 두고 천주교와 개신교가 서로 다른 길
을 걸었다.

  동서 냉전이 저물어 가던 1980년대 후반, 반공 보수주의와 결별하려는 움
직임이 개신교 안에서 나타났다. 남북한 개신교 지도자들이 모여 「민족의 통

일과 평화에 대한 한국기독교회 선언」을 발표해 반향을 일으켰다. 남측 지도
자들은 '반공 이데올로기를 종교처럼 우상화하여 북한 동포들을 저주하는 죄
를 범했다'고 고백하고, 7·4 남북공동성명을 모체로 불가침, 평화협정, 군축,
핵무기·외국 군대 철수 등 통일 원칙에 합의했다.

이에 반발해 한경직을 비롯한 반공 성향 목사들이 한국기독교총연합회(한
기총)을 출범시켰다. 한기총은 친미 반공 성향을 띠며 김대중 정부·노무현 정
부의 햇볕정책과 사학법 개정을 비판했다. 한국 개신교가 극우의 길로 들어
섰다. 그들은 수만 명이 모인 집회에서 미국 국기를 들고 "I Love U.S.A."를
외친다. 한국 개신교가 '하나님·돈·미국'을 신봉한다는 말이 나왔다. 돈과 미
국은 모세가 시나이산에서 40일 동안 하나님을 만나고 내려와 파괴한 금송
아지 아닐까.

초고속 성장, 그 빛과 그늘

1,200만 신도를 자랑하던 교회가 왜 반토막 났나? 그 동안 교회가 세례 형식
만 거쳐 머릿수만 늘리는 크리스챤 군중을 양산했기 때문이다.

-이재철 목사-

한국전쟁은 참극이었다. 군인 사상자는 말할 것도 없고, 민간인 피해는 더
커 남북한 인구 1/5이 죽거나 다치거나 실종됐다. 경제 피해도 커 남한 제
조업 42%, 북한 제조업 60% 이상이 파괴돼 삶의 토대가 무너졌다(VOA,
2011.6.24).

전쟁이 정신세계에 끼친 상처도 컸다. 좋은 전쟁 없고 나쁜 평화 없다. 영화

속 전쟁과 달리 실제 전쟁은 총 들고 싸우는 전투뿐 아니라 치안이 무너져 민간인 학살, 약탈, 겁탈 등 상상하기 어려운 야만을 낳는다. **영혼의 상처를 치유해 줄 곳은 낡고 무기력한 사당이나 사찰보다 활력 넘치고 봉사하는 교회였다.**

개발독재가 가치 혼란을 낳는 가운데 급격한 산업화·도시화도 교회에 유리한 포교 환경이었다. 1960년부터 1990년까지 총인구가 1.7배로 늘 때 도시 인구는 4.6배로 늘었다. 농촌 공동체가 무너졌고, 도시는 주택난·교통난·열악한 노동환경·대기 오염에 시달렸다. 이농민들은 서울 관악구, 중랑구, 성동구, 광진구, 영등포구 등에 무허가 집을 짓고 힘겹게 살았지만, 그들 곁에 국가가 없었다.

이농민은 새로운 가치관과 공동체를 갈망했다. 교회가 그 기회를 놓치지 않았다. 카리스마형 목회자가 그들에게 '병을 고친다' '부자가 된다' '영혼을 구원한다'고 말했다. 교회가 더러 정통 교리를 벗어났지만, 고향 떠난 실향민에게 구원의 손길로 다가갔고, 충격과 공포의 시대에 절망의 벼랑 끝으로 내몰린 양들에게 안식처이며 '대안 가족'이었다. 앞서 불교, 천주교처럼 개신교도 한국인 마음을 파고들 때 토착 무교(巫敎) 정서가 작용했다.

단순하면 정교하고 강렬하다. 왕조 멸망, 식민지, 분단, 전쟁, 압축 산업화 등 숨 가쁘고 모든 게 불안한 시대에 '나를 믿으라. 구원받으리라', 단순명료한 개신교 근본주의·성서 지상주의·선악 이분법이 한국인에게 울림을 줬다. 고상하지만 술에 물 탄 듯·물에 술 탄 듯한 유교, 불교보다 '과격'하지만 명쾌한 개신교가 혼돈 속 대중에게 힘을 줬다. 한국 근현대는 개신교 맞춤 시대였다.

오는 사람 막지 않고, 가는 사람 붙잡지 않는 불교와 천주교와 달리 개신교는 공격성 포교로 급성장했다. 식민지 해방 때 전체 인구의 2% 미만이던 개신교인이 2014년 20%를 넘어섰다. 세계 50대 교회 가운데 1~2위 포함 23개가 한국 개신교 교회이며(미국 월간지 「크리스찬 월드」, 1993), 교단 수는 232개다(문화체육관광부, 「한국의 종교 현황」, 2011). 여의도 순복음교회는 1992년 신도 수 70만 명을 돌파해 기네스북에 올랐다. 이웃 나라 일본은 천주교인과 개신교인을 더해도 전체 인구의 1%다. 한국 개신교의 성장 속도와 규모는 세계 종교사에서 대이변이었다. 미국인 승려 현각 스님이 1990년 한국에 처음 왔을 때 느낀 충격을 묘사했다.

나는 그동안 여러 나라를 여행했지만 그렇게 십자가가 많은 나라는 처음 보았다. 더군다나 밤에 빛나는 네온사인 십자가는 한 번도 본 적이 없었다. '이거 불교의 나라 맞아? 아마 스튜어디스가 안내 방송을 잘못한 것은 아닐까. 필리핀에 도착했는데 서울이라고 잘못 얘기한 게 아닐까. **어떻게 사찰과 불교의 나라인 한국에 이렇게 십자가 많을 수가 있어?** 그래 아마 비행기가 주유 때문에 필리핀에 들렀다가 서울로 가겠지.' 드디어 비행기가 땅에 닿으면서 바닥에 희끗희끗한 것이 눈에 띄었는데 알고 보니 눈이었다. 필리핀은 눈이 안 내리는 곳이잖아. 서울이 맞긴 맞는 모양이네. 다음 순간 안내 방송이 나왔다. "웰컴 투 김포 에어포트 서울 코리아."

-현각, 『만행, 하버드에서 화계사까지』-

존재에는 이유가 있다. 한국 개신교 성장사에서 간과할 수 없는 요소가 '유사 정부' 기능이다. 조선 왕조 말 개신교가 들어온 이래 그들은 대형 병원 수십 개와 학교 수백 개를 운영하며 봉사했다. 한국 근현대사 격랑 속에서 국가가 못한 일을 개신교계가 수행했다.

눈부시게 급성장한 한국 개신교는 해외 선교에도 나섰다. 2011년, 세계 169

개국에 선교사 2만 2,014명을 파견해 미국에 이어 세계 2위 개신교 선교국이다. 때로는 그 열정이 지나쳐 선교사들이 여행 제한 국가에서 활동하다가 물의를 일으켰다. 경제 원조 대상국에서 원조국으로 변신했듯 한국은 1백 년 만에 선교 대상국에서 선교국으로 변신했다.

그러나 빛이 화려한 만큼 그늘도 컸다. 전쟁 트라우마를 겪으며 한국 개신교가 반공주의와 결합했다. 종교가 사랑과 화해보다 증오와 혐오를 부추겼다. 그 전면에 서북 출신 개신교인들이 섰다. 1950년부터 1955년까지 생긴 교회 2,025개 가운데 90%를 그들이 세웠다.

기독교 선교 초기 '쌀 크리스챤'이 보여줬듯 한국전쟁이 내세 구원보다 현세 복을 비는 기복신앙을 부추겼다. 내 남편 사업 번창, 내 아들 일류대학 합격 등이 기도 주제였다. 이웃 사랑이 가족 사랑으로 바뀌었다. 신학자 강원룡이 한국 개신교 기복 신앙을 비판했다. '요란스럽게 소리 지르고 징징 우는 건 기도가 아니다. 오, 주여! 내게 오소서. 주님이 오시는 걸 받아들이고 응답하는 게 기도다.'

개신교 기복신앙은 개발독재 경제성장과 맞물려 물신주의, 성장주의를 낳았다. 우연의 일치인지 몰라도 연평균 경제성장률 9.2%이던 1970년대, 순복음교회도 연평균 9.3% 성장했다(『한겨레21』 843호). 서구 자본주의 역사 초기 프로테스탄트(개신교도)가 자본가로 두각을 나타냈듯 한국 개신교도 재산 축적을 긍정하며 성장을 추구했다. 대형마트가 동네 구멍가게를 고사시키듯 대형 교회가 곳곳에 들어서 동네 작은 교회가 사라졌다. 몸집 불리기에 몰두한 나머지 '한국 개신교가 참회 없이 부흥만 추구한다.' '교회가 예수를 배신했다' '예수 믿으면 천국 가고, 교회 믿으면 지옥 간다'는 비판이 나왔다.

신학자 리처드 C. 헬버슨이 말했다. '교회가 그리스로 가서 철학이 됐고, 로마로 가서 제도가 됐고, 그다음 유럽 문화가 됐고, 마침내 미국으로 와서 기업이 됐다.' 그 교회가 한국에 건너와서 무엇이 됐나?

달도 차면 기운다. 백 년 동안 앞만 보고 달려온 한국 개신교가 20세기 말 성장 동력이 떨어지고 조정기로 들어갔다. 신도들 피와 땀으로 지은 대형 교회 건물이 경매 시장 매물로 나왔다. 또 우연의 일치인지 한강의 기적을 이룬 한국 경제가 거품이 빠지고 저성장기로 들어간 때와 겹친다.

개신교는 불교, 천주교보다 여전히 신도 수가 많지만, 호감도 설문조사에서 불교 52.5점, 천주교 51.3점보다 훨씬 낮은 33.3점을 받았다(한국리서치 2023). 종교인 이미지 평가에서도 불교가 '절제'(23.3%), 천주교가 '따뜻함'(20.9%) 이었지만, 개신교는 '거리 두고 싶은'(25.0%), '이중적'(21.4%), '사기꾼 같 은'(17.5%) 등 부정 키워드가 따라붙었다(마크로밀엠브레인 2024).

길거리에서 확성기 들고 '예수 천당, 불신 지옥'을 외치는 포교 방식이 유용 한지, 진보 세력이나 성 소수자를 악마화해 세력을 결집하는 게 정의로운지, 불법 쿠데타를 옹호하며 헌법 질서를 부정하는 게 옳은지 개신교 스스로 물 어야 한다. 그 일탈이 수많은 교회 가운데 몇몇 교회 일이지만, 극소수가 전체 이미지를 만들고 뒤흔드는 게 더 큰 문제다. 경제·교육 수준 상승에 따른 종 교인 감소가 지구촌 현상임을 고려하더라도 젊은이들이 왜 교회를 외면하는 지 교회 스스로 돌아봐야 한다.

위기를 도약으로 바꾸는 힘은 성찰이나. 중세 가톨릭 타락에 맞서 개신교 가 개혁의 깃발을 올렸고, 개화기 선교사들이 냄새나고 진물 나는 환자 종기 를 맨손으로 보듬던 초심을 한국 개신교가 기억해야 한다. "너의 착한 행실을 보며 세상 사람들이 너의 주님을 찬양케 하라"(마태복음 5:16).

공산주의 communism

인민 해방에서 왕조 세습으로

유입

붉은 잔 다르크

카를 마르크스가 "모든 나라 무산자여, 단결하라"(공산당선언, 1848)고 선동하고 두 세대 후 러시아혁명이 일어났다. 인류 역사 최초로 사회주의·공산주의 국가가 탄생했다. 그것은 20세기 후반기 지구촌을 두 진영으로 가를 신호탄이었다.

'붉은 사상'을 처음 만난 한국인은 극동 시베리아(연해주) 한인들이었다. 그들은 조선 왕조 폭정과 일제 식민 지배를 피해 이주한 자들과 그 2세들로 러시아혁명 때 블라디보스토크, 하바롭스크 등에 20만 명이 살았다. 배고픔과 나라 없는 설움, 항일 정서가 강한 그들에게 사회주의가 울림을 줬다. 몇몇 한인 지도자들이 사회주의를 수용했다. 러시아혁명 정부가 반제국주의 노선과 피압박 민족 해방을 선언했기 때문이다. 붉은 혁명 확산을 막으려고 일본이 시베리아에 파병한 터라 러시아 정부도 항일 한인 세력이 필요했다.

한국 공산주의 운동사는 김 알렉산드라 스탄케비치가 막을 올렸다. 그는 러시아 우수리스크에서 함경북도 경원 출신 통역관 김두서 딸로 한인 여성으로는 보기 드물게 대학을 나와 교사로 근무하다가 제1차 세계대전 중 벌목장에 끌려와 혹사당하는 조선인·중국인 노동자들 권익 보호를 위해 일했다. 왕조시대 차르 정권이 지급하지 않은 노동자 임금을 케렌스키 과도정부(2월혁명 후 등장한 부르주와 정부)로부터 받아내 그는 노동자들의 신망을 받았다.

김 알렉산드라는 러시아사회민주노동당(훗날 소련공산당)에 가입해 하바롭스크 소비에트 정부에서 외무·재정 업무를 맡았고, 1918년 봄, 이동휘, 박진순, 김립, 류동열, 오하묵, 박애 등과 함께 한인사회당을 조직했다. 한국 최초 사회주의 정당이 탄생했다.

제국주의(imperialism)는 대외 침략으로 생산 원료 공급지와 상품 시장을 확보하려는 독점 자본주의라서 사회주의·공산주의와 물과 불 관계다. 러시아 혁명이 터져 미국, 영국, 프랑스, 일본 등 제국주의 열강이 긴장했다. 그들은 혁명 확산을 막으려고 러시아로 군대를 보냈다. 한인사회당 김 알렉산드라를 비롯한 한인 적색군 100여 명이 삐라를 뿌리며 제국주의에 맞서 투쟁했다.

그러나 9월 4일, 반혁명군이 하바롭스크를 점령했다. 이동휘는 북만주로 도피했고, 김 알렉산드라 스탄케비치, 류동열, 김립 등이 기선을 타고 아무르강(흑룡강)을 거슬러 올라가다가 체포됐다. 즉결심판에서 류동열, 김립 등이 중국 노동자로 가장해 풀려났고 김 알렉산드라를 비롯해 17명이 사형 선고를 받았다. 며칠 후 김 알렉산드라 스탄케비치는 처형됐다.

파벌

김 알렉산드라 스탄케비치가 요절하는 바람에 늦깎이 사회주의자 이동휘가 한인사회당 지도자로 떠올랐다. 함경도 단천 출신 이동휘는 신민회 활동하다가 105인 사건 때 유배됐고, 석방 후 만주, 연해주로 건너가 활동했다. 러시아혁명 직후 그는 독일 밀정으로 몰려 체포됐다가 김 알렉산드라 등 사회주의자들이 구명해 풀려났다. 이 무렵 이동휘가 기독교에서 사회주의로 전향한 듯 보인다.

러시아혁명 여파로 3·1운동 직전 식민지 조선은 폭풍 전야였다. 1916년 노동자 파업 6건 362명이 참여했던 것이 1917년 8건 1,128명, 1918년엔 50건 4,442명으로 급증했다. 연인원 2백만 명이 참가한 3·1운동 이후 이동휘는 중국 상하이로 건너가 대한민국임시정부 국무총리로 취임했다. 대한민국임시정부는 출발부터 '한 지붕 두 가족' 좌우합작 정부였다.

이동휘는 한인사회당 당수직을 유지하며 대한민국임시정부를 친러시아·친사회주의 정부로 만들고 러시아 도움을 받아 항일 무장 투쟁을 추진하고 싶었다. 대통령 이승만을 비롯해 반공·외교론자들이 반발했다. 대미 외교론자들이 보기에 무장 투쟁은 무모하고 희생자만 낼 뿐 현실과 맞지 않았다. 임시정부는 1919년 4월 출범 때부터 이념, 독립 방법론, 지역색(이승만 기호파, 안창호 평안도파, 이동휘 함경도파)으로 정파가 갈려 언제든지 갈등이 터져 나올 수 있었다.

봉오동전투·간도참변·청산리전투로 북간도가 들썩이던 1920년 가을, 러시아혁명 지도자 레닌이 이동휘 한인사회당에 준 금괴가 뇌관을 때렸다. 레닌은 한인사회당을 대한민국임시정부 중심 세력으로 보고 지원 약속한 자금 200만 루블 중 착수금 40만 루블(현재가치 5백억 원)을 이동휘 측근 박진순, 한형권에게 줬다. 혁명 내전과 서구 열강의 경제 봉쇄, 흉작과 기근으로 제 코가 석 자인 러시아가 거금을 쾌척했다. 그것도 극심한 인플레이션으로 가치 폭락한 루블화 대신 금괴로 지급했다. 박진순, 한형권은 금괴 327kg을 궤짝 7개로 나눠 시베리아 횡단 열차로 운반했다.

그러나 40만 루블 수수 사실이 들통나 임시정부 내 이동휘 반대파가 반발했다. 그들은 임시정부가 쓸 자금을 이동휘 한인사회당이 독식했다고 분노했다. 이후 40만 루블 사건은 수습 불가능 단계로 들어갔다. 결국 이동휘는 임시정부를 탈퇴하고 박진순, 김립 등 한인사회당 세력과 여운형, 김두봉, 신채호, 조완구, 윤기섭 등 임시정부 세력을 끌어들여 고려공산당을 창당했다(상하이파).

상하이에서 고려공산당이 탄생할 때 러시아 이르쿠츠크에서 김만겸, 최고려, 김철훈, 장건상, 한명세 등 사회주의자들이 또 다른 고려공산당을 조직했다(이르쿠츠크파). 이들은 대개 러시아 한인 2세로 러시아 공산당에 종속됐다. 그들은 이동휘 비서 김립이 레닌 자금 일부를 빼돌려 북간도에 땅을 몰래 샀고, 기생을 첩으로 들이고 다이아몬드 반지를 샀다고 괴담을 퍼트렸다. '김립 의혹'에 비난이 빗발쳐 여운형을 비롯해 당원 절반가량이 상하이파를 탈퇴했다.

상하이파와 이르쿠츠크파의 갈등 핵심은 통일전선 대상이었다. 상하이파가 민족주의 세력 대한민국임시정부 참여를 결정했지만, 이르쿠츠크파는 타협을 거부했다. 상하이파는 러시아를 민족운동 수단으로 여겼고, 이르쿠츠크파는 러시아 일부가 되려 했다. 인도, 베트남, 아일랜드 등 다른 식민지에서도 독립운동 세력이 분열과 갈등을 빚었지만, 식민지 조선에서 파벌투쟁이 유난스러웠다.

갈등이 깊어가자 코민테른(국제공산주의 본부)이 상하이파와 이르쿠츠크파 대표에게 서로 만나 대화하라고 지시했다. 양측이 러시아 이르쿠츠크에서 만났다. '김립 의혹'으로 상하이파 고려공산당은 코민테른 신뢰를 잃은 터라 회담 결과는 이르쿠츠크파의 완승이었다. 그동안 자금과 조직력에서 열세였던 이르쿠츠크파가 고려공산당 간판을 차지했다. 현실 정치에서 흑색선전 위력이 강력했다.

파벌투쟁이 극심한 가운데 러시아 자유시(스보보드니)에서 기어코 사달이 났다. 봉오동·청산리 전투를 마치고 자유시로 들어온 대한독립군단을 놓고 상하이파와 이르쿠츠크파가 대립했다. 대한독립군단이 상하이파를 지지하자 이르쿠츠크파가 러시아 붉은 군대를 동원해 상하이파와 대한독립군단을 공격했다. 대한독립군단 병사 수백 명이 죽거나 체포됐다(자유시참변, 1921.6.28).

러시아혁명 정부는 상하이파와 이르쿠츠크파의 갈등은 수습하기 어렵다고 봤고, 조선 공산주의자들의 파벌 근성에 실망했다. 1922년 말, 코민테른은 고려공산당 해산을 명령하고 조선 공산주의 운동 전담 부서 꼬르뷰로(고려국)를 설치해 상하이파와 이르쿠츠크파를 통합했다. 이후 한국 공산주의 운동은 파벌투쟁 때문에 두고두고 골머리를 앓았다.

상하이에서도 유혈 사태가 일어났다. 대한민국임시정부 경무국장 김구가 자객을 보내 김립을 암살했다(1922.2.6.). 김구는 "정부의 공금 횡령범 김립은 오면직, 노종균에게 총살을 당하니 인심은 잘했다고 칭찬하며 통쾌해하였다."고 『백범일지』에 썼다. 자객 오면직, 노종균은 김구의 양산학교 교사 시절 제자였다.

그러나 코민테른 특별감사관 야코프 얀손이 몇 달 동안 사건을 조사했지만 김립이 자금을 유용했다는 증거를 찾지 못했다. 죽은 자는 말이 없고, 훗날 김구는 민족지도자 반열에 올랐다.

등불

러시아 혁명당수는 홍기(붉은 깃발)를 들고 전제정치를 추번하고(무너뜨리고) 광의(넓은 뜻)를 선포하여 각 민족이 자유 자치를 향할 것을 허하였다. 이에 극단적인 침략주의자가 일변하여 극단적인 공화가 되었다. 이것이 세계 개조의 가장 먼저 나타난 동기이다.　　-박은식,『한국독립운동지혈사』, 1920-

민족주의자 박은식이 러시아혁명을 '세계 개조 첫 신호탄'이라고 극찬할 만큼 사회주의가 식민지 학생·지식인을 자극했다. 조선을 집어삼키려고 일본과 전쟁을 치른 러시아가 혁명 이후 제국주의 침략 전쟁(제1차 세계대전)을 벗어나 식민지 약소민족 해방을 지지하고 나섰기 때문이다. 실제로 혁명 정부는 옛 제정 러시아가 지배한 민족들을 해방했다. 그것은 순진한 미국 대통령 윌슨의 민족자결주의와 달랐다.

'붉은 북극곰'의 놀라운 변신이 일제 식민지 지식인에게 어둠 속 등불처럼 다가왔다. 2·8 독립선언서가 '군국주의적 야심을 포기하고 정의와 자유를 기초로 한 러시아는 신국가 건설에 종사'한다고 표현했듯 러시아혁명 기운이 3·1운동에 나비 효과를 줬고, 운동 이후 패배주의가 고개를 들고 민족 개조론자 이광수처럼 민족주의 인사들이 변절해 갈 때 사회주의가 새로운 희망이었다. 사회주의자에게 3·1운동은 실패한 민족운동이 아니라 식민지 계급운동의 희망이었다. 미국 유학생 출신 부르주와 지식인 윤치호도 당시 풍경을 일기에 적었다.

조선경제회 후원으로 '신구(新舊) 불온사상'이라는 주제로 강연장을 가득 메운 청중에게 강연했다. 청년들에게 세 가지 이유를 들어 볼셰비즘에 섣불리 빠져들지 말라고 경고했다. … '볼셰비즘이 우리에게 침투하면 우리 사회가 걷잡을 수 없는 혼란에 빠져들며 … ' 내가 볼셰비즘을 비판하자, 여기저기서 "아니예요" "아닙니다"라는 말들이 터져 나왔다. 난 놀라지 않을 수 없었다.
　　　　　　　　　　　　　　　　　　　　-1920.12.6.-

식민지 조선인의 사회주의 동경은 짝사랑이 아니었다. 1920년대 초 코민테른은 유럽에서 사회주의 혁명이 어렵다고 느껴 동아시아로 눈을 돌리고 "약소민족은 단결하라"며 극동인민대표대회를 모스크바에서 개최했다(1922). 9개국, 144명 참가자 가운데 식민지 조선인이 50여 명으로 가장 많았다. 여운형과 김규식을 의장단으로 홍범도, 최진동, 문시환, 김단야, 최고려 등이 참가했다. 극동인민대표대회는 미국에서 1차 대전 이후 세계질서를 논의한 워싱턴 회의(1921.11~1922.2)에 맞서 동아시아 식민지 해방과 공산주의 운동을 지원하려 했다.

대한민국임시정부 대통령 이승만이 대표단(서재필, 정한경…)을 구성해 워싱턴 회의에서 한국 문제를 다루도록 노력했지만, 미국이 임시정부 대표단 존재를 인정하지 않았다. 러시아를 견제하려고 한일병합을 도운 미국이니 그것은 자연스러웠다. 식민지 약소 민족에게 워싱턴 회의는 '도둑들 만찬회'였다. 극동인민대표대회는 워싱턴 회의를 '흡혈귀 동맹'이라고 맹비난했다.

힘들 때 벗이 진짜 벗이다. 김규식은 "모스크바는 원동의 피압박 인민의 팔을 벌려서 자기들의 혁명운동 속으로 환영하고 있다는 것을 우리는 알고 있다. 여기에서 워싱턴은 세계 자본주의적 착취와 제국주의적 팽창의 중심지로 존재한다"고 말했다. 그는 반공주의자였지만 워싱턴 회의가 일본의 한국 지배를 묵인한 것에 실망해 극동인민대표회의에 참가했다. 그것은 물에 빠진 사람이 지푸라기 잡는 마음이었다.

언론인 신일용은 "적로(赤露) 국가는 일 계급의 국가가 아니고 전 인민의 국가이며 또 그 입국 정신은 침략적이 아니라 인도적"이라며 "(식민지 조선의 현상 타개는) 반드시 적로의 세계 혁신운동과 그 보조가 일치되어야 할 것"이라고 주장했다(조선일보, 1925.9.8). 러시아가 제국주의 일본을 견제하려는 현실이 작용했지만, 인민 해방과 토지 국유화를 내세운 '붉은 사상'이 식민지 민족에게 어둠 속 등불이었다.

정착

마르크스 보이

뽀이! 뽀이!

소주는 싫다!

'휘스키'도 가져가…좀 더 독한 '사회'주를 가져 오너라

어서 '공산'주를 가져 오너라

나는 세계인이다!   -김형원, 주정군(酒酊軍), 1922-

흥미롭게도 한국 근현대사에서 1920년대와 1980년대가 서로 닮았다. 거대한 민중항쟁에 놀란 파쇼 권력이 대중을 회유하려고 채찍 대신 당근을 내밀었다. 그 순풍을 타고 좌파 낭만주의가 학생·지식인 사회에서 유행했다. 그것은 근대 서구 이념을 향한 동경이었나. 마르크스 유령이 두 시기를 지배했디.

1924년 2월 29일자 동아일보가 청년이 미신을 걷어내고 과학을 드러내는 만평을 실었다. 마르크스주의(사회주의·공산주의)는 한반도인이 처음 만난 과학적 세계관이었다. 인류사를 고대→중세→근대로 분석하고, 계급투쟁을 통해 역사가 발전하며, 그 최종 승자는 무산자 계급이라고 마르크스가 외쳤다. 사람 사는 세상을 명쾌한 언어와 논리·도식으로 설명하고 자본주의·제국주의를 비판하는 사회주의·공산주의가 식민지 청년·지식인 마음을 파고들었

다. 그것은 왕조 해체기 식민지적 근대의 한 풍경이었다.

국내외 정세도 사회주의에 유리하게 돌아갔다. 옛 황제국 중국은 이빨 빠진 호랑이였고, 미국은 너무 멀리 있어 식민지 조선의 민족운동이 사회주의 종주국 러시아의 도움을 받으리라 그들은 믿었다. 게다가 3·1운동 이후 한국 민족주의가 개량주의로 흘러 사회주의가 식민지 사회 운동 이념으로 자리 잡았다.

또 흥미롭게도 사회주의·공산주의가 성리학과 서로 닮았다. 지식인을 자극하는 정교하고 체계적 언어 구조, 현실 모순 비판과 이상향 제시, 신성(神性) 없는 현세주의, 개인의 자유를 유보하는 공동체주의, 중앙집권체제 지향, 대중 교육·교화 중시, 욕망 억제·시장 통제, 엄숙한 도덕주의, 토지 분배 등이 그렇다. 가령, 토지를 정(井)자 모양으로 나누고 가운데 토지를 공동 경작해 세금으로 거두는 정전제와 사회주의·공산주의가 닿는다. 3·1운동 때 "조선 독립의 그날에는 재산이 평등하게 분배된다"는 구호가 나왔다.

근대 서구 혁명 사상을 수용했다지만, 한반도 지식인 의식 속에 수백 년 성리학 관념이 배어있지 않을 리 없었다. 식민지 조선 사회주의자는 옛 사림 선비들을 닮았다. 민중·백성을 의식화·교화해 바른길로 이끌어야 한다는 엘리트 의식이 그들을 지배했다. 조선 중기 조광조의 개혁 실패가 보여주듯 식민지 청년 사회주의자들이 순수함을 지나 독선으로 흘렀다. 인간은 새로운 것을 만나면 잊지 말아야 할 것까지 종종 잊는다.

경성제국대학 수석 입학한 유진오도 마르크스주의 연구 단체에 가입해 활동했다. 심지어 그는 마르크스 사상을 공부하려고 법학과에서 '비인기 학과' 철학과로 옮기려 했다. 몇 년 후 이야기지만 경성제국대학 철학과 교수 미야케 시카노스케가 사회주의자 이재유를 관사에 숨겨줬다가 투옥됐다. 제국대학이 본분을 잊고 '붉은 소굴'로 변했다.

사회주의가 문학까지 붉게 물들였다. 박영희, 김기진 등이 '예술을 위한 예술'을 비판하며 신경향파를 형성했고, 조선프롤레타리아예술동맹(KAPF)을 조직해 사회주의 리얼리즘 문학을 추구했다. 현실 모순에 관심을 기울이자는 이념은 고결했지만, 수단으로 동원된 문학이 문학성을 발휘하기 어려웠다. 훗날 박영희가 "얻은 것은 이데올로기요, 잃은 것은 예술"이라고 고백했고, 김기진은 자본주의 욕망이 들끓는 주식거래소에 드나들며 인생 대박을 꿈꿨다.

좌파 낭만주의 시대를 살려면 불온사상이 지식인 필수 덕목이었다. 사회주의를 모르는 자는 시대 낙오자였고, 사회주의는 처세 상식이었다. 그들에게 사회주의(마르크스-레닌주의)는 과학이며 종교였다.

"사회주의를 믿고 안 믿는 것도 딴 문제이고, 사회주의가 실현되고 안 되는 것도 딴 문제이다. 다만 **사회주의가 무엇인지 알아야 행세를 하게 된 것이 오늘날의 형편이다.** 누구나 처세 상식을 알려거든 하루바삐 이를 읽어볼 일이다."
-월간 「혜성」 1931년 11월호-

신조어 '마르크스 보이'는 사회주의 이론을 제대로 알지 못해도 아는 체 겉멋든 청년이었다. 그들은 껍질만 빨갛고 속은 하얗다는 뜻으로 '사과' '빨간 무'라고 불렸다. 여성이 그런 행태를 보이면 '엥겔스 걸'이었나.

마르크스 보이·엥겔스 걸은 서구 근대 문물에 탐닉한 '모던 보이·모던 걸'의 한 길래였다. 그들은 전근대 인습에 저항하며 사회주의를 통해 서구 근대를 만났다. 그들에게 능력만큼 소비하는 사회주의와 필요만큼 소비하는 공산주의 개념 구분은 중요치 않았다. 그들은 사회 열기를 형성했고, 그 열기가 6·10 만세운동, 광주학생항일운동을 추동했다. '배워야 산다'며 1920년대 불어닥친 교육열도 사회주의 확산에 에너지를 공급했다. 사회주의가 먹물 냄새를 풍겼다.

러시아혁명 확산을 막으려고 시베리아에 파병했던 일제는 식민지 조선에서 독버섯처럼 번져가는 붉은 사상을 경계했다.

소요(3·1운동) 발생 이래 조선인으로서 사회주의적 언사를 농하는 경향이 있다. 과격파 또는 사회주의자들이 이 기회를 틈타 은밀히 주의(사회주의)의 선전에 노력하고 있지 않은지 의심이 간다.

-소요 사건에 관한 민정 휘보, 1919.4.16.-

군국주의자들은 민족주의보다 사회주의를 더 큰 위협으로 느꼈다. 민족주의가 인간 세상의 물리적 변동을 꾀한다면 사회주의는 화학적 변화를 꿈꿨다. 군국주의자들은 겁먹은 개가 짖듯 칼을 빼 들었다. "국체를 변혁하거나 사유재산제도를 부인하는 것을 목적으로 결사를 조직하거나 이에 가입한 자는 10년 이하의 징역 또는 금고에 처한다."(치안유지법, 1925.5).

간토 대지진 직후 혼란을 막으려고 공포한 긴급칙령이 치안유지법 모체였다. 이 법은 일본 내 사회주의 운동을 탄압하는 게 주요 목적으로 식민지 타이완, 사할린에서도 시행됐다. 제국주의(독점 자본주의)와 사회주의·공산주의는 물과 기름이니 치안유지법은 필연의 산물이었다. 1925년부터 1938년까지 1만 8천여 명이 치안유지법 위반으로 검거됐다.

그러나 미국발 대공황 이후 자본주의가 위기를 맞을 때 소련의 계획 경제가 크게 성장해 조선의 사회주의자들이 이념적 확신을 가졌다. 그들은 소련을 '프롤레타리아 혁명 이후 가능한 새로운 세계'로 인식했다.

'조선의 레닌'을 꿈꾸며, 조선공산당 창당

3·1운동의 일격을 당한 일제가 언론·출판·집회·결사의 자유를 허용했다. 일제는 식민지인의 입을 틀어막았다가 징조 없이 뒤통수를 얻어맞았다고 판단하고, 입은 열어주고 여론을 점검하며 식민지를 정교하게 통치하려 했다(문화통치).

모처럼 다가온 '해빙무드' 속에서 1920년대에 사회주의 단체들이 생겨났다. 서울청년회, 북풍회, 화요회가 국내 사회주의 활동을 본격 시작했다. 이들은 겉으로 합법단체였지만, 국외 상하이파 고려공산당, 이르쿠츠크파 고려공산당과 관계를 맺었다.

서울청년회는 국내 자생 조직으로 코민테른과 연계 없는 토종 세력이었다. 김사국, 장덕수, 이득년, 김한, 윤자영 등이 주요 회원이었다. 이들은 223개 청년단체를 규합해 조선청년총동맹 결성을 주도했다(1924). 토착어 '젊은이'를 갈음한 일본식 근대어 '청년'은 민족의 장래를 이끌어 갈 주체였다.

북풍회는 '북풍이 한번 불면 빈대가 사라진다.'는 속언에서 따온 이름이다. 북풍은 사회주의·공산주의를 가리킨다. 김약수, 김종범, 마명, 정운해, 남정철, 서정희, 박창한, 박세희, 신용기(신철), 송봉우, 이호 등이 주요 회원이었고 재일본 단체 북성회 시부로 출빌했다. 그들은 "대중 본위의 신사회 건설, 조선 민족해방운동의 선구가 될 것"을 선언했다.

화요회는 카를 마르크스 생일이 화요일이라서 붙인 이름이다. 박헌영, 김단야, 임원근이 화요회 3인방인데, 그들이 기자로 근무한 조선일보가 마르크스를 "불후의 공적을 쌓고 사상가로서 혁명가로서 백 대의 사표(師表)"라고 추앙했다. 김단야는 레닌을 '프로공화국의 아버지' '인류 역사상 위대한 새 기록의 주인공'이라고 칭송했다. 조선 왕조 사대부들이 성리학 집대성자 주자를

숭배했듯 식민지 공산주의자들의 사대 근성도 다르지 않았다. 화요회는 국제 공산당 본부 코민테른, 이르쿠츠크파 고려공산당과 연대했다. 훗날 코민테른 지령을 가장 잘 따른 조직이 화요회였다. 3인방 이외에 김재봉, 조봉암, 김찬, 홍증식 등이 화요회에서 활동했다.

나라 밖에서 고려공산당 내 상하이파와 이르쿠츠크파처럼 서울청년회, 북풍회, 화요회도 서로 갈등을 겪었다. '화요회 3인방'은 함께 옥고를 치러 동질 감이 강했던지 조선일보 기자로 근무할 때 다른 동료 기자들과 밥도 함께 먹지 않았다. 북풍회 소속 서범석도 '화요계 사원들은 말을 걸려 해도 기회를 주지 않았다. 나는 이단자 취급을 받았다.'고 증언했다.

1925년 4월 17일, 경성 황금정(을지로) 소재 중국음식점 아서원 2층 방에서 김재봉, 김약수, 박헌영, 김단야, 조봉암, 김찬 등 '조선의 레닌'을 꿈꾸는 청년 19명이 모여 조선공산당을 조직했다. 치안유지법 공포 한 달 전 일이었다. 책임비서 김재봉은 극동인민대표대회에 참가했고 이르쿠츠크파 고려공산당과 화요회에서 활동했다. 조선공산당 창당은 화요회가 주도하며 북풍회가 동참했고, 서울청년회는 불참했다.

다음 날 종묘 앞, 방 두 칸짜리 박헌영 신혼집에서 조선공산당 청년전위조직 고려공산청년회를 조직했다. 이들은 15세부터 30세까지로 나이를 제한했다. 고려공산청년회 포함 조선공산당 전체 당원 수는 120여 명이었다. 이듬해 조선공산당은 조봉암, 조동호를 보내 코민테른 승인을 받았다. 소련공산당은 '국제혁명 기지 러시아 소비에트 보위'를 각국 공산당 최우선 임무로 규정했다. 이에 따라 세계 공산주의 운동이 각국 국내 정세보다 소련 외교정책을 따라 움직였다.

해산 반복과 파벌투쟁

조선공산당은 창당 몇 달 만에 그 정체가 어이없이 들통났다. 1925년 11월 22일, 평안북도 신의주 한 식당에서 철없는 마르크스 보이들이 소영웅주의에 취해 "일본 경찰을 때려라. 잘 난체하는 변호사, 자산가를 때려 부수자"며 폭행을 저질러 경찰이 검거에 나섰다. 김단야는 중국 상하이로 달아났고, 박헌영·주세죽 부부, 허헌, 김약수, 김경서 등 220명이 구속됐다. 그 가운데 83명이 유죄판결을 받았고 2명이 옥중 사망했다(1차 조선공산당 사건).

흥미롭게도 박헌영은 감옥에서 정신병자 행세해 병보석 석방됐다. 그는 밥 먹지 않고 간수에게 달려드는가 하면, 제 똥을 집어먹었다. 젊은 혁명가의 연기가 얼마나 완벽했던지 의사도 속아 넘어갔다. 그러나 혹독한 감옥 생활로 박헌영은 만신창이가 됐다. 고춧가루 탄 물 콧구멍에 붓기, 손가락을 묶어 천장에 매달고 가죽 채찍으로 때리기, 경찰 대여섯 명이 번갈아 가며 수감자를 주먹으로 패는 '축구공 놀이' 등 온갖 고문이 그를 짓이겼다. 식민지 붉은 운동은 항일운동 중에서도 가시밭길이었다.

석방 이후 박헌영이 좌파 낭만주의 서사를 이어갔다. 1927년 말, 박헌영은 만삭 아내 주세죽과 함께 처가가 있는 함경남도 함흥으로 갔다가 이듬해 여름 소련 블라디보스토크로 탈출했다. 그들은 누군기의 도움으로 작은 어선을 타고 바다를 건넜다. 이 영화 같은 탈출극이 마르크스 보이들을 흥분시켰고, 가요 명곡 '눈물 젖은 두만강' 노랫말이 됐다고 전한다.

1차 조선공산당이 무너졌지만, 조선일보 진주 지국장 출신 새 책임비서 강달영이 3개월 만에 당을 복원해 코민테른 공식 승인을 받았다. 그들이 발표한 '조선공산당 선언'은 직접·비밀투표, 1일 8시간 노동, 아동 노동 금지, 산모의 산전 2주·산후 4주 노동 금지, 토지 몰수·농민에게 분배, 소작료 30% 이하

등을 명시했다. 외유내강형 강달영은 그동안 적대했던 기독교 세력과 관계를 개선했다.

그러나 당내 파벌투쟁은 여전했다. 화요회가 북풍회를 교란하려고 밀정을 심었고, 파벌끼리 폭행·매수를 저질렀고, 심지어 상대 세력을 경찰에 밀고했다. 2차 조선공산당 책임비서 강달영(화요회)이 북풍회 12명을 출당했고, 서울회는 조선공산당 참여를 계속 거부했다. 대한민국임시정부와 조선공산당이 그 이념과 노선은 달랐지만, 시기·질투·파벌싸움에서 '민족 동질성'을 보였다.

2차 조선공산당도 어이없이 실체가 드러냈다. 조선공산당이 민족주의 세력과 6·10만세운동을 준비할 때 천도교 잡지 『개벽』 인쇄소 여직공이 호기심으로 빼돌린 격문이 여러 사람을 거쳐 화폐 위조범 이동규에게 들어갔다. 종로 경찰서 형사들이 도렴동 이동규 집을 급습해 변소 발판 밑에 감춰놓은 위조지폐 다발을 압수하고 안방 재떨이에 구겨진 채 버려진 격문을 발견했다. "혁명적 민족 운동자 단결 만세!", "대한 독립 만세" …

형사들은 격문 배후를 추적하다가 뜻밖의 인물을 검거했다. 1차 조선공산당 사건 때 놓친 거물, 권오설이었다. 경찰은 흥분했다. 강달영을 비롯해 130여 명이 체포되어 2차 조선공산당이 출범 여섯 달 만에 붕괴했다(2차 조선공산당 사건). 강달영은 바나나 장수로 위장해 명치정(명동) 소재 주식거래소로 돈을 찾으러 갔다가 붙잡혔다. 그는 경찰 수사 도중 조직 기밀을 지키려고 자살을 시도했고, 그 후유증으로 정신질환자가 됐다.

와세다대학 출신 김철수가 3차 조선공산당을 조직했다. 그는 상하이파 고려공산당에서 활동하다가 대한민국임시정부 내 파벌싸움에 실망하고 귀국했다. 그는 레닌이 임시정부에 제공한 자금 일부를 국내로 들여왔다.

김철수는 화요파로 분류됐지만 파벌을 초월해 서울파 조기승, 이인수, 김병일 등을 조선공산당으로 영입했다. 여기에 일본에서 활동하며 대동단결을 주장한 일월회가 가세해 조선공산당 주류로 등장했다. 1, 2차 조선공산당이 상하이파 고려공산당과 이르쿠츠크파 고려공산당 중심 조직이었다면, 3차 조선공산당은 일월회가 주도했다.

1926년 말, 김철수가 3차 조선공산당 승인을 받으러 러시아로 떠났다. 상하이로 피신한 조선공산당 옛 지도부가 새 지도부를 인정하지 않았고, 김철수가 모스크바로 가는 것을 방해했다. 물에 빠진 사람 구해났더니 보따리 내놓으라는 격이었다. 코민테른 회의에서 김단야, 조동호가 김철수를 견제했지만, 김철수는 조선공산당 재건 승인을 받아냈다(1927.4.29.). 훗날 김철수는 '내 일생에서 제일 좋은 일'이었다고 회고했다.

흔히 3차 조선공산당을 'ML당(마르크스·레닌주의당)'이라고 부르는데 이것은 심각한 오류다. ML당은 고광수, 김준연 등이 조선공산당 안에 만든 비밀 사조직이었다. 단일 대오를 추구하는 혁명 정당 내 비밀 조직은 범죄 조직이다. ML당은 조선공산당 이름으로 코민테른 자금을 받아 썼다. 훗날 김철수는 "그놈들이 공산당 안에다가 저희 비밀 그룹을 만들어 가지고 날 속였다."고 분노했다.

3차 조선공산당도 고질병이 도졌다. 마치 예정된 길을 걸어가듯 서울파와 일월회가 파벌투쟁으로 빠져들었다. 그들은 상내 세력을 향해 각각 '식민지 조선 현실을 이해하지 못하고 추상적 이론만 늘어놓는다.' '마르크스·레닌주의를 진혀 이해하지 못한다'고 공격했다. 그것은 텃세와 허영의 충돌이었다. 그들은 서로 폭행했고 상대방 정보를 경찰에 흘렸다. 그 덕분에 식민지 경찰은 조선공산당 내부 정보를 폭넓게 확보했다. 1928년 봄, 3차 조선공산당이 결국 무너졌고, 4차 조선공산당이 감옥에서 조직됐다.

1, 2, 3차 조선공산당 주류가 지식인이었다면 4차 조선공산당은 노동자 출

신들이 주도했다. 책임비서 차금봉이 철도 노동자였다. 사회주의 운동 저변 확대인지, 거물들이 사라져 꿩 대신 닭인지, 그것은 동전의 양면이다. 노동자 출신 조선공산당 지도부가 국내외 조직을 정비했지만, 차금봉을 비롯해 당원 170여 명이 검거되어 당이 또다시 붕괴했다. 쉽게 무너지고 쉽게 재건하는 '떴다방 조직'이다 보니 조선공산당은 조직의 밀도를 기대하기 어려웠다.

중국국민당 장제스가 국공합작을 깨고 공산당을 학살(상하이 쿠데타, 1927.4.12.)한 이후 코민테른은 조선공산당 내 파벌투쟁, 엘리트주의를 지적하며 노동자·농민에 기초해 당을 재건하라고 지시했다(12월 테제, 1928). 노동자·농민 계급이 아직 성장하지 못한 식민지 조선에서 사회주의자들은 '12월 테제'를 당 재건 불가·당 해체 지령으로 받아들였다.

이후 식민지 해방 때까지 조선 사회주의자들은 '테제 정치'를 이어갔다. 좌우 통일전선 조직 신간회도 코민테른 테제로 해산했다. 왕조시대 성리학 사대부들이 중국 황제를 떠받들었듯 식민지 사회주의자들도 사대주의 근성을 벗어나지 못했다.

만주 빨치산

국외에 있어서 무기를 들고 적에게 육박하는 반일혁명군의 존재는 국내 동포에게 커다란 희망과 용기와 자신감을 북돋아 주는 것이다. … 동북(만주)은 반파쇼 전쟁의 일대 화산이요, 동변도의 밀림은 그 위대한 분화구이다. 더구나 이 불같은 만주 빨치산 전투에 있어서 조선 사람이 민족연합통일전선을 영도하고 있는 것이다.　　　　　　　　　　　　　-김사량, 『노마만리』-

만주는 러시아(소련)와 가까워 사회주의·공산주의 세례를 일찍 받았다. 만주 벼농사를 조선인이 개척했듯 만주 공산주의 운동도 조선인이 먼저 씨를 뿌렸다. 1923년 가을, 코민테른 산하 코르뷰로(고려국)가 파견한 박윤서, 주청송 등이 북간도 룽징 동흥중학교를 중심으로 고려공산청년동맹 지부를 조직했다. 1926년 봄에는 조봉암, 최원택 등이 북만주에 조선공산당 만주 총국을 조직했다.

조선공산당 만주 총국은 지주·토호 횡포에 맞서 농민 권익을 지키며 청년 학생들과 함께 항일투쟁에 나섰다. 만주 조선인 절반 이상이 소작농이어서 '붉은 무리'의 표적이 됐다. 장제스 국민당 정부가 부패하고 일제 침략에 제대로 대응하지 않은 점도 만주 조선인을 공산주의 우산 속으로 떠밀었다.

그러나 코민테른이 좌경화되어 '일국일당 원칙'을 내려 조선공산당 만주 총국은 조직을 해체하고 중국공산당에 입당해야 했다. 만주에서 조선공산당보다 열세였던 중국공산당이 '일국일당 원칙'을 반겼다. 그들은 투쟁경력을 근거로 입당을 심사했다. 김근, 김철 등 조선인 공산주의자들이 중국공산당에 투쟁경력을 인정받으려고 "일본 제국주의를 타도하자", "토지 혁명을 실시하고 쏘비에트 정부를 세우자"며 폭동을 준비했다. 창시자보다 그 추종자들이 이념을 더 강렬하게 구현한다. 그들은 중국공산당 리리싼 극좌모험주의 노선 구현자였다.

1930년 5월 1일, 북간도 룽징에서 노동자 200여 명이 파업에 들어갔다. 이들은 철도, 양말, 인쇄, 목공, 철공 분야에 종사하는 조선인들이었다. 이어 조선인이 운영하는 20여 개 학교가 동맹휴학하고 시위에 나섰다. 그렇게 '붉은 5월'이 시작됐다.

29일, 시위대는 친일 지주 노명화, 김주황 집, 평양여관 등에 불을 지른 후 전화선을 끊고 전봇대를 넘어뜨렸다. 폭동이 인근 지역으로 퍼져나갔다.

30일 밤, 폭력 시위대가 룽징전기공사 보초병을 때려눕히고 송전용 전선대를 도끼로 찍어 넘어뜨린 뒤, 송전실에 들어가 배전판을 파괴했다. 순식간에 룽징 일대가 암흑세계로 변했다. 이어 김천, 황진연이 이끄는 500여 명이 일본영사관, 동양척식주식회사 출장소, 조선인민회, 발전소, 철도 기관차, 교각, 정류장 등을 파괴했다. 총소리, 폭죽 소리에 놀란 일본영사관 경찰과 중국 상무국 직원들이 대응하지 못했다. 곳곳에서 사람들이 비명을 지르며 쓰러졌다. 그밖에 화룡, 연길, 두도구 등에서 폭동이 일어났다(5·30 간도폭동). 항일무장투쟁 근거지 간도는 이래저래 '불령선인' 온상이었다.

이후 5·30 간도폭동은 1년 동안 680여 회 일어나 1천 3백여 명이 검거됐다. 일제 당국은 430명을 경성으로 압송했다. 그들을 수용할 감옥이 모자랐다. 주동자 김근을 비롯해 사형 22명, 무기징역 5명 등 245명이 실형을 받았다. 사형수들은 형장으로 끌려가며 '만세'를 외쳤고, 노래를 불렀다. 조선 후기 천주교인들이 순교할 때 비슷한 현상이 나타났다. 그것은 억압에 맞선 초월적 신념이었다. 천주교인들은 죽음 후 성자를 꿈꿨고 공산주의자들은 혁명가로 역사에 남고 싶었다. 억울하게 죽은 최영, 단종, 남이, 임경업 등이 서낭신으로 추앙받는 무속 정서도 작용했다는 추론도 가능하다. 비극은 영성을 남겼다.

이후 조선인 공산주의자들이 입당해 만주 중국공산당 역량이 강화됐다. 조직원 2천여 명 가운데 85%가 조선인이었다. 이에 조선과 중국의 공산주의자들이 만주에서 연합유격대를 조직했고, 동북인민혁명군으로 발전했다. 동북인민혁명군 4개 부대 가운데 2개 부대는 그 구성원 대부분이 조선인이었다.

1936년 봄, 중국공산당은 동북인민혁명군을 비롯한 옛 만주 군벌 장쭤린 잔당 세력, 잡다한 항일유격대 등을 통합해 동북항일연군으로 확대 재편성했다. 코민테른도 항일연군 내 조선인들에게 조국 해방을 위해 투쟁하라고 지령을 내렸다.

동북항일연군 병력은 6천~1만여 명으로 양징위, 저우바오중 등 중국인 지휘관과 훗날 북한 정권을 수립하는 김일성, 김책, 최현, 최용건 등 조선인이 다수 포함됐다. 김일성이 지휘하는 제2군 6사 부대원은 대부분 조선인이었다. 이들은 대개 민생단 사건 때 죽다가 살아난 자들이라 투쟁 열정이 뜨거웠다.

1930년대 중반 민생단 사건은 만주 조선인 공산주의자들에게 최대 시련이었다. 만주 중국공산당 내 중국인들이 조선인 수백 명을 일제 첩자로 몰아 학살했다. (혁명 열기에 찬물을 끼얹으려고) 고향 노래를 불러도, (식량을 축내려고) 밥을 먹다가 흘려도, (훈련을 방해하려고) 훈련 중 변소에 자주 가도, (스파이 활동을 위장하려고) 너무 열심히 일해도 첩자로 몰려 처형됐다. 목숨이 질겨 죽지 못하고 시체 더미에서 기어 나오면 끝끝내 몽둥이로 때려죽였다. 김성도, 송일, 김권일 등 조선인도 혁명성을 과시하려고 동족 학살에 앞장섰다.

청년 김일성도 죽음 직전까지 갔다가 유창한 중국어 실력 덕분에 살아났다. 그에게 민생단 사건은 위기이며 기회였다. 거물 공산주의자들이 사라져 약관 청년이 조선인 빨치산 지도자로 떠올랐다. 역사학자 한홍구는 김일성이 민생단 사건을 겪으며 '주체'를 내면화했다고 말한다. 믿을 건 이념보다 민족이며, 주체사상이 식민지 항일 투쟁기에 이미 잉태했다는 이야기다. 사회주의·공산주의와 민족주의가 뒤섞여 좌파 민족주의 싹이 텄다.

민생단 사건 종료 이듬해 김일성은 유격대를 이끌고 함경남도 갑산군 보천보 소재 관공서를 습격해 식민지 조선에 파란을 일으켰고, 민생단 사건 때 부모 잃은 고아들을 보살펴 해방 이후 '어버이 수령'으로 군림할 자산을 쌓았다.

'김일성 장군' 등장

코민테른 '12월 테제'로 조선공산당이 해산한 이후 각 파벌이 당 재건을 시도했다. 그 가운데 1930년대 중반 이재유를 비롯해 김삼룡, 박진홍, 이관술, 이효정, 이현상(훗날 지리산 빨치산 지도자) 등이 그들이다. 종래 조선공산당 전략과 달리 이재유는 대중 지지를 먼저 확보하고 당을 조직하자고 주장했다.

1936년 겨울 이재유가 검거됐고, 2년 후 이관술이 경성콤그룹(경성 코뮤니스트 그룹)을 조직해 박헌영, 권영태 등을 영입했다. 경성콤그룹은 세 차례 검거 사건으로 1942년 겨울 무너졌지만, 식민지 해방 이후 조선공산당을 재건했다(1945.9.11). 이후 조선공산당은 백남운 남조선신민당, 여운형 조선인민당과 합당해 남조선로동당(남로당)을 조직했다(1946.11.23).

38도선 이북 정세도 긴박하게 돌아갔다. 1945년 9월 19일 추석 전날, 원산항에 김일성, 김일, 오진우, 안길, 박성철, 최현 등이 소련군 함정 푸가초프를 타고 들어왔다. 그들은 식민지 항일 투쟁기 만주에서 빨치산 활동하다가 소련으로 달아나 '88특별여단'으로 편성됐다(만주파). 귀국 전, 소련군 대위 김일성은 어릴 적 우상 스탈린을 특별 면담하고 눈도장을 찍었다. 스탈린은 '김일성은 주목할 자다. 그를 도와주라'고 소련 극동군 사령관에게 지시했다.

김일성은 식민지 시기 항일 빨치산 투쟁경력 말고도 또 다른 장점을 갖췄다. 그는 만주에서 야생으로 활동한 덕분에 조선 공산주의 운동의 고질병인 종파성(파벌성)에서 한발 벗어나 있었다. 소련은 '미국 제국주의 앞잡이' 이승만이 남한으로 귀국하기 전 김일성을 북한으로 먼저 들여보내고 싶었다. 2차 세계대전 이후 미소 냉전이 한반도에서 기지개를 켰다.

그러나 북한 공산주의자들에게 제동이 걸렸다. 그들은 북한에 공산당을 조직하고 싶었지만, 서울에서 이미 조선공산당이 부활했다. 공산주의자에게 '일

국일당 원칙'은 철칙이었다. 지난 20년 동안 우여곡절을 겪었지만 조선공산당이 서울에서 출발했고, 조선 공산주의 운동 중심은 38도선 이남 서울이었다. 김일성과 박헌영이 논쟁하는 가운데 결국 서울을 조선공산당 중앙으로 인정하고 평양에 '조선공산당 북조선분국'을 설치했다(1945.10.10). 그것은 김일성에게 굴욕스러운 이름이었지만, 간판이 중요하지 않음이 곧 드러났다.

나흘 뒤 소련군이 평양 공설 운동장에서 군중대회(속칭 '김일성 장군 환영 대회')를 열었다. 조선물산장려운동을 이끌던 명망가 조만식이 통일 국가 건설을 역설하고 나서 '민족 영웅' 김일성 장군이 무대 위에 등장했다. 8년 전 보천보 지역 경찰서를 습격해 식민지 조선을 발칵 뒤집은 그 주인공이었다. 공설 운동장에 모인 군중은 백발 날리는 노 장군을 상상했지만, 권투 선수처럼 머리를 짧게 깎고 가슴에 소련 훈장을 착용한 30대 청년이 나타났다. 대회장 한구석에서 '(저자는) 가짜 김일성'이라는 말이 터져 나왔고 소련군이 소동을 진압했다.

유럽과 달리 동아시아 공산주의 운동사에서 20~30대 젊은 지도자가 흔했다. 제1차 국공합작 후 중국공산당 약관 저우언라이가 황푸군관학교 정치 주임이었다. 더구나 추위와 굶주림을 견디며 활동한 만주 항일유격대에서 젊은 지도자가 나온 것은 자연스러웠다. 군중 앞에 선 김일성은 '노력 있는 사람은 노력을 내고, 돈 있는 사람은 돈을 내고, 지식 있는 사람은 지식을 내어' 새로운 조국을 건설하자고 연설했다. 그의 고향 후배 김형석(철학자)은 '김성주(김일성 본명)가 긴일성 장군임을 알고 마을 주민들이 몹시 놀랐다'고 증언했다.

이후 국외에서 활동하던 공산주의자들이 북한으로 속속 들어왔다. 12월 13일, 중국혁명기지 옌안에서 활동하던 김두봉, 최창익, 한빈, 무정 등 화북조선독립동맹 세력이 입국했다(옌안파). 한 달 전 충칭에서 남한으로 입국한 대한민국임시정부 세력이 푸대접받았듯 조선독립동맹 세력이 도착한 평양역도 쓸쓸했다. 환영 인파도, 플래카드도 없었다. 수십 년 만에 돌아온 고국산천을 미군과 소련군이 점령해 그들이 비빌 언덕은 없었다.

아시아 최초 공산국가

1945년 12월 17~18일, 조선공산당 북조선분국이 제3차 확대집행위원회를 열었다. 소련군은 국내파(남로당파) 김용섭, 오기섭을 밀어내고 김일성을 책임 비서로 선출했다. 김일성은 북한을 조선 사회주의 혁명 민주 기지로 만들자고 선언했다. 모스크바 3상 회의(12.16~12.25) 결정으로 정국이 들끓는 가운데 민족주의자 조만식은 고려호텔에 구금됐고, 소련 각본대로 김일성이 북한 권력자로 등장했다.

조선공산당 북조선분국은 조선민주당(조만식), 조선신민당(옌안파), 천도교 청우당, 전평 북부조선총국, 민주청년동맹, 여성총동맹 등 정당, 사회단체들을 통합해 북조선임시인민위원회로 출범했다(1946.2.8). 서른네 살 김일성이 위원장, 쉰일곱 살 김두봉이 부위원장이었다. 이후 조선공산당 북조선분국이 '북조선공산당'으로 불렸다.

평양대부흥운동 이후 평양은 '동방의 예루살렘'이라 부를 만큼 기독교가 번성해 반공 정서가 강했다. 식민지 해방 이후 첫 3·1절, 장대현교회에서 신도들과 소련군 적위대가 충돌했고, 평양역 집회장에선 반공 테러단체 백의사 소속 김형집이 김일성에게 수류탄을 던졌다. 소련군 소위 노비첸코가 수류탄을 제거하다가 오른팔을 잃었다.

한반도 공산화를 위해 북한에 먼저 혁명기지를 건설한다는 민주기지론을 구체화한 북조선임시인민위원회는 사실상 정부였다. 그들이 '무상 몰수·무상 분배' 토지개혁을 단행했다. 지주 4만 4천여 명의 토지(북한 전체 농지 50%)를 몰수해 농민 70%에게 분배했다. 토지개혁은 전근대 봉건 적폐인 지주·소작제를 단박에 청산했다. 북한에서 공산주의 세력이 민심을 얻어 권력을 안정시켰다. 한국 공산주의 운동 텃밭은 노동자가 아니라 농민이었다.

그러나 토지개혁이 농민에게 준 것은 토지소유권이 아니라 경작권이었다. 그 토지는 한국전쟁 이후 국가 소유 협동농장에 귀속됐다. 결국 지주 소작제가 국가 소작제로 바뀌었다. 또한, 토지개혁 이후 38도선 이북에 아시아 최초로 공산주의 경제 체제가 구축되어 남북 분단을 재촉했다. 남한 단독 정부 수립을 언급했다고 비난받는 이승만 정읍발언은 북조선임시인민위원회 출범 넉 달 뒤 나왔다. 손바닥이 마주쳐야 소리 나는 법이니 이승만도 분단 책임이 없지 않지만, 북한 공산주의자들이 먼저 움직였다.

한편, 북조선공산당은 조선신민당과 합당해 북조선로동당(북로당)으로 태어났다(1946.8). 사실상 흡수당하는 조선신민당 불만을 고려해 김일성이 선배 김두봉에게 위원장직을 '통 크게' 양보했다. 적을 증오하면 판단력이 떨어진다. '친구를 가까이, 적을 더 가까이', 빨치산 출신 젊은 정치인은 마르크스·레닌주의를 제대로 이해하지 못했지만, 정치 감각이 예리했다.

이로써 남한에 남로당, 북한에 북로당이 공존했지만, 무게 중심은 소련군 점령 지역 북로당이었다. 코민테른이 조선공산당을 지휘했듯 북로당이 남로당을 움직였다. **조급한 박헌영이 소련 통치자 스탈린에게 편지를 써 김일성을 비판했지만, 붉은 황제는 김일성에게 한 번 더 힘을 실어줬다.** 조선공산당 창당 주역으로 투옥을 거듭하며 투쟁한 박헌영이 밖에서 굴러온 청년 빨치산에 쫓겼다. 1차 미소공동위원회 결렬 후 미·소 관계 악화도 박헌영에게 악재였다. 결국 박헌영은 미군정 체포령을 피해 월북했다(1946.10). 미국이 소련과 충돌하지 않으려고 박헌영 월북을 묵인했다는 이야기도 전한다. 어찌 됐든 박헌영 월북은 사실상 투항이었다. 소련의 지지를 받는 김일성과 미국의 탄압을 받는 박헌영의 경쟁은 처음부터 승패가 결정 났다.

이후 북한 단독 정부 수립은 일사천리로 진행됐다. 제주4·3사건 폭풍 속에서 5·10 총선거를 거쳐 남한이 국회와 대한민국 정부를 가까스로 수립할 때 북한도 총선거로 최고인민회의를 구성해 헌법을 발표하고 조선민주주의인민공화국을 선포했다(1948.9.9). 그들은 대한민국보다 며칠 늦게 정부를 선포해 끝까지 통일 조국을 지향했다는 명분을 챙겼다.

교조화

전쟁, 광기, 살육

중국 국공내전과 공산주의 혁명은 현대판 초한지였다. 약체 유방이 역발산기개세 항우를 제압했듯 공산당 마오쩌둥이 국민당 장제스를 물리치고 대륙을 석권했다. 1949년 10월 1일, 톈안먼 광장에서 마오쩌둥이 눈물을 흘리며 중화인민공화국을 선포했다.

사촌이 땅 사면 배가 아프다. 중국공산당 동북항일연군 출신 북한 지도자 김일성과 그 세력은 중국 공산주의 혁명을 보며 흥분했다. 대륙의 거대한 혁명 기운이 소용돌이를 일으키며 작은 반도로 밀려왔다. 조선의용군을 비롯해 중국 국공내전에 참여했던 무장세력 수만 명이 북한으로 들어왔고, 미국은 한반도 안보에 관심 없다고 선언했고(애치슨 선언), 대구 봉기, 제주 4·3사건, 여수·순천 10·19사건 등 남한사회 혼란이 평양 공산주의자들의 심장 박동수를 늘렸다. **북한 정권 수립 세력은 식민지 때 만주에서 활동한 항일유격대 출신이어서 무장 투쟁이 몸에 밴 자들이었다. 한국전쟁은 중국 국공내전의 연장전이었다.**

1950년 6월 25일 새벽, 조선인민군이 소련제 전차를 앞세워 남한을 침공했다. 38도선을 돌파한 21개 연대 가운데 10개 연대가 만주 조선인으로 조직됐다. 이들은 실전 경험 많은 정예병이었다. 반면 미국은 이승만의 불장난을 우려해 남한에 탱크, 전투기 등 대형 무기를 제공하지 않았다. 기울어진 운동장에서 전쟁이 시작됐다.

이튿날, 조선인민군 최고사령관 김일성이 조선중앙방송을 통해 "도피 분자, 요언(妖言) 전파 분자와 무자비하게 투쟁하며 밀정 및 파괴 분자를 적발, 가차 없이 숙청하고 반역자는 무자비하게 처단해야 한다"고 지시했다. 전쟁 중 곳곳에서 민간인 학살이 일어났다. 몇몇 젊은 빨치산의 혁명 망상이 민족을 참극 속으로 몰아넣었다.

전쟁 발발하면 군인보다 비무장 민간인이 더 죽는다. 정확한 통계가 없지만, 한국전쟁 3년 동안 남한군 14만 명, 북한군 20~30만 명, 유엔군 4만 명, 중국군 11만 명이 전사할 때 남북한에서 민간인 백만 명 이상이 죽었다. 그 민간인 사망자 가운데 10% 이상을 남한 군·경찰과 우익, 북한 인민군과 좌익이 **학살했다.** 치안이 무너진 전시에 광기의 피바람이 불었다.

북한 인민군과 그 점령 지역 인민위원회 소속 좌익 분자들이 우익 인사를 인민재판하고 처형했다. 공무원, 군인, 경찰과 그 가족, 지식인, 종교인이 주요 대상이었고, 임산부와 어린아이도 들어있었다. 민간인 59,994명이 희생됐다고 대한민국 공보처가 기록했다('6·25사변 피살자 명부', 1952.3).

공산주의 유물론자들에게 기독교는 눈엣가시였다. 최고사령관 김일성이 '악질 종교인을 처벌하라'고 지시했다. 전국 곳곳 교회에서 학살이 일어났다.

좌익 분자들이 충남 논산 병촌교회 66명, 전남 영암 복길교회 86명, 염산교회 77명, 야월교회 66명, 전북 정읍 두암교회 20명 등 전국에서 기독교인 1천 명이상 학살했다. 유엔군의 인천상륙작전 이후 '십자군'에 밀려 철수할 때 인민군이 교회를 파괴했다. 산 사람을 불태워 죽였고, 생매장이 자행됐다. 그 고결한 '인민 해방'의 이념은 온데간데없었다.

남한 군·경찰도 민간인을 학살했다. 그 가운데 국민보도연맹 사건은 몇 명이 희생됐는지 가늠조차 어렵다. 국민보도연맹(國民保導聯盟)은 이승만 정부가 '남한 내 좌익 분자를 사상 전향시켜 그들을 보호하고 인도한다'는 명분으로 만든 조직이었다.

한국전쟁 초기 인민군이 파죽지세 밀고 내려올 때 그들과 국민보도연맹이 손잡을 걸 우려해 남한 당국이 학살을 저질렀다. 희생자 수만 명 가운데 상당수는 제 이름이 국민보도연맹 명부에 올라간 사실조차 몰랐다. 그들은 죽는 이유나 알고 죽자며 절규했다. 그들은 해당 지역 국민보도연맹 실무자의 실적 쌓기용 희생양이었다. 대구·경북에서 학살된 보도연맹원 3만여 명 중 좌익 분자는 20% 미만이었다.

서울 수복 후에는 인민군 부역자에 대한 학살이 곳곳에서 일어났다. 군·경찰뿐 아니라 반공청년단, 서북청년회 등 극우단체가 교사, 공무원, 언론인을 마녀사냥했다. 교사들의 죄목은 '학생들에게 김일성 찬양 강요'였다. 평소 개인 원한 있던 주민들은 서로 무고했다. 경남 거창·산청·함양 일대에서는 지리산 빨치산의 근거지를 없앤다며 대한민국 군대가 무고한 주민 수백 명을 학살했다. 빗발치는 총알을 막으려 젊은 엄마는 어린 딸을 몸으로 감싼 채 숨을 거뒀다.

대전형무소에서는 좌익과 우익의 학살이 교차했다. 개전 3일 만에 인민군이 서울을 점령하고 밀고 내려오자 남한 군·경찰이 제주4·3사건, 여수·순천

10·19사건, 국민보도연맹사건 등으로 대전형무소에 수감된 좌익 사범 수천 명을 야산으로 끌고 가 집단 학살했다. 재소자들을 일렬로 꿇어앉혀 놓고 뒤통수를 사격한 후 긴 구덩이 속으로 밀어 넣었다. 이어 기관총 사수가 확인 사살했다. 흙과 피가 뒤섞여 질퍽거렸다.

인민군이 대전을 점령하며 갑-을 관계가 뒤바뀌었다. 그들은 무고한 민간인을 학살했다는 혐의로 군인, 경찰 등 공무원과 서북청년회 조직원을 대전형무소, 수도원 등에 수감했다. 수감자들의 운명을 가른 것은 인천상륙작전이었다. 위기를 느낀 인민군이 후퇴하며 수감자 1천 5백여 명을 학살했다.

누구를 위해 종은 울리나? 서로 얼굴도, 이름도 모른 채 아무 이해관계 없는 사람끼리 죽고 죽이는 게 전쟁이다. 한국전쟁 때 두 손님 기독교와 공산주의가 싸웠다. 그것은 이념의 상징계에 눈먼 집단광기였다. 한국 현대사는 누구의 역사인가?

종파사건

존경하는 흐루쇼프 동지께

… 귀하께서 조선로동당의 심각한 오류와 결함을 아실 겁니다. 몇몇 동지들이 김일성 동지의 오류와 결함을 지적했습니다. 그러나 그는 동지들의 의견을 존중하지 않았습니다. 이 문제가 8월 30일 전원회의에 상정됐습니다. 김일성 개인숭배가 비판받았지만, 저들은 비판을 막았습니다. … 소련공산당 책임 있는 지도원을 조선에 파견해 주기 바랍니다.

-소련 주재 북한대사 이상조-

한국전쟁 이후 평양에 멀쩡한 건물이 없을 만큼 북한은 폐허였다. 김일성은 소련과 중국 원조를 얻어 중공업 중심 전후 복구를 추진했다. 중공업 우선 정책은 당장 소비를 늘리기보다 미래를 위해 자원을 투자하고 대약진을 이루자는 '스탈린 축전전략'으로 당시 공산주의 국가 초기 공업화 정책이었다.

그러나 그 결과가 처참했다. 1954년 흉년이 들어 이듬해 봄까지 대기근이 덮쳤다. 1954년 곡물 생산량이 전쟁 중 생산량보다 적었다. 게다가 중공업 우선 정책으로 늘어난 노동자의 식량을 공급하려고 국가가 턱없이 싼 값으로 곡물 수매를 강행해 황해도에서 자살자, 아사자가 속출했다. 그런데도 북한 당국은 그 원인을 정책 실패가 아닌 농민의 계급의식 박약으로 돌렸다.

인민들이 굶어 죽어 가는 가운데 김일성의 교시와 사진이 군부대 곳곳에 걸렸고, 그의 항일 빨치산 활동이 '빛나는 혁명 전통'으로 태어났다. 그 우상화에 불만을 느낀 옌안파, 소련파가 움직였다. 이때 우연인지, 필연인지 소련 새 지도자 흐루쇼프가 전임자 스탈린 개인숭배를 비판하고 나섰다. 하필 당시 평양 대광장 이름이 '스탈린광장'이었다.

1956년 8월 30일, 조선로동당 중앙위원회 전원회의에서 불만이 터져 나왔다(종파사건). 옌안파 윤공흠이 포문을 열었다. "소련공산당 제20차 당대회에서 제기된 개인숭배 배격이 조선로동당에 반영되지 않고 개인 독재가 계속 유지되고 있다." 이어 그는 중공업 우선 정책을 비판하고 인민의 의식주 문제를 먼저 해결하자고 주장했다. '물러가라'는 야유가 빗발쳤다. 옌안파 최창익이 '발언을 왜 막냐?'고 윤공흠을 두둔했다. 스탈린 격하 운동에 가장 고무됐을 소련파 박창옥은 '지금 개인숭배를 반대하는 것은 세계 조류'라고 역설했지만, 요란한 야유 속에 그의 목소리가 묻혀버렸다.

그러나 김일성 만주파는 항일 투쟁기 치열한 빨치산 활동으로 조직력이 강했고, '권력이 총구에서 나온다'는 점을 알았다. 그들이 이미 북한 군부와 정보 조직을 장악해 옌안파, 소련파 동향을 파악했다. 전원회의 소집 일자를 하루 전날 발표한 것도 항명 세력의 예봉을 꺾는 정치 묘수였다.

'옌안파', '소련파'도 종파사건의 긴장감을 높이려고 훗날 만든 용어일 뿐 그들에겐 파벌이라고 부를만한 조직력도 없었다. 게다가 허가이, 박창옥, 김열 등 소련파는 여자관계가 문란해 정적에게 약점을 드러냈다. 어설픈 조직이 어설프게 맹수를 건드려 종파사건은 자충수가 됐다.

윤공흠, 서휘 등 소위 옌안파가 심상치 않은 분위기를 느끼고 그날 오후 친정(親庭) 중국으로 달아나 중국공산당에 도움을 요청했다. 소련 주재 북한대사 이상조는 소련 통치자 흐루쇼프에게 도움을 요청했고, 김일성에게도 편지를 써 전횡을 비판했다. 그는 부산 출신으로 조선의용군을 거쳐 1953년 휴전협정 회담 때 차석대표로 참여해 남측 백선엽과 눈을 부라렸고, 종파사건 이후 소련에서 망명 생활하다가 1989년 남한을 방문해 백발노인 백선엽을 만났다.

중국공산당 마오쩌둥은 '김일성이 스탈린과 다를 게 없다.'고 비난하고 특사 펑더화이를 평양으로 급파했다. 소련도 부총리 미코얀을 보냈다. 펑더화이는 '마오쩌둥 주석의 뜻'이라며 옌안파 숙청을 멈추라고 김일성을 압박했다. 김일성은 '수령' '경애하는 지도자' 등 개인숭배를 중지하고 중국 지시를 따르는 듯 보였지만, 그것도 잠시였다.

이듬해 김일성이 반혁명 종파분자 숙청에 들어갔다. 첫 표적은 옌안파 거두 김두봉(한글학지, 주시경 제자)이었다. 김일성은 김두봉이 '당의 령도'를 거부했다며 수정주의자로 몰아붙였다. 특별한 잘못이 없어 김일성은 김두봉의 사생활을 끄집어냈다. 그가 젊은 여성과 재혼 후 정력제가 필요해 해구신(물개 생식기)을 상납하라고 지방 관리들을 압박했다는 혐의였다. 칠순을 바라보는 김두봉은 당 대표자 회의에 끌려 나와 수모를 당하며 노추를 인정했다. 이후 그는 협동농장으로 쫓겨나 죽었다.

종파사건 전후 폭풍이 컸다. 김일성이 지하감옥 박헌영을 산속으로 끌고 가 전격 처형한 것도 옌안파, 소련파와 박헌영 세력이 손잡는 것을 차단하기였다. 김일성은 박헌영과 그 부하들을 조선민주주의인민공화국 체제 전복을 노린 미국 스파이로 몰아 처형했다. 소련이 박헌영 처형을 반대했지만 소용없었다. 인민들이 충격과 의혹에 휩싸였다. (김구 암살범 안두희처럼) 이승엽, 이강국, 임화 등 남로당 간부들이 주한 미군방첩대(CIC) 요원으로 활동했다는 문서가 훗날 나왔지만, '박헌영 미국 스파이설'은 단정하기 어렵다. 진실은 죽은 자의 몫이다.

총살 직전 박헌영은 비서 출신 젊은 아내 윤레나와 어린 두 자식의 신변 보장을 부탁했다. 항일 투쟁기 식민지에서 투옥을 거듭하며 조선의 레닌을 꿈꾸던 혁명가가 파란만장한 삶을 마쳤다(1956.7).

일찍이 김일성은 '1920년대 조선 공산주의 운동이 철저히 실패한 것은 당내 종파 투쟁 때문'이라며 종파분자를 생쥐라고 비난했다. 그는 '소련이나 중국 아니라 하늘에서 왔더라도 종파분자는 아무 소용 없다'며 소련파와 옌안파를 "형태는 조선 사람인데 머리는 소련이나 중국에 가 있는 사람들"이라고 공격했다. 1인 체제를 구축하는 데 민족주의가 유용함을 김일성은 알았다. 최창익, 박창옥, 강성민, 김민산, 양계, 오기섭, 류축운, 이상조 등이 숙청됐고, 의열단·조선의용대 지도자 김원봉도 중국국민당 프락치로 몰려 숙청된 후 감옥에서 자살했다고 전한다. 1959년까지 지도급 인사 백여 명이 사라졌다. 김일성은 종파주의 종식을 선언했다.

종파사건은 역사적 질문을 던진다. 한국 공산주의 운동사에서 누가 적통일까? 조선공산당을 창당하고 투옥과 재건을 거듭한 박헌영 국내파, 중국혁명 기지에서 중국공산당과 함께 항일투쟁한 김두봉 옌안파, 혹한과 굶주림을 견디며 항일무장투쟁을 감행한 김일성 만주파가 그 후보군이다. 결국 인식의 문제일 텐데 역사의 정통성이 승자 몫이라면 너무 야박하지 않나?

한편, 1950년대 북한 정치가 시끄러울 때 남한 사정도 다르지 않았다. 대통령 이승만 집권을 연장하려고 헌법을 날치기로 고치려는 여당과 이를 막으려는 야당이 충돌해 국회가 결투장으로 변했다(1952 발췌개헌, 1954 사사오입 개헌). 그것은 숙성 기간 없이 서구 민주주의 제도를 단박에 수용한 결과였다. 다수결이 곧 민주주의였다.

정권이 누명을 씌어 정적을 숙청하는 것도 남북한이 판박이였다. 1958년 이승만은 정적 조봉암을 북한 간첩으로 몰아 체포했다(진보당사건). 조봉암은 박헌영, 김단야 등과 함께 조선공산당 창당 주역이었고 해방 이후 전향해 농림부 장관으로서 농지개혁을 주도해 거물 정치인으로 성장했다. 3대 대통령 선거에서 이승만이 504만 표, 조봉암이 216만 표를 얻었다. 조봉암은 이승만 장기 집권 걸림돌이었다.

1심 재판부가 간첩죄를 인정하지 않고 국가보안법 위반만으로 조봉암에게 징역 5년을 선고하자 정치 깡패들이 법원으로 난입해 난동을 부렸다. 2심과 3심 재판부가 간첩죄를 적용해 조봉암에게 사형을 선고했다. 이듬해 온갖 논란 속에 조봉암이 형장의 이슬로 사라졌다. 52년 후 대법원이 조봉암의 간첩죄를 파기했다. 북한 박헌영과 남한 조봉암 모두 권력 투쟁의 희생양이었다.

1인 체제

종파사건으로 권력 상층부를 제거한 이후 숙청의 칼날이 아래로 향했다(중앙당 집중지도사업, 1958~1960). 사업 총책임자가 김일성의 동생 김영주였고,

모든 인민을 핵심 계층-동요 계층-적대 계층으로 분류했다. 적대 계층은 월남자 가족, 한국전쟁 때 국군치안대원과 그 가족, 대지주, 기업가, 종교인, 종파 분자와 그 가족, 남로당계 잔당, 식민지 때 공직자와 그 가족 등이었다. 모든 인민이 평등해야 할 인민공화국에 새로운 신분제가 등장했다.

집중지도사업은 몇 년 후 중국에서 일어날 문화대혁명의 모범사례였다. 적대 계층 8천여 세대가 산골로 이주했고, 5천 5백여 명이 강제수용소로 갔고, 2천 5백여 명이 인민재판 후 처형되거나 구금됐다. 밀고가 횡행하고 서로 경계하는 가운데 북한 사회가 공포로 휩싸였다.

북한 지식인은 저학력 빨치산 세력보다 고학력 남로당계와 옌안파를 지지했다. 김일성은 '지식인들이 자기도 이해하지 못할 어려운 말로 인민에게 혼란을 준다'고 비난했다. 그것은 군중 심리를 자극하는 포퓰리즘 발언이었다. 항일투쟁은 강철 투지로 가능했지만, 국가 운영은 지혜가 필요하다. 집중지도사업 때 과학 기술자를 비롯해 지식인이 숙청당하고 빨치산 출신들이 고위직에 진출한 것은 이후 북한이 쇠락하는 근본 요인이었다. 비록 친일 경력으로 오염됐지만 고학력 엘리트들이 남한의 번영을 이끈 것과 대비된다.

숙청의 광풍이 지나간 후 김일성 개인숭배가 시작됐다. 령도자 김일성은 뼈대 있는 집안 출신이어야 했다. 그의 집안은 반제국주의 혁명 가문으로 다시 태어났다. 항일 투쟁기 민생단 사건처럼 종파사건도 김일성에게 최대 위기였지만 그가 절대 권력을 구축하는 기회였다. 그는 살아남은 자의 특권을 챙겼다. 종파사건 이후 정적이 사라져 빨치산 출신 불혹의 독재자는 1인 체제 구축을 일단락했다. 이 무렵 북한은 협동농장 사업으로 토지 국유화를 완수해 정치와 경제 모두 공산주의 체제를 구축했다.

한편, 흐루쇼프가 스탈린 개인숭배를 비난한 것은 북한 김일성뿐 아니라 중국 통치자 마오쩌둥에게도 악재였다. 마오쩌둥도 인민에게 개인숭배를 강요하던 터라 흐루쇼프의 스탈린 격하 운동이 불편했다. 게다가 흐루쇼프는 서방 자본주의 진영에 화해 손길을 보냈고, 중국과 인도가 무력 충돌할 때 인도를 두둔했으며, 중국에 핵무기 기술을 이전하겠다는 약속을 어겼다. 마오쩌둥은 흐루쇼프 노선을 '수정주의'라고 비난했고, 흐루쇼프는 마오쩌둥 노선을 '교조주의'라고 받아쳤다.

공산주의 두 강대국이 이념 갈등을 빚자 북한은 중간에서 눈치를 보다가 점차 친중국·반소련 노선으로 기울었다. 쿠바 미사일 사태 때 소련은 미국에 사실상 굴복했고, 소련이 경제·군사 원조를 중단하자 북한은 자주·자립·주체를 강조했다. 조선인민군 창군 15주년 기념식에서 김일성은 '입대자들을 주체사상으로 무장해 소련의 영향에 오염 받지 않는 조선 군대로 훈련시키라'고 지시했다(1963.2). 소련이 경제 원조를 끊어 줄어든 예산을 정신력, 즉 주체사상으로 극복하자는 말이었다.

이듬해 흐루쇼프 실각으로 북한과 소련 관계가 복원됐지만 스탈린 시대 '갑-을' 관계로 돌아가지 않았다. 또 이듬해 김일성은 '20년 동안 소련과의 주종 관계를 끊고 제3세계와 친선을 도모하겠다'고 선언했다. "큰 당과 작은 당은 있으나 높은 당과 낮은 당, 가르치는 당과 지도받는 당은 있을 수 없다"고 『로동신문』이 논설을 실었다.

그러나 중국이 북한을 곱게 바라보지 않았다. 1960년대 후반 북한이 중국 문화대혁명을 '좌경 기회주의'라고 비판하자 문화대혁명 극렬 분자들이 김일성을 수정주의자로 공격해 두 나라 외교 관계가 끊길 뻔했다. 1966년 10월 5일 당대표자회의에서 김일성은 소련과 중국으로부터 '자주(自主)'를 선언했다. 아닌 게 아니라 강대국 틈바구니에서 초기 주체사상은 말 그대로 '주체' 사상이었다.

자연스럽게 주체사상은 민족주의 색채를 띠었다. 식민지 항일 투쟁기 조국 광복회를 통해 김일성이 천도교 민족주의 세력과 연대해 유격 게릴라전을 감행했으니 낯선 일이 아니었다. 식민지 해방 이후에도 천도교와 인연을 이어갈 만큼 김일성은 민족주의 성향이 강했다. 식민지가 낳은 기현상이지만, 보편주의(공산주의)와 특수주의(민족주의)가 만나 '좌파 민족주의' 싹이 텄다. 한반도는 이념 백화점이다.

공산주의 1당 체제는 권력 구조상 전체주의, 파시즘으로 흐르기 쉬울 뿐 아니라 한국사의 중앙집권 전통과 안성맞춤이었다. 1967년 조선로동당 중앙위원회 4기 15차 전원회의가 주체사상을 북한 유일사상으로 선언했고, 철학자 황장엽은 레닌의 '목적 의식성'을 원용해 주체사상을 '사람 중심 세계관'이라고 포장했다. 물질이 의식을 결정한다는 공산주의 유물론이 의식 능동성을 강조하는 철학으로 바뀌었다. 사람이 세계 중심에 서려면 개인의 자유와 권리 보장이 필수지만 북한 체제에서 그것은 상상하기 어려웠다. 황장엽 주장과 달리 주체사상은 1인 체제 세습 논리였고, '사람이 곧 하늘'이라는 천도교(동학) 사상을 외면했다.

이후 북한에서 주체사상은 정치 이념을 넘어 우상 숭배 이데올로기, 유사 종교였다. 김일성 이름 앞에 '강철' '천재' '민족 령도자' 등 비장한 수식어가 붙었다. 러시아혁명 지도자 레닌이 개인숭배나 찬양·아첨을 거부했지만, 김일성은 그 유혹을 뿌리치지 못했다. 한국 공산주의는 거창하고 공허한 말 잔치로 날이 샜고 주체사상은 공산주의 포기 선언이었다. 겁 많은 개가 크게 짖듯 주체사상은 북한 체제 위기 반증이었다.

「조선민주주의인민공화국 사회주의 헌법」(1972.12)은 한 사람이 당·군·정을 장악하는 주석제를 담았고, '주체사상을 자기 활동의 지도적 지침으로 삼는다'고 못을 박았다. '프롤레타리아 독재'는 자본주의가 사회주의로 넘어가는 과도기 체제라는 마르크스 이론은 먼 나라 이야기였다. 북한은 개인숭배 이론을 헌법에 담았다. 소련 스탈린, 중국 마오쩌둥도 꿈꾸지 못한 '신화'를 북한 통치자 김일성이 달성했다.

북한도 사람 사는 곳이라 1인 유일 체제에 반발해 '박금철·이효순 사건'(1967)이 일어났지만, 찻잔 속 태풍으로 끝났다. 북한 곳곳에 김일성 동상이 들어서는 가운데 아시아 최초 공산국가가 왕조로 변해갔다. 1992년 북한은 헌법에서 마르크스-레닌주의를 삭제했다.

왕조 세습

독재자가 권좌에서 내려오지 못하는 이유는 권력 없이 사는 하루가 죽음보다 두렵고, 하야 후 닥칠 보복 때문이다. 소련에서 일어난 스탈린 격하 운동을 보며 김일성은 가족 신변, 무너지는 본인 동상 등 죽음 후 상황을 우려했다. 믿을 건 핏줄밖에 없었다. **휴전선 이남 대기업 세습과 대형 교회 세습이 보여주듯 '피는 물보다 진하다'는 혈통주의가 남북한 이념과 체제를 초월한다.**

1973년 9월, 김일성은 아들 김정일(31)을 조선로동당 조직·선전 선동 담당 비서로 임명했다. 그는 아들 김정일이 영화 애호가여서 선전 업무에 적임이라고 판단했다. 이후 김정일이 '당중앙'이라 불리며 그의 이름 앞에 수식어 '공화국 영웅' '친애하는 지도자 동지'가 달라붙었다. 그가 권좌에 오른 게 1990년대 중반이니 권력 세습을 20년 넘게 준비했다.

북한이 원만하게 권력을 세습하려고 들고나온 것이 3대혁명소조운동이다. 사상혁명·기술혁명·문화혁명 달성을 위해 대학생이나 당 간부 수십 명으로 소조를 조직한 후 공장, 협동농장으로 보내 노동자·농민을 지도했다. 3대혁명소조운동은 권력 세습 바람 잡기 정책이었다. 남한 중앙정보부 같은 공포 정치 기구 국가보위부도 신설됐다. 이때 남한에서 '근면·자조·협동' 새마을 운동이 한창이었다. 남북한 모두 동원 체제 국가였다.

1980년대에 들어 북한은 김정일이 항일유격대 유적지 백두산에서 태어났다고 선전했다. 그가 태어났다는 백두산 정일봉은 순례 성지가 됐다. 김정일은 '눈부신 지혜와 비범한 통찰력과 세련된 지도력을 갖춘 당과 인민의 영명한 지도자'였고, 그의 생일은 공휴일이 됐다. 북한 관영 매체는 김일성을 마르크스, 김정일을 엥겔스로 비유했다. 북한 인민은 위대한 지도자 두 명을 동시에 받드는 영광을 누렸다. 그렇게 백두 혈통 신화가 막을 올렸다.

남한에서 시민 사회가 성장하고 반독재 민주화 투쟁이 한창이던 1980년대는 북한 권력 세대교체기였다. 김정일이 국가 권력을 세습하며 항일 빨치산 자녀들이 당, 군부, 행정부 요직으로 진출했다. **일제 식민지 때 집안의 빨치산 활동 경력이 신분으로 자리 잡았고 인민이 평등해야 할 공산주의 국가가 '골품제 국가'로 회귀했다.**

흥미롭게도 1980년대 남한 대학가 운동권을 중심으로 마르크스주의 바람이 불더니 주체사상이 풍미했다. 신군부가 등장해 민주화 열망을 짓밟아 그에 대한 반작용이었다. 신입생이 선배 손에 이끌려 마르크스주의를 만났고, 자본주의 사회 모순에 분노해 반독재 운동에 뛰어들었다. 그들 가운데 일부가 북한 주체사상에 경도됐다. **특정 이념이 권위로 작동하고 이에 집단 동조하는 모습은 1920년대 유행한 '마르크스 보이' '엥겔스 걸'은 물론 조선 시대 사대부들이 주자 성리학을 유일 신앙처럼 숭배하던 행태와 닮았다.**

특히 남도 도시 광주를 피로 물들인 신군부 배후에 미국이 있다는 사실에 청년 학생들이 분노했다. 그들은 민주화 운동을 떠받칠 이념이 필요했다. 그들 눈에 마르크스주의가 들어왔고, 반미투쟁 이념으로 주체사상이 제격이었다. 주체사상파가 학생운동 주류로 떠올랐고, 단파 라디오로 북한 대남 방송을 몰래 청취했다. 심지어 그들은 술자리에서 "위·수·김"(위대한 수령 김일성 동지를 위하여)을 외쳤고 김일성, 김정일 생일까지 기념했다. 1990년대 들어 공산주의 국가들이 몰락하며 주체사상파도 힘을 잃었고, 그 주역들이 하나둘씩 사상 전향했다.

북한 핵무기 문제로 전쟁 그림자가 밀려오던 1994년 여름, 김일성이 남북 정상회담을 한 달 앞두고 심장병으로 죽었다. 반세기 북한을 통치한 '태양'의 빈자리가 컸던지 1년 넘게 공화국 주석직과 당 총비서 자리가 비었다. '위대한 수령 김일성 동지는 영원히 우리와 함께 계신다'며 후계자 김정일은 유훈통치를 거쳤다. 유훈통치는 유교 이데올로기 왕조 3년 상이었다.

1998년 헌법 개정 후 김정일이 최고 통치자 국방위원장에 취임했다. 당시 북한 경제가 최악이었다. 동유럽 공산주의권이 몰락해 교역이 끊긴 가운데 미국이 북한 경제를 제재하고 대홍수가 겹쳐 식량난으로 수십만 명이 굶어 죽었다(1994~2000). 북한은 1930년대 후반 만주에서 김일성 유격대가 추위와 굶주림을 견디며 항일투쟁을 이어간 역정, 즉 '고난의 행군'으로 국난을 이겨내자고 독려했다. 이 기간 남한도 대기업의 무리한 사업 투자와 경영 윤리 실종으로 국가 경제가 파탄 나 '고난의 행군'을 겪었다. 배달민족 남북한 두 체제가 세기말 몸살을 앓았다.

2011년 겨울, 김정일도 심장병으로 사망했다. 그는 아들 김정은에게 권력을 넘겼다. 약관 김정은이 조선로동당 제3차 당 대표자회에 처음 모습을 드러낸 지 겨우 15개월 뒤였다. 권력 승계 과정이 긴박했다. 세계 최연소 통치자는 가족 포함 정적을 숙청하며 권력을 강화했다. 아버지 김정일이 국방위원장으로서 군부를 앞세워 통치했다면 그는 할아버지 김일성처럼 당을 통해 군부와 행정부를 장악했다.

언어와 논리 체계인 서구 정치학이 북한 체제의 본질과 운영 기제를 설명하기 어렵다. 북한 3대 세습은 한국인 정서 영역이다. 국가 통치자를 '아버지'로 부르는 북한 인민 심성은 유교 가부장제와 닿고, 그 '아버지'를 보며 목이 터지게 울부짖는 심성 속엔 무교(巫敎) 황홀경이 녹아있다. 유교와 무교가 한국인 심성 속에 따로 또 같이 공존한다. 거의 모든 공산국가가 무너졌는데 북한이 건재한 것은 그들이 감성에 기반한 '혈연 유기체'이기 때문이다.

북한은 김 알렉산드라 스탄케비치가 쏘아 올린 조선 공산주의 운동사를 권력 세습으로 끝장내고 식민지 이전 왕조로 회귀했다. 1948년 9월 9일 조선민주주의인민공화국 선포는 공산주의 혁명이 아니라 '이→김' 역성혁명이었다. 여기에 일제 식민지 말 군사 파시즘이 덤으로 작용했다. 그들은 '붉은 잔 다르크'의 고귀한 희생을 배반했다.

또 다른 괴물

괴물과 싸우는 자는 괴물이 되지 않도록 조심해야 한다. 우리가 괴물의 심연을 오래 들여다보면 그 심연 또한 우리를 들여다본다. -니체,『선악의 저편』-

사람은 싸우며 서로 닮는다. 민족주의가 제국주의와 싸우며 폭력성을 띠듯 북한 공산주의와 싸우며 남한에서 또 다른 괴물 반공주의가 등장했다. 1920년대 일제가 공산주의 탄압하는 치안유지법을 시행했듯 반공주의는 식민지 때 이미 똬리를 틀었다. 식민 통치 협력 세력에게 해방 이후 반공이 생존의 동아줄이었다. 그들은 신탁통치 문제를 '공산주의 vs 반공' 구도로 몰아가며 남한 내 기득권 세력으로 거듭났다.

남북 분단 이후 남한 권위주의 정권에게 반공은 전가의 보도였다. 정권이 위기를 맞을 때 용공 사건은 여론 호도용 구급약이었다. 국가 권력이 정보를 독점하던 시대라서 용공 조작 사건도 횡행했다. 북한 공산주의가 막장으로 치닫는 만큼 남한 반공주의도 극단을 달렸다. 5·16 쿠데타 세력이 '반공'을 국시로 내세웠고 안티(anti-) 이념이 국정 이념으로 자리 잡았다. 그것은 혐오의 내면화였다. 초등학교 반공 포스터에 등장하는 공산당은 뿔 달린 괴수였다. 반공 정권에겐 해맑은 동심도 포섭 대상이었다.

공산당에게 삶의 기반을 빼앗기고 월남한 서북 지방 출신 기독교 세력이 반공주의 주축이었다. 공산당 때려잡겠다며 제주도에서 죽창 들고 광기에 취해 양민을 도륙한 서북청년단도 그들이었다. 반공 세력이 자유민주주의를 외쳤지만, 그들 행태는 파시즘이었다. 증오로 무장한 세력이 자유민주주의를 감당할 수 없었다. 제주4·3사건과 여수·순천 사건을 거치며 제정한 국가보안법은 반공 시금석이었다. '반공'의 이름으로 양민 수만 명이 목숨을 잃었다.

한국 민족주의 세력과 일본 극우 세력 관계처럼 남북한 파쇼 정권도 서로 닮음을 넘어 공생했다. 국가 안보라는 미명으로 그들은 자유와 인권을 짓밟으며 '적대적 공생'을 이어갔다. 미국이 닉슨 독트린을 발표해 화해 분위기가 밀려올 때 남북한 정권은 '7·4 남북공동성명'을 기습 발표해 국제 정세에 발맞춘 후 각각 유신헌법과 사회주의 헌법을 선포해 종신 집권 체제를 구축했다. 한국 현대사는 반공주의와 민수수의의 투생사었다.

냉전 질서 해체 후에도 남북한 정권은 '적대적 공생'을 이어갔다. 1997년 제15대 대통령 선거 직전, 청와대 행정관 3명이 집권 여당 후보를 도우려고 북한 측에 휴전선 무력시위를 요청했다. 남북한 군사 긴장이 조성되면 보수층이 결집하고 중도 유권자들이 보수 정당에 투표하기 때문이다. 그것은 옛날이야기일까? "공산 전체주의를 맹종하며 조작선동으로 여론을 왜곡하고 사회를 교란하는 반국가 세력들이 여전히 활개 치고 있습니다."(2023년 광복

절 기념식 대통령 경축사)

편을 가르고 상대방을 증오하면 말과 행동의 일관성이 생기고 내부 구성원이 결속한다. 모 아니면 도, 회색지대가 없다. 그 점에서 민족주의와 반공주의가 서로 닮았다. 불행히도 두 '증오 이념'이 수십 년 동안 남한사회를 지배해 왔다. 서로 다름을 존중하지 않는 증오 사회에서 시민의식이 싹트기 어렵다. 흑백 선동에 휘둘리지 않는 자가 민주 시민이다.

북한 공산 집단이 건재한데 남한만 무장 해제할 수 있냐고? 그것도 철 지난 소리다. 현재 남한과 북한 경제력 비율이 60:1이다. 남한이 붉게 물들 확률은 제로에 가깝다. 대한민국에서 붉은 공포 마케팅도 이젠 저무는 노을이다. 북방 오랑캐를 혐오하며 관념 속으로 빠져든 조선 후기 성리학처럼.

민족주의 nationalism

식민지·분단이 낳은 괴물

유입

낯선 말 '민족'

용어는 개념의 틀, 의식의 감옥이다. '민족'이라는 말이 없으면 사람들이 민족의식을 갖기 어렵다. 19세기까지 한국에 '민족'은 없었다. 중국에 '민족', 한국에 '동포'라는 말이 없지 않았지만, 그것은 단순히 무리, 떼를 뜻했다.

오늘날 한국의 학술 용어가 대개 그렇듯 '민족'도 근대어다. 일본인 가토 히로유키가 독일 법학자 블룬칠리 저서를 번역한 『국법범론』(1872)에서 'nation'을 '민종(民種)'으로 번역했고, 중국인 사상가 량치차오가 '민족'으로 변형한 게 조선에 들어왔다. 유사 이래 대륙 문물을 수용해 오던 일본이 근대 한자어를 발명해 대륙으로 역수출했다. 한국이 독일·일본식 인종주의, 군국주의적 민족 개념을 수입했다.

조선 왕조가 몰락하던 20세기 초 항일언론 『황성신문』, 『대한매일신보』가 '민족'을 소개했다. 1900년 1월 12일 자 『황성신문』이 쓴 '민족'은 '인종(race)'에 가까웠고, 국가가 반(半)식민지로 몰락한 을사늑약 이후 'nation' 뜻으로 '민족'을 썼다. 최대 판매 신문이며 국채보상운동을 주도한 『대한매일신보』가 같은 혈통, 같은 거주 지역, 같은 역사, 같은 종교, 같은 언어를 민족의 조건으로 제시했다.

우승열패·약육강식 사회진화론이 풍미하던 때, 근대 한국 지식인은 세계가 민족 단위로 경쟁하고 있다고 느꼈다. 망국의 위기감이 내부 결속을 강화했고, 항일 의병 운동 격문에 '민족'이 등장했다. '나라'가 사라진 빈자리를 '민족'이 채웠다. '민족'은 나라 없는 국민이며 국권 회복, 근대 국가 수립 주체였다. 더 나아가 민족은 역사의 주체였다.

민족주의

'민족이 가장 옳다'는 민족주의(nationalism)도 유럽에서 태어났다. 그 민족의 가치를 구현하고 번영하려면 민족이 국가를 구성해야 한다. 그 민족이 식민 지배를 받고 있다면 민족이 똘똘 뭉쳐 투쟁하고 해방을 쟁취해야 한다. 그것이 민족주의다.

5세기 서로마제국 멸망 이후 중세 유럽은 지방분권 봉건 체제였다. 지방 영주들이 장원에서 왕 노릇했다. 광활한 숲속에 섬처럼 군데군데 장원이 고립됐고 지역마다 언어도 꽤 달라 동질감이 약했다. 근대 이전 유럽인은 '프랑스인', '독일인', '이탈리아인'이라는 의식이 희박했다. 이 분절성을 동질성으로 엮은 매개체가 철도, 신문이었다. 사람은 서로 만나고 정서를 공유해야 동질성을 느낀다. 근대인은 공간을 이동해 다른 지역 사람들을 만나고, 신문을 통해 정서를 공유했다.

18세기 후반 산업혁명과 시민혁명을 거치며 유럽에서 민족주의가 발흥했다. 프랑스혁명으로 신분제가 무너져 국가 구성원 간 신분 장벽이 사라지고 시민 주권 의식이 성장했다. 시민은 참정권을 얻는 대가로 징병제에 참여했다. 나라 주인이 총 들고 제 나라 지키는 일은 자연스러웠다. 징병한 군대를 이끌고 나폴레옹이 여러 국가를 침공하자 그 반발로 유럽에 민족주의가 고개를 들었다. 민족주의는 침략하는 자와 침략받는 자 모두의 이념이었다.

19세기 후반, 이탈리아반도에서 마치니, 카보우르, 가리발디 등이 활약해 통일 국가를 수립했고, 이듬해 비스마르크가 소왕국 40여 개를 통합해 통일 국가 독일을 건설했다. 바야흐로 근대 민족국가(Nation State) 시대가 열렸다.

몇몇 지식인이 점유하던 민족주의가 인민 속으로 퍼져 나갔다. 산업화 경쟁이 일어나 유럽 국가들이 인민의 동질감, 충성심을 유도하려고 민족주의를 강조했다. 독일 비스마르크가 공립 초등학교를 세워 독일어 교육을 강조했고, 러시아도 언어와 종교를 통합하려 했다. 국가가 언어를 통일하려고 표준어를 보급했다. 민족주의가 지배 이념으로 자리 잡았다.

유럽 봉건 체제에서 민족주의는 영주, 교회 등 각 지역 세력과 투쟁하며 성장했지만, 고대국가 이래 중앙집권체제가 발달한 한반도는 민족주의가 성장하기 좋았다. 동질성 강한 종족 구성과 언어, 조선 왕조 이래 압록강과 두만강으로 고정된 작은 국토, 외세 침략에 저항하며 생긴 공동 운명체, 관개농업을 통해 생긴 협동체, 뿌리 깊은 혈통 의식 등이 민족주의 토양이었다. 한국은 민족주의가 뿌리내릴 최적지였다.

19세기 말 동아시아 정세도 민족주의가 발흥하기 좋았다. 2천여 년 동안 동아시아 질서였던 중국 중심 책봉 체제가 청일전쟁으로 무너졌다. '섬나라 오랑캐' 일본이 중화 황제국을 무너뜨리고 새로운 패자로 우뚝 섰다. 비록 외세가 낳은 어부지리였지만 조선이 '중국의 일부'가 아니라 '독립국'으로 다시 태어났다. 청일전쟁은 권력 이동, 문명의 패러다임 전환이었다. 독립협회, 독립문, 독립신문 등 '독립'이 새로운 시대를 예고했다.

제국주의 시대, 한국인은 망국의 위협을 느끼며 자연스럽게 응집력을 보였다. 임진왜란 때 의병이 생활 공간을 지키려고 향촌 단위로 일어났지만, 대한 제국 의병은 전국 연합작전을 감행했다. 단군신화를 흡수해 혈통주의 기운을 풍기며 한국 민족주의가 성장했다.

량치차오

생존 경쟁 당차 시대에 국가 흥망이 네게 달렸네 …

육대주 대륙의 형편 살피니 **약육강식**과 **우승열패**라 …

-서우사범학교 「학도가」(1907)-

사람 의식은 그 시대 담론을 벗어나기 어렵다. 담론(談論)은 '서로 주고받는 이야기'라는 뜻인데 상대방에게 영향을 주고 사회 권력으로 작동한다. 중세 인은 태양이 지구 둘레를 돈다고 믿었고, 냉전 시대 남한 국민은 북한 인민 머리에 뿔 달렸다고 상상했다.

서구 문물이 밀려오던 20세기 초, 조선의 개화파 지식인들은 스펜서의 사회진화론 영향을 받았다. 사회진화론은 국가와 민족이 생물 유기체처럼 성장한다며 다윈의 진화론을 인간 사회에 적용했다. 적자생존·약육강식 진화론이 사회진화론으로 발전했고, 더 나아가 제국주의 이론으로 변질했다는 게 통설이다.

여기엔 오해가 들어있다. 다윈의 진화론이 말하는 적자생존(適者生存)은 말 그대로 환경 적응자가 살아남는다는 뜻이지 약육강식과 다르다. 스펜서도 할 말이 많다. 그는 다윈보다 먼저 적자생존 개념을 고안했고, 그 논리로 문명 발 전 단계를 설명하고 싶었을 뿐 제국주의를 옹호하지 않았다. 제국주의자들이 그의 사회진화론을 약육강식 침략 이론으로 확대해석해 악용했다.

사상은 창시자보다 그 추종자들에게서 더 강렬하다. 사회진화론이 동아시아에 들어오며 거칠게 변했다. 중국인 사상가 량치차오는 적자생존을 '우승열패(優勝劣敗, 잘 나면 이기고 못 나면 진다)'로 확대해석했다. 근대 한국 지식인은 량치차오를 통해 사회진화론을 받아들였다. 사회진화론은 근대 지식인의 언어였다.

윤치호, 유길준, 서재필, 이광수 등 지식인들은 조선이 근대화에 뒤졌으니 스스로 힘을 길러 부국강병을 이뤄야 한다고 믿었다. 훗날 이광수가 파문을 일으킨 '민족 개조론'도 사회진화론 아류였다. 그들에게 민족은 생물처럼 작동하는 유기체였다. 개인이 모여 민족을 이루지 않고, 민족이 개인의 존재를 결정했다. 근대 한국에서 건강한 개인이 성장하지 못했다.

한국 민족주의 이데올로그 신채호도 량치차오 추종자였다. 역사 교과서가 량치차오를 실패한 혁명가, 망명객으로 서술하지만, 그의 진가는 망명 이후 나타났다. 갑신정변 실패 후 김옥균이 일본으로 망명해 외딴섬을 전전하며 비참하게 살았지만, 량치차오는 오쿠마 시게노부(와세다 대학 설립자)를 비롯한 정계 거물들의 도움을 받아 언론인, 사상가로 활약했다.

을사늑약 체결 후 망국의 기운이 밀려올 때 조선에 '량치차오 바람'이 불었다. 근대 교육 개척자 안창호가 평양 대성학교에서 량치차오 저서 『음빙실문집』을 교과서로 썼고 박은식, 장지연, 신채호 등 당대 석학들이 량치차오 글을 번역했다.

아편전쟁 이래 서구 제국주의 폭력에 짓밟힌 중국 출신 실패한 혁명가가 빼어난 글솜씨로 '약육강식 세계에서 살아남으려면 낡은 사상의 구속에서 벗어나 서구와 일본처럼 부국강병으로 가야 한다'라고 역설하자 조선 지식인들이 동병상련을 느꼈다. 반면, 보수 유생 유인석은 『음빙실문집』을 "고금에 들어보지 못한 괴이하고 패륜적 책자"라고 혹평했다.

20세기 초 량치차오는 번역 왕국 일본에서 서구 근대지식을 탐독하며 동아시아에 전파했다. 조선시대에 주자, 1920년대와 1980년대에 카를 마르크스가 있었다면 1900년대 한국 지식인에게 량치차오가 있었다. 량치차오는 중국 신해혁명에 에너지를 제공했을 뿐 아니라 조선 지식인에게 근대 교사였다. 주자·마르크스·량치차오 추종은 변방 지식인의 속성이었다.

량치차오 사상은 사회진화론에 기초한 민족주의였다. 그는 무리를 지어 서로 경쟁하는 게 세상 이치라고 말했다. '문명인'에게 도륙당하는 '미개인'에 대한 연민을 그의 사상에서 찾기 어렵다.

> **결집력이 약한 존재는 결집이 강한 존재에 의해 반드시 멸망 당하고, 약자는 강자에 점령당한다.** … 미주, 아프리카, 호주 원주민이 (서구) 이민자에 의해 멸망해 간다. 야만인 무리가 문명인 무리에 필적하지 못한다. … 만물의 무리가 서로 경쟁하는 것이 공고한 법칙이다.　　　　-『무리를 말한다』(1896)-

량치차오가 말하는 무리는 근대 민족국가(Nation State)다. 국가 구성원이 향촌 사회를 뛰어넘어 동질감과 주인의식을 갖는 공동체가 근대 민족국가다. 하지만 그가 보기에 중국인은 근대 민족의식·국가 의식이 부족했다. 당시 중국인은 서구 제국주의 세력을 그저 곡식 약탈하러 내려오던 옛 북방 유목 세력쯤으로 여겼다. 훗날, 작가 루쉰도 소설 『아큐정전』에서 같은 문제를 지적했다. 루쉰은 중국인에게 '깨어나라'고 외쳤다.

신채호도 제국주의에 맞서 민족주의가 필요하다고 강조했다. 그는 량치차오뿐 아니라 메이지 시대 일본 국수주의 영향도 받았다. 근대 한국 지식인에게 일본은 투쟁 대상이며, 역할 모델이었다.

제국주의를 저항하는 방법은 무엇인가. 민족주의(다른 민족의 간섭을 받지 아니하는 주의)를 분발할 뿐이니라. **민족주의는 실로 민족을 보전하는 방법이라** … 금수 같고 꽃 같은 한반도가 오늘날에 이르러 캄캄하고 침침한 마귀 굴 속에 떨어짐은 무슨 연고인가. 한국 사람의 민족주의가 어두운 까닭이라.

-「제국주의와 민족주의」, 『대한매일신보』, 1909.5.28.-

다른 국가와 경쟁하려면 내부 결집이 필요하고 민족주의가 그 에너지를 제공한다. 민족주의가 지배자 이론이니 내부 결집은 지배받는 자의 희생을 요구한다. 그 폭력이 밖으로 분출한 게 제국주의다. 량치차오도 '민족 제국주의란 그 국민 실력이 안에서 충만하여 어쩔 수 없이 밖으로 넘쳐 나와 그 권력을 다른 지역에서 확장하는 것'이라고 말했다. 그는 최신 사조에 도취해 제국주의 폭력성을 간파하지 못했다.

그러나 훗날 량치차오도 서구 제국주의 실상을 목격하고 사회진화론을 버렸다. 그가 "현재의 내가 과거의 나에게 도전하는 일도 꺼리지 않겠다"며 사회진화론을 버렸지만, 그 잔영이 오늘날 한국에 남아 있다. 애국계몽운동, 실력양성운동을 거쳐 초등학생까지 경쟁 속으로 몰아넣는 진풍경도 사회진화론에서 발원한다.

정착

신채호 1-독사신론

한 국가의 역사는 그 민족의 소장성쇠(消長盛衰)를 살펴서 서술한 것이므로

민족을 버리면 역사가 없으며, 역사를 버리면 제 국가에 대한 민족의 관념이 크지 못하니, 오호라, 역사가의 책임이 무겁도다.

-「독사신론」 서론-

한 시대 역사 인식의 척도는 역사 교과서다. 신채호가 『대한매일신보』 주필로 근무할 때 대한제국 학부 관리 현채가 발행한 『중등교과 동국사략』이 역사 교과서였다. 신채호는 이 책이 한국 고대사를 일본사에 종속시켜 서술했다고 비판했다.

조선왕조가 사라지기 두 해 전, 신채호가 『대한매일신보』에 역사에세이 「독사신론」을 50회 집필했다. 독사신론(讀史新論)은 말 그대로 '역사를 새롭게 읽는 이야기'인데 그것은 한국 근대 민족주의 사학 태동이며 역사 인식 혁명이었다.

신채호는 「독사신론」에서 새로운 고대사 인식을 통해 망국의 시기 한국인 가슴속에 민족의 씨앗을 뿌렸다. 기원전 12세기 중국 주나라 무왕의 제후 기자가 조선에 문명을 전해줬다는 이야기, 기원전 2세기 망명객 위만이 쫓아낸 기자조선 왕이 한강 이남 삼한으로 옮겨가 그 정통성을 이어갔다는 이야기 등 종래 중국 중심 역사관을 부정하고, '단군조선→부여→고구려'를 한국 고대사의 주류로 설정했다. 그는 한국사를 중국 변방사가 아니라 민족 주체사로 재구성했다.

『삼국사기』, 『삼국유사』, 『동국통감』 등 역사서가 고구려사를 서술했지만, 고구려사가 20세기 초 「독사신론」을 통해 비로소 한국인 가슴 속으로 들어왔다. "아, 내가 우리 역사를 살펴보건대 4천 년 동안에 저 지나족과 경쟁이 가장 치열했던 시대는 오직 고구려 시대였다." 고대사 속 강대국에 맞선 항쟁을 소환해 민족주의를 자극하는 기법에 있어 「독사신론」이 피히테의 「독일 국민에게 고함」(1807~1808)을 닮았다. "로마를 물리친 선조 덕분에 로마 노예가 되지 않고 게르만의 피와 정신을 지켜 자랑스러운 독일인으로 살아남았다." 당시 독일은 프랑스 나폴레옹 군대에 점령당해 수모를 당했다. 고난의 근대사가 찬란한 고대사를 소환했다.

"한민족이 만주를 얻으면 한민족이 강성하고, 다른 민족이 만주를 얻으면 한민족이 쇠약해진다." 「독사신론」은 한국사의 무대를 한반도에서 만주로 확장하고 부여족을 한국인의 정통 뿌리로 규정했다. 여기서 **신채호는 혈통 중심 역사학을 고안해 냈다. 그는 한국사를 '단군 후예들의 계보'라고 단언했다. 종족 혈통을 따라가 역사의 적통을 설정하는 신채호 역사 서술 방식도 삼한 정통론과 다르지 않았다. 이는 유교 국가의 핏줄 이데올로기와 결합해 상승 효과를 냈다. 신분제가 일상으로 엄존하던 시대에 단일민족 신화가 폭발력을 발휘했다.** 양반과 상놈이 한 핏줄이라니 그게 어디 보통 일인가? 오늘날 한국인이 당연하게 여기는 이야기가 20세기 초 한국인에겐 낯선 충격이었다. 그렇게 국사(國史, National History)가 태동했다.

신채호가 량치차오 영향을 받아 민족을 역사 주체로 설정했고, 조선 후기 역사가 이종휘 영향으로 한국사 무대를 만주 대륙으로 확장했다. 이종휘는 스승 이익 도움을 받아 편찬한 역사서 『동사』에서 '단군조선→부여→고구려' 중심 북방 대륙사를 강조하며 고도 회복까지 주장했다. 이종휘가 근대 민족의식을 갖진 않았지만, 그의 연구는 20세기 내셔널리스트 신채호에게 영감을 줬다.

그밖에 안정복이 단군을 노래한 『동사강목』, 유득공이 발해를 노래한 『발해고』, 청 황제 건륭제가 지시해 편찬한 『만주원류고』 등이 신채호에게 영향을 끼쳤다. 백두산정계비 비문 해석을 놓고 조선과 청이 벌인 영토 분쟁도 청년 신채호를 자극했다. 감성을 자극하는 역사 낭만주의 싹이 텄다.

신채호 2-민족 영웅 서사

우승열패 시대, 생존 경쟁에서 살아남으려면 국가가 힘을 키워야 한다. 그런데 지금 조선이라는 국가가 사라지고 있다. 조선인의 마음을 하나로 엮어낼 구심체가 필요했다. 마침 일본에서 들어온 신개념 '민족(nation)'이 있어 차용했다. 적이 만든 개념으로 적과 맞서 싸우는 한국 근대사의 역설이 작동했다. '역사학은 애국심의 원천'이라는 량치차오 사상을 이어받아 신채호도 민족사(국사)를 주목했다.

지식과 교양 수준이 높지 않은 왕조시대 백성을 각성시킬 충격요법으로 량치차오와 신채호는 역사 속 영웅을 주목했다. 그들은 각각 '호걸이 없으면 세계도 없다', '영웅은 세계를 만든 성신'이라고 말했다. 자칫 영웅 사관에 빠질 위험도 있지만, 그것은 망국의 시대에 사치스러운 걱정이었다. 고난 극복과 훈훈한 과장이 들어간 영웅 이야기는 단순하고 명쾌해 선이 굵고 강렬한 메시지를 던졌다.

1907년 가을, 신채호가 량치차오 저 『의대리건국삼걸전』을 번역해 『이태리건국삼걸전』을 국한문 혼용체로 출간했다. 여기서 삼걸은 지중해 장화 모양 반도를 근대 민족국가 이탈리아로 통일한 마치니, 카보우르, 가리발디다.

이어 신채호는 '대한 중흥 삼걸전을 쓰는 게 내 삶의 피 끓는 염원'이라며 소설 「수군제일위인 이순신」을 『대한매일신보』에 연재했다. 임진왜란 때 일본 침략을 물리친 구국 영웅을 일제 침략기에 소환한 것은 우연이 아니었다. 나관중 『삼국지연의』처럼 역사 속에 문학적 상상을 가미한 이 작품은 이순신을 영국 해군 제독 넬슨과 비교하며 예찬했다.

1908년에는 『을지문덕』이 나왔다. 책 머리말에서 안창호는 "내가 해외 여러 나라를 여행해 보니 … 워싱턴 이후 허다한 워싱턴이 나왔고, 나폴레옹 이후 허다한 나폴레옹이 나왔다"라며 영웅의 번식력을 강조했고, 신채호는 "을지문덕이 우리 대동국 4천 년 역사에서 유일한 위인이며 전 세계 각국에도 그 짝이 드물다"며 그를 칭송했다.

북방 유목 세력 선비족에 '울지'라는 성(姓)이 있어 을지문덕이 선비족일 수 있다. 중국 수, 당 황실이 선비족 혈통이고, 중국 관료 가운데 '울지경덕'이란 인물이 나오며, 고구려가 부여, 말갈, 거란, 선비 등 다종족 국가였으니 가능한 이야기다. 출생지, 가문, 성 등 을지문덕의 거의 모든 게 베일에 가려있지만, 적군 30만 명을 섬멸해 황제국을 멸망에 이르게 만들었다는 살수대첩이 중국에 대한 조선 사대주의를 비판하기에 적합했다.

조선왕조가 막 내리기 직전, 신채호가 고려 명장 최영 이야기 「동국거걸최도통전」을 『대한매일신보』에 연재했다. 을지문덕이 중국 황제의 대군을 물리쳤고, 최영은 황제국을 선제공격하다가 사대주의자 이성계의 반란으로 장렬하게 최후를 맞아 신채호의 역사 인식을 자극했다. 「동국거걸최도통전」은 그 주인공 최영의 운명처럼 나라가 망하기 직전 집필 중단됐다.

신채호는 조선왕조가 문약에 빠져 상무 정신을 잃고 쇠락했다고 비판했다. 그의 스승 신기선이 테니스 치는 미국인 외교관을 보고 "아니, 아랫것들 시키시지 왜 영감이 직접 뛰어다니시오?"라고 물을 만큼 전통 유학엔 체육이 없었으니 틀린 말도 아니었다. 조선 사대부들이 몸을 얼마나 천시했는지 영화 『YMCA 야구단』이 흥미롭게 보여준다. 주인공 호창은 양반 체면에 맞지 않게 아버지 몰래 야구를 배우다가 들켜 한바탕 소동이 일어난다.

"지나간 영웅을 기록하여 미래의 영웅을 부르겠다."라는 신채호의 웅대한 포부가 군인 이순신, 을지문덕, 최영 이야기 속에 녹았다. 망국의 설움과 비분강개가 영웅 사관으로 피어났고, 적과 동지의 이분법을 낳았다.

단군, 백두산

환웅이 무리 3천을 이끌고 **태백산** 꼭대기 신단수 밑에 내려와 여기를 신시(神市)라고 부르니 그가 환웅천왕이다. … 환웅이 사람으로 변해 웅녀와 결혼했다. 웅녀는 아들을 낳고 **단군왕검**이라 불렀다.

-일연, 『삼국유사』(1281)-

성조 단군께서 그 식(式)과 그 혼을 창조하신 후 지금 4천여 년에 반도의 지축에 그 혼이 깊이 인각되고, 반도의 지면에 그 식이 널리 충만하야 이에 그 혼으로 조선인을 낳으며, 그 식으로 조선인을 기르니, 그 혼으로 낳은 자가 어찌 그 혼을 잊으며, 그 식으로 길러진 자가 어찌 그 식을 벗어나리오.

-동아일보, 1920.6.22.-

현대 한국인에게 단군신화는 고조선 건국 신화이며 민족 신화다. 고조선 통치자 단군왕검이 민족 시조라는 게 통념이다.

그러나 고려시대 일연이 『삼국유사』를 편찬하기 이전 단군신화는 평양 일대 고구려 유민들의 전승 설화였던 듯하다. 고려 후기 문신 조연수 묘지(墓誌, 죽은 사람의 이름, 신분, 행적 등을 돌에 새겨 기록한 글)에 그 흔적이 보인다.

평양 선조는 선인왕검으로 지금까지 백성이 남아 있으니 당당한 사공(司空, 정1품 관직)이시다. 평양 군자는 삼한 이전부터 있었으니 그 수명이 1천 년을 넘어 신선이 되셨다.

-충숙왕 12년(1325)-

한국사 태동은 단군조선이 아니라 중국 주나라 제후가 세운 기자조선이었다는 게 『삼국유사』 편찬 이전 역사 인식이었다. 기자는 유학 문명을 전파해 동이(東夷, 동쪽 오랑캐)에게 문명을 전해줬다는 성인이다. 고려왕조 관찬 『삼국사기』가 '주(周) 왕실이 기자를 제후로 책봉하고 나서 우리나라가 시작됐다'고 못을 박았다.

그렇다면 13세기 승려 일연은 『삼국유사』에 단군신화를 왜 실었을까? 12세기 묘청 난이 불러온 체제 위기감이 『삼국사기』를 낳았듯 12~13세기 신라·고구려·백제 부흥 운동(1190·1217·1237)이 『삼국유사』 서술에 영향을 끼쳤다. 게다가 13세기 후반 고려가 원(몽골) 도움으로 무신정권 100년을 끝냈지만, 그 대가가 혹독했다. 고려 영토 1/4을 원에 빼앗기고, 사람과 물자를 수탈당했다. 고려는 원의 '전근대적 식민지'였다.

고난은 의식을 자극한다. 고난의 시기 지식인 일연은 역사 기억을 재구성해 고려의 정체성을 부각하고 싶었다. 단군신화는 불멸의 천손이 겨레를 지켜준다는 후대인의 바람이며 위기 대응 반작용이었다.

같은 현상이 20세기 초 조선 왕조 멸망기에 나타났다. 내셔널리스트 신채호가 기자조선 중심 사관을 비판하고 단군조선이 부여, 고구려로 이어지는 혈통 계보 역사를 제시했다. 그는 단군을 추장 정치 시대에 여러 방국을 통일한 영웅으로 봤다. 행동하는 시성 신채호의 단군론은 종교운동, 민족운동으로 발전했다.

1909년 정월, 을사오적 암살단으로 유명한 나철이 오기호, 정훈모, 유근 등과 함께 한성 재동에서 대종교(단군교)를 중광했다. '중광'은 고려시대 몽골 지배를 받아 끊긴 단군 신앙을 부활시킨다는 뜻이다. **나철은 메이지 유신 이후 일본 무속 신앙 신토와 아마테라스 오미카미 신화가 근대 민족국가 건설 에너지로 작동한 것에서 깊은 인상을 받았다. 한국 민족주의도 무속 기운을**

받으며 태동했다.

한일병합 이후 대종교는 일제의 탄압을 피해 만주로 본부를 옮겨 민족운동을 이끌었다. 초대 교주 나철이 자결했지만, 그 교세가 확장해 만주·연해주 한인 70~80%가 대종교 신자였고, 서일, 이상설, 홍범도, 김좌진, 박은식, 신채호, 이상룡, 김동삼, 이범석 등 민족지사들이 입교했다. 이들은 봉오동전투, 청산리전투를 비롯해 항일 무장 투쟁을 주도했다. 다른 신흥종교와 달리 대종교는 양반 출신 교인이 많아 반봉건보다 반외세 성향이 강했다.

훗날 대종교 2대 교주 김교헌은 신채호의 단군론을 수용해『신단실기』를 집필했다.『신단실기』는 '신인(神人) 단군의 실제 기록'이라는 뜻으로 대종교 경전이며 항일 무장 투쟁 지침서였다. 단군을 숭배하는 대종교는 항일 민족 이데올로기였다. 조선총독부와 만주 군벌 장쭤린이 맺은 미쓰야 협정(1925.6)이 대종교 위상을 반증한다.

대종교 중요 간부 서일이 대한독립군 수령으로서 그 교도를 이끌고 일본에 항전하니 대종교는 곧 반동 군단의 모체로서 종교를 가장한 항일 단체이니 중국에서 영토 책임상 이를 해산시켜야 한다.

이듬해 장쭤린이 대종교 포교금지령을 선포했다. 일제와 야합한 만주 군벌이 대종교인을 항일 투사로 간주해 처벌했다.

새로운 단군 담론이 형성되자 평안남도 강동 대박산 단군릉 복원 운동이 일어났다. 마지막 황제 순종이 "(단군은) 우리나라 첫 성인인데 사당이 고요하다. … 잡초가 우거진 채로 있다고 하니 높이 받드는 책임자가 없다"고 말했다. 1932년 강동 지역 유지들이 '단군릉수축기성회'를 조직해 성금 3천6백 원을 모아 단군릉을 단장했다.

단군이 민족 시조로 부활할 무렵, 최남선이 불함 문화론을 들고나왔다. '불함'은 중국 고전 『산해경』에 나온 말로 그는 백두산, 태백산, 소백산 등 '백〔白, 붉, 불함, Părk〕'이 들어가는 땅이름을 주목했다. 그는 '백'이 '하늘·태양·신'을 뜻하며, '백' 계열 산이 태양신 제사 터였고, 그 가운데 백두산이 으뜸이라고 주장했다. 최남선은 대종교 영향을 받아 단군신화 속 태백산을 백두산이라고 봤다. 여기서 불함 사상이 나왔고, 그 중심에 단군이 있었다. 단군신화가 평양 일대 전승 신화라면 그 태백산은 묘향산으로 보는 게 타당하지만, 근대 민족주의자들은 단군신화 속 환웅 무리가 내려온 태백산을 백두산이라고 해석했다.

뜻밖에도 근대 이전 백두산은 큰 주목을 받지 못했다. 고려 정종 원년(946), 화산재가 일본까지 날아갈 만큼 크게 폭발해 백두산은 그 일대가 폐허였을 테고 사람이 접근하기 어려운 경외 대상이었다. 고려 인종 9년(1131), 승려 묘청이 서경(평양)에 여덟 신을 모시는 팔성당을 지었다. 그 여덟 신 가운데 첫째 신이 백두산과 관련 있는 백두악(白頭嶽)이었다. 묘청이 풍수지리설을 근거로 반란까지 일으킨 자이니 고려 영토 밖 백두산에도 관심을 두었다.

이후 백두산은 집단 기억 속에서 희미했다가 조선 영조 43년(1767), 국가 제사 대상이 됐다. 한반도 산맥이 백두산에서 발원했다는 백두대간 개념이 이 무렵 확립됐다. 만주족 왕소 청은 이미 강희제 16년(1677)에 이미 백두산을 장백산지신에 봉하고 제사를 지냈다. 백두산은 한국 민족뿐 아니라 만주족에도 신성한 곳이었다.

한국 기독교 포교가 보여주듯 이념을 전파할 때 노래만 한 게 없다. 근대에 들어 백두산이 '민족의 영산'으로 등극한 데엔 윤치호 작사 「애국가」 영향이 컸다.

1절 동해물과 **백두산**이 말으고 달토록 하나님이 보호하사 우리 대한만세. …
(후렴) 무궁화 삼천리 화려강산 대한사람 대한으로 길이 보전하세.

-노래집 『찬미가』(1908)-

윤치호는 「애국가」 가사를 민족 계몽 찬송가로 지었다. 미션스쿨을 중심으로 학생들이 「애국가」를 불러 확산했고, 가사가 조금 다르지만 3·1운동 때 시위꾼이 부르고, 대한민국임시정부가 불렀다. 국가를 남의 나라 민요 곡조로 부르는 것을 안타깝게 여긴 안익태가 오늘날 「애국가」 멜로디를 작곡했다고 전한다(1935.11).

근대 민족주의가 단군, 백두산, 광개토왕릉비 등을 재해석했고 태극기, 애국가처럼 새로운 상징물을 발명했다. 전통은 근대가 만들어 낸 권력이다.

기독교 민족주의

예수기독은 곧 하나님 아들이오 만국제왕의 왕이신데 세상을 구원하시려고 강생하셨다가 천하만국만민의 죄악을 대속하야 십자가에 못박히셨으니 곧 우리 한국 이천만민의 죄도 대신하야 돌아가신지라 … 상제로 대주재를 삼고 기독으로 대원수를 삼고 성신으로 검을 삼고 믿음으로 방패를 삼아 용맹있게 앞으로 나아가면 누가 죄를 자복지 아니하며 누가 명을 순종치 아니하리오.

-『대한매일신보』, 1909.3.18.-

유학에 『대학』를 비롯해 13경이 있고, 불교에 『경장』, 기독교에 『바이블』, 자본주의에 『국부론』, 공산주의에 『자본론』이 있지만, 민족주의엔 지침서가 없다. 민족주의는 이론 체계가 아니라 집단무의식이며 감성 체계다. '2차 이데올로기' 민족주의는 흡착력이 강해 식민지 공산주의, 자본주의('민족 자본' '민족 기업'…), 왕조 사관('국모 명성황후'…)과도 결합한다.

한국 민족주의 생성 과정에 '나를 믿으면 구원받는다. 나를 믿지 않으면 지옥 간다'는 기독교 교리가 녹아들었다. 영국, 미국, 프랑스, 독일 등 서구 열강이 기독교 국가이니 기독교는 근대문명 상징이며 자강 수단이었다. 서재필은 '한국을 문명 개화하려면 기독교가 가장 필요하다', 이승만도 '기독교를 받아들여야 정신과 사회를 개혁해 부강한 나라를 이룰 수 있다'고 말했다.

앞서 인용한 대로 대한제국기 최고 인기 신문 『대한매일신보』가 기독교 원죄론을 소환해 나라를 잃은 것도 절대자에 대한 죄악이며, 그 절대자 힘을 빌려 나라를 되찾자고 역설했다. 기독교가 민족을 초월자로 만들었고, 한국 민족주의에 청도교 결벽성을 심었다. 그 결벽성이 '적과 나' 이분법, 배타성을 낳았다.

지식인뿐 아니라 보통 사람들도 기독교에 호감을 느꼈다. 청일전쟁과 러일전쟁이 국토를 짓밟을 때 서양인 선교사가 운영하는 교회가 안식처였다. 비기독교국 일본이 조선을 침략해 올 때 조선인은 기독교를 보호막으로 여겼다. 한발 더 나아가 헐버트, 매켄지, 베델 등 서구 기독교 선교사들이 조선을 지키려고 일본 침략에 맞서 투쟁했다. 힘들 때 친구가 진짜 친구다. 식민지 민족운동 한 가운데에 기독교가 있었다.

조신 왕조 말기 국가가 유명무실일 때 기독교가 국가 기능을 대행했다. 배재학당, 이화학당, 경신학교, 숭실학교, 정신여학교, 숭의여학교 등 수많은 미션스쿨이 복음과 민족을 가르쳤고, 제중원(세브란스 병원)을 비롯한 병원이 의술을 베풀었다. 교육·진료가 곧 포교였다. 낡고 무기력한 유교, 불교와 달리 기독교는 새 시대 전령이었다. 기독교인이 곧 근대인이었다.

기독교를 전파하려면 백성이 복음서를 읽어야 하니 한글 복음서가 필요했다. 고종 19년(1882), 스코틀랜드인 선교사 존 로스와 조선인 서상륜 등이 요한복음과 누가복음을 한글로 번역해 출간한 이후 한글은 선교 언어였다. **최초 한글 신문『독립신문』을 창간한 서재필, 한글 연구 태두 주시경, 한글맞춤법통일안을 제정한 조선어학회 주축이 기독교인이었고, 시골 아낙네들도 한글을 쉽게 익혀 복음서를 읽었다. 기독교가 한글을 보급했고, 무시당해 온 언문이 민족 문자로 거듭났다.**

선교사 게일은 "놀랄 만큼 간편한 한글로 성경과 기독교 문서를 인쇄하고 있다. 한글이 4백 년 긴 잠을 자다가 마치 자명종 소리에 놀라 깨어나듯 일어나 그리스도의 사역을 전파한다"며 "세종대왕은 하나님께서 보낸 선지자"라고 극찬했다. 독립협회 회장 출신이며 애국가를 작사한 윤치호도 "기독교를 반대하는 사람도 성서공회에 대하여 조선의 자모(字母)를 부활시켜 유행케 한 큰 사업만을 위하여 감사하여야 될 것"이라고 평가했다.

고대 로마 시대『바이블』을 그리스어로 기록했고, 중세 라틴어『바이블』을 독일어, 불어, 영어 등 각 지방어로 번역해 종교개혁이 일어났다.『바이블』한글 번역도 한국 근대 민족사를 열었다. 한글이 기독교와 민족주의의 연결고리였다. 3·1운동 기획자 33인 가운데 16명이 기독교인이었고, 식민지 말기 한글을 공공언어로 사용한 곳도 교회뿐이었다.

한글 운동을 비롯해 한국 근대 문화운동을 기독교가 이끌었다. 3·1운동 이후 민립대학설립운동도 이상재를 비롯해 조만식, 이승훈, 박승봉, 이갑성 등 기독교인들이 이끌었다. 이상재는 **"조선을 부활시킬 길은 오직 조선인의 영혼을 죄악에서 건지어 조선인으로 하여금 순결한 민족이 되게 하는 데 있다. 기독교가 추구하는 개인의 도덕적, 정신적 회복이 민족 갱신의 첩경"**이라고 말했다. 1920년대 이광수, 최린 등 타협적 민족주의가 꿈틀댈 때 비타협적 민족주의 세력 대표가 기독교인 이상재였다. 사회주의가 식민지 청년들을 사로잡을 때 그 대항마도 기독교 민족주의였다.

식민지 농촌운동도 기독교 몫이었다. 1920년대 중반 이후 YMCA가 '농촌의 정신, 문화, 경제의 향상'을 목표로 농민학교와 야학을 통해 농민을 계몽하며 농업기술을 보급하고 부업을 장려했다. 단군신화가 관념 속에서 민족의식을 일깨웠다면 기독교는 삶 속에서 민족을 이끌었다. '민족은 하나님의 보편적 나라를 온전히 이루어 가시는 데 사용하는 도구다.'(제11회 세계주일학교대회, 1932.7).

민족주의 혈관, 신문

활자어가 특별한 방식으로 민족주의 기초를 쌓았다. 대화가 불가능했던 프랑스어, 영어, 스페인어 사용자들이 신문을 통해 서로 이해할 수 있었다. 그들은 점차 언어의 장에서 수십만, 수백만 사람들을 의식하고 동시에 그들이 같은 언어권에 속함을 느꼈다. 이 인쇄물을 통해 연결된 독자들이 세속적이며 보이지 않는 특정 민족으로 상상의 공동체를 형성했다.

-베네딕트 앤더슨, 『상상의 공동체』-

'민족은 실재 공동체가 아니라 근대 민족주의자들이 만들어 낸 관념'이라고 주장한 문제작 『상상의 공동체』는 서양사 이론이지만, 파편처럼 흩어져 살아온 인민에게 신문이 동시성을 부여한 점은 한국사에서도 유효하다.

근대 이전 한국인은 서로 동질성을 느끼기 어려웠다. 가령, 14세기 말 지리산 나무꾼이 한성에서 왕자의 난이 일어났는지 알기 어려웠다. 아마도 그들은 고려왕조가 조선왕조로 바뀐 사실도 한참 지나서 알았으리라. 향촌 안에서 태어나 살다가 삶을 끝내던 농경시대 사람들이 서로 접촉하지 못했고 교감하지 못했다. 임진왜란 때 의병 운동도 향촌 단위로 일어났고, 20세기 한국전쟁 때 제주도로 피난 온 함경도 사람들이 현지인과 말이 안 통해 일본어로 대화했다는 일화가 전한다.

그러나 근대에 들어오면 전국 단위 교통, 통신, 언론이 발달해 삶의 환경이 바뀌었다. **전라도 구례 만수동에 칩거한 유학자 황현(1855~1910)이 한성에서 일어나는 궁중 암투까지 『매천야록』에 생생하게 기록한 것도 신문 덕분이었다. 그는 『황성신문』과 『대한매일신보』를 구독했다. 근대 한국이 동시성을 띠며 마음속 네트워크를 형성해 갔다.**

근대 지식인이 생산한 민족주의 담론을 신문이 인민에게 전파했다. 이토 히로부미가 '조선 통감의 백 마디 말보다 신문 기사 한 줄이 한국인을 감동시킨다.', 선교사 호머 헐버트가 "한국인은 신문 보도 내용을 절대 신뢰한다"고 말했다. **최고 인기 신문 『대한매일신보』는 1904년 창간해 1910년 5월까지 전국에 59개 지사를 운영했다. 그 분포를 보면 개화 문물을 일찍 수용한 평안도에 가장 많았고, 북간도 용정촌에도 지사가 들어섰다. 이들 지역에서 민족주의가 강하게 나타났다.** 황해도 장연에서 대한매일신보 지사장으로 활동한 김구가 훗날 한국 민족주의 지도자로 성장했다.

지방 지사는 한성 본사로부터 신문을 받아 독자들에게 배달했고, 구독료를 직접 받았다. 지사를 설치하지 않은 지역 독자들은 본사로부터 직접 우편으로 받아 신문을 읽었다. 신문이 한성을 출발해 먼 지방에 도착하는 데 며칠 걸렸다. 계절 변화에 생활 리듬을 맞추던 농경시대 사람들에게 며칠이 길지 않았다.

국채보상운동이 민족의식 성장을 보여준다. 1907년 2월 16일, 대구에서 시작해 운동본부 대한매일신보를 비롯해 황성신문, 제국신문, 만세보 등 당대 신문들이 캠페인을 벌여 국채보상운동이 전국으로 퍼져 나갔다. 나라 재정을 뛰어넘는 빚을 갚기 위해 농민, 학생, 기생 등 여러 계층이 참여했다. 량치차오 저 『월남망국사』를 현채가 국한문 혼용체로 번역하고 그것을 주시경이 순한글로 번역해 보급한 것도 에너지를 제공했다. 소문난 골초 신채호가 담배를 끊고 성금 2원을 내 주변 사람들을 놀라게 했다.

국채보상운동은 한국 여성 운동 시발점이었다. 세상의 '소외된 절반'이 역사에 등장했다. '여성은 나라 백성이 아니냐?'며 대구 남일동 여성들이 패물폐지위원회를 조직한 이후 전국에 여성 단체 30여 개가 패물 모으기 운동을 일으켰다. 여성 중에서도 더욱 소외당해 온 기생들이 참여해 운동 열기를 더했다. 운반하던 성금을 탈취한 도적 떼가 그것이 어떤 돈인지 알고는 국채 보상금을 돌려주고 거기에 제 돈까지 얹어주고 갔다는 일화도 전한다. 민족주의는 낭만적 감성을 먹고 자랐다.

일제가 『대한매일신보』 간부 양기탁에게 성금 횡령 혐의를 뒤집어씌워 국채보상운동이 중단됐지만, 한국인이 '하나 된 경험'은 사라지지 않았다. 동시성이 동질성으로 진화했다. 신문은 민족주의 혈관이었다. 1920년대 등장한 경성방송국(JODK, 현재 KBS)이 그 혈관을 더 확장했다.

민족주의 용광로, 3·1운동

조선 민족 중에 순 민족적 의식이 각성하고 발달하기 시작한 것은 그네가 정치적 핵심을 잃고 이민족의 통치하에 들어간 이후의 일이다.

-동아일보, 1923.10.27-

집단과 집단이 싸우면 집단 내 구심력이 작동한다. 제국주의 외세에 맞서 일어난 동학운동, 의병 운동, 3·1운동을 거치며 한국인은 동질성을 느끼며 결속했다. 한국 민족주의 역사는 반제국주의 투쟁사였다.

동학이 반봉건 사상이었는지, 그것이 갑오농민전쟁 이념으로 작용했는지 논란이 있지만, 보국안민 반제국주의 투쟁 이념이며 '사람이 하느님'이라는 평등사상은 근대 민족주의와 닿았다. 동학 포교 가사집 『용담유사』도 서민, 부녀자를 위해 한글로 펴냈다. 왕조 말기 가렴주구에 시달리고 외세 침략에 짓밟힌 인민에게 동학은 어둠 속 등불이었다.

동학은 이념에서 그치지 않았다. 교통, 통신이 미개하던 시대, 동학 교단이 운영한 조직망 포접제가 사람들 몸과 마음을 하나로 묶었다. 포접제는 동학 교단 본부(충청도 보은)가 전국에 점조직 포·접을 두고 운영하는 피라미드형 비밀 조직망이었다. 열일곱 살 김구가 동학 입교하고 최시형을 찾아가 황해도 팔봉 접주로 임명받았다. 정감록 계통 비밀결사 전통과 각 마을 두레와 포접제가 맞물려 갑오년 공주 우금치에 농민군 몇만 명이 집결했다.

이후 의병 운동에도 평민 참여가 점점 늘었다. 위정척사 거두 최익현이 전라도 태인에서 의병을 일으키며 "사람을 쓰는 데에 어찌 문벌을 따지랴. 광대, 백정이라도 지혜와 용기를 갖추면 지휘관으로 받아들이겠다."고 각 고을에 보낸 통문을 보냈다. 평민 의병장 신돌석 말고도 무당을 비롯한 하층민이 의병 운동을 지휘했다.

후기 의병 운동에 이르면 **의병장 65%, 의병 90%가 평민이었다. 양반과 평민이 함께 뒤섞여 땅을 뒹굴며 신분 구분이 모호했고, 당시 격문에 '우리 국민', '대한 민족', '우리 이천만 동포' 등 민족의식을 자극하는 표현이 자주 등장했다.** 게다가 지역과 지역 연합 의병 작전이 잦았고, 마침내 13도 연합 의병이 서울 탈환을 시도했다. 그들은 외국 영사관에 격문을 보내 국제법상 교전

단체를 자임했다. 그들은 항일 의병 운동을 민족 대 민족 전쟁으로 인식했다.

1차 세계대전 이후 윌슨의 민족자결주의도 식민지 조선인의 마음속에 '민족'을 새겨넣었다. 그는 약소 민족에게 자결권을 주고 민주주의가 자리 잡으면 권력자의 욕망을 억제해 전쟁을 막을 수 있으며, 침략 국가를 세계 여론으로 제재하자고 말했다. 승전국 일본의 식민지인 조선은 그 대상이 아니었지만, 윌슨의 휴머니즘이 꿈을 심어줬다.

이때 고종 독살설이 조선 민중을 폭발시켰다. 1919년 3월 3일을 국장일로 결정하자 상경 인파로 남대문 역(서울역)이 붐볐고, 기차를 못 탄 사람은 배를 타거나 걸어서 경성(서울)으로 올라왔다. 서울이 생긴 이래 최대 인파가 지방에서 몰려들었다. 국내외 정세가 서로 맞물려 거사 분위기가 고조됐고, 민족 종교 천도교(동학)가 3·1운동을 기획했다.

3·1운동 때 최남선이 기초한 「기미독립선언서」는 『삼국유사』를 근거로 민족사를 '반만년 역사'로 규정하고 '민족'을 모두 열세 번 언급했다. 『황성신문』이 신조어 '민족'을 국내에 소개한 지 20여 년 만에 '민족'은 한국인을 엮는 카테고리가 됐다. 「기미독립선언서」는 '민족' 독립선언서였다.

우리는 이에 우리 조선이 독립한 나라임과 조선 사람이 자주민임을 선언하노라. 이로써 세계 모든 나라에 알려 인류 평등의 큰 뜻을 밝히며 이로써 자손만대에 알려 **민족**자존의 정당한 권리를 영원히 누리게 하노라. **반만년 역사**의 권위에 기대어 이를 선언함이며, 이천만 민중의 성충을 합하여 이를 널리 밝히며, **민족**의 오래도록 변함없을 자유 발전을 위하여 이를 주장함이며
…   -조선 건국 4252년 3월 초하루, 조선 **민족** 대표-

미국 유학생 출신 부르주와 지식인 윤치호가 3·1운동을 치기 어린 불장난

으로 평가절하했지만, 그의 일기가 시위 작동 메커니즘을 전해준다. '사람들
은 여론 압박에 떠밀려 소요에 동참해야 한다고 의무감을 느꼈다. 여론은 옳
건 그르건 간에 삶을 주조하는 데에 법, 종교, 이성, 칼보다 더 강하다.'

삶은 거룩하며 비루하다. 수많은 시위꾼 가운데 거룩한 민족의식으로 무장
한 자가 얼마나 있었겠나? 전문 만세꾼이 장터를 돌아다니며 침묵하는 다수
를 선동했고, 도박 단속 경찰에 대한 불만으로 참여한 사람, 시위에 동참하지
않으면 집에 불 지르겠다는 협박에 마지못해 불려 나온 사람도 있었다. 사연
은 제각각, 시작은 비루했지만, 목이 터져라 '만세!'를 외치며 그들은 알 수 없
는 고결함을 느꼈고, 동료가 피를 흘리며 쓰러지면 분노하고 총칼에 맞서 돌
격했고, 역사의 무대에서 민중은 조금씩 식민지 모순을 자각하고 동질감을
느꼈다. 그것이 민족의식이었다. 민족주의는 대중의 심금을 울리는 낭만적
감성 체계였다.

서울 만세 시위에 참여한 사람들이 격문을 품속에 숨기고 고향으로 돌아가
민족운동 기운을 전파했다. 동학 포접제가 작동하듯 만세 시위가 전국으로
파급됐다. 경기도 안성 주민 이덕순은 아들 혼수를 준비하려고 상경했다가
고종 사망 소식을 듣고 분노해 3·1운동에 참여했다. 그는 고향으로 내려와 사
람들을 모아 시위를 주도했다. 이화학당 학생 류관순도 서울 시위 이후 고향
충청도 아우내(병천)로 내려가 시위에 참여했다. 군중이 모이는 5일장이 만세
시위 주요 무대였다. 여러 장터를 돌아다니는 행상들이 각 지역 시위 열기를
전파했다. 역사에 이름을 남기지 못한 '류관순'이 전국 곳곳에 있었다.

3·1운동을 겪으며 '민족'이 지식인, 운동가로부터 인민에게 확산했다. 신채
호가 발명한 단일민족 신화가 그 밑바닥을 흘렀다. 운동 두 달 동안 전국에서
시위 2천여 건에 농민, 노동자, 광부, 기생, 거지, 어린이 등 연인원 2백만 명
이상이 참가했다. 개성과 진주에서는 시위대가 군수를 납치해 만세를 부르게

했다. 시위 참여 실인원이 전체 인구 3% 미만이라는 통계가 있지만 태극기 물결, 올드 랭 사인과 함께 그들이 분출한 기운이 방관자들 가슴 속으로 스며들었다. 언어로 담아내기 어려운 그 기운이 내셔널리즘, 바로 민족주의였다.

3·1운동 이후 일제가 '한국은 하나의 언어, 풍속, 사상을 가진 민족이므로 이를 고려해 통치해야 한다.'고 토로했고, 동아일보(1922.7.26.)는 '반만년 역사를 가진 조선 민족이 동일한 영토에서 다른 민족의 피가 섞이지 않고 성장'했다고 썼다. 이후 민족이 유기체로 의인화·종족화됐다. 한국 역사가 새로운 단계로 접어들었다.

조선학운동

조선어학회가 한글맞춤법통일안을 발표하고 이듬해, 기독교청년회관(YMCA)에서 '정약용 서거 99주기 강연회'가 열렸다(1934.9.8). 예상과 달리 청중 1천여 명이 몰려들어 주최 측은 입장료를 받았다. 이어 정인보, 안재홍, 문일평, 현상윤 등이 강연을 시작했다. 이른바 '조선학운동'이 시작됐다.

3년 전, 조선 공산주의의 민낯이 드러났다. 국제공산당 코민테른 지령으로 좌우합작 조직 신간회가 해산했다. 신간회가 어이없이 사라진 후 민족주의 우파 안재홍이 '향토와 역사 연구'를 강조하며 조선학운동에 뛰어들었다. 그것은 유물론과 보편성 대한 관념론과 종족 특수성의 반격이었고, 공산주의에 대한 반감이었다.

식민지 조선인의 마음을 울리는 건 건조한 계급 이론이 아니라 끈끈한 혈통 감성 민족주의였다. 문일평이 '조선인이 조선을 재인식할 때가 왔다', 정인보가 '세계 문화에 조선 색을 짜 넣자'며 조선의 '얼'을 강조했다. 신간회 해산

후 정치 현실에 간여하지 못하게 되자 그들은 비정치 문화운동으로 방향을 틀었다. 1920년대 이미 일본인 야나기 무네요시가 조선백자와 질그릇을 보며 '조선의 미'를 발견한 것과 비교하면 조선학운동이 한발 늦었다.

조선학은 식민사학을 극복하고 무분별한 서구 문물 수용을 비판하기 위해 '조선적인 것', '민족적인 것'을 강조하는 국학(國學, 17세기 일본에서 외래 사상을 배격하고 고유신앙 신도를 강조한 국수주의)이었다. 그들은 민족주의가 조선 민족 지도 원리이며 조선의 역사 문화를 주체적으로 연구해야 한다고 주장했다. 조선학은 문화민족주의 프로젝트였다.

행사 타이틀 '정약용 서거 99주기 강연회'가 말해주듯 조선학은 '실학'을 강조했다. 정인보가 실학을 '민족의 독자성과 주체성을 회복하는 학문인 동시에 백성의 일용과 민족과 나라의 실익을 가져다주는 민족 단위 학문'이라고 규정했다. 정인보, 안재홍 등이 정약용 문집 『여유당전서』를 간행했고, 정조 때 유학자 정약용이 조선 후기 실학 집대성자로 등극했다. 안재홍은 정약용을 계몽 사상가 루소에 비유했다. 서구 근대성을 향한 열망과 열등감이 그들을 지배했다.

모든 역사가 현재 역사이며 인식론이다. 유럽 중세문명 변화를 뜻하는 용어 '르네상스'가 19세기 등장했고, 서구 문명 양대 축이라는 헬레니즘과 헤브라이즘도 현실 목적을 위해 근대에 만든 개념이다. 실학도 일제 식민지 때 '만들어진 전통'이다. 정약용은 자신을 실학자라고 생각하지 않았고, 실학자들 책이 당대에 세상 빛을 보지 못했다.

마르크스주의자 박일형, 서강백 등이 조선학을 '과거 문화적 미끼로 현재 민족애를 볼모 삼아 민족 단결의 이론적 근거로 삼으려는 국수주의적 산물', 박영희는 '퇴영적, 반동적'이라고 비판했다. 역작 『조선사회경제사』를 집필한 백남운은 마르크스주의자였지만, 조선학을 긍정했다. 그는 최악질 식민사관 정체성론(停滯性論, 한일병합 이전 조선 역사에 근대가 없었다는 유물사관)을 비판하려고 조선 후기 근대성을 고민하던 터라 실학을 주목했다. 그가 조선 후기 실학을 통해 서구 근대 계몽사상을 느꼈을지 모른다.

역시 불편한 진실이지만, '실학'의 고향도 일본이다. 일본 에도시대 학자 오규 소라이는 성리학을 '허망한 억측'이라고 비판하고 유학 경전을 주자(朱子) 해석과 다르게 해석했다. 가령, 주자가 인(仁)을 '사랑의 이치이며 마음의 덕'이라고 해석했지만, 오규 소라이는 '백성을 편안하게 만드는 것'으로 해석했다. 오규 소라이는 성악설을 바탕으로 마키아벨리처럼 정치와 도덕을 분리해야 한다고 생각했다. 두 사람이 관직에서 물러난 후 각각 『논어징』, 『군주론』을 집필한 것도 비슷하다.

오규 소라이의 반(反)성리학 실용 학문을 에도시대 죠닌(상인) 출신 유학자들이 발전시켰고, 일본에서 이 학풍을 '지쯔가쿠(實學, 실학)'라고 불렀다. 지쯔가쿠는 메이지 유신에 영향을 끼쳐 일본 근대성 뿌리로 평가받았다. 나철이 일본 민족 신앙 신토에서 영감을 얻어 단군교(대종교)를 창시했듯 1930년대 조선학운동이 불붙인 실학 연구도 일본 지쯔가쿠에서 영감을 얻었다. **근대 한국 지식인들이 '일본적인 것'을 빌려 '조선적인 것'을 창조했다. 그들은 근대 일본 지식 담론을 벗어나지 못했지만, 나라 없는 식민지에서 '상상의 공동체'를 창조하는 데 일조했다.** 일제도 비정치 문화운동을 탄압하지 않았다. 그들은 한반도를 일본 제국 내 조선인 행정구역으로, 조선학을 지역학으로 여겼다. 지역학은 제국주의 학문이다.

스포츠 민족주의

"이 나라의 아들인 손 선수를 왜놈에게 빼앗기는 것 같은 느낌에 그 유니폼 일장 마크에서 엄숙하게도 충격을 받았다. 월계수 화분을 들고 촬영한 손(기정) 선수 인물로는 처음인지라 일장기를 지우고 싶었다"

-동아일보 일장기 말소 사건(1936.8.25) 기자 이길룡-

역사학이 한국인 가슴 속에 민족주의 언어를 제공하고 스포츠가 가시화했다. 유교가 신체 운동을 천시하고 상무 정신을 말살해 조선 왕조가 멸망했다는 자책도 작용했다. 신채호가 '조선인에게 필요한 것은 서양식 체육으로 단련된 건강한 신체'라고 말했고, 여운형은 만능 스포츠맨이며 조선체육회장을 지낸 근대 스포츠 개척자였다.

스포츠의 속성은 극한 경쟁이다. 그 치열한 경쟁에 열광하며 근대 한국인은 구별과 배제를 내면화하고 정체성을 느끼며 자신을 민족과 일체화했다. 스포츠와 민족주의는 찰떡궁합이며 국제 스포츠대회는 민족국가 향연장이다. 올림픽 경기장에 울려 퍼지는 국가(國歌)를 들으며 근대인은 민족과 국가를 느꼈다. 한국 근현대사에 엄복동(경륜), 손기정(마라톤), 홍수환(권투), 차범근(축구), 황영조(마라톤), 김연아(피겨스케이트) 등 스포츠 민족주의 영웅들이 등장했다.

자전거 점포 직원 출신 엄복동은 1910~20년대 국내외 자전거 경기대회를 석권했다. 그는 레이스 중반까지 중간 그룹에 끼어 페이스를 조절하다가 종반에 갑자기 엉덩이를 치켜올리고 속도를 높여 승부를 갈랐다. 마지막 한 바퀴를 남겨놓고 역전 우승하는 엄복동을 보며 조선인은 열광했고 식민지 설움을 달랬다. '자전거 대왕'으로 불린 엄복동은 민족의 아들이었다. "떴다, 보아

라. 안창남 비행기, 내려다보아라, 엄복동 자전거"라는 노랫말이 유행했다. 안창남은 선구적 비행사이며 민족운동에 투신해 중국 산시성 비행 학교에서 후진을 양성했다.

스포츠 가운데 대중을 가장 뜨겁게 달군 종목은 권투였다. 조선인 권투 선수가 일본, 미국까지 진출해 '우물 안 개구리'를 탈피했다. 특히 권투 한일전이 식민지 조선인에게 의미 있게 다가왔다. 현해남이 일본 페더급 챔피언이 됐고, 서정권은 일본을 거쳐 미국으로 건너가 밴텀급 세계랭킹 6위까지 올랐다. 서정권이 귀국하자 군중이 운집한 가운데 카퍼레이드가 열렸고, '우리 반도에도 세계적으로 우러러보는 영웅 한 분이 나타났다'고 여운형이 민족 영웅을 격려했다.

스포츠 민족주의는 올림픽에서 절정을 이뤘다. 근대 올림픽 창시자 쿠베르탱이 '모든 스포츠가 모든 인류를 위해 존재한다'며 민족주의를 경계했지만, 프로이센-프랑스전쟁 때 조국 프랑스가 독일에 패배하고 치욕을 당했기 때문에 그는 올림픽에 독일을 초청하고 싶지 않았다. 국기, 국가(國歌)가 등장하는 올림픽은 근대 민족국가 경연장이었다.

터널을 통과해 경기장으로 들어서는데 갑자기 "와!"하는 소리가 나서 깜짝 놀랐지. 그게 바로 나를 환영하는 소리더군. 그리고선 히틀러가 앉아 있던 본부석 앞으로 골인했지.　　　　　　　　　　　　　　　　　　　　　　　　　-손기정-

식민지 조선에서 조선학운동이 한창일 때, 독일 베를린에서 올림픽이 개막했다(1936.8). 베를린 올림픽은 독일 독재자 히틀러가 아리안족의 우월성을 세계에 과시하려고 기획한 민족주의 이벤트였다. 히틀러는 관객 10만 명 수용 주경기장을 짓고, 유대인의 올림픽 출전을 막았고, 방랑 종족 집시를 특별 수용소에 격리했다.

올림픽 홍보도 역대급이었다. 40개국에 사무소를 설치하고 올림픽 선전 책자를 13개 국어, 올림픽 포스터를 19개 국어로 인쇄해 배포했고, 선전 영화를 제작해 41개국 5억 4천만 명에게 관람케 했으며, 올림픽 성화 봉송을 처음 도입했다. 히틀러는 스포츠 민족주의를 통치술로 활용했다. 훗날 같은 목적으로 한국 독재자 전두환이 서울올림픽(1988)을 개최하며 서울 빈민들을 밖으로 내쫓았다.

베를린 올림픽에서 독일이 금메달 33개를 따내 24개에 그친 미국을 제쳤다. 미국인 흑인 육상선수 제시 오웬스가 100m, 200m, 400m 계주, 멀리뛰기에서 우승해 4관왕에 오른 것이 '옥에 티'였지만, 히틀러는 올림픽 우승을 게르만 혈통 민족주의 신화로 포장해 집단 열기를 극대화했다. 일본이 딴 금메달 6개 가운데 하나가 마라톤 우승자 손기정 몫이었다.

일장기를 달고 베를린 올림픽에 출전한 조선인은 마라톤 손기정·남승룡, 축구 김용식, 농구 염은현·이성구·장이진, 권투 이규환 등 총 7명이었다. **조선 체육회 이사 여운형은 그들에게 "제군들은 비록 가슴에 일장기를 달고 가지만, 등에는 한반도를 짊어지고 간다는 것을 잊어서는 안 된다."고 격려했다.** 손기정은 조선신궁경기대회(현재 전국체전) 마라톤에서 비공인 세계신기록을 찍어 올림픽 개최 전부터 큰 기대를 모았다. 그는 조선일보 도쿄지국과 전화 통화하며 **"조선에서 보내 준 고추장과 마늘장아찌를 먹고 힘을 내고 있다."**고 말했다. '고추장' '마늘장아찌'도 민족 감성을 자극하기 충분했다.

한국시간 8월 9일 밤 11시, 올림픽 꽃 마라톤 경기가 열렸다. 자바라(아르헨티나), 손기정(일본), 하퍼(영국)가 우승 후보자였다. 올림픽 2연패를 노리는 자바라가 선두로 치고 나아가다가 초반 무리한 경기 운영으로 30km 지점에서 주저앉았다. 히틀러가 본부석에 앉아 있는 가운데 올림픽 주경기장에 조선인 손기정(2:29:19)이 가장 먼저 들어왔다. 2위는 하퍼(2:31:23), 3위 조선인 남승룡(2:31:42)이었다. 히틀러가 기대를 걸었던 독일인 선수는 29위에 그쳤다.

장맛비가 내리던 10일 새벽 2시경, 손기정 우승 소식이 들어와 식민지 조선은 흥분했다. 동아일보 벽보판 앞에 모여 있던 시민들은 '손기정 만세!', '남승룡 만세!', '조선 만세!'를 외치며 감격의 눈물을 흘렸다. 마치 3·1운동 때 분위기와 비슷했다. 수백 명 사망자를 낸 물난리도 그 열기를 식히지 못했다. 일본인들은 손기정 우승 소식에 기뻐하면서도 식민지 열기가 시위로 발전할까 경계했다.

언론이 민족의 경사를 대서특필했다. **"조선의 피를 끓게 하고, 조선의 맥박을 뛰게 했다."**(동아일보), **"이 위대한 환희의 폭풍은 적막한 삼천리강산을 범람했다."**(조선중앙일보). 손기정, 남승룡 사진이 연일 신문 지면을 장식했고, 그들 고향에서 잔치가 열렸다. 호남은행장 현준호가 두 민족 영웅의 학비를 제공하기로 약속했고, 마라톤 꿈나무들이 속속 등장했다.

민족의식을 더욱 자극한 사건이 뒤이어 일어났다. 8월 25일, '민족 언론' 동아일보가 올림픽 시상대 손기정 가슴 일장기를 지워 사진을 실었다. 스포츠부 기자 이길용이 미술부 기자 이상범에게 흰 물감으로 일장기를 지워달라고 요청해 저지른 합작 거사였다. 이길용은 3·1운동 참가 후 대한민국임시정부 기밀 문서를 운반하다가 검거돼 3년 옥살이했고, 이상범은 현충사 충무공 영정을 그렸다.

다음날 조선 총독 미나미가 동아일보 무기 정간 처분을 내렸다. 사장 송진우가 사임했고, 사회부장 현진건을 비롯해 이길룡, 이상범 등 8명이 구속됐다. 손기정 올림픽 마라톤 우승과 이후 일장기 말소 사건을 통해 식민지 조선인이 '민족'을 느꼈다. 적과 경쟁하며 땀과 눈물, 열광이 분출하는 스포츠야말로 강렬한 민족주의 작동 기제였다.

소용돌이

민족주의에서 국가주의로

철학자 탁석산은 민족주의를 '사다리'에 비유했다. 사다리를 이용해 장애물을 넘으면 그 사다리를 치워야 한다는 뜻이다. 한국 민족주의가 반제국주의 투쟁 도구로 탄생했고 제국주의 지배에서 벗어나면 민족주의를 청산하는 게 논리상 옳다.

그러나 식민지 해방 이후 한국 민족은 두 국가로 분열했다. 그것은 절반의 해방이었다. **민족주의자 김구가 통일 민족국가를 꿈꾸다가 암살됐고, 분단 체제 안에서 민족주의가 민족 내부 모순을 은폐하는 국가주의로 전락했다. 그것은 민족이 '상상의 공동체'라는 반증이었다.** 국가주의는 주권이 국가에 있고, 국가는 개인의 총합보다 큰 유기체라서 개인은 국가에 복종해야 한다고 말한다.

분단시대 민족주의는 집권 세력의 필요에 맞게 현실 정치를 돌파하는 도구였다. 도둑에 맞서 싸우던 칼이 제 식구를 억압하는 흉기로 변했다. 스스로 왕조를 청산하지 못했고, 스스로 식민지 해방을 쟁취하지 못해 시민 사회가 성장하지 못한 남북한 권위주의 체제에서 그것은 예견된 일이었다. 국가와 개인 사이 완충지대가 없어 국가가 개인을 장악했다. 왕조→식민지→국가주의 체제를 겪어온 한반도인은 유사 이래 온전한 체제에서 살아보지 못했다.

식민지 해방 직후 불어닥친 신탁통치 파동을 겪으며 반공주의와 국가주의적 민족주의가 결합했다. 이승만, 김구가 이끈 우파는 신탁통치 반대운동을 제2의 독립운동이라며 신탁통치 포함 모스크바 3상 회의 결정을 지지한 좌익

공산주의 세력과 대립했다. **청산 대상이어야 할 식민지 시기 반민족 세력까지 반탁운동**(반공운동)**에 편승해 정치 프레임을 전환하고 민족주의 애국 세력으로 변신했다.** 실현되기 어려운 신탁통치를 놓고 온 나라가 혼돈 속에 빠져 현대 정치사가 첫 단추를 잘못 끼웠다.

마르크스주의자 안토니오 그람시는 헤게모니를 지배 세력의 이데올로기가 대중에게 스며 들어가는 현상이라고 말했다. 헤게모니는 교육을 통해 전파되며 대중이 스스로 복종함으로써 권력이 된다. 힘으로 짓누르는 지배보다 헤게모니는 교묘하고 견고하다. 민족주의 낭만 감성은 헤게모니 자양분이었다.

이승만 정부는 국가주의적 민족주의와 반공주의를 결합해 일민주의(一民主義)**를 들고나왔다. 일민주의는 대종교인 출신 문교부 장관 안호상이 단군 신앙과 신라 화랑도를 바탕으로 정리한 '한 핏줄 민족주의'다.** 안호상은 독일 유학 시절 히틀러의 대중 선동 연설을 듣고 느낀 감흥을 잡지에 기고할 만큼 국가주의 성향이 강했다. 그는 '계급독재 공산주의를 타도하고 조국 통일을 이루자'고 선언했다.

대통령 이승만은 "국민 전체가 일민주의를 절실히 흡수해야만 될 것이니, 정당 조직 여부는 막론하고 이 주의만으로 철저히 믿는 남녀들로 굳게 결속하야 이를 일반 동포에게 널리 선전 공작하야 이 주의를 모르는 사람이 없도록 하라"고 지시했다(1949.4.7). 학생 군사 조직 학도호국단이 일민주의 사생아였고, 그 유명한 '헤치면 죽고, 뭉치면 산다'가 일민주의 구호였다. 일민주의는 내부 모순을 덮고 독재 체제를 강화하려는 반공 이데올로기였다.

박정희 정부는 한발 더 나아가 민족주의 주술사였다. 그들은 "우리는 민족 중흥의 역사적 사명을 띠고 이 땅에 태어났다."로 시작하는 「국민교육헌장」 393자를 어린 학생들에게 암송하라고 강요했다. "우리의 창의와 협력을 바탕으로 나라가 발전하며 나라의 융성이 나의 발전임을 깨달아 ⋯ 반공 민주 정신에 투철한 애국애족이 우리의 삶의 길이며 자유세계의 이상을 실현하는 기반이다.”에서는 국가주의 냄새를 풍긴다. 그들은 민족, 국가를 유기체로 인식했다.

유신헌법으로 종신 집권의 문을 연 박정희 정부는 「국기에 대한 맹세」를 강요했다. 「국기에 대한 맹세」를 미국 「충성 맹세」와 비교하면 국가주의가 드러난다.

“나는 자랑스러운 태극기 앞에 조국과 **민족의 무궁한 영광을 위하여 몸과 마음을 바쳐** 충성을 다할 것을 굳게 다짐합니다.”　　　　-국기에 대한 맹세-

“나는 성조기와 그것이 상징하는, 하나님의 보호 아래 나눌 수 없으며 모든 사람에게 자유와 정의를 베푸는 공화국에 충성을 선서합니다”　　-충성 맹세-

「국기에 대한 맹세」 초기 버전을 만든 충남도교육청 장학계장 유종선도 유신 정권 버전이 “전체주의적이고 국수주의적”이라고 비판했다(『한겨레』, 2006.7.21). 유신 정권이 민족을 강조했지만, 실제로 그들은 민족 구성원을 신민으로 여겨 반(反)민족 행태를 보였다.

헤게모니 생산 공장인 교육계가 국가주의로 물들었다. 정부가 민족주체성 확립을 명분으로 대학 교육과정과 각종 국가 고시에서 국사(國史, 1903년 일제가 천황제 이데올로기를 주입하려고 만든 초등학교 과목)를 필수과목으로 지정했고, 국정 국사 교과서를 발행했다. 국가가 국민정신을 통제하고 개조해 국민의 자발적 복종을 유도했다. 그들은 마치 식민지 황국신민화 교육을 이어받듯 ‘악법도 법이다.’ ‘대(大)를 위해 소(小)를 희생해야 한다’고 학생들을 순치했다.

그러려면 국사 속 모범 사례가 필요했다. 임진왜란 때 국가의 탄압을 감내하며 국난을 극복하다가 전사한 이순신이 소환됐다. 그의 사당 현충사가 10만 평에서 43만 평으로 늘어나 성역화됐다. 현충사와 광화문 앞 이순신 동상이 박정희의 일본군 장교 전력을 덮는 데 유용했다.

남한이 어용 민족주의를 강화할 때 북한에 주체사상이 나타났다. 1950년대 후반 소련 통치자 흐루쇼프의 스탈린 격하 운동에 편승해 친중국 옌안파, 소련파가 김일성 숭배를 비판하자 이들을 숙청할 명분으로 '(민족) 주체'가 등장했다. 중국과 소련 이념 갈등 틈바구니에서 주체사상이 '북한 홀로서기' 주체 성격을 띠었지만, 그것도 잠시였고 변종 민족주의가 독재 이론으로 전락하는 데 오랜 시간이 걸리지 않았다.

북한 「사회주의 헌법」은 '주체사상을 자기 활동의 지도적 지침으로 삼는다'고 못 박고, 통치자가 당·군·정을 장악하도록 규정했다. 개인숭배 이론인 주체사상이 국가 헌법에 담겼다. 주체사상 이데올로그 황장엽은 주체사상을 '사람 중심 철학'이라고 주장했는데, 그 '사람'은 결국 통치자 한 명을 뜻했다. 이후 조선민주주의인민공화국이 신정 국가로 변해갔다. 훗날 그들은 통치자 김일성 생일을 '태양절'로 선포했다. 예술이 진실을 말하려고 거짓말하고, 정치는 진실을 덮으려고 거짓말한다.

해방 이후 정치권력의 필요와 대중의 식민지 트라우마가 맞물려 한국 민족주의가 헤게모니로 등장했다. 지식인들도 헤게모니 창출에 동참했다. 적을 악마로 규정하고 그 저항 논리로 내부 구성원을 통제하는 메커니즘이 남북한에 변종 민족주의를 낳았다. 그들은 계급문제, 여성문제 등 내부 모순을 감추며 체제 경쟁으로 돌입했다.

남한이 자본주의, 북한은 공산주의를 표방했지만, 두 체제가 민족주의를 공유했다. 이승만과 김일성이 상대를 '민족 반역자'라고 공격했다. 남북 체제 경쟁은 민족 정통성 경쟁이었다. 민족주의가 오히려 민족 갈등을 부추겼다.

권력 이동

광주 학살 지원 책임지고 미국은 공개 사과하라.

-서울 미국문화원 점거 학생들 구호(1985.5.23.)-

1945년 9월 일제 침략자의 뒤를 이어 이 땅에 진군한 미군은 해방자가 아니라 제2의 점령군이었다. 그들은 삼 년간의 군사통치를 통해 일제 식민 세력을 온존시켰고 한국 민중의 자주권을 억압했으며 분단의 씨를 뿌렸다.

-부산 미국문화원 습격 학생들 유인물(1986.12.15)-

우리는 위대한 배달민족, 한국 민중의 위대한 아들이요 딸들이다. 우리는 현 시국을 바라보며 조국의 운명이 미국의 지배와 침략의 손아귀에 영구히 떨어지는 것을 결코 좌시할 수 없다.

-청년학생 구국결사대 선언문(1989.2.16.)-

1980년대 들어 한국 민족주의 주도권이 제도권 보수 세력에서 재야 진보 세력으로 넘어갔다. 그 권력 이동 분기점에 5·18광주항쟁이 있었다. 신군부 퇴진과 민주화를 요구하는 시민을 계엄군이 유혈 진압한 배후에 미국에 있다는 사실에 학생, 시민이 분노했다. 식민지 한국을 해방하고, 6·25전쟁 때 한국을 구해준 '혈맹' 미국을 바라보는 시각에 변화가 나타났다.

그동안 미국에 속았다는 배신감이 더해 반미감정이 폭력으로 분출했다. 광주 미국문화원, 부산 미국문화원에 방화가 일어났고, 서울 미국문화원 도서관을 대학생들이 점거했다. 그 가운데 1982년 3월 18일 부산 미국문화원 방화 사건에서 사망자가 나왔다. 부산 지역 대학생들이 '미국은 더 이상 한국을 속국으로 만들지 말고 이 땅에서 물러가라'는 인쇄물을 뿌리며 미국문화원에 불을 질렀다. 미국인 사상자 없이 문화원 내 도서관에서 공부하던 대학생 한 명이 목숨을 잃었다. 애꿎은 희생자가 나와 '철없는 불장난'이라는 비난이 빗발쳤다. 조선일보는 이 사건을 '민족적 수치'라고 비판했다. 점거 농성자와 비판자 모두 '민족'을 공유했다.

양이 늘면 질이 바뀐다. 1980년대 중반 반미감정이 대중 정서를 넘어 이데올로기로 발전했다. 학생운동권은 현상을 넘어 사회 구조까지 파고들었다. 그들은 남북 분단 체제 배후에 미국이 있다고 느꼈다. 대학가를 중심으로 민중 민족주의, 좌파 민족주의가 득세하는 가운데 고려대, 연세대 구호가 각각 '민족 고대', '통일 연세'였다. 그들에게 민족이 곧 민중이었다. **시민혁명으로 낡은 체제를 타도하고 새 시대를 개척한 서구 부르주와 세력과 달리 외세와 야합해 기득권을 누려온 근현대 한국 보수 세력에 대한 반작용이 민중 민족주의·좌파 민족주의로 분출했다.**

남북 분단 체제에서 반미감정·반미운동, 북한을 바라보는 시각이 진보 좌파와 보수 우파를 나누는 기준이었다. 인류 보편성을 추구해야 할 좌파가 민족주의에 목숨 걸고, 제 민족에 목숨 걸어야 할 우파는 국경일에 미국 국기를 들고 거리로 나와 'I love USA'를 외쳤다. 한국에 이념 혼돈 시대가 열렸다.

'북한 바로 알기 운동'이 일어나는 가운데 남한 내 좌파 민족주의 세력이 궤도를 벗어나 북한 주체사상을 만났다. 그들이 1980~90년대 'NL파(Nation Liberation, 민족해방파)'로 라이벌 'PD파(People's Democracy, 민중민주파)'를 제치고 학생운동권 주류로 떠올랐다. 그들의 주무기가 '민족'이었다. 그들은 한국 근현대사를 민중사관으로 재해석하고, 라디오 단파방송으로 북한 대남 방송을 들으며 주체사상을 학습했고, 전국 학생운동 단체 전대협, 한총련을 조직해 상명하복 위계질서를 구축했다. 괴물과 싸우며 그들도 괴물로 변해갔다. 그들의 반독재·친북 노선은 민주화를 바라는 한국 사회에 양날의 칼이었다.

1980~90년대는 좌파 민족주의·낭만주의가 물결친 민족주의 전성기였다. 현대사를 새롭게 해석한 『해방 전후사의 인식』, 분단 문학 최고봉 『태백산맥』 등 역사물이 불티나게 팔려나갔다. 1993년 김영삼이 대통령 취임사에서 "어느 동맹국도 민족보다 더 나을 수는 없습니다. 어떤 이념이나 어떤 사상도 민족보다 더 큰 행복을 가져주지 못합니다"라고 말했고, 북한 주석 김일성이 '인상 깊은 연설'이었고 화답했다. 두 사람은 남북 정상 회담 날짜까지 잡아놓았지만, 김일성이 갑자기 사망했다.

한바탕 불꽃놀이 같던 좌파 민족주의 운동도 탈냉전으로 저물어갔다. 1990년대 공산주의 국가들이 몰락하고 기아에 허덕이는 북한 실상이 드러나며 NL도 대중 호소력을 잃었다. 문화계에선 포스트모더니즘 붐이 일어 '민족은 상상의 공동체' '민족주의는 반역'이라며 탈민족주의 바람이 불었다. NL 간부들은 제도권 정치로 진출하거나 사상 전향해 북한 인권 운동에 투신했다. 그들에게 '백두에서 한라까지' 민족주의 학생운동은 '젊은 날의 초상'으로 남았다.

민족주의 운동 100년을 거쳐 오늘날 한국 사회 이념 구도가 '진보 좌파=민족주의 vs 보수 우파=국가주의'로 자리 잡았다. 뜬금없는 '건국절' 논란도 이 구도 속에서 일어난다. 진보 좌파는 한국 근현대사를 민족사로 인식하고 남북통일이 근대 민족국가 완성이라고 본다. 보수 우파는 한국 근현대사를 국가사로 인식하고 대한민국 건국이 근대 국민국가 완성이라고 본다.

김치 민족주의

이념의 시대 20세기가 가고 민족주의도 그 기세가 꺾였지만, 동아시아 세계에서 민족주의는 여전히 맹위를 떨친다. 보고 싶은 정보만 섭취하는 인터넷 문화가 확증 편향, 이념 편식을 부채질하고 갈등을 부추긴다.

2022년 2월 4일 중국 베이징에서 동계올림픽 개막식이 열렸다. 중국 국적 조선족 여인이 한복을 곱게 차려입고 등장했다. 한복이 중국 문화라고 방송을 탔다. 온라인 한국인 누리꾼들이 동북공정을 빗대 '한복공정'이라고 비난했다. 선거철을 맞아 대통령 후보들이 가세했다. "축제의 시간을 문화공정의 시간으로 삼지 않는가 하는 일각의 우려에 중국 정부는 답해야 한다"(더불어민주당 이재명), "고구려와 발해는 대한민국의 자랑스럽고 찬란한 역사다"(국민의힘 윤석열), "한복은 대한민국의 문화다. 중국 당국에 말한다. 한푸가 아니라 한복이다"(국민의당 안철수).

흥분을 가라앉히고 냉정하게 짚어 보자. 중국은 56개 소수 민족이 모여 사는 국가다. 다민족 국가가 개최하는 국제 행사에서 각 민족 고유문화를 소개하는 게 이상할 이유가 없다. 거꾸로 중국이 조선족 고유문화를 말살하거나 조선족을 국가 행사에서 빼는 게 옳은가? 미국이 개최하는 행사에서 미국 교포들이 한복을 입고 등장해도 같은 반응이 나올까? 아마도 '한복 국제화'라며 오히려 반겼을지 모른다. 오늘날 한국인이 공식 행사 때 정장으로 입는 양복이 본래 어느 나라 옷인지, '한복공정' 비판자들이 평소 한복을 얼마나 즐겨 입는지 얼마든지 반론 가능하다.

비분강개 민족주의가 애꿎은 김치까지 잠식했다. 2020년 11월, 중국 언론 『환구시보』가 '중국 전통 절임 채소 파오차이가 국제표준화기구(ISO) 인가를 받았다'며 김치 종주국 한국이 굴욕을 당했다고 보도했다. 이어 '한국이 수입하는 김치 90%가 중국산'이라고 보도했고, 중국인 인기 유튜버가 김치는 중국 전통 요리라고 해시태그를 달았다. 웃고 넘기면 그만일 김치 문제가 온라인에서 한중 민족 감정싸움으로 번졌다.

사태가 심상치 않게 돌아가니 중국 외교부 대변인이 진화에 나섰다. "중국에 파오차이가 있고 한반도와 중국 조선족에 김치가 있다. 이것들은 서로 닮았지만, 재료, 맛, 요리법 등이 각각 특색을 갖고 있다. 한국과 중국 간 공유하고 협력할 게 더 많다"고 말했다. 그것은 외교 분쟁을 막으려는 조치였다.

그러나 소동이 쉽게 끝나지 않았다. 중국에서 활동하는 한국인 여배우가 라면 먹는 동영상에 김치를 '파오차이'라고 자막을 올렸다가 한국 누리꾼들 뭇매를 맞고 '사죄'했다. 한국 문화 지킴이를 자처하는 어느 대학 교수는 '여배우가 신중했어야 한다'며 집단 폭력을 거들었다. 군중 심리에 기댄 숟가락 얹기, 참 간편하다. 코미디 영화에 나올 만한 소동이 연일 뉴스를 탔다.

만약 짜장면을 중국 춘장 아류라고 중국이 치고 나오면 어쩔 텐가? 정체성·주체성은 '최초'보다 '개성, 대중성, 현재성'이 중요하다. 누가 뭐래도 짜장면은 한국 대표 음식이다.

미운 놈은 무슨 짓을 해도 밉다. 중국발 미세먼지, 코로나바이러스 등으로 촉발된 한국 내 반중 정서를 고려하더라도 먹는 음식까지 민족주의 인질로 삼는 건 웃지 못할 촌극이다. 일본 인식도 마찬가지다. 민족주의 정서와 맞지 않는다고 한 사람을 '토착 왜구'로 몰아가는 건 냉전시대 마녀사냥과 다르지 않다. 민족 감정 이슈를 부풀리고 분란을 일으켜 이익을 챙기는 '민족주의 마케팅'이 존재한다. 어느새 민족주의가 자본주의를 만났다.

민족에서 민중으로

신분과 계급을 초월해 조선팔도 남녀노소가 봉기한 3·1운동을 보고 신채호가 충격을 받았다. 단군 이래 한반도 주민이 주제 하나로 집단 행동한 건 3·1운동이 처음이었다. 이제 신채호에게 민중은 계몽 대상이 아니라 혁명 주체였다.

노약(老弱)이 모두 용사가 되고 부녀가 모두 진두에 서서 손으로 태극의 깃발을 휘두르고 입으로 독립의 노래를 부르며 맨손으로 전쟁을 선포하였다. 기가 삼도(三道)를 삼키매 전국이 한목소리로 만방을 놀라게 하였다. … 이 독립선언의 역(役, 3·1운동)은 한 장의 종이로 비로소 날아오르게 된 것이 아니라 전국에서 호응한 것이다. 선비, 농민, 남자, 여자, 노인, 약자, 속세인, 승려를 가리지 않고 만민이 한목소리와 한마음으로 우리의 독립을 되찾고자 한 것이다. 그러한즉 이날의 역은 오천 년 이래의 제1건의 큰일이다.

-제3회 삼일절 동포에게 널리 알린다(1922)-

20세기 초 신채호가 일본인 사상가 고토쿠 슈스이 『장광설』을 통해 아나키즘을 만났다. 고토쿠는 안중근 거사를 찬미하고 조선 독립을 주장하며 천황제를 비판하다가 처형당한 진보 사상가였다. 그는 러시아 아나키즘 사상가 크로포트킨을 동아시아 지식인에게 소개했다.

아나키즘(anarchism)은 지배와 권위를 부정하는 이념이다. 아나키즘은 국가뿐만 아니라 개인의 자유를 억압하는 자본, 종교, 전쟁, 우상, 다수의 횡포 등을 부정한다. 식민지 조선의 항일 투사들이 자연스럽게 아나키즘에 매료됐다. 개인의 자유와 영혼을 말살하는 제국주의는 아나키즘의 적이었다. 제국주의 숙주 이론인 사회진화론과 그 묘약에 취한 민족 실력양성론도 아나키즘의 극복 대상이었다. 아나키즘이 테러리즘을 만난 것은 식민지 현실이 낳은 필요악이었다.

아나키스트는 모두 사회주의자였지만, 사회주의자가 모두 아나키스트는 아니었다. 아나키즘은 사회주의·공산주의 속 전체주의를 배격한다. 아나키즘을 굳이 한국어로 번역하면 '자유 사회주의', '자유 공산주의' 정도일 텐데, 권위주의를 부정하고 싸우는 자가 아나키스트다. 기존 질서를 부정하며 지구촌을 휩쓴 68혁명, 우드스톡 페스티벌에서 미국 국가(國歌)를 찌그러트려 연주한 지미 헨드릭스, 국가와 종교 없는 세상을 노래한 존 레논 모두 아나키즘과 닿았다. 아나키즘은 도달할 수 없는 이상향에 대한 갈망, 허무주의일지 모른다.

막스 베버 주장대로 국가를 '폭력 제도화'로 규정한다면 무정부주의도 아나키즘의 한 갈래다. 다만, 근대 일본인이 아나키즘을 번역한 무정부주의는 천황의 신성불가침에 도전하는 불온사상을 의미해 아나키즘의 참뜻을 담아내지 못한다. 철학자 김용옥은 아나키즘이 '순결한 공동체 사상'이라고 역설한다.

한국 민족주의 이데올로그 신채호는 제1차 세계대전 참상을 보며 민족주의가 위험하다고 느꼈다. 제국주의처럼 민족주의도 우승열패 사회진화론 사생아였고, 민족주의와 독점 자본주의가 만난 돌연변이가 제국주의였다. 탐욕스러운 부자를 욕하는 빈자에게 부자처럼 탐욕스럽게 일해 부자가 되라는 논리가 민족주의다. 1920년대 조선물산장려운동이 보여주듯 민족주의는 자본주의와 함께 태어난 부르주와 이데올로기였고, 가진 자를 옹호하고 계급 문제를 은폐했다. 식민지 현실이 민족주의 숙주였다.

신채호는 민족주의 대안으로 크로포트킨 아나키즘을 주목했다. 그는 석가모니, 공자, 예수, 마르크스와 더불어 크로포트킨을 5대 사상가로 꼽고 조선 청년에게 '크로포트킨 세례를 받자'고 호소했다.

> 동물 세계에서 대다수 종(種)이 사회를 이루며, 생존을 위한 가장 좋은 무기를 협동에서 찾는다. 그것은 폭넓은 의미에서 순전한 존재 수단이 아니라, 종에 불리한 모든 자연조건에 대항하는 투쟁이다. 개체끼리 싸움이 적고 서로 돕는 종이 발전했다. … 거꾸로 비사회적인 종은 사라졌다.
>
> -크로포트킨, 『서로 돕기』(1902)-

한 집단이 발전하려면 경쟁보다 협동과 배려가 필요하다는 게 크로포트킨 주장이다. 얼핏 현실과 동떨어진 성자 말씀처럼 들리지만, 그의 주장은 일상에서 볼 수 있다. 가령, 직장인 A가 중요한 업무를 처리하다가 컴퓨터 조작이 서툴러 길을 헤맨다. A가 직장 동료 B에게 도움을 요청한다. 이때 B가 동료 A를 도와주는 경우와 경쟁자 A를 외면하는 경우 중 어느 것이 그 조직에 도움이 될까? 또 오늘날 과잉 경쟁이 낳은 한국의 저출산 문제를 보라. 경쟁이 세상을 발전시킨다는 이야기는 삶을 배제한 형식 논리다.

낯선 러시아 사상가까지 찾아갈 필요도 없다. 백범 김구도 "내가 남의 침략에 가슴이 아팠으니 내 나라가 남을 침략하는 것을 원치 아니한다."고 말했다. **한국 민족주의를 대표하는 신채호와 김구 모두 민족주의의 폭력성을 경계했다.** 그 후세의 몫은 무엇일까?

결자해지 역사교육

'~주의(~主義, ~ism)'는 '~이 가장 옳다'는 뜻으로 독선과 배타성을 품는다. 민족주의는 민족의 가치가 가장 옳다는 뜻이다. 한국 근현대사 격동 속에서 '민족' 가치를 인정하더라도 '민족주의'는 과잉 방어기제이며 경계 대상이다.

한국 민족주의는 식민지와 분단을 겪으며 정체성을 지키려는 몸부림이었고, 초고속 경제성장 에너지였지만, 괴물과 싸우며 또 다른 괴물이 되고 말았다. 오늘날 한국인은 식민지 때 받은 설움을 힘없는 외국인 노동자에게 돌려준다. 지식인들조차 민족주의 정서와 다른 목소리를 용납하지 않는다. 한국인에게 민족주의는 신성불가침 성역이다.

대하소설 거장 조정래가 한국인의 배타성은 인간 집단 속성일 뿐 민족주의 책임이 아니라고 말한다. 본래 사람은 다르게 생긴 이방인에게 배타성을 갖기 마련이며 거대자본이 국경을 넘나드는 세계화 시대에 민족주의가 더욱 절실하다고 그는 강변한다. 경제 이익을 추구하는 자본 논리와 낭만주의적 민족 논리가 서로 어떻게 대응하는지도 의문이고 그는 한국 민족주의 속 인종주의와 파시즘을 못 봤거나 애써 외면한다.

뜬금없는 '한중 역사 전쟁'도 한국 민족주의 책임이 없지 않다. 1992년 한중 수교 이후 몇몇 한국 관광객들이 만주 소재 고구려 유적에 제사 지냈고, '옛땅을 회복하자'고 플래카드를 붙이는가 하면, 몇몇 고미술품 업자들이 현지 중국인을 매수해 고분을 도굴했다(MBC 『PD수첩』, 2010.9.28.). 중국이 가만히 있을 리 없었다. 중국 국수주의 역사학자들이 고대사를 자국에 유리하게 서술하며 충성 경쟁에 나섰다. 이른바 '동북공정'이 그렇게 태어났다. 서로 의견이 충돌할 때 서로 입장만 바꿔 생각하면 길이 보인다. 가령, 임진왜란 때 일본군이 지은 왜성에서 일본 관광객들이 깃발 들고 도발한다고 상상해 보라.

한국 민족주의 이중성도 문제다. 일본군의 위안부 성 착취에 분노하면서 해방 이후 미군 부대 기지촌 여성을 '양공주'라고 비하하며 그들을 외화벌이 수단으로 활용한 행태에 대해 한국 민족주의는 입을 닫는다. 일본군 출신 대통령이 기지촌을 방문해 그 여성들을 격려했고, 공무원들이 '애국 교육'을 실시했다. 일본군위안부 관련 시민운동단체도 위안부 문제를 해결하기보다 그 문제를 계속 끌고 가며 목소리를 키운다는 의심을 받았다.

2006년 한국계 미국인 풋볼 선수 '하인즈 워드 신드롬'은 또 어떤가? 주한 미군과 결혼해 하인즈 워드를 낳은 한국인 어머니는 주위 따가운 시선을 피해 낯선 미국으로 건너가 청소부로 일하며 아들을 풋볼 스타로 키웠다. 이 소식이 알려지고 나서 한국 언론이 '자랑스러운 한국인' 운운하며 위선 섞인 호들갑을 떨었다. 하인즈 워드를 내친 것도 민족주의, 그를 자랑스러운 한국인으로 포장한 것도 민족주의였다. 한국 내 '혼혈인' 차별에 대한 성찰은 보이지 않았다.

한국인이 청산해야 할 식민지 잔재는 '차별·혐오·증오의 민족주의'다. 남북 분단을 극복하려면 민족의 가치가 필요하지만, 그것은 임시 도구일 뿐이다. 한국인은 민족 속에 매몰된 개인을 찾아야 한다. 그 개인은 개인과 민족·국가의 관계를 인식하고 자유와 권리를 행사하는 시민이다. 건강한 시민이 남북 분단을 극복하고 새 시대를 열어갈 수 있다. 이젠 민족주의도 민주주의가 필요하다. 조선 왕조 말 위정척사론을 진짜 민족주의로 보기 어려운 이유다.

그러나 끈끈한 핏줄 민족주의가 쉽게 사라질 리 없다. 또 이웃 나라 중국과 일본의 도발도 한국 민족주의를 자극한다. 또 국경 없는 세계화도 오히려 민족주의를 강화한다. 사람은 타자와 다름을 통해 정체성을 느낀다.

그렇다면 지금 한국인이 어떤 밀알을 심을까? **한국 민족주의 고향이 역사교육이니 역사교육부터 마음을 열자.** 한국인은 작은 눈 북방계와 큰 눈 남방

계로 구별되고 그 안에서 26개 이상 혈통이 존재한다. 인류 문명사 속에서 단군 이래 오늘날까지 한국인은 여러 민족과 더불어 살아왔다고 사실을 가르치자. 신채호가 발명한 단일민족 신화는 망국의 시대가 낳은 구급약이었다. 이젠 실체 없는 역사 전쟁에 휘말리지 말고 열린 마음으로 '고구려사는 고구려 사람들의 역사'라고 가르치면 어떤가?

오늘날 한국에서 민족주의 문제는 관념이 아니라 현실이다. 한국의 저출산이 국가 소멸을 경고한다. 국가가 예산을 퍼부어도 고용 불안에 시달리는 젊은 세대가 결혼과 출산을 꺼린다. 이젠 눈을 나라 밖으로 돌리자. 다행인지 불행인지 지구촌은 초만원이다. 열린 마음으로 '이방인'들을 받아들여 더불어 살아야 한다. 민족주의를 넘어서야 민족이 산다.

III

그밖의
물결

페미니즘 feminism
여성 해방에서 남성 혐오로

깨어나는 여성

조선에 있어서는 여성의 지위가 한층 저열하다. … 우리의 앞길이 여하히 험악할지라도 우리는 일천만 자매의 힘으로 우리의 역사적 임무를 수행하려 한다. 여성은 벌써 약자가 아니다. 여성은 스스로 해방하는 날 세계가 해방될 것이다. 조선 자매들아, 단결하라!　　　　　　　　　　-근우회 선언문, 1927-

1920년대 다이쇼 데모크라시 훈풍이 3·1운동과 만나 식민지 조선에서 '문화통치'로 나타났다. '문화(文化)'는 영어 'culture' 번역어로 '야만'의 반대말이었다.

1920년대는 사회 운동 시대였다. 덕수궁 옆 경성방송국(JODK)이 뉴스를 내보내고 『동아일보』, 『조선일보』, 『삼천리』, 『신여성』 등 신문, 잡지가 봇물 터지듯 나오는 가운데 천민, 어린이, 여성 등 사회 약자들이 제 목소리를 내기 시작했다. 삼종지도, 칠거지악 등 유교 이데올로기에 짓눌려 노예처럼 살아온 여성들이 굴레에서 벗어나 새로운 시대를 꿈꿨다.

1927년 5월 27일, 경성부 종로 기독교청년회관(YMCA)에 여성 1천여 명이 모여들었다. 국채보상운동에 동참해 조선 여성이 역사에 등장하고 20년 지난 때였다. 이날 여성운동 단체 '근우회'가 탄생했다. 그 라인-업이 화려했다.

정종명(31) : 간호사. 사회주의자. 해방 이후 월북

정칠성(30) : 기생. 사회주의자. 해방 이후 월북

허정숙(25) : 조선공산당 당원. 해방 이후 북한 최고인민회의 부의장

김활란(28) : 이화여전 교사. 해방 이후 이화여대 초대 총장

최은희(23) : 한국 최초 여성 기자(조선일보)

차미리사(48) : 배화학당 교사. 해방 이후 덕성여대 설립

황신덕(29) : 시대일보 기자. 해방 이후 중앙여고 교장

김일엽(31) : 승려. 매일신보 기자

박순천(29) : 마산 의신여학교 교사. 해방 이후 5선 국회의원

고황경(18) : 경성여자고등보통학교 졸업. 해방 이후 서울여대 초대 총장

근우회는 자유 결혼, 조혼 금지, 인신매매 및 공창 폐지, 여성 노동자 임금 차별 철폐, 산전 산후 임금 지급 등을 주장했다. 오랜 악습 조혼을 갑오개혁 때 금지했지만, 법은 멀고 일상이 가까웠다. 부모 사랑을 받으며 한참 응석 부려야 할 10대 소녀가 모진 시집살이를 견디다 못해 남편을 살해하는 일이 빈번했다. 1924년 가을, 함경북도 명천 여성 김정필(19)이 남편 독살 혐의로 무기징역형을 받아 온 나라가 떠들썩했다.

왕조 멸망 직후라 유교 가부장제 문화가 건재했다. 게다가 일본에서 국민국가 건설을 위한 현모양처 이념이 들어와 오히려 여성을 더 속박했다. 여성은 남편에게 복종하고 아들의 생애 첫 선생님으로서 교육하는 '현모'(어진 어머니) 임무를 떠안았다. 유교 이데올로기와 일본 군국주의가 결합한 개념이 현모양처였다.

시어머니와 며느리의 갈등도 근대에 나타난 신풍속도였다. 갈등은 칡나무와 등나무가 서로 얽혀 팽팽하게 경쟁한다는 뜻이다. 양쪽 힘이 서로 엇비슷

해야 갈등이 일어난다. 조선시대처럼 시어머니 힘이 월등하면 갈등이 일어나지 않는다. 근대 신여성 이념 세례를 받아 여성 의식이 깨어나던 일제 식민지 때 고부 갈등이 나타났다. 현모양처와 고부 갈등은 '만들어진 전통'이다.

여성 문맹이 많던 시대라 근우회는 전국 순회강연, 야학을 통해 여성 계몽에 힘썼다. 여성이 깨어나야 여성운동도 가능했다. 근우회는 광주학생항일운동에도 개입해 허정숙을 비롯한 간부들이 검거됐고, 여성 임금차별을 비판했다. 1930년대 들어 근우회가 전국에 지회 60여 개, 회원 6천여 명을 거느렸다. 근우회가 한국 여성 운동사를 쓰기 시작했다.

한국 페미니즘

남성이 주체, 본질, 제1의 성, 우월한 지배 존재이고, 여성은 객체, 비본질, 제2의 성, 열등한 예속 존재라는 관념은 그저 사회적 산물이다.

-시몬느 보부아르 『제2의 성』, 1949-

19세기 말 영국에서 팽크허스트가 주도해 여성 참정권 운동이 일어났다. 1893년 뉴질랜드, 1906년 핀란드, 1918년 독일·오스드리아, 1920년 미국, 1928년 영국, 1944년 프랑스가 여성 참정권을 인정했다. 여성이 제1차 세계대전 참전한 게 여성 참정권 쟁취에 이바지했다. 반면 한국은 식민지 해방 이후 1948년 5·10 총선거 때 남녀 성인 참정권을 단박에 인정했다.

20세기 전반기 참정권 쟁취 이후 여성운동이 목표를 잃고 표류했다. 정치 투쟁 승리가 일상을 곧장 바꾸지 못했다. 시몬느 보부아르가 생물학적 여성성을 거부했고(『제2의 성』), 케이트 밀렛은 남녀 성관계를 지배·종속 관계, 권력관계로 규정하고 성 해방이 곧 여성 해방이라고 주장했다(『성 정치학』).

68혁명, 우드스톡 페스티벌이 상징하는 1960년대에 페미니즘 운동이 활기를 띠었고, 1970년대에 페미니즘이 이데올로기로 발전해 대중 용어로 자리 잡았다. 당시 이효재(이화여대 교수)가 가부장 이데올로기와 유신 독재 및 분단 체제를 구조적으로 설명해 여성학을 개척했다. 1977년 아시아 최초로 이화여대가 여성학 강좌를 개설했다.

1980년대 한국에서 반독재 민주화 운동이 진행하는 가운데 페미니즘 운동이 자리를 잡았다. 성 해방이 여성을 성 상품화한다며 리버럴 페미니즘을 반대하는 안티포르노 페미니즘이 주류로 등장했다. 여성단체 '한국여성의전화'가 성폭력, 성매매, 가정폭력 등을 공론화했고, 부천경찰서 성고문 사건 이후 21개 단체가 한국여성단체연합('여연',1987)으로 탄생했다. 여연 초대 대표 이우정은 "남녀 평등을 쟁취하기 위한 민주화 투쟁"을 강조했다.

여연이 여권 신장 관련법 구현을 주도했다. 남녀고용평등법 개정(1988), 가족법 개정(1989), 영유아보육법 제정(1991), 군 가산점 폐지(1999), 여성가족부 출범(2001), 성매매방지법 제정(2004), 호주제 폐지(2005), 여성발전기본법 제정(2014), 가정폭력방지법(2015) 등이 그것이다. 그 가운데 호주제 폐지는 가족법 개정 대미였고, 반세기 투쟁이 거둔 결실이었다. 그 역사는 1950년대로 거슬러 올라간다.

1956년, 한국 최초 여성 변호사 이태영이 여성법률상담소(현재 한국가정법률상담소)를 열었다. 여성 변호사가 개업하니 그동안 쌓여온 여성 민원이 밀려들었다. '쓸데없이 분란만 일으킨다' '법률 줄이나 배웠다고 건방지게 나선다'는 남성 중심 법조계 냉소와 싸워가며 이태영은 호주제 폐지, 동성동본 금혼령 폐지 등 가족법 개정에 나섰다. 자연스럽게 그는 여성 운동가들과 함께 남녀 차별에 맞서 싸웠다.

1987년 6월항쟁 이후 여성운동이 민주화 물결을 탔다. '모든 국민은 법 앞에 평등하다. 누구든지 성별에 의하여 차별받지 아니한다'는 조항이 대한민국 헌법에 들어갔고, 가족법 개정 운동이 여연을 만나 사회 운동으로 발전했다. 1989년 국회가 호주 권리 축소, 친족 범위 8촌으로 축소, 이혼 여성의 재산분할 청구권 등이 담긴 법안을 통과시켰다. 마지막 남은 게 호주제였다.

호주제는 일본 이에(家) 제도 아류로 거주 현황을 무시하고 남성 호주(戶主) 중심으로 가족 호적을 구성해 남성 혈통을 이어가는 제도다. 아버지가 사망하면 장남이 어머니, 누나를 제치고 호주가 됐다. 제2차 세계대전 이후 일본은 남녀 평등과 어긋나는 이에 제도를 폐지했지만, 한국은 유교 가부장 관습이 결합한 호주제를 유지했다.

2000년 9월 '호주제 폐지를 위한 시민연대'가 국회 청원과 호주제 위헌소송을 냈다. '우리 민족이 개, 돼지 되는 꼴을 볼 수 없다'고 유림이 삭발하며 반발했다. 다섯 차례 공개 변론 후 헌법재판소가 호주제 위헌 판결을 내렸다. 2005년 3월 2일, 호주제 폐지 포함 민법 개정안이 국회를 통과했다. 변호사 이태영이 폐지 운동을 시작한 지 53년 만에 호주제가 역사 속으로 사라졌다. 그가 이미 세상을 떠난 뒤였다.

한편, 여연 출신 인사들이 장관, 국회의원 등으로 진출했다. 여성 운동가들이 세도권에 들어가 이념을 정책으로 구현한다는 긍정 평가와 함께 여성운동이 엘리트 여성 출세 코스, 그들만의 리그, 국가 페미니즘으로 전락했다는 비판도 나왔다.

젊은 페미니즘

1970년대생은 1990년대에 대학 입학해 'X세대'로 불렸다. 짱돌 들고 반독재 민주화 투쟁했던 1960년대생과 그들은 달랐다. X세대는 고도 경제성장 혜택을 받아 밥을 굶어보지 않은 첫 세대였고, 운동권 권위주의와 거리를 뒀다. 대중음악 문법을 다시 쓴 서태지, 강남 오렌지족이 X세대 아이콘이었다.

1996년 서울 소재 10여 개 대학 여학생들이 '들꽃모임'을 조직했다. 해마다 고려대 남학생들이 이화여대 축제에 난입해 '난동'을 부린 게 모임 발족 원인이었다. 종래 여성단체와 달리 들꽃모임은 특별한 규약이 없었다. 그들은 길들임을 거부하며 X세대답게 일사분란 조직을 거부했고, 게릴라처럼 활동했다. 그들은 성추행이 일어난 기업, 대학에 성명서를 보내거나 항의 전화를 걸어 사과문을 받아냈다.

2000년대 초반, 여성운동에 새로운 바람이 불었다. 인터넷 온라인 커뮤니티가 보급되며 '영 페미니즘'이 성장했다. 호주제 폐지도 온라인 여성 커뮤니티가 여론을 조성해 가능했다. 여성운동이 민주화 투쟁, 거대 담론에서 벗어나 생활 운동으로 구체화했다. 그들은 대규모 집회보다 게릴라 퍼포먼스를 선호했고, 지하철 성추행, 동성애, 혼전 순결, 지하철 '쩍벌남', 미스코리아 선발대회 등 생활 속 성차별 문제를 다뤘다. 그들은 포르노그래피, 남녀 성관계, 결혼, 출산 등을 여성 억압이라고 봤다.

여기서 자가당착도 나타났다. 남성을 혐오하고 출산을 거부하면 여성도 결국 지구상에서 사라진다. 1970년대 페미니스트 파이어스톤이 남녀 성관계 대신 인공 수정으로 출산하자고 주장했지만, 음양이 조화하는 자연 섭리를 인간이 거스를 수 있는지 의문이 남는다.

과유불급

영 페미니즘이 급진 페미니즘으로 진화했다. 그 가운데 온라인 여성 커뮤니티 '메갈리아'(MEGALIA, 2015)가 주목받았다. 메갈리아는 남성 폭력 피해자이거나 그에 공감하는 사람들 모임이었다. 그들은 익명 커뮤니티에 '아빠한테 성폭행 당했다' '사촌 오빠한테 성폭행 당했다'고 고백했고, 그 피해자를 위로하는 댓글이 올라왔다. 평소 느끼지 못한 사회 구조적 차별과 폭력을 메갈리아가 여성에게 자각의 계기를 제공했다.

그러나 메갈리아는 그동안 여성이 받아 온 차별을 남성에게 되돌려준다며 남성 혐오를 드러냈다. '창녀→창남' '김치녀→김치남' '유방 크기→남근 크기' '맘충→아비충' '암탉이 울면 나라가 망한다→수탉이 울면 나라가 망한다.' 등 상대 공격을 맞받아치는 미러링이 그것이다. 메갈리아 커뮤니티 로고는 '한국 남성 성기가 작다'는 뜻이다.

남성 혐오가 여성 혐오를 자극했다. 메갈리아 익명의 회원들이 내뱉는 혐오가 감정 배설로 변해갔다. 이에 온라인 게임유통사 넥슨이 메갈리아 홍보 티셔츠를 입었다는 이유로 자사 소속 여성 성우를 교체해 논란이 일었다. 온라인 게임 수요자가 대개 남성이다.

메갈리아에서 분화한 온라인 커뮤니티 워마드(WOMAD, 2016)도 세상을 향해 목소리를 냈다. '우리는 페미나치다. 우리는 남성을 혐오한다. 우리는 워마드다.' 워마드는 게이, 트랜스 여성(Male to Female) 등 성소수자를 배제했고, 기혼 여성 등도 '가부장제의 부역자'라며 배척했다. 그들은 비혼·비연애·비출산·비섹스를 지향했다.

워마드는 '강남역 여성 살인사건'을 공론화하며 사회 전면에 나섰다. 2016년 5월 17일, 강남역 근처 공용 화장실에서 30대 남성이 불특정 20대 여성을 칼로 찔러 살해했다. 평소 조현병을 앓아온 가해 남성은 '평소 여자들이 나를 무시해서 범행을 저질렀다'고 진술했다. 그는 화장실에서 나오는 남성 7명을 그냥 보내고 여성을 표적으로 삼았다. 그녀는 여성이라는 이유로 목숨을 잃었다.

분노한 여성들이 '오늘도 나는 우연히 살아남았다'며 거리로 나왔다. 그들은 강남역 10번 출구에 포스트잇을 붙여 희생 여성을 추모했다. 며칠 만에 전국에 포스트잇 3만 5천 개가 붙었다. 모든 남성을 잠재 범죄자로 낙인찍는다는 비판도 나왔지만, 워마드가 메갈리아와 함께 새로운 페미니즘 상징으로 떠올랐다.

그러나 워마드는 천주교 성체 훼손 논란, 낙태 사진 게시, 남아 살해 예고, 고인 모독 논란, 남성 목욕탕 몰래 촬영 유포 등으로 논란도 일으켰다. 극우 남성 커뮤니티 일베에 빗대 워마드를 '여성 일베'라고 부르거나 남성 혐오가 여성 혐오를 더 부추긴다는 비판이 나왔다.

이에 워마드가 항변한다. 워마드는 현실 앞에서 느낀 절망을 온라인에서라도 거친 언어로 풀려는 약자들이라고. 미러링은 대중의 관심을 끌어 여성문제를 이슈화하려는 수단일 뿐이라고. 남성 커뮤니티 일베와 여성 커뮤니티 워마드가 똑같이 분노하면 워마드가 더 세게 비판받는다고. 사회 운동을 바라보는 시선 속에도 남녀 차별이 존재한다고.

미투 운동

2018년 1월 29일, 현직 여검사가 선배 남성 검사로부터 성추행을 당했다고 폭로했다. 고위 공직자 여성도 남성 위력 앞에서 약자라는 사실에 파문이 일었다. 몇 달 전 할리우드 영화 제작자의 성폭력이 촉발한 미투(Me Too, 나도 당했다) 운동이 한국에서 일어났다. 문화예술계, 체육계, 종교계, 학계, 정치계 등 사회 각 분야에서 '쉬쉬'해 오던 비밀이 여기저기서 터져 나왔다.

미투 운동은 한국 사회가 성찰할 기회를 제공했다. '성폭력은 사회 구조 문제이며 남성 중심 사회에서 남성이 여성에게 무심코 던지는 언행이 폭력이다.' '성폭력 가해자는 뿔 달린 괴물이 아니라 평범한 이웃이다.' '사회 운동가들도 성 인지 감수성이 부족하다.' '피해자다움을 강요하는 2차 가해가 더 큰 폭력이다.' …. 미투 운동은 종래 진보-보수 이념으로 담아내기 어려운 상식 영역이었고, 일상 속 민주주의 운동이었다.

미투 운동이 성폭력 피해 여성의 우울증을 줄였다는 연구도 나왔다(김정아, 「사회운동과 한국 여성 성폭력 생존자들의 정신건강」). 미투 운동을 통해 성폭력 피해자들이 서로 연대해 마음의 힘을 얻어 당당하게 사법 절차를 밟았고, 직장이나 정부 당국에 정책 개선을 요구했다. 고난을 겪는 사람에게 공감이 필요하다.

그러나 과유불급, 뭐든지 지나치면 탈이 난다. 미투 운동도 '병목 소용돌이' 현상을 보였다. 정확하고 공정한 보도 대신 자극성 속보 경쟁에 매몰된 언론, 그 황색 언론 보도를 여과 없이 받아들여 기정사실로 여기는 대중, 혐의자를 악마화하고 여론놀이식 재판하며 희열을 느끼는 가학성 사회 문화가 작동했다.

범죄 혐의를 당사자가 인정하거나 사법 기관이 확정판결 내리기 전까지 혐의자는 죄인이 아니다. 범인 열 명을 놓치더라도 억울한 피해자 한 명이 나오면 안 된다. 그러나 현실은 그렇지 않다. 전북 부안 소재 중학교 수학 교사가 여학생을 성추행했다는 누명을 쓰고 괴로워하다가 스스로 삶을 내려놓았다. 그는 마녀사냥의 희생양이었다. 법원은 그 교사가 순직했다고 판결했다.

미투 운동의 이중성도 문제다. 2018년 5월 1일, 워마드 회원이 미술대학 남성 누드모델을 몰래 촬영한 사진을 커뮤니티에 올려 조롱했다. 그런데도 미투 운동 화살은 가해 여성 대신 피해 남성을 향했다. 성폭력 피해 여성들은 괴롭게 고통을 폭로하는데 그 남성 모델이 너무 당당하게 문제 제기했다는 게 그 이유였다. 미투 운동도 성폭력 피해자에게 '피해자다움'을 요구했다.

미투 운동 창시자 타라나 버크가 "미투는 성폭력 피해자 운동이지 남성 혐오 운동이 아니다"라고 말하며 미투 운동이 남녀 성 대결로 흘러가는 현상을 우려했다. 그도 성폭력 피해자였지만 남성을 혐오하지 않았다. 이념은 창시자보다 추종자들이 더 강하게 분출한다.

변증법

페미니즘이 남성을 악마화한다며 20대 남성이 반발한다. 그들은 부모 세대와 달리 '아들 프리미엄' 없이 자랐고, 여권 의식도 높다. 오히려 그들은 아들보다 딸을 선호하는 시대에 태어나 자랐다. 게다가 그들은 아버지 세대처럼 군대 가서 인생 황금기를 국가에 바치고, '남자가 울면 안 된다'는 남성 우월 이데올로기까지 감당한다. 그들은 페미니즘을 남성 역차별로 느낀다.

정작 여성들도 페미니즘을 썩 반기지 않는다. 20대 여성의 페미니즘 지지율이 38.6%에 그친 조사 결과가 있다(마경희, 2019). 페미니즘 운동가들의 거친 언행과 편 가르기가 여성들에게도 거부감을 주기 때문이다. 1980년대 반독재·민주화가 시대정신이었지만 보통 사람들이 극렬 운동권 투사들을 편치 않게 느낀 사례와 같다. **페미니즘이 공격하는 남성도 어느 여성의 아버지, 오빠, 남동생이다. 성(性, gender)이 민족, 계급, 인종처럼 사회 운동 주제일 수**

있는지 돌아봐야 한다. 여성문제는 여성만의 문제가 아니라 보편적 인권 문제다.

사회 운동은 대중의 바다에서 헤엄치기다. 아무리 옳은 대의명분도 대중의 마음을 얻지 못하면 공염불이다. 2024년 남녀공학 전환을 반대하며 지성의 전당을 무법천지로 만든 동덕여대 사태가 그 사례다. 모든 '~주의(主義, ~ism)'는 자칫 독선으로 빠지기 쉽다고 역사가 말한다. 억눌린 여성 목소리를 대변하려던 메갈리아, 워마드 모두 단명으로 끝났다. 좋은 약도 정갈한 그릇에 담아내야 약효를 낸다.

현재 한국 페미니즘을 훗날 돌이켜보면 '정-반-합' 변증법의 과정일 거다. 여러 삶이 모인 세상은 가까이 보면 비극, 멀리 보면 희극이니까.

【사족】 복잡한 식단이 한국 여성의 발목을 잡는다. 지금도 한국인은 '밥+국+김치+a'를 고수한다. 그 구색을 갖추려고 각 가정에서 여성들이 땀을 흘린다. 여성 해방은 '식단 간소화'에서 시작하자. '감자+차'도 한 끼 식사로 충분하지 않나?

사회진화론 social darwinism
새싹들을 무한 경쟁 속으로

근대 교육 태동

세상 형편을 돌아보면 부유하고 강성하여 독립하여 웅시하는 나라는 모두
그 나라 백성의 지식이 개명했다. 지식이 개명함은 교육이 잘됐기 때문이니,
교육은 실로 나라를 보존하는 근본이다.　　　　　　-「교육조서」, 1895.2.2.-

갑오개혁이 한창일 때, 고종이 「교육조서」를 발표했다. 조선 왕조 교육 정
책을 맡아온 예조 대신 학무아문을 설치했고, 고려 광종 이래 천 년 동안 내려
오며 썩을 대로 썩은 과거제를 폐지하고 나온 조치가 「교육조서」였다. 「교육
조서」는 '시대의 큰 형국에 어두운 자는 문장이 고금보다 뛰어나더라도 쓸모
없는 서생'이라며 근대 교육을 강조했다.

학생을 가르치려면 먼저 교사가 필요했다. 조선 정부가 서울 교동에 한성
사범학교를 설립했다. 선교사 호머 헐버트가 교장이었다. 2년 과정 본과와 6
개월 과정 속성과에서 수신, 국문, 한문, 교육, 역사, 지리, 수학, 물리, 박물, 화
학, 습자, 작문, 체조 등을 교관 3명이 가르쳤다. 교관 부족, 재정 부족, 입학생
부족으로 한성사범학교는 제대로 기능하지 못했고, 근대 국민국가에 필요한
국민 의무 교육도 실현하지 못했다. 한국 근대 교육은 사립학교 몫으로 넘어
갔다.

19세기 말 기독교 선교사들이 배재학당, 이화학당, 제중원(현재 세브란스병

원) 등을 설립했고, 을사늑약으로 조선왕조가 몰락하던 때 교육 구국운동이 일어났다. 대한자강회, 신민회 등 애국계몽운동 단체가 민중을 계몽하고 학교 설립을 주도해 사립학교 수가 공식 집계 2,250개, 실제 3천여 개에 이르렀다 (1909). 양정의숙, 휘문의숙, 숙명여학교, 진명여학교, 대성학교, 오산학교, 한성법학교, 보성학교(현재 고려대) 등이 이 무렵 생겨났다. 당시 대한제국 정부는 사립학교 설립을 권장하고 묵인했다.

이로써 양반뿐 아니라 평민도 교육받을 기회가 열려 그동안 못 배운 설움이 교육열로 분출할 단계로 들어섰다. 배재학당 설립자 아펜젤러가 학생들에게 '왜 영어를 배우냐?'고 물으면 대답이 한결같았다. '관직으로 나아가려고'. 전통 용어 '입신양명'이 일본식 근대 용어 '출세'로 바뀌었을 뿐 그 목적은 같았다.

애국계몽운동을 주도한 근대 한국 지식인들은 당시 전 세계를 풍미하던 사회진화론에서 벗어나지 못했다. 깔때기가 물을 빨아들이듯 지식인들이 사회진화론을 흡입했다. 그들은 교육을 강조했다. 가령 대한자강회(회장 윤치호)는 "자강의 방법은 다름 아니라 교육 진작과 식산흥업에 있다."며 치열한 국제 정세 속에서 교육을 통해 문명개화를 이루고 강자가 되자고 역설했다. 진화론의 '적자생존'이 '약육강식' '우승열패'로 과잉 해석돼 한국 근대 교육 속에 스며들었다. 몰락해 가는 나라의 열등감과 압박감이 강자의 논리를 받아들이는 촉매제였다.

식민지 '교육열'

입학시험은 필연적으로 교육 방식의 전체를 혼탁 시키고 있는 경향이 현저하다. 교육자는 정상적 교육을 수여한다는 것보다도 입학 준비교육을 위해서 급급하며 피교육자 역시 시험성적을 올리자는 것이 면학의 동기가 되고 상급 입학시험에의 합격이 유일한 목표가 되는 듯하다. … 가르치는 선생이나 배우는 생도가 서로 기계적이 되어 무조건한 암기에나 치중하기 때문에 인격 전체의 발전을 저해하며 모든 사물에 대한 창작성 내지 개성 발휘의 길을 막아서 완전한 교육의 성과를 볼 수 없게 한다.

-'시험주의의 교육', 동아일보, 1939.5.3. -

1922년 3월 26일, 서울 교동보통학교 입학시험이 열렸다. 입학정원 150명에 685명이 지원해 강당에서 시험을 치렀다. 신체검사 후 간단한 지력 테스트가 전부였지만, 경쟁에 내몰린 자식을 강당 밖에서 창문을 통해 바라보는 학부모들 눈빛은 비장했다.

당시 보통학교(초등학교) 입학시험을 치르는 나라가 흔치 않았다. 보통학교 입시는 판단력, 기억력, 상식 등을 묻는 구두시험이었다. 가령, 큰 물건이지만 가벼운 것과 작지만 무거운 것을 주며 어느 게 더 무겁냐고 묻는 식이었다. 대중은 이 '멘탈 테스트(mental test)'를 '명태알 테스트'라고 불렀다. 신문이 '명태알 테스트' 예상 문제를 실어 경쟁을 부추겼다. 보통학교 재수생·삼수생이 나왔고, 지방에선 보통학교를 유치하려고 지역 주민들이 난투극을 벌였다.

식민지 시기 입학시험 백미는 고등보통학교(중고등학교) 입시였다. 1921년 3월 26일, 보성고등보통학교 입학정원 200명에 지원자 1,200여 명이 몰려들었다. 고사장이 부족해 길 건너 종로소학교와 중동학교 교실까지 빌렸다. 수험생들은 긴장한 표정으로 답안지에 수험번호와 이름을 적었다. 불안한 적막이 고사장을 묵직하게 채웠다. 잠시 후 시험 시작 종소리와 함께 시험 문제가 칠판에 나붙었다. 수험생들은 날카롭게 깎은 연필을 들고 전투에 몰입했다.

교문 밖에선 수험표를 집에 두고 와 고사장에 못 들어온 수험생과 그 부모가 통곡했다. 고등보통학교 입시 경쟁은 갈수록 치열해 평균 경쟁률이 10대 1이었다.

그렇다면 1920년대 식민지 조선에 왜 교육열이 불었을까? 흔히 3·1운동 이후 민족 교육 운동이 일어났다고 설명하는데 그것은 거대 운동사 시각이다. 왜 서민들이 빠듯한 생활비를 쥐어짜며 자식 교육에 몰입했을까?

사농공상·관존민비·입신양명·문치주의 조선시대에 문자 지식(성리학)이 곧 권력이었다. 지식을 독점한 사대부 세력이 지배계급으로 군림했고 경외 대상이었다. 사대부들이 왜 훈민정음 창제를 반대했겠나? 그들은 피지배계급 백성이 지식 권력에 접근하는 것을 막아야 했다.

그런데 개항 이후 근대 문물, 새로운 지식이 들어와 세상이 바뀌었다. 성균관 몰락이 상징하듯 조선 왕조가 사라지며 성리학 지식과 사대부의 권위도 사라졌다. 이젠 무주공산에서 영어를 비롯한 근대지식을 선점하는 자가 지배계급이었다. 게다가 일제는 전통 신분제를 무너뜨리고 신분 상승을 가능케 만들어 대중을 식민 통치 체제로 끌어들이려 했다. 그들은 조선 왕조보다 식민지 조선이 더 살기 좋다고 주입하고 싶었다. 교육열은 유교 문치주의의 근대적 변종이었다.

3·1운동 이후 일제 문화통치로 긴장이 풀리고 학교 수가 늘어나 수백 넌 동안 못 배운 설움이 봇물 터지듯 분출했다. 노동 천시 문치주의가 우러나 '못 배우면 땅이나 파먹고 산다' '배워야 사람 노릇한다' '내가 굶더라도 내 아들은 가르쳐야 한다'는 관념이 퍼져나갔다.

가부장 집안에서 고되게 시집살이하는 며느리가 아들을 교육하고 출세시켜 입지를 구축했다. 이때 일본식 현모양처 이념이 작용했다. 메이지 유신 이후 근대국가 건설을 추진한 일본은 한 사람의 삶에서 처음 만나는 선생님이 어머니라며 여성이 국가의 다음 세대를 길러내는 임무를 지녔다고 강조했다. 양규의숙, 진명여학교, 명신여학교, 상동여학교, 승동여학교, 동덕여학교 등 여학교가 '애국충정에 찬 2세 국민을 교육하는 어머니 양성'에 중점을 두었다.

1920년대 어린이 운동도 교육열과 무관치 않았다. 천도교 소년회가 어린이날을 제정한 1923년은 보통학교 입학생 수가 전통 서당 입학생 수를 추월한 첫해였다. '교육열'도 이때 나온 신조어였다. '믿거나 말거나' 한국 교육열이 식민지 조선에서 태동했다. 카스트 폐지 후 오늘날 인도에서 비슷한 현상이 나타난다.

부모가 내 자식 공부시키겠다는 걸 탓할 수 없겠지만, 아무리 좋은 일도 지나치면 탈이 난다. 상급학교 입학 경쟁 과열로 어린 학생들이 중압감을 못 견뎌 자살이 속출했다.

#1923년 10월 14일, 고등보통학교 삼수생 박경복은 양잿물을 마시고 죽었다. #1925년 3월 12일, 열아홉 살 이인복이 경기 사범학교 입시에서 낙방하고 부천 야산에서 목을 매 자살했다. 4월 11일 밤, 열아홉 살 정국만이 이화학당 입시에서 낙방하고 한강 인도교에서 투신자살을 시도하다가 경찰에 구조됐다. #1928년 3월 20일, 전북 익산 열여덟 살 청년 이종희가 전주농업학교 입시에 낙방하고 달리는 열차에 뛰어들어 자살했다.

입시철이 다가오면 연례행사처럼 수험생들이 자살했다. 입시 경쟁은 갈수록 치열해 1930년대에는 자식이 입시에 낙방했다고 그 충격으로 아버지들이 자살했다. '교육열'에 이어 신조어 '시험지옥'이 등장했다.

내부 경쟁은 식민지모순 은폐 효과를 내지만, 식민지도 사람 사는 곳이라

행정 책임자에게 입시 과열은 골칫거리였다. 이에 조선총독부가 '암기 위주 주입식 교육'을 철폐하고 체력 검사, 면접 평가, 학교장 추천서를 입학 전형에 반영하겠다고 발표했지만, '맹물 끓이기'였다. 입시 문제 본질은 누군가를 떨어뜨리는 경쟁이니 경쟁이 사라지지 않으면 백약이 무효였다.

일제 식민지 시기 학교는 상급학교 진학을 위한 입시 기관으로 변질해 교과수업을 파행 운영했고, 출판시장을 수험서가 장악했다. 이 기시감(déjà-vu)!

경쟁의 정점, 경성제국대학

1920년대 식민지 조선에 일본인 38만 명이 살았다. 조선에 대학이 없어 그들 아들이 대학 진학하려면 일본 본토로 건너가야 했다. 이에 일제는 서울에 경성제국대학을 세웠다. 도쿄, 교토, 큐슈, 도호쿠, 홋카이도에 이어 여섯 번째 제국대학이었다.

1924년 3월, 경성제국대학 첫 입학시험이 열렸다. 647명이 응시해 180명이 합격했고 168명이 입학했다(일본인 124명, 조선인 44명). 모두 일본어로 출제한 입학시험에서 수석 합격자는 조선인 유진오(훗날 대한민국 헌법 기초, 고려대 총장)였다. 조선인 출신학교별 합격자 수는 경성제1고보 10명, 평양고보 6명, 대구고보 5명, 휘문고보 3명 등이었다. 이후 경성제대 합격자 수에 따라 '고교 서열화'가 나타났다.

6월 12일, 청량리 예과 교정에서 경성제국대학 입학식·개교식이 열렸고, 2년 뒤 동숭동에 본과 교정이 들어섰다. 입학생은 예과 2년을 거쳐 본과인 법문학부(법학과·철학과·사학과·문과)와 의학부에 진학했다. 본과 들어가는 시험도 치열했다.

경성제국대학은 식민지 조선에서 하나뿐인 대학이라서 일제의 전폭 지원을 받았다. 그 운영비가 당시 10개 전문학교(보성전문, 연희전문, 이화여전…) 운영비를 모두 합친 것보다 많았다. 그 비용은 식민지 조선인 혈세였지만, 경성제국대학 교수 57명 중 조선인은 겨우 5명이었다.

경성제국대학을 졸업한 엘리트들이 식민지 조선 상류층을 이뤘다. 그들은 판사, 검사, 변호사, 의사, 교수를 비롯해 은행원, 회사원 등이 되어 부와 명예를 누렸다(고정 수입 있는 '사라리맨' 즉 '봉급쟁이'가 인기 직종이었다). 보성전문학교, 연희전문학교 출신도 지위가 높았으나 경성제국대학 출신 상대가 되지 못했다. 식민지 해방 때까지 경성제국대학 졸업한 조선인이 겨우 810명이었다.

하나뿐인 대학 위상이 워낙 높아 경성제국대학 학생 사칭하는 사기꾼들이 기승을 부렸다. 경성제국대학 교복을 입고 다니며 식당, 여관, 서점에서 돈을 떼먹는가 하면, 순진한 여성에게 접근해 '몹쓸 짓'을 저질렀다.

한편, 정식 대학은 아니지만 4년제 전문학교 가운데 보성전문학교(1905, 이용익 설립)와 연희전문학교(1915, 언더우드 설립)가 두각을 나타내며 서로 경쟁했다. 두 학교 경쟁은 스포츠를 통해 이미지화됐다. 1925년 5월 30일, 경성일보사 코트에서 「전조선 정구대회」가 열려 보성전문과 연희전문이 처음 만나 연·보전/보·연전 역사가 시작됐다. 2년 후 제2회 「조선 전문학교 축구 연맹전」, 제1회 「전조선 아식축구대회」, 「전조선축구대회」를 거치며 연·보전/보·연전이 연례행사로 자리 잡았다. 이는 일본 명문사학 게이오대학과 와세다대학의 연례 축제 '게이소센'의 조선 버전이었다.

연·보전/보·연전은 학교 명예를 건 한판승부였을 뿐 아니라 나라 잃은 식민지 청년들이 울분을 달래고 자유를 꿈꾸는 축제였다. 하지만 부작용도 컸다. 젊은 학생들이 경쟁하다 보니 승부욕이 넘쳐 폭력 사태가 일어났다. 또 경기 출전하는 선수들이 학교 수업 빠지기 일쑤였고 교수들이 그들에게 편법으로 학점을 줬다.

해방 이후 경성제국대학은 전문학교 9개를 합병해 국립종합대학 서울대학교로 거듭났고, 보성전문학교는 고려대학교, 연희전문학교는 세브란스 의대와 합병해 연세대학교로 다시 태어났다. 한국 근대지식이 일본을 통해 들어와 그 담론의 지배를 받듯 일본식 학벌주의가 한국에 이식되어 뿌리를 내렸다. '국립 도쿄대-사립 게이오대·와세다대'가 한국에서 '국립 서울대-사립 연세대·고려대' 학벌 체제로 자리 잡았다.

전쟁통에도 공부하세

전란(6.25 전쟁)을 당한 나라라서 교과서가 부족했지만, 어느 시골에 가더라도 나무 밑에 학생들이 모여 앉아 나뭇가지에 칠판을 걸고 낡은 책을 함께 읽는다. 누더기 입은 선생이 나뭇가지를 꺾어 만든 교편으로 가르친다.

-뉴욕타임스, 1951.6.8.-

"(6·25 전쟁 중 피난지) 시설은 열악했지만 모두 마룻바닥에 앉아 선생님 설명을 듣고 열심히 꾹꾹 눌러썼다. … 미적분, 독일어도 배우는 등 수업의 질은 경복고에 비해 조금도 뒤지지 않았다. 오히려 선생님들은 더 열정적이었다."

-전 교육부 장관 윤형섭 회고 -

식민지 때 불붙은 교육열은 전쟁 중에도 식을 줄 몰랐다. **혼자 피난 가는 아들에게 어머니는 "전쟁통에 혼자 살아도 공부해야 한다"고 당부했고, 굶주림**

과 질병, 삶과 죽음이 뒤섞인 피난지에서 학교가 천막을 치고 정규 수업을 이어갔다. 학생들은 미군이 나눠주는 분유를 끓여 마시며 허기를 달랬다. 이 기현상을 『뉴욕타임스』 기자는 이해하지 못했다. 정부는 '전시하교육특별조치요강'(1951.2)을 발표해 공교육 단절을 막으려 했다.

전쟁통에 천막 교실을 만들기도 쉽지 않았다. 어렵게 학교 부지를 구하면 미군 부대 대형 텐트를 구걸해 얻어왔다. 여학생들은 돌을 캐내고, 남학생들은 천막집을 지었다. 부지를 구하지 못한 학교는 가정집 창고를 빌려 교실로 썼다. 냉난방은 언감생심, 화장실도 제대로 갖추지 못해 악취가 진동했다.

서로 증오하고 의심하며 모든 것이 파멸되는 전쟁을 지켜보며 한국인은 '학력'이야말로 불멸의 자산이라고 느꼈다. 전쟁이 세상을 갈아엎어 양반-상민 신분이 사라지고 모두 가난하면 학력을 갖춘 사람이 신양반이었다. 여기에 더 절박한 현실도 작용했다. 당시 정부는 '대학생 징집 연기 조치'를 발표했다. 고등학생에게 대학 낙방은 곧 군대 징집이었고, 전쟁 중 군대 징집은 죽음이었다. 전쟁 속에서 전쟁이 벌어졌다.

아시아 공산주의 확산을 막기 위해 미국이 압박하고 이승만 정부가 단행한 농지개혁도 교육열을 부추겼다. 농지개혁법에 따라 정부가 3정보(약 9천 평) 초과분 농지를 강제 수용하려 들자 지주들이 교육재단에 토지를 기부해 버리는 바람에 사립대학이 늘어났다. 한쪽에서 학도병들이 국가를 지키려고 목숨을 던지던 때 대학생이 늘었다. 종족 구성이 단순한 한국 사회에서 농지개혁이 평등 의식을 고양해 한국인은 '왕후장상 씨가 따로 없다'며 아낌없이 교육에 투자했다.

흥미롭게도 전쟁이 상처를 남긴 1950년대에 한국 공교육이 기틀을 마련했다. 전쟁통에 6-3-3-4 학제를 발표했고, 종전 직후 초등학교 의무 교육제를 시행했다. 조선왕조 말 고종이 「교육조서」를 발표하고 반세기가 지난 1950년

　신채호에게 답하다

대 말 초등학교 취학률이 100%에 육박했다. 전체 통화량 20% 이상이 학교 등록금, 수업료이었다. '교육망국론'이 나왔다.

'엿 먹어라!', 무즙 파동

초등학교 입시가 사라지니 중학교 입시가 문제였다. 초등학생이 입시 스트레스로 기절 사망해 서울 시내 초등학교 교장들이 모여 입시용 과외 수업하지 않겠다고 결의했지만, 소용없었다. '고객'들이 과외수업을 바라는데 학교가 무슨 수로 외면하나? 부산에선 밤늦게 과외 공부하고 귀가하던 초등학생이 피살됐다.

이른바 '무즙 파동'은 중학교 입시 경쟁 절정이었다. 1964년 12월 7일, 1965학년도 서울특별시 전기 중학 필답 고사 「자연」 18번 문제, '엿을 만들 때 엿기름 대신 넣어도 좋은 것을 고르면?' ① 디아스타제 ② 꿀 ③ 녹말 ④ 무즙

출제자는 ① 디아스타제를 원했지만, ④ 무즙을 선택해 낙방한 학생 20여 명이 반발했다. 이에 '무즙 낙방생' 학부모 20여 명이 솥에 무즙 엿을 만들어 서울시 교육위원회에 제출했고, 이듬해 서울고등법원 판결로 20여 명을 추가 합격 처리했다. '엿 먹어라!'라는 욕이 이때 나왔다. 사태 책임을 지고 서울시 교육감 김원규, 문교부 차관 한상봉 등 고위 관료 8명이 사직했다. 서슬 퍼런 군사정권도 치맛바람 앞에선 속수무책이었다. 우여곡절 끝에 1968년 정부는 중학교 입시를 폐지했다.

그러나 이번에도 풍선 효과가 나타났다. 중학교 입시가 사라지니 고등학교 입시가 과열됐다. 일류대학에 진학하려면 일류 고교를 다녀야 한다는 사회 심리가 작동했다. 이른바 KS(경기고-서울대)가 출세 코스였다. 이에 정부가 고

교 평준화 제도를 꺼내 들었다. 경기고를 비롯해 명문고 출신들이 반발했다. 언론인 최석채는 인간 사회에서 생존경쟁은 피할 수 없는 숙명이라며 고교 평준화가 '적자생존의 철칙'을 무시해 학력 저하를 부른다고 말했고, 소설가 최인호는 학생들이 경쟁의식을 잃어 방관자가 된다고 우려했다(훗날 최인호는 생각을 바꿔 학벌주의를 맹비난했다).

그러나 학부모들이 고교 평준화 제도를 찬성했고, 경기고 출신 문교부 장관 민관식이 '국민총화'를 기치로 동문들을 찾아다니며 설득해 정책을 밀어붙였다. 1974년 서울, 부산을 시작으로 고교 평준화 제도(속칭 '뺑뺑이' 제도)가 전국으로 확대됐다. 이후 경기고, 서울고, 휘문고, 보성고 등 전통 명문들이 한강 이남 신천지로 옮겨 강남 8학군 신화를 예고했다.

야누스의 얼굴, '수요자 중심 교육'

초·중·고 입시 부담이 줄어드니 학부모들은 대학입시에 화력을 집중했다. 고교 평준화 이후 부유층 과외수업이 성행했다. 모든 교육 목적이 일류대학 진학으로 수렴돼 병목현상, 문화 고혈압이 나타났다. 학부모 비용 부담, 학생 학습 부담이 사회문제로 떠올라 '과외 망국론'이 나왔다.

"초중고생 6%가 과외를 받고 있으며, 이들이 1년에 지출하는 과외비는 823억 원을 넘는 것으로 밝혀졌습니다. 교육이 학교 밖에서 주도된다면 큰일이라 하지 않을 수 없으며, 교육비의 이중부담은 가계의 낭비와 손실을 가져오는 것입니다."
-대한뉴스, 1980.7.30.-

이에 전두환 신군부가 '7·30 교육개혁'(1980)으로 과외·학원 수강을 금지했다. 그 보완책으로 대학 본고사를 폐지하고 대학입시에 고교 내신성적을 반영하며, 대입 정원을 늘리고 졸업정원제를 시행했다. 쿠데타 세력답게 화끈하게 밀어붙인 '7·30 교육개혁'은 시행 초기 효과를 냈다. 학부모 사교육비 부담이 줄었고, 유명 고교로 가는 전학생이 눈에 띄게 줄었다.

그러나 현대판 맹모삼천지교는 독재 권력의 위협 앞에서도 꺾이지 않았다. 과외 지도한 대학생을 구속하고, 지도받은 학생의 부모·학교장까지 처벌했지만 소용없었다. 교육 당국 감시를 피해 가며 올빼미 과외(자정 이후 심야 과외 공부), 고속도로 과외(고속도로 달리며 자동차 안에서 과외 공부), 입주 과외(지도교사가 가족으로 위장해 함께 살며 과외 공부), 휴양지 과외, 전화·팩스 과외 등 기상천외 편법이 난무했다. 오히려 위험수당이 붙어 과외비가 더 올라갔다. 결국 '7·30 교육개혁'은 전두환 정권 종말과 함께 사라졌다. 제도가 욕망을 이기지 못했다.

'보통 사람 시대'를 선언한 노태우 정부가 과외·학원 수강을 허용했다. 여소야대 약체 정부가 대학생에게 돈벌이를 제공해 체제 불만을 줄이려는 뜻도 담겼다. 이후 1990년대 사교육 시장이 팽창했다. 고도 경제성장으로 중산층이 성장했고, 87년 항쟁 이후 노동자 임금이 상승해 서민들이 기꺼이 지갑을 열었다. 대형 입시학원뿐 아니라 도시 골목에 보습학원, 속셈학원 등 서민형 과외 학원이 들어섰다. 1990년 27.1%이던 대학 진학률이 2000년 62%로 급상승했다.

김영삼 정부가 내놓은 '5·31 교육개혁안'(1995)은 사교육 열기를 부채질했다. 개혁안의 슬로건 '국가·공급자 중심에서 시장·수요자 중심으로' '획일성에서 다양성으로'는 5·16 군사 쿠데타 이후 32년 만의 문민정부 출범과 탈권위주의 시대 정신과 맞물려 꽤 호소력을 띠었다.

그러나 한국 교육 현실에서 수요자 중심 교육은 양날의 칼이다. 교육 실제 수요자인 학부모가 바라는 건 '교육'이 아니라 '입시교육'이기 때문이다. 시장 논리를 따라 학교는 수요자가 바라는 상품 즉 일류대학 진학 실적을 내놓아야 했다. 한국에서 수요자 중심 교육은 학교를 입시학원으로 만들자는 얘기였고, 사교육 강사가 방과후학교 강사로 공교육 현장에 나타났다. 사교육과 선을 그어야 할 공교육이 무장 해제하고 사교육과 부화뇌동했다. 공교육이 헌법 제31조와 교육기본법 제5조가 보장하는 '교육의 자주성 및 전문성'을 포기했다. '5.31 교육개혁안'은 권위주의를 민주주의 대신 시장주의로 대체했다. 대책 없이 '세계화' 운운하며 토양을 고려하지 않고 심은 작물이 제대로 자라기 어렵다.

길을 잃고 혼란스러울 때 원론을 말해보자. 공부(工夫)는 원래 선불교 참선 수행을 뜻한다. 공부는 스스로 '왜?'를 던지며 고민하는 행위다. 시험에 길들인 인간은 질문하지 못하고 고민하지 않는다. 타율이 무능을 낳는다. 한국식 입시교육은 '타율형 인간' '기능형 인간' '의식 없는 인간'을 배출한다. 사교육이 범람할수록 공교육은 오히려 교육의 본질에 더 충실해야 한다. 참된 인간 만들기 교육, 스스로 생각하고 비판하기 교육, 예체능 교육으로 가야 한다. 공교육은 경쟁이 아니라 공감, 배려, 협력을 가르쳐야 한다.

'5·31 교육개혁안'은 고교 유형 다양화라는 미명 아래 과학고, 외국어고도 모자라 자율형사립고까지 더해 벌집을 쑤셨고 사교육 시장을 키웠다. 몇몇 수구 신문이 '자율' 운운하며 바람 잡고, 교육 당국이 밥상을 차리면 사교육업자들이 집어삼킨다. 학부모 불안을 돋구는 잦은 입시 제도 변화도 업자들에게 좋은 밥상 메뉴다. 우연의 일치인지 족벌 수구 신문, 교육 당국, 사교육업자가 공생한다. 한국 교육 정책은 소용돌이 속에 꽃가루 뿌리기다.

2000년대 들어 사교육 전성시대가 열려 그 시장 규모를 추산하기도 어렵다. 서울 강남 대치동과 온라인 학원 메가스터디가 사교육 신화를 상징했다. 학교는 거저 마시는 물, 공기가 됐고, 방과 후 사설학원은 탄산수, 산소호흡기였다. 이걸 고약하게 비틀어 몇몇 언론은 '공교육이 부실해서 사교육이 기승을 부린다'고 선동했다. 과연 그럴까?

사람 잡는 사(死)교육

학교에서 좀비처럼 앉아있다 종 치자마자 학원으로 달려가는 학생들을 보며 무슨 생각을 하시는지요. 부끄럽지 않으신가요. … 왜 아이들을 학원에 맡기십니까. 학교에선 왜 못 가르칩니까. 올해 수학 가르치고 내년엔 영어 가르치는 거 아니잖아요. 학원에 가야 할 건 학생들이 아니라 선생님들입니다. 학원만 못하다면 학원에 가서라도 배워와야죠.

-이훈범 '대한민국 선생님 전상서', 중앙일보, 2008.12.16.-

위 기자의 고약한 말버릇은 개인 품성일 테니 그냥 넘어가자. 전국 모든 교사가 머리 싸매고 가르쳐서 대한민국 학생들 실력을 10점 이상 올렸다고 치자. 학생·학부모가 공교육 질 향상에 만족하고 종래 나니던 학원을 때려치울까? 지나가던 소와 개가 함께 웃을 소리다. 사교육은 경쟁에서 이기려는 '+a' 게임이며, 경쟁 결과는 제로섬 게임이다. 공교육 절대 수준이 아무리 올라가도 진학 경쟁이 있으면 사교육이 사라지지 않는다.

공교육이 물이라면 사교육은 콜라다. 사람들은 생존을 위해 물이 필요하지만, 물의 고마움을 못 느낀다. 무상 공교육처럼 물은 돈 쓰지 않고 공기처럼 쉽게 마시기 때문이다. 반면 고민과 선택을 거쳐 돈 내고 마시는 콜라는 진지하고 달콤하다. 콜라의 달콤한 자극성이 사람을 유혹하고 중독에 빠뜨린다. 콜라 중독은 골다공증을 낳고, 사교육 중독은 학생들을 박제로 만든다. 국력 신장에 맞게 무상 공교육은 옳은 방향이지만 공교육에 대한 긴장감을 떨어뜨 렸다.

언어는 의식의 감옥이다. **사교육업자들은 속칭 'SKY**(서울대·고려대·연세 대)**'도 모자라 '서·연·고·서·성·한·이·중·경·외·시·건·동·홍·숙 … '운운하 며 대학들을 제멋대로 한 줄 세워놓고 학부모 말초신경을 자극하며 돈지갑을 열라고 압박한다.** 얼빠진 대학들은 제 대학 순위 올려달라고 업자들에게 로 비 활동한다.

A 대학은 B 학과가 유명하고, C 대학은 D 학과가 유명하면 도대체 무엇으 로 대학 등수를 매기나? 올림픽 금메달 개수로 국가 등수를 정하는 나라답게 전국 대학 총장들이 모여 100미터 달리기 시합했나? **저 마법의 주문**(呪文)**이 학부모를 불안 속으로, 학생들을 무한 경쟁 속으로 내몰고, 꿈이 살아 숨 쉬어 야 할 교육 현장을 폐허로 만든다.** 공정과 능력이라는 미명 아래 승자에게 오 만, 패자에게 모멸을 심어준다. 수많은 인재를 길러낸 지방 명문대학이 몰락 했고, 지방은 서울 식민지로 전락했다.

대학입시 경쟁은 사교육업자들에게 생명수다. 그들은 학부모 불안을 자극 하고 경쟁을 유도한다. 고밀도 사회 한국에서 불안과 경쟁은 역병이며 학부 모에게 사교육은 불안 진통제다. 사교육비 대느라 가정 살림이 쪼들리고, 잠 못 자며 입시 공부하느라 어린 학생들이 골병들수록 사교육업자들이 배를 불 린다. 대기업 임원보다 입시학원 인기 강사가 돈을 더 버는 세태가 한국에선 이상하지 않다.

과잉 경쟁 속에 고밀도 사회 눈치 문화가 녹아있다. 영국인 저널리스트 라 파엘 라시드가 그 '이웃 효과'를 짚어준다. "한국인은 남의 시선을 무척 신경

쓴다. 남에게 평가받는 걸 두려워한다. 남과 자신을 비교한다. 높은 점수를 받아 좋은 학교에 들어가야 하고, 좋은 직장에 다녀야 하고, 좋은 배우자를 만나 성대한 결혼식을 올려야 한다. 악순환이 반복한다." 독일인 저널리스트 안톤 슐츠도 충고한다. "한국인은 순위에 집착한다. 최고 대학, 최고 회사, 가장 비싼 아파트 등등 순위를 매기지 않는 게 없을 정도다. 모든 사람이 1등일 수 없다는 사실을 깨달아야 한다. 아이들에게 무엇을 가르칠지 고민해야 한다." 풍경은 이방인 몫이다.

제아무리 강철같은 교육철학을 갖춘 학부모라도 '옆집 엄마' 말 한마디에 무너진다. 내 아이를 일류대학 보내겠다고 욕심이라도 부리는 학부모는 그나마 낫다. 베팅에 잠재 가치가 들어있을 테니. 그러나 그런 수재들은 극소수다. **불안이 불안을 낳고 경쟁이 경쟁을 재생산하는 소용돌이에 휘말려 세금 내듯 사교육비 착취당하는 대다수 학부모가 피해자다.** 그들은 소용돌이 피해자이며 공범들이다. 입시 경쟁은 학부모 대리전이며 자녀 교육 투자는 죽은 조상 제사와 같다.

사교육업자들은 국가교육 정책에도 훈수를 둔다. 그들은 공영방송에 당당히 출연해 대입 수시전형이 불공정하니 당장 정시전형으로 바꿔야 한다고 목소리를 높인다(MBC '100분 토론', 2019.11.5.). '수시 vs 정시' 논쟁은 교육계가 머리를 맞대고 논의할 주제이지만, 사회병리를 이용해 잇속 치리는 업자들이 말할 사안이 아니다. 그들은 당연히 고교생활기록부 싹 무시하고 대입 수능시험 단판 승부(정시전형)로 끝내자고 역설한다. 그래야 학부모 지갑을 쉽게 털 테니까. 업자들을 공영방송 토론자로 부른 제작진이나 그 황당한 광경을 자연스럽게 받아들이는 나라가 한국이다.

대학 서열과 학벌주의가 무한 경쟁을 부추길 뿐 아니라 사회 가치관을 왜곡한다. 자동차 배기량, 아파트 평수와 함께 출신 대학 서열이 사람 평가 기준

이다. 한국에서 남의 자식 이야기, 남의 신앙 이야기, 출신 대학 이야기는 역린이다. 평소 허물없던 직장 동료끼리도 출신 대학 이야기를 꺼내면 공기가 얼어붙는다. 만 18세 때 단 하루 친 시험 점수가 평생 꼬리표로 따라붙는 나라가 한국이다.

어느 원로 역사학자가 비명문대 출신·비명문대 교수라는 이유로 기조 강연한 학술회의 논문집에서 글이 빠지고, 학회를 주선하고도 뒤풀이 만찬회 입장을 거부당했다. 순간 그는 살의(殺意)를 느꼈고 죽은 뒤에도 그 한을 풀지 못하리라고 회고록에 썼다(신복룡, 『인생은 찬란한 슬픔이더라』). 젊은 세대라고 낫지 않다. 유튜브 방송 매불쇼 진행자 최욱이 서울대 법대 출신 국회의원이 해병대 병사 죽음을 군 장비 파손에 비유한 발언을 비판했다. 이때 댓글이 올라왔다. "최욱, 네 대입 수능 점수 까라!"(2024.7.5).

속(俗)을 뛰어넘어 성(聖)을 추구해야 할 종교계도 학벌주의 올가미를 벗어나지 못한다. 기독교계에서 가짜 박사 학위 사건이 일어났고, '우리 시대 부처'로 칭송받은 성철 스님도 서울대 출신 불자들을 우대하고 제자로 선호했다(유튜브 '조현TV', 2023.7). '산은 산이요, 서울대는 서울대로다.'

요즘 젊은 세대는 초등학교 때부터 사교육에 길들인 탓인지 학벌에 더 집착한다. 학벌이 현대판 '골품제', '카스트'라는 비판이 우스갯소리로 들리지 않는다. 사회 각 분야 유명인이 일류대학 졸업했다고 거짓말했다가 들통나 망신당하는 나라, 사교육업자가 'SKY대학' 졸업자 사칭해 학부모 지갑을 터는 나라, 애인을 죽인 흉악범 이름 앞에 '수능 만점 의대생'이라고 수식어 붙이는 나라가 한국이다.

맹물 끓이기, 이젠 그만

재임 시절 노무현 대통령은 한 인터뷰에서 '한국 교육 정책은 비탈에 집 짓기'라고 말했다. '비탈'을 바로 잡지 않으면 그 위에 어떤 집을 지어도 무너진다. 그 '비탈'은 학부모의 욕망이다. 지난 수십 년 동안 교육 당국은 '비탈'을 바로 잡지 않고 대학 본고사, 예비고사, 학력고사, 수학능력시험, 수시전형·정시전형 등 실내 장식에만 몰두했다. 이제 더 나올 제도가 없어 재탕, 삼탕을 거듭한다. 한국 교육 관료들은 재포장 전문가다.

그 '비탈'을 바로 잡을 비책은 의외로 단순하다. 그 비책은 '대학 신입생 추첨 선발'이다. 몇몇 유명 대학들이 반발하겠지만, 그 기득권을 돌파해야 한다. 1970년대 박정희 대통령이 명문 경기고 출신 민관식을 문교부 장관에 기용하고 동문들을 설득해 고교 평준화 제도를 관철했다. 이젠 대학입시 차례가 왔다.

추첨제가 개인 선택권과 대학 자율을 침해한다면 그다음 비책이 있다. 대학수학능력시험으로 대학 신입생을 뽑게 강제하고 고교 교육과정 수준으로 출제한다('대학수학능력시험'은 말 그대로 학생이 대학 교육 받을 기초 학력을 갖췄는지 점검하는 시험이지 등수 매기기 시험이 아니다). 그러면 평소 1등 학생이 지방 국립대학으로, 평소 10등 학생이 서울대학으로 진학한다. 족벌 수구 언론이 '물수능'이라고 호들갑 떨겠지만 출혈 경쟁, 대학 서열, 학벌주의가 자연스럽게 사라진다.

그러나 대학을 평준화하면 요즘 로스쿨 입시처럼 대학원 입학 경쟁이 불붙으리라. 여기서 근본 대책으로 노동자 임금 체계 개선이 필요하다. 고졸자가 임금 100을 벌 때 4년제 대학 졸업자가 132.5를 벌었다(OECD 교육지표 2025). 고졸자와 대졸자 임금 격차를 줄여 대학 진학 욕구를 줄여야 한다. 대학 진학은 돈 낭비, 시간 낭비라고 대중이 느껴야 한국 교육 문제가 풀린다. 배고프게 살더라도 공부가 즐거운 학생들이 대학을 가야 한다.

과잉 경쟁은 공멸

경쟁이 개인 역량을 키우고 그것이 모여 그 사회가 발전한다는 신화가 존재한다. 미국 유학생 출신 엘리트들이 그렇게 말한다. 과연 그럴까? 다음 사례를 보자.

#1. 프랑스가 베트남을 식민 지배할 때 쥐가 들끓었다. 쥐를 잡아 오면 마리당 얼마씩 상금을 주며 식민 당국이 쥐 소탕에 나섰다. 그런데 베트남 쥐 마릿수가 오히려 늘었다. 쥐 잡기 경쟁이 붙어 베트남인들이 쥐를 대량 사육했다.

#2. 한국 축구 K-리그에선 왜 '극장골'이 안 나올까? 영국 프리미어 리그 손흥민이 70미터 단독 드리블 후 골 넣는 장면을 보면 답이 나온다. 골을 먹을 망정 수비수들이 끝까지 반칙 없이 페어플레이를 고수한다. 팬들이 극장골을 보고 열광하며 리그가 흥행한다. 반면 K-리그 수비수들은 70미터 단독 드리볼을 눈 뜨고 보지 못한다. 그들은 백태클, 옷 잡기 등으로 질주를 막는다. 경기 맥이 끊기고 재미가 없다. 팬들이 축구장을 찾지 않는다. 과잉 경쟁이 공멸을 낳는다.

한국식 교육이 '경쟁의 역설' 사례다. 올림픽 금메달 따고, 아카데미상과

빌보드 차트를 석권하는 나라가 불철주야 공부하는데도 세계 무대에 내놓을 석학이 별로 보이지 않는다. 그 이유를 왕조시대 과거 공부하던 선비들이 말해준다. 한국은 공부 대신 '시험공부'에 매달려왔고, 교육열 대신 '학벌열'이 높다.

생명과학자 최재천은 '교육으로 흥한 나라, 교육으로 망한다'고 경고한다. 지난 백 년 동안 식민지 해방, 산업화, 민주화, 정보화의 밑거름으로 작용한 교육열이 이젠 흉기로 변했다. 아침 태양을 보며 가슴이 설레야 할 학생들이 밤잠 못 자고, 밥 못 먹고, 우울증 걸리고, 꿈을 잃는다. 빠듯한 생활비 쪼개 사는 학부모가 사교육업자들에겐 화수분이다. 국가 소멸을 경고하는 저출산 문제도 교육 과잉 경쟁에서 발원한다. '4세 고시' '7세 고시' 운운하는 나라에서 누가 아이를 낳고 싶겠나?

이젠 우리 모두 미몽에서 깨어나 현실을 보자. 통계청은 뭐 하나? 서울대 졸업생들이 어디서 어떻게 사는지 조사해 10년만 공개하면 교육 문제가 상당 부분 풀린다. 일류대학 졸업자도 평범한 소시민으로 살아간다는 사실을 어린 학생들에게 솔직하게 말해줘야 한다. 일류대학에 진학 못 했다고 상처받고 좌절하는 청춘들을 언제까지 방치할 텐가?

영어 English

언어인가, 권력인가?

개화의 상징

대한 사룸들이 **영어**를 비호고져 ᄒ나 학교에는 다닐슈 업고 쏘 션싱이 업셔
서 못 비호눈이가 만타 ᄒ기로 영국 션비 ᄒ나이 특별히 밤이면 몃 시간식 골
ᄋ치려 ᄒ니 이 긔회를 타셔 종용히 **영어**를 공부 ᄒ랴눈 사룸들은 독립 신문
샤로 와셔 물으면 쟈셰훈 말을 알지어다.　　　　　-『독립신문』, 1898.7.4.-

고종 19년(1882) 봄, 조선이 미국과 수교했다. 이듬해 미국을 다녀온 사절단
보빙사(단장 민영익)가 영어교육이 필요하다고 고종에게 건의했다. 고종도 영
어에 관심이 각별했다.

고종 23년(1886), 서울 정동 덕수궁 돌담길에서 육영공원이 문을 열었다. 육
영공원은 영어 원어민 교사 3명(호머 헐버트, 조지 길모어, 델젤 벙커), 학생 30
명으로 출발했다. 학생 가운데 10명은 이완용을 비롯해 현직 관리였다. 훗날
을사늑약을 막아보려고 몸부림칠 헐버트와 그 나라를 팔아넘길 이완용이 교
사와 학생으로 만났다.

육영공원 학생들의 영어 습득 능력은 놀라웠다. 헐버트가 "조선 학생들의
영어 실력은 중국이나 일본 학생들보다 뛰어났다"고 극찬했다. 어학 공부는
암기력이 좌우한다. 사서삼경을 통째로 씹어먹는 조선 선비의 암기력이 영어
공부에서 괴력을 발휘했다. 옛 유학자들의 암기력은 현대인이 상상하기 어려

운 수준이었다. 오랫동안 공부해 온 중국 한문과 영어의 어순이 같은 점도 작용했다. 육영공원 학생들이 겨우 몇 달 만에 영어 단어 3천 개를 암기했다니 교사들이 놀랄 만도 했다.

이 무렵 배재학당(아펜젤러), 이화학당(스크랜턴), 경신학교(언더우드) 등 미션스쿨이 개교해 영어를 가르쳤고, 왕실도 적극 지원했다. 교회 주일학교 행사엔 영어 노래가 빠지지 않고 등장했다. 학생 수가 많지 않은 탓이지만, 개화기 영어교육은 원어민과 학생이 직접 부딪히며 소통하는 '몰입교육'이었다.

청일전쟁으로 동아시아 책봉 체제가 무너지고, 갑오개혁으로 과거제를 폐지해 문화 권력이 한자에서 영어로 옮겨갔다. 문명의 패러다임이 뒤집힌 세상에서 출세하려면 영어가 필요했다. 선교하려고 세운 배재학당이 영어 학교로 변해갔다. 당시 학부(교육부)의 예산 편성을 보면 영어 학교 예산이 다른 외국어 학교 예산의 2배를 넘었다. 배재학당 설립자 아펜젤러가 당시 세태를 증언한다. "조선인에게 왜 영어를 공부하냐고 물으면 한결같이 '관직에 나가기 위해서'라고 답한다." 옛 한자와 중국어의 빈자리를 영어가 채웠다.

실제로 영어를 먼저 익힌 자들이 앞서 나아갔다. 노론 명문가 출신 이완용, 부산 찹쌀떡 행상 출신 이하영 모두 영어 실력으로 주미 공사관 외교관으로가 인생 날개를 달았다. 특히 이하영은 당시 영어가 인생 역전 병기였음을 보여줬다. 그는 일본에서 사기를 당해 사업 자금을 날린 후 배를 타고 귀국하다가 운명의 사나이를 만났다. 훗날 제중원(세브란스 병원)을 설립하는 미국인 선교사 알렌이었다. 이후 이하영은 알렌 요리사로 일하며 영어를 익혀 벼슬길에 올라 외무대신, 법무대신으로 승승장구했다.

청년 이승만은 한자 시대가 저물고, 영어 시대가 열리는 풍경을 보여줬다. 고종 24년(1887), 열세 살 이승만은 나이를 거짓으로 한 살 올려 과거에 응시했다. 몰락한 양반 후손이 세상을 살아갈 병기는 과거 급제였다. 이후 이승만은 갑오개혁으로 과거제를 폐지할 때까지 거의 해마다 응시하고 낙방했다. 신분과 뇌물로 시험 당락과 인생 성패가 결정 나는 왕조 말기 현상에 양녕대군 후손은 절망했다.

선각자에게 위기는 곧 기회다. 과거제 폐지라는 청천벽력 앞에 선비들이 망연자실할 때 이승만은 영어를 배우려고 미션스쿨 배재학당에 입학했다. 당시 조선 정부가 영어의 중요성을 느껴 배재학당과 '관비 위탁생협약'을 맺었다. 이승만은 선교사 파이팅에게 조선어를 가르치며 영어를 배워 여섯 달 만에 배재학당 영어 교사가 됐다. 최초 근대 소설 『무정』(1917)의 주인공 리형식도 영어 교사였다. 영어는 새로운 시대를 상징했다.

그밖에 유길준, 서재필, 윤치호, 김규식, 김활란 등 미국 유학생 출신 근현대사 거물들이 영어 1세대를 이뤘다. 반면 '국수주의 비조' 신채호는 미국 유학을 마다하고 영어 독학에 매진했다. 그는 토마스 칼라일 『영웅 숭배론』, 에드워드 기본 『로마 쇠망사』 등을 영어 원서로 읽었다. '한글 지킴이' 주시경도 배재학당에서 영어를 배웠다.

입 닥치고 영어

"경성에서 가장 뛰어난 영어 교사는 영어를 자유자재로 구사하는 사람이 아니라 대학입시를 통과하려고 퍼즐과 트릭을 마스터한 사람이다."

-선교사 호러스 언더우드, 1925 -

일본 초대 총리 이토 히로부미는 영어교육을 강조했다. 그는 젊은 시절 영국에서 유학할 때 영국 학생들에게 '영어 못하는 노란 동양 원숭이'라고 놀림

당했다. 자존심 상한 이토는 귀국 후 일본 전역에 영어 학교를 세워 교과 수업을 영어로 진행하게 했다. 초대 문부상 모리 아리노리는 한술 더 떠 영어를 일본 국어로 채택하자고 주장했다.

그러나 모음이 발달하지 못한 일본어 특성상 일본인이 영어를 배우기 쉽지 않았다. 일본 정부는 번역국을 설치하고 서구 저작물 번역에 전념했다. 그러다 보니 일본 학자들이 서구 지식을 재빨리 섭취해 학문을 발전시켰지만, 영어 회화보다 문법·독해 중심 영어교육이 뿌리내렸다. 이런 일본식 영어가 식민지 조선으로 건너와 영어교육 대세로 고착됐다. 원어민 영어 교사들도 교단을 떠났다.

영어 발음이 어색한 일본인 교사에게 학생들이 불만을 터뜨렸다. 3·1운동 이듬해 봄, 보성고등보통학교 3학년 학생들이 동맹 휴학에 들어갔다. 그들에게 투철한 민족의식이 있지 않았다. '구리무(크림)', '네꾸다이'(넥타이), 비리징구'(빌딩) … 일본인 영어교사 타나카 타츠마사의 발음이 시원치 않아 그들은 조선인 교사로 바꿔 달라고 요구했다. 학교 당국이 '타나카가 명문대학 영문학과 출신이며 일본인이나 조선인이나 영미인이 아니기는 마찬가지'라고 설득했지만 소용없었다. 몇 년 뒤 타나카는 경성고등상업학교 교장이 됐다.

3·1운동 이후 교육열이 불던 1920년대, 조선총독부는 고등보통학교 교육과정의 영어 수업 시수를 일본 본국과 똑같이 맞췄다. 당시에도 전문학교와 대학입시에서 영어 비중이 컸다. 졸업 후 좋은 직장을 구할 때도 영어가 필요했다. 영어 시험에 무슨 문제가 나올지 점쟁이를 찾아가 묻는 학생들도 있었다. 작가 주요섭은 영어를 필수 과목으로 정해놓고 시험공부에 매진하는 것이 시간 낭비라고 비판했다. 실제로 고등보통학교, 전문학교를 졸업해도 영어 실력은 신통치 않았다. 영어를 말이 아닌 시험용으로 공부했으니 그럴 수밖에 없었다.

영어가 가정불화도 일으켰다. 1930년대 평안도 안주에 사는 김숙녀는 서울에서 전문학교 다니는 남편 김용하의 학비와 생활비를 대주며 뒷바라지했다. 그런데 이 철없는 남편은 서울에서 신여성들을 만나며 겉멋이 들었던지 졸업후 고향에 돌아와 아내에게 "너는 영어를 아느냐?"고 따져 물었다. 시골 여인이 영어를 알 리 없었다. 이에 남편은 "교양 있는 근대인으로서 너 같은 비현대식 여성과 함께 살 수 없다."며 이혼을 요구했다. 영어는 일개 언어가 아니라 신비로운 상징이며 권력이었다.

영어가 대세를 이루다 보니 영어를 남발하는 일이 나타났다.

「모던뽀이」는 「시크」해야 되고 「모던껄」은 「잇트」가 잇어야 할 것이다. 그것이 1931년식 첨단인의 마땅히 가저야 할 현대성이다. 「스마트」한 것을 자랑하는 「모던」은 비록 나팔바지는 못 입엇을망정 또는 단발 양장은 못 햇슬망정 신감각파적 「에로」, 「그로」를 이해치 못해서야 될 뻔한 일이냐.

-『동광』, 1931.6.1-

고대 한반도인이 중국 한문 사이사이 토씨를 달아 읽었던 방식의 현대 버전이다. 이를 비판하는 투고가 언론사에 빗발쳤다. 당최 무슨 말인지 읽을수가 없고, 좀 배웠다고 거들먹거리는 게 꼴불견이라는 지적이었다. "오, 엘레강스하고 판타스틱해요" 한때 장안에 화제가 됐던 디자이너 앙드레김 (1935~2010) 화법이 이미 식민지 때 나타났다.

식민지 영어 열풍은 미국을 선망하는 아메리카니즘을 담았다. 1920년대 들어 할리우드 영화를 비롯해 미국 대중문화가 식민지 조선에 흘러들었다. 사회주의자 허헌이 미국을 "황금의 나라, 물질문명 지상의 나라, 자본주의 최고봉의 나라, 여자의 나라, 향락의 나라, 자동차의 나라"라고 표현했다. 한국인

에게 문명 중심축은 더 이상 한자의 고향 중국이 아니라 영어의 고향 미국이
었다.

'영문'도 모르고 영문학과로!

한국인이 암기를 강요당하는 단어 중 99%는 영어 원어민이 사용하지 않는
것들이다. 이런 것을 가르치는 학원들은 엄청난 돈을 요구하며 부모들에게
경제적 압박을 안기고 이는 저출산과 중산층 약화로 이어진다.

-『이코노미스트』 서울 특파원 대니얼 튜더, 2011-

1945년 9월 9일, 옛 조선총독부 일장기가 내려가고 미국 국기가 올라갔다.
미군정은 "군사적 관리를 하는 동안 모든 목적을 위해 영어가 공식 언어"라
고 선언했다. 그렇게 일본어 시대가 저물고 영어 시대가 열렸다.

12월 5일, 서울 서대문구 감리교신학교 건물에 군사영어학교가 들어섰다.
곧 창설할 국방경비대(훗날 육·공군)와 미군 사이에서 활동할 통역장교가 필
요했기 때문이다. 군사영어학교는 광복군, 일본군, 만주군 출신을 각각 20명
씩 정원 60명을 뽑으려 했지만, 광복군 출신들이 옛 일본군과 함께 교육받을
수 없다며 입학을 거부했다. 그들은 현실보다 명분에 살고 죽는 '지사'들이었
다. 결국 일본군·만주군 출신들이 군사영어학교 주류를 이뤘다.

이듬해 4월 폐교할 때까지 5개월 동안 군사영어학교가 배출한 장교 110명
이 국방경비대 소위로 임관했다. 그 가운데 68명이 장성, 그 가운데 백선엽,
이형근, 정일권, 김종오, 김계원 등 8명이 대장으로 진급했다. 그들이 국군 창
설 주역으로 등장한 것도 영어 덕분이었다.

식민지 해방 이후 미군이 주둔하며 미국 문화가 한국인 일상으로 흘러들었지만, 문법·독해 중심 일본식 영어교육은 변하지 않았다. 상급학교 입학 경쟁 때문이었다. 한국전쟁을 겪으며 양반·상놈 신분 의식이 사라지고 그 빈자리를 학벌이 차지했다. 서민들까지 학벌 경쟁에 가세했고 명문 학교를 나와야 '신양반'이 된다고 여겼다.

이에 입시 영어 수험서가 날개 돋친 듯 팔려나갔다. 대입 수학에 『수학의 정석』이 있다면 대입 영어에 『성문종합영어』가 있었다. 이 책은 어니스트 헤밍웨이, T·S 엘리어트, 마틴 루터 킹 등 유명인의 글을 실었고 그것이 대학 본고사 지문으로 나와 영어 수험서의 바이블로 자리 잡았다. **한국 수험생들은 들어야 할 귀를 닫고 말해야 할 입을 닫았다. 말 못 하고 못 듣는 장애인이 정보를 문자로 습득하면 정보 제공자에게 종속된다. 입과 귀를 닫은 한국식 영어교육이 서구 영어 문명권에 대한 사대 의식을 조장했다.**

대학 학과 선호도에서도 영어 위상이 드러났다. 모든 4년제 대학이 영문학과를 설치했고 법대, 경영대와 함께 영문학과가 인문계열 인기 학과로 군림했다. 졸업 후 취업하기 유리하다는 이유로 '영문'도 모르고 영문학과로 진학하는 학생들이 적지 않았다. 전공 불문하고 대학생을 고시파, 영어파, 기타 쓰레기로 나눈다는 우스갯소리가 한때 대학가에서 유행했다. 전국 모든 대학 캠퍼스를 토플, 토익 특강 광고 현수막이 도배했다.

영어 공부가 아닌 영어 시험공부에 매진하다 보니 한국인은 대학을 졸업해도, 토익과 토익 고득점을 받아도 입에서 영어 한마디 나오기 쉽지 않다. 한국인은 식민지 때 일본식 영어교육의 관성에서 좀처럼 벗어나지 못한다. 심지어 한국에서 배우는 영문법과 미국 대입 수능시험(SAT)에 나오는 영문법이 다르다. 이에 본토 영어를 배우겠다며 조기 유학, 영어 외국 연수가 한때 붐을 이뤘고, 전국 곳곳에 영어 체험 마을이 등장했다. 그들이 배우는 영어는 국내용이다.

급기야 영어공용화론이 등장했다. 포스트모더니즘 바람을 탔는지 소설가 복거일이 세계화를 위해 민족주의와 민족어를 버려야 한다며 영어를 대한민국 공용어로 채택하자고 주장했다(『국제어 시대의 민족어』, 1998). 조선 후기 북학파 박제가는 중국어 공용을 주장했었다. "우리는 중국 접경지역에 자리 잡았다. 온 백성이 본래 사용하던 말을 버려도 안 될 이치가 없다. 그래야 오랑캐의 글자라는 모욕을 피할 수 있다."(『북학의』, 1778). 작은 나라가 거대 문명을 수용할 때 '병목 소용돌이'가 종속성, 사대성을 낳았다.

1981년 후쿠이 겐이치가 일본어 논문으로 노벨 화학상, 2002년 영어 서툰 다나카 고이치가 역시 노벨 화학상을 받았다. 영어는 건더기를 담아내는 그릇이지 목적이 아니다. 최근 인공지능 통번역기가 그 그릇 역할을 맡고 있다. 네 살짜리 꼬마에게 영어 유치원 입학 테스트 강요하며 스트레스 줄 필요 없다.

단순한 해법

영어 인기 강사 문난얼이 어느 텔레비전 방송에 나와 흥미로운 경험을 말했다.

대형 어학원에서 흥미로운 풍경을 본다. 중국어, 일본어 강의실 분위기는 밝고 즐겁다. 수강생이 외국어를 말하다가 틀리면 웃음꽃이 핀다. 반면 영어 강의실 분위기는 무겁고 긴장감이 흐른다. 영어를 말하다가 실수하면 망신당한다는 두려움이 강의실을 채운다.

위 풍경은 한국 사회에서 영어가 일개 언어가 아니라 권력임을 보여준다. 전근대 한자를 이어 오늘날 영어가 위계질서, 신분, 권력을 낳는다. 직장 동료가 유창하게 영어 구사하면 묘한 갑-을 관계가 나타난다. 영어 강사로 유명한 개그맨 김영철도 영어 못한다고 무시당해 영어 공부를 시작했다고 고백한다. 요즘 젊은 세대는 덜하지만, 한국 땅에서 한국인이 영어권 외국인을 만날 때 주눅 드는 심리는 식민지 근성이다.

영어 공포증을 극복하려면 문법 중심 영어교육에서 벗어나야 한다고 전문가들이 입을 모은다. '100% 영어 진행 교육과정을 통해 영어 교사를 양성하고 초중고 모든 영어 수업을 영어로 진행한다'(최진수), '학교에서 영문법을 가르치되 시험 문제로 출제하지 않는다'(이병민), '문법 영어 100년 사기극을 끝장내야 한다'(정철). 복잡하게 생각할 필요 없다. 학교가 개화기 육영공원처럼 영어를 가르치면 그만이다.

아파트 apartment

주거 공간인가, 화폐인가?

기이한 플래카드

'경축, ○○아파트 리모델링 공사 확정'

'경축, ○○아파트 엘리베이터 안전진단 통과'

'경축, ○○아파트 재건축 확정, 명품 아파트로 다시 태어납니다'

한국의 아파트 단지엔 기이한 대형 플래카드가 나붙는다. 가령, 아파트 재건축이 그 주민에겐 경사겠지만, 외부인들이 그 사실을 왜 알아야 하는지 어리둥절하다. 한국인이라면 그 대형 퍼포먼스가 담은 속뜻을 다 알지만, 논리상 그렇다는 얘기다. 한국에서 아파트는 주거 공간을 넘어 욕망 집결체다.

르 코르뷔지에

아파트 역사는 고대 로마제국까지 거슬러 올라간다. BC. 2세기, 로마 인구가 늘고 주택난이 일어 10층 내외 공동주택 인술라(insula)를 지었다. 고대 로마 건축술이 뛰어났다지만, 나무, 벽돌, 진흙, 석회, 자갈 등으로 지은 탓에 인술라는 층간 소음이 심했고, 엘리베이터가 없어 고층 주민은 다리 근육운동을 감수했고, 상하수도가 빈약해 똥오줌을 항아리에 담아 놓았다가 하수구에 버렸다. 오물을 창문으로 버리면 법으로 처벌받았다.

불편한 것은 견디고 습관 들이면 그만이지만, 문제는 대형 사고였다. 조악하게 지은 인술라가 낡으면 붕괴하기 일쑤였고, 화재가 발생하면 고층 주민이 속수무책 쓰러졌다. 자연스럽게 저층에 부자, 고층에 빈자들이 살았다. 깐깐한 황제 아우구스투스가 인술라 높이를 대략 20미터 로 제한했다.

우는 사람 있으면 웃는 사람이 있기 마련이다. 인술라가 불타거나 붕괴하면 투기꾼들이 좋아했다. 인술라가 사라지면 더 크고 높은 인술라가 올라갔다. 당시에 이미 인술라 재건축이 투기꾼에게 재산 불리기 수단이었다. 동서고금 가리지 않고 정치권력 크기와 부동산 소유량이 비례한다. 키케로, 크라수스 등 정치 거물들이 로마 부동산 재벌이었다.

산업혁명기에 접어들어 유럽, 미국에서 근대 아파트가 등장했다. 도시가 성장하며 인구가 늘었고 상공업 부르주아들이 아파트 건설을 사업 영역으로 확장했다. 엘리베이터 등장이 아파트 층수를 끌어 올렸고, 고급 석재로 외벽을 장식했다.

20세기 프랑스 건축가 르 코르뷔지에가 아파트 역사에 이정표를 남겼다. 그는 도시 빈민 주택문제를 해결하려고 아파트를 구상했고, 제2차 세계대전 이후 폐허 위에서 짧은 시간 안에 많은 집을 공급하려고 프랑스 마르세유에 유니테 다비타시옹(united habitation)을 지었다. 그 이름에서 알 수 있듯 유니테 다비타시옹은 17층짜리 건물 안에 풀장, 탁아소, 휴게실을 갖추고 1,600명이 모여 사는 공동주택 아파트였다.

르 코르뷔지에 건축 실험은 지구촌 건축가들에게 영감을 줬다. 특히 2차대전 이후 일본에서 '르 코르뷔지에 신드롬'이 불었다. 일본 건축 선구자 마에카와 구니오, 요시자카 다카마사, 단게 겐조, 한국 건축 선구자 김중업이 그 영향을 받았다. 김중업은 건국대학교와 서강대학교 건물, 명보극장 등을 설계했고, 한국 주거 형태로 아파트가 적합하다고 말했다.

아궁이 집에서 아파트로

1930년대 후반, 식민지 산업화로 서울 인구가 급증했다. 1935년 40만 명이던 서울 인구가 1942년 111만 명을 돌파했다. 이 통계는 서울 행정구역이 경기도 일부 지역을 흡수해 늘어난 인구를 포함했지만, 서울 주택난은 심각했다.

1937년 여름, 도요타 다네마쓰가 서울 충정로(경성 죽첨정)에 아파트를 지었다. 도요타 아파트는 철근콘크리트로 지은 지하 1층, 지상 4층, 52세대 규모였다. 7년 전 지은 회현동 미쿠니 아파트처럼 종래 아파트는 학생 기숙사, 회사원 사택, 공무원 관사를 뜻했지만, 도요타 아파트는 가정용 임대 아파트였다. 근대 미술 개척자 김환기가 도요타 아파트 주민이었다.

식민지 해방 이후 1958년 중앙산업(현재 중앙하이츠)이 서울 성북구 고려대학교 뒤편에 종암아파트를 지었다. 높이 5층, 152가구 규모였다. 비록 독일인이 설계했지만, 종암아파트는 한국인이 지은 최초 아파트, 수세식 화장실을 갖춘 최초 아파트였다. 전쟁 후 폐허 위에서 '우리도 할 수 있다'는 자부심이 컸던지 이승만 대통령이 준공식에 참석해 "이렇게 편리한 수세식 화장실이 종암아파트에 있습니다. 정말 현대적인 아파트입니다"라고 치하했다. 당시 공동주택 주민들은 아침마다 배를 움켜쥐고 공용 화장실 앞에 줄 서 발을 동동거렸으니 대통령 말이 공치사가 아니었다. 이때 '아파트('아파트먼트 하우스' 준말)'라는 말이 등장했고, 종암아파트는 이후 들어설 아파트 모델이 됐다.

1962년 옛 식민지 대한주택영단이 대한주택공사(현재 LH공사)로 이름을 바꿨다. 대한주택공사는 "인간 생활의 기초인 주택문제를 시급히 해결하지 않고서는 역사적인 경제개발 5개년 계획은 물론 혁명 과업 완수에도 막대한 지장을 초래"한다고 창립 선언했다. 같은 해 마포형무소 죄수 노역장 터에 10개 동 642세대 아파트가 들어서며 '단지' 개념을 도입했다. 원래 10층 고층아파트로 짓고 싶었지만, 지반이 약하고 전력이 부족해 엘리베이터를 설치하지 못하고 6층으로 낮췄다. 그렇지만 마포아파트는 프랑스 건축가 르 코르뷔지에가 구상한 '녹지 위 고층 주거(tower in the park)'를 표현했다고 평가받았다.

르 코르뷔지에는 도시 공간을 직선으로 나누고 표준화, 대량생산으로 토지 효율성을 높이려 했다. 독일 나치 지지자였던 그의 구상은 '속도와 효율'을 강조하는 한국 군사정권 성향과 서로 통했다. 직선과 직각으로 설계한 아파트 단지는 도시 속 섬이었다. 이후 마포아파트가 영화 촬영 공간으로 자주 활용됐다.

아파트 흑역사도 있었다. 1970년 4월 8일 아침, 서울 마포 와우아파트(5층)가 무너져 33명이 죽고, 38명이 다쳤다. 행정 실적에 눈먼 공무원과 돈에 눈먼 건설업자가 야합해 참사를 낳았다. 양측 사이 검은 뒷거래는 관행이었다. 뒤로 새 나간 돈만큼 와우아파트 공사 기간과 건물 기둥 속에 철근과 콘크리트가 줄었다. 물값도 아까웠는지 시멘트, 모래, 자갈을 반죽할 때 더러운 하수도 물을 써 건물 부실을 더욱 키웠다.

와우아파트 붕괴 사건은 개발독재 정권의 밀어붙이기 속도전과 천민자본주의 민낯을 드러냈다. 당시 서울시장 김현옥은 "나는 지금 100미터를 달리고 있다. 오직 속도만이 나의 무기다. 격려도 비판도 생각할 시간이 없다. 꼴찌로 도착한다면 무슨 소용이 있겠는가?"라고 말했다. 그의 별명이 '불도저 시장'이었다. 아파트 건설은 질보다 양, 가치보다 효율을 강조하는 '빨리빨리' 문화를 부채질했다. 금화동, 연희동, 월곡동, 창신동, 서부이촌동 등에서도 아파트 날림 공사 시비가 잇달았다.

당시 한국 기성세대는 농경시대 관념을 가져 집에 마당이나 텃밭이 달려야 한다고 믿었다. 여러 집이 모여 살면 생활 수준을 비교당한다고 여겼고, '집 위에 또 다른 집'이 있는 주거 구조가 낯설어 아파트를 선호하지 않았다. 여기에 와우아파트 붕괴 사고가 비호감 촉매제로 작용했다.

그러나 고학력 젊은 중산층 생각은 달랐다. 그들은 서구식 교육을 받아 서구 문화를 동경하고 모방했다. 식탁 의자에 앉아 밥 먹고, 수세식 화장실 달린 아파트야말로 그들에겐 서구 문화 총화였다. 중산층 엘리트들이 아파트를 선호하니 '나도 남들처럼' '이웃 효과'가 강한 한국 사회에서 서민들을 자극했다. 와우아파트 붕괴 사고 며칠 뒤 조선일보가 "미니스커트와 신사복을 입고 의자와 식탁에 걸터앉은 서구식 생활을 어느 정도 충족시켜 주는 것이 아파트"라는 기사를 실었다. 대중은 점점 아파트를 선망했다.

1970년대는 건설 시대였다. 도시 인구가 자꾸 늘고, 핵가족화로 세대수도 늘어 집이 더 필요했다. 건설업은 경기 부양 효과가 크고, 사이사이 떨어지는 떡고물도 적지 않아 기업인, 정치인, 관료에게 매력이 있었다. 그 건설 붐 중심에 아파트가 있었다. 서울 마포, 홍제동, 정릉 등에 서민 아파트, 한남동, 이태원, 반포 등에 부유층 아파트가 들어섰다. 1971년 동부이촌동 아파트(3,260세대), 1973년 반포주공아파트(3,786세대)가 아파트 붐을 주도했다.

연탄가스중독사건이 빈발한 시대, 중앙난방식 기름보일러기 아파트 인기를 끌어올렸다. 특히 한강맨션아파트는 상류층 고급 아파트로 선망의 대상이었다. 배우 고은아가 한강맨션아파트에서 만족스럽게 생활한다는 신문 기사가 나왔다(『매일경제』, 1970.10.1.).

아파트 정치학도 작동했다. 전쟁 같은 입시 경쟁처럼 대규모 아파트 건설과 입주 경쟁도 정권에 나쁘지 않았다. 시세보다 싸게 아파트를 분양받은 사람은 큰돈을 벌었다. 자연스럽게 그들은 국가 주도 경제정책을 지지했다. 생활인에겐 이념보다 빵 한 조각이 더 고결하다. 아파트 입주 경쟁이 사회통제 메커니즘으로 작용했다. 한편, 권위주의 정권과 대기업이 낳은 아파트 열풍은 개발 지역 세입자들을 벼랑 끝으로 몰았다. "천국에 사는 사람들은 지옥을 생각할 필요가 없다. 그러나 우리 다섯 식구는 지옥에 살면서 천국을 생각했다."(조세희 소설 '난장이가 쏘아올린 작은 공').

점차 대중은 아파트를 쾌적하고 편리한 주거 공간으로 여겨 잠실, 여의도, 압구정 등에 대규모 아파트 단지가 생겨났다. 1975년부터 10년 동안 잠실에 반포아파트 단지 다섯 배 크기 뉴타운이 탄생했다. 잠실 뉴타운은 상대적 서민, 젊은 부부에게 19평 이하 보금자리를 제공했다. '아들딸 구분 말고 하나만 잘 기르자'며 인구 억제책으로 정관 수술받은 세대주에게 잠실 아파트를 우선 분양했다. 조선시대 잠실에 왕실 뽕나무밭 관리하는 내시촌이 있었다니 흥미롭다.

'내시촌' 서남쪽엔 '세조 장자방' 한명회 호화 별장 압구정이 있었다. '청춘엔 사직을 붙들고, 늙어선 강호에 누웠네'. 그 압구정 터에 지은 현대아파트에 상류층이 입주해 서울 강남이 부자 동네로 떠올랐다. 1978년 여름, 압구정동 현대아파트 특혜 분양 사건이 터져 장안이 시끄러웠다. 시공사 현대건설이 법을 어겨가며 국회의원, 고위 관료 등 상류층에게 시세 절반 값으로 몰래 분양하다가 적발됐다. 조선왕조 건국 이래 수백 년 동안 이어오던 서울 중심축이 종로 한옥촌에서 강남 아파트 단지로 이동했다.

한국전쟁 끝난 지 20년밖에 지나지 않은 때라 강남 개발엔 군사 안보 목적이 들어있었다. 전쟁 때 강북이 인민군 지배를 받은 트라우마가 남아 박정희 정부는 수도를 남쪽 지방으로, 서울시청을 서초동으로 옮기려 했고, 압구정 현대아파트에 치(雉, 건물 돌출부)를 만들고 포대를 설치했다. 수도 이전 계획은 대통령이 암살당하는 바람에 무산됐다.

상습 침수 지역 강남에 아파트만 짓는다고 사람들이 모여들지 않는다. 강북에 밀집한 인구를 강남으로 유인할 꿀이 필요했다. 그 꿀이 학교였다. 경기고, 휘문고, 서울고 등 명문 학교를 강북에서 강남으로 옮겨 8학군이 등장해 교육열을 부추겼다. 고급 아파트 단지와 8학군이 만나 시너지 효과를 냈고, 서서히 권력 이동이 일어났다. 서울 부유층이 강북 단독주택과 강남 아파트를 놓고 고민했다.

1980년대 이란-이라크 전쟁으로 중동 정세 불안으로 건설 경기가 예전만 못할 때 서울아시안게임과 서울올림픽이 아파트 열기를 견인했다. 신군부가 국제스포츠 행사에 정권 명운을 건 터라 대규모 아파트 단지 건설을 장려했다. 외국인 선수 숙소로 지은 아시아선수촌(1,108세대)과 올림픽선수촌(5,540세대)은 올림픽공원과 조화를 이루며 '국력 신장' '선진 대한민국'을 선전했다. 올림픽 성화가 지나간다고 빈민 주택과 보신탕집을 쫓아낸 정권답게 백제 고분군을 말끔하게 밀어냈다. 그밖에 양천구, 노원구, 강동구에 대규모 아파트 단지가 들어섰다. 1988년 서울 인구가 1천만 명을 돌파했다.

87년 항쟁 이후 노동자 대투쟁과 사회 열기, 올림픽 이후 부동산값 상승, 남북한 체제 경쟁이 노태우 정부를 압박했다. 사회 불안을 덜어낼 대책이 필요했다. 이에 정부가 단군 이래 최대 프로젝트 '주택 200만 호 건설'을 발표했다. 전국 주택 수의 1/3, 서울 주택 수와 맞먹는 수량을 4년 안에 짓겠다니 주위 반응이 시큰둥했지만, '집 대통령'이 계획을 강행했다. 서울 시내엔 집 지을 땅이 없고, 그린벨트를 훼손할 수도 없어 서울 밖으로 눈을 돌렸다. 수도권 신도시가 그렇게 탄생했다.

1992년 말까지 서울 인근 신도시 분당, 일산, 평촌, 산본, 중동에 30만 호, 인천 연수, 대전 둔산, 부산 해운대 좌동, 대구 칠곡·시지·지산범물·성서, 광주 상무지구 등에 184만 호를 공급해 계획을 초과 달성했다. 그것은 아파트 열풍이었다. 집짓기를 군사작전처럼 밀어붙여 공사가 부실해 입주 첫날 연탄 가스 중독으로 사람이 죽고, 다 지은 아파트를 헐고 다시 짓기도 했다.

시쳇말로 '천당 아래 분당', 경기도 광주에 조성한 분당은 신도시 대표주자 였다. 신도시 개발을 주관하는 한국토지공사와 대한주택공사, SK, 두산, 네이 버 등 대기업이 분당에 있고, 판교테크노밸리까지 들어섰다. 분당은 용적률이 낮고, 서울에서 가까워 교통이 편리하며, 산과 하천을 끼고 있어 쾌적하다. 그 렇지만 부작용도 컸다. 개발 계획을 모르고 땅을 외지인에게 싸게 판 농민들 이 반발해 고속도로를 점거했고, 부동산값이 폭등해 서민 주거 도시를 만들 겠다는 계획과 달리 제2강남이 돼버렸다.

분당 지역은 1970년대 성남 본시가지(수정구, 중원구) 개발 때부터 이미 개 발 심리가 작동했지만, 북한과 가까운 경기도 북부에 신도시가 생길 거라곤 부동산 투기꾼들도 예상하지 못했다. 군부대를 내보내고 들어선 신도시 일산 엔 흥미로운 이야기가 있다. 그 설에 따르면 일산 북부 아파트 단지를 한 줄로 나란히 배치해 대북한 조준 사격용으로 설계했고, 그 앞을 흐르는 강은 북한 기갑부대 이동을 막는 해자다. 이 이야기가 사실이라면 일산은 북한 남침 대 비 군사 도시다.

신도시 건설로 서울 인구를 교외로 분산하고 주택 보급률을 올렸지만, 풍 선 효과가 일어나 수도권 인구 집중이 강화됐다. 분당 신도시 주민 가운데 지 방에서 올라온 사람들이 많다. 서울 근교 신도시 개발로 서울권이 더욱 확장 한 셈이다. '주택 200만 호 건설'을 완료한 뒤에도 용인 수지, 수원 영통, 부산 해운대지구 등에도 대규모 아파트 단지가 들어섰다. 아파트 물결은 그치지 않고 흘러갔다.

1990년대 택지가 상승과 분양가 규제 정책이 맞물려 고밀도, 고층아파트가 서더니 2000년대 들어 아파트가 50층 넘는 주상복합아파트로 진화했다. 주상복합아파트는 말 그대로 주거 공간과 수영장, 헬스장, 골프 연습장 등 상업 시설을 함께 갖춘 독립 생태계다. 문명이 발달할수록 호모 사피엔스가 자연과 생명에서 멀어진다.

의식을 잠식한 아파트

인구 대다수가 아파트에서 살기 열망하는 나라, 비슷하게 생긴 건물들이 도시 경관을 만들고 그 열망을 실현해가는 나라가 지구상에 있을까? 있다. 한국이 그곳이다.　　　　　　　　　　　　　-소르본대학 총장 장 로베르 피트-

1990년대 들어 한국에서 아파트가 주거 구조 대세로 자리 잡았다. 아파트 단지가 상권, 학교, 교회 입지 등 도시 구조를 결정하고, 시골 논밭 옆에도 아파트가 우뚝 서 있다. 언덕배기 달동네, 도시 뒷골목은 아파트 예비 택지다.

전국 주택 가운데 아파트 비율이 65.3%, 아파트 포함 공동주택 비율이 79%였다(2024년 인구주택총조사). 수천 년 동안 아궁이에 불 때던 주거 형태가 겨우 수십 년 만에 중앙난방 보일러, 수세식 화장실, 엘리베이터를 갖춘 아파트로 바뀌었다. 르 코르뷔지에 구상이 유라시아 극동 반도에서 열매를 맺었다.

한국에 왜 아파트가 많을까? 사회문제를 고찰할 때 공간을 놓치지 말아야 한다. 한국은 보기 드문 고밀도 사회다. 한국 인구밀도는 통계상 15위권으로 나오지만, 마카오, 홍콩, 싱가포르 등 도시국가와 소국을 제외하면 방글라데시, 대만에 이어 3위다. 그마저도 국토의 2/3인 산을 빼고 실제 거주 가능 지역으로 계산하면 그 순위가 더 올라갈 수 있다. **좁은 땅에 많은 사람이 살려면**

자연스럽게 고층주택이 필요했고, 급속한 산업화와 이촌향도가 도시 아파트 건설을 부추겼다.

아파트의 최대 장점은 누가 뭐래도 편리함이다. 아파트는 한겨울에도 수도 꼭지 돌리면 온수가 나오고, 주차 편리하고, 방범이 뛰어나다. 그 편리함은 가사 노동을 줄여 여성 해방에 이바지했다. 전통 한옥 부엌에서 여성이 밥상 들고 마루를 올라 문턱 넘어 방으로 이동하는 것은 낮은 여성 지위를 보여줬다. 요리하는 부엌과 밥 먹는 식탁을 함께 배치한 아파트 구조는 여권 신장을 뜻했다.

편리함을 좋아하는 건 인지상정일 텐데 한국인이 유난히 아파트를 좋아하는 이유는 변화무쌍 기후 때문이다. 일교차 15도 이상, 연교차 50도 이상 나는 계절풍 지대에서 아파트는 냉난방 에너지 효율이 높다. 아파트 단지가 크고 세대수가 많을수록 효율이 높다. 여름에 시원하고 겨울에 따뜻한 주거 구조가 아파트다. 풍경 좋은 전원주택으로 이사 갔다가 겨울철 난방비 폭탄 맞는 낭만파가 적지 않다. 한국인이 별생각 없이 서구 문화를 쫓아 아파트를 좋아하는 게 아니다.

고밀도 한국 사회는 사람 관계가 발달했다. 때로는 관계가 개인 존재를 규정하고, 개인은 관계의 늪 속에서 허덕이며 괴로워한다. 관계로 상처받고 지친 현대인에게 아파트를 비롯한 빌라, 오피스텔 등 밀폐형 주택이 안정감을 준다. 그들은 불안한 관계에서 벗어나 아늑한 단절을 바란다. 직장 회식 싫어하고, 스마트폰과 대화하며 혼자 밥 먹기 좋아하는 세태와 아파트가 들어맞았다.

그러나 아파트는 빛과 함께 그늘도 낳았다. '주택건설촉진법'(1995)에 따라 국가가 대기업에 대규모 택지를 싸게 공급하고, 은행 돈을 싼 이자로 빌려주며 아파트를 지어왔다(국가 정책을 집행하는 관료와 유착하려고 대기업은 그 관료의 동문을 사원으로 뽑아 우대했다. 국가·대기업 주도 경제정책이 학벌주의를 낳았다). 개발 지역 농민은 땅값을 제대로 보상받지 못한 채 정든 보금자리에서 밀려났고, 재개발 지역 세입자들은 또 다른 집을 찾아 헤맸다. 그들을 희생양 삼아 국가와 대기업이 아파트를 대량 판매해 이익을 챙겼다. 아파트 건설이 집 없는 서민 정책이 아니라 가진 자의 재산 불리기 수단이 됐다. 국가 경제에서 건설업이 갖는 비중이 커 대형 건설사가 망하면 나라가 망할 듯한 착각마저 퍼졌다.

조폐공사가 화폐 찍어내듯 국가와 대기업이 시장에 아파트를 공급하다 보니 아파트는 주거 공간을 넘어 재산 불리기 수단이 됐다. 아파트를 살 때 하수(下手)가 실내 인테리어를 보고, 투자 고수는 그 지역 도시계획을 본다. 국가가 내놓는 부동산 정책이 실패하는 이유도 아파트 투기꾼들이 정책 담당자 머리 위에서 놀기 때문이다. 부동산 투기는 단순 불로소득이 아니라 집 없는 사람 재산을 빼앗는 약탈이다. 아파트 열풍은 천민자본주의 민낯이다.

잠실주경기장을 설계한 김수근은 건축을 '빛과 벽돌이 짓는 시'라고 말했다. 그는 아파트 주민을 '규격화된 상자 속 사람들'이라고 표현했다. **출신 대학과 자동차 배기량으로 사람 등급을 계량화하듯 아파트가 국민 주거 구조를 표준화했고, 가치관을 획일화했다.** 가령, 한국 사회 중산층을 수도권 30평대 아파트와 2천cc 이상 승용차 소유자로 규정하거나 임대 아파트를 '향·부곡·소'쯤으로 여기는 풍조가 그렇다. 정량평가 사회 한국에서 아파트는 신분, 계급의 척도다.

프리츠커상 수상자 안 라카통, 장 필립 바살은 '아파트 리모델링 할 때 절대 무너뜨리지 않고, 자르지 않고, 추억을 소중히 여기며 사람들 이야기를 듣는다.'고 말한다. 반면, 삶이 밴 마을을 밀어버리고 콘크리트 장성을 쌓는 한국의 아파트 열풍은 '새것 숭배'를 낳는다. 혹독한 세월을 묵직하게 견뎌낸 낡음을 간직하지 않는다. 아파트들이 서로 경쟁하듯 외벽 페인트를 칠해 단장하고, 멀쩡한 보도블록을 갈아치우고, 준공 30년만 지나면 주민들 사이에서 재건축 이야기가 흘러나온다. 그것은 과잉 생산과 과잉 소비가 순환하며 달리는 자본주의 폭주 열차다.

훈장 décoration

넘쳐나는 상, 사라지는 가치

훈장 정치

세월의 무게도 무겁고, 가수라는 무게도 무거운데 훈장까지 받으면 그 무게를 어떻게 견딥니까? 노래하는 사람은 영혼이 자유로워야 합니다. 그래서 저는 훈장을 거부합니다.

-가수 나훈아, 2020년 추석 공연 중-

조선중앙방송을 보면 군인들이 가슴에 훈장을 주렁주렁 달고 나온다. 도대체 국가에 무슨 공로를 세웠길래 그렇게 많은 훈장을 받았는지 재킷이 훈장으로 뒤덮여 마치 방탄조끼 같다. 북한 체제는 포상을 통해 당 간부와 인민의 충성 경쟁을 유도한다. 화재 현장에서 김일성 부자의 초상화를 구한 영웅에게 훈장, 네 쌍둥이를 낳은 산모에게 '장군님'이 금반지를 하사했다. 3대 세습 권력자 김정은은 포상을 더욱 남발해 '선심 정치'라는 말도 생겨났다.

포상 인심에 있어 자유 대한민국도 북한 못지않다. 해마다 정부는 훈장, 포장, 대통령 표창, 국무총리 표창 등 3만여 점을 시상한다. 그 가운데 절반 이상이 훈장인데 대개 퇴직하는 공무원과 교사가 그 대상이다. 교사는 30년 이상 일하고 퇴직하면 근무 연수에 따라 각 등급의 훈장을 받는다. **국민 1인당 훈장 수상 건수에서 한국은 일본의 4배, 영국의 8배다**(SBS 8시 뉴스, 2020.10.15.). 훈장 남발도 중앙집권체제 관료주의와 고밀도 관계 문화가 낳은 진풍경이다.

훈장 역사는 근대 유럽으로 거슬러 올라간다. 국왕이 전공을 세운 군인에게 종래 봉토 대신 병뚜껑 모양 훈장을 주기 시작했다. 프랑스 나폴레옹이 제정한 레지옹 도뇌르 훈장은 근대 서훈 제도의 기원이다.

1900년 4월 17일, 대한제국이 〈훈장 조례〉를 발표한 이후 한국의 훈장은 누이 좋고 매부 좋은 퍼주기 역사를 이어왔다. 황제 고종부터 훈장을 남발했다. 원년에 금척대훈장, 이화대훈장, 태극장, 자응장 네 종류로 출발해 이듬해 팔괘장, 그 이듬해 서성대훈장, 몇 년 후 서봉장을 추가했고, 각 훈장을 6~8등급으로 나눠 수여했다. **영친왕 이은을 비롯한 황실 종친, 민영환을 비롯한 애국지사, 이완용을 비롯한 매국노, 이토 히로부미를 비롯한 일제 거물과 군인, 공관 직원들까지 '친목'을 명분으로 훈장을 골고루 수여했다.** 훈장에는 연금이나 상금이 뒤따랐다. 조선왕조는 폭죽 놀이하듯 훈장 잔치를 벌이며 역사 속으로 사라졌다.

오늘날에도 훈장을 얼마나 많이 찍어내는지 그 실무 기관인 조폐공사가 특정 업체에 일감을 몰아줬다가 문제가 됐다. 그 업체에 조폐공사 퇴직 직원이 근무했다나? 신성한 훈장 제작이 돈벌이 이권 사업으로 전락한 셈이다. 남북한이 전쟁을 치르고 수십 년 동안 서로 다른 체제와 이념 속에서 싸우며 살아왔지만, 넉넉한 인심은 어찌 그리 닮았을까? 이게 바로 '민족 동질성'이다.

김구라의 도발

훈장뿐 아니라 일상에서도 각종 시상이 난무한다. 해마다 연말이 되면 KBS, MBC, SBS가 연예인 대상 시상식을 생방송으로 각각 진행한다. 유명 연예인들을 한꺼번에 모아놓고 무난하게 시청률 올리고 광고 수익을 낼 수 있어 방송사 대목이다. 성별을 나누고, 장르를 여러 개로 쪼개고, 공동 수상자를 양산해 수상자들은 마음이 정겨울지 모르지만, 시청자가 보기엔 매년 반복하는 신파극에 별 감흥이 없다. 그래선지 수상을 거부하는 연예인도 보인다.

2019년 SBS 연말 시상식에서 개그맨 김구라가 폭탄 발언을 던졌다. 연말에 방송국마다 시상식을 남발하지 말고 방송 3사 본부장들이 모여 권위 있는 단일 시상식을 만들자고 그가 주장했다. 현장에 있던 연예인들이 기립박수로 호응했고, 인터넷에선 응원 댓글이 무더기로 달렸다. 김구라는 그 이름과 달리 '리얼리즘 개그'의 개척자다.

불순한 목적으로 시상을 남발하는 일도 있다. 지방자치단체나 공공기관이 언론사, 온갖 민간단체의 상을 받고 그 대가로 광고비를 낸다. 2014년부터 2019년까지 지자체와 공공기관은 상 1,145건을 받고 약 93억 원을 썼다. 그들이 밝히지 않은 건을 더하면 그 액수가 늘어난다. 지출 금액 상위 10위권을 보면 전북 고창군, 경북 김천시, 충북 단양군, 경기 이천, 경북 청송 등 재정이 넉넉하지 않은 지자체가 대부분이다(2019년 경실련 자료). 지자체장과 공공기관장은 수상 실적을 홍보하고, 지자체장은 다음 선거 때 재임 중 업적으로 홍보한다.

넘쳐나는 학위도 비슷한 현상을 보인다. 2019년 현재 공공기관장 60.6%, 중앙행정기관장 42.3%가 박사 학위 소유자이고, 2020년 한해 국내에서 박사 16,000여 명이 쏟아졌다. 열심 공부하는 걸 탓할 수 없지만, 그 가운데 상당수는 순수 학구열로 보기 어렵다. 경쟁에 내몰린 대학은 학위로 돈 벌며 유명 인사를 동문으로 편입하고, 수요자는 학위를 입신양명에 활용한다. 누이 좋고 매부 좋고, 대한민국은 정겨운 가족이다.

학교는 상장 공장

'국민정신의 도량' 학교도 시상 인심이 넘쳐난다. 최근 잦아들었지만, 대학 입학 수시전형 초기 각 고등학교는 학생들에게 온갖 상 퍼 주기기가 북한 훈장을 우습게 만들었다.

충남에 있는 어느 고등학교는 한 해 동안 우등생 한 명에게 무려 88개 상을 몰아줬고, 교과성적 상위 5명이 311개 상을 받았다(동아일보, 2018.9.28.). 1년 수업일수가 190일이니 그 학교 1등 학생은 이틀에 한 번꼴로 상을 받은 셈이다. 오래전 코미디 프로그램 소재였지만, 상장에 등수를 적어주지 않으면 최우수상이 몇 등인지도 알 수 없다. 최우수상 위에 대상, 특대상 … 등등 뭐가 있을지 모를 테니까.

학기 말엔 교과별 최우수상·우수상, 개근상·정근상, 학습 모범상, 생활 모범상, 선행상, 효행상, 성실상, 정직상, 예의상, 책임상, 근면상 등을 시상하느라 학급 담임교사들이 양계장 달걀을 주워 담듯 상장을 찍어낸다. 연필 한 자루라도 상품으로 주면 그나마 의미가 살 텐데 달랑 상장뿐이다. 요즘엔 그나마 프린터 성능이 좋아 다행이다. 교무실 한구석엔 1년 내내 상장 용지가 상자 안에 수북하게 쌓인 채 출격 대기한다.

3년 학교생활을 마무리 짓는 졸업식에서 '폭죽 쇼'가 절정을 이룬다. 도지사상, 시장상, 국회의원상, 이사장상, 학교장상, 학교운영위원회장상, 공로상, 도의회 의장상, 시의회 의장상, 교총연합회장상, 전교조지부장상, 중등교장협의회장상, 지역사회교육협의회장상, 중고등학교연합회장상, ○○대학 총장상, ○○은행장상, ○○부대장상 등등 수십 개를 시상한다. 그 스케일이 전 세계 영화를 대상으로 총 28개 부분을 시상하는 미국 아카데미상을 압도한다. 시상 담당 교사는 상을 챙기느라 며칠 동안 정신없고, 졸업식 진행 교사는 상장을 읽느라 목 아프고, 졸업식에 참여한 학생과 가족은 빤한 관제 행사가 지루하다. 그래서 최근엔 무게 있는 상 몇 개만 졸업식에서 시상하고 나머지 상은 각 학급에서 담임교사가 전달한다.

장강의 뒷물결은 앞 물결을 재촉하고, 젊은이는 늙은이를 쫓는다. 최근엔 학생들이 스스로 공연을 준비해 건조하고 뻣뻣한 졸업식을 다채로운 문화예술 행사로 바꿔가고 있다. 졸업식의 주인공은 학생이라는 뜻이 담겨있다.

해마다 스승의 날이 다가오면 교사들도 교육청이 주는 표창장을 받는다. 상복(賞福) 없는 나도 몇 년 전에 교육감상을 받았다. 특별한 공로가 있어서가 아니라 경력 순서대로 돌아가며 스승의 날 기념상을 받았다. 덕분에 그해 성과 상여금 심사에서 모처럼 C급 교사를 탈출했다. 어떤 동료 교사는 표창장 필요 없으니 구두 상품권을 한 장 받으면 좋겠다고 농담한다.

연말이 다가오면 각종 유공 교사를 추천하라고 교육청 공문이 학교로 날아온다. 대한민국 스승 표창, 경기교육대상, 참사랑 스승 표창, 경기교육 대상 표창, 성남교육 유공자 표창, 진로진학 활동 유공자 표창, 정보화 교육 유공자 표창, 교육자원봉사 활동 유공자 표창, 교육협동조합 유공자 표창, 국민권익위원회 반부패 유공자 표창, 교원역량개발 유공자 표창, 코로나대응 유공자 표창 … 교육청 관료들의 창의력은 끝이 없다. 오는 정이 있으면 가는 정도 있어야 하는 법! 교사들이 뜻을 모아 교육청 우수 직원에게도 상을 주면 어떤가?

아름다운 거부

현재 지구상에서 가장 권위 있는 상은 노벨상이다. 해마다 연말이 다가오면 분야별 수상자 이름이 언론에 나오고, 노벨상 수상은 개인과 국가의 영예다. 상금도 거액이다. 그런데도 노벨상 수상을 거부한 강골이 있었다. 실존주의 철학자 샤르트르다.

샤르트르는 1965년 노벨문학상 수상을 거부했다. 라이벌 작가 알베르 카뮈보다 노벨상을 늦게 받는 게 자존심 상해 수상을 거부했다는 말이 돌았지만, '제도권에 포섭당하기 싫다' '서구 작가들이 노벨상을 독식한다' '작가가 받는 상이 독자들을 억압한다'는 이유를 들었다.

가수 나훈아는 자유인을 자처하며 대한민국 훈장 수상을 거부했다. 그의 수상 거부 이유는 겸손했지만, 뿌리 깊은 관존민비와 가볍게 남발하는 훈장이 불편했을지도 모른다. 재벌 회장님 생일 파티에 와서 노래를 부르면 거액을 주겠다는 제의에 대해 '내 노래를 듣고 싶으면 내 공연장으로 오라'고 응수했던 그였다.

34년 동안 초등학교 교사로 근무하다가 퇴직한 이부영 선생님도 훈장을 거부했다. 문장 하나하나가 읽는 교사의 가슴을 찌른다.

아이들의 마음을 충분히 헤아려주지 못하고, 야단치고 혼내면서, 아이들에게 상처 주는 말도 했고, 철없던 시절에는 잘못인지도 모르고 아이들을 위한다는 이유로 체벌도 했습니다. … 그런 제가 훈장을 타는 것은 이런 부끄러운 제 모습을 고스란히 지켜본 아이들에게 매우 미안하고 민망한 일입니다.

-오마이뉴스, 2016.5.31.-

앞으로 몇 년 후 나도 교단을 떠날 테고 훈장 수상 대상자 명단에 오른다. 하지만 이부영 선생님 수기를 읽어 보니 나야말로 훈장 받기 부끄럽다. 여러 모로 부족한 사람이 남의 집 귀한 자식들을 가르치며 의미 있게 살아왔다. 이미 '훈장'을 넘치도록 받았다. 정든 교단을 떠나며 멋있어 보일 수 있게 기회를 준 내 조국에 감사드린다.

시중에 돈을 많이 풀면 돈의 가치가 떨어지듯 상을 남발하면 상의 권위가 추락한다. 권위 없는 상은 상이 아니라 과잉 행정 찌꺼기다. 번잡하지 않게 단순하고 간결해야 상의 권위와 의미가 살아난다.

IV

사론(史論)

: 신채호에게 답하다

교조화 : '주체 없는 사상'

이해(利害, 이익과 손해) 문제를 위하여 석가도 나고, 공자도 나고, 예수도 나고, 마르크스도 나고, 크로포트킨도 났다. … **우리 조선 사람은 매양 이해 이외에서 진리를 찾으려 하므로 석가가 들어오면 조선의 석가가 되지 않고 석가의 조선이 되며, 공자가 들어오면 조선의 공자가 되지 않고 공자의 조선이 되며, 무슨 주의(主義)가 들어와도 조선의 주의가 되지 않고 주의의 조선이 되려 한다.** 그리하여 도덕과 주의를 위하는 조선은 있고, 조선을 위하는 도덕과 주의는 없다. 아! 이것이 조선의 특색이냐, 특색이라면 특색이나 노예의 특색이다.   -신채호, '낭객의 신년 만필'(동아일보, 1925.1.2.)-

한국인은 외래 사상을 줏대 없이 수용하고 교조주의로 흘러 그 노예가 된다고 신채호가 비판했다. 이 무렵 동아일보 논설위원이 이광수였다. 그도 일찍이 '한국의 불교를 못 낳고, 한국의 유교를 못 낳은 셈으로 한국 교회도 필경 남의 찌꺼기만 빨고 말 것인가?'라고 한탄했다.

이광수는 민속 개소론자이며 훗날 민족 반역자이니 그럴 수 있다고 치자. 그러나 신채호가 누구인가? 한국 근대 민족주의 역사학을 개척했고, 아나키즘 명문 「조선혁명선언」(1923)을 집필해 항일 의열투쟁을 '선동'한 민족 지사가 제 나라 민족성을 노예근성이라고 비판하다니, 가볍게 넘기기 어렵다.

신채호는 한국의 불교, 유학, 기독교, 공산주의의 교조화를 지적했다. 1925년 1월이면 공산주의가 식민지 조선에 들어온 지 겨우 몇 년 지났고 조선공산당 창당 이전인데 도마 위에 오른 게 놀랍다. 그만큼 식민지 조선이 붉은 사상을 빠르게 흡입했다. 이 무렵 신채호는 과잉 민족주의가 또 다른 폭력을 낳는다고 느껴 아나키즘으로 전향했다. 흔히 신채호를 외골수 내셔널리스트로 묘사하지만, 그는 성찰하며 진화하는 지식인이었다.

신채호가 지적한 문제는 백 년이 지난 오늘날에도 진행형이다. 허례허식에 얽매여 가족 분란을 빚는 유학(유교), 거대 조직과 자금으로 권력화된 종교, 아파트 평수와 자동차 배기량으로 존재를 규정하는 천민자본주의, 세습 왕조 이데올로기로 변질된 공산주의, 서로 다름을 혐오하는 민족주의 등 외래 사상이 한국에 들어오면 '회수 건너 탱자'가 된다. 20세기 말 끝난 냉전체제가 한반도에선 여전히 견고하다.

본래 숭고한 이념을 망각하고 극단으로 치닫는 교조주의는 한반도뿐 아니라 동서고금에서 나타난다. 천하의 중심을 자처하고 주변 세력을 오랑캐로 여긴 중국 중화사상, '피의 성전'을 서슴지 않은 중세 유럽 그리스도교, 지구촌을 전쟁 포화 속으로 몰아넣은 독일 나치즘과 일본 군국주의, 마르크스주의를 왜곡한 스탈린주의, 시장을 우상화한 신자유주의, 상상 초월 테러를 감행하는 이슬람교 근본주의 등이 그렇다.

그러나 한반도처럼 교조주의가 백화점을 이루는 지역은 찾아보기 어렵다. '전라도 남원 주민들이 상투를 튼 채 한시와 부(賦)를 짓고 함경도 길주, 성진 주민들은 공산주의에 미쳐 있다'고 윤치호 일기(1931.1.24.)가 전한다. 그만큼 한반도인은 외래 문물을 빠르게 수용해 적응하고 외길로 간다. 그들은 회색지대를 용인하지 않고 '흑 아니면 백'을 추구한다. 수천 년 동안 유라시아 극동 반도에 터를 잡고 살아온 그들은 누구인가?

역동성 : '격랑 속 생존 본능'

인간은 공간 속에서 삶을 빚는다. 하다못해 집 안 가구 배치만 바꿔도 생활 패턴이 변한다. 하물며 한반도의 변덕스러운 기후와 지정학적 위치가 한국인의 삶에 얼마나 큰 영향을 끼쳤겠나?

한반도는 여름에 바다에서 육지로, 겨울에 육지에서 바다로 바람 부는 계절풍 지역이다. 날씨 변덕이 심해 일교차 15도, 연교차 50도가 나고 가뭄과 홍수 양극단을 오간다. 금수강산 이데올로기가 사계절 기후를 미화하지만, 한반도에서 살기가 만만치 않다. 한국전쟁 때 여름옷 입고 참전한 세계 최강 미군이 몇 달 뒤 동장군 앞에서 속수무책 쓰러졌다.

변화무쌍 기후에 더해 한반도는 지리도 험하다. 땅이 좁고 그마저도 대부분 산이고 단단한 화강암 지대다. 얼마 안 되는 경작지도 척박하고, 거기서 나오는 곡물마저 벼룩 간을 내먹듯 국가와 지주가 수탈했다. 홍수, 가뭄, 냉해까지 겹치면 민초들이 삶의 벼랑 끝으로 내몰렸다. 중동 지방은 황량한 사막이지만, '검은 황금'이 쏟아진다. 한반도는 쓸만한 자원도 나지 않는다.

그린데도 힌반도인은 산과 산 사이 경작지를 일구고 물을 대며 벼농사를 지었다. 여유롭게 들판을 이동하며 양 떼에게 풀 뜯기는 유목민, 마른 밭에 씨 뿌리는 서구 농민과 달리 벼농사 짓는 농민은 쉴 틈이 없다. 비가 내리면 논물꼬를 트고, 비가 안 내리면 도랑 파 물을 끌어오고, 뜨거운 태양 아래 온갖 잡초와 싸웠다. 2~3모작이 가능한 동남아, 남미, 아프리카 농민과 달리 한반도인은 농사 한번 망치면 한해를 굶주렸다. 무사히 수확을 마쳐도 해가 바뀌면 처음부터 모든 걸 다시 시작했다. 자연스럽게 한반도인은 부지런하고 억

척스러웠다. 조선왕조 말기, 그들은 벼농사 짓기 불가능하다는 만주, 연해주에 가서 쌀을 생산했다.

산업화 이전 한국인이 게을렀다는 이야기는 조선왕조 말기 현상이다. 썩은 관리들이 벼룩의 간을 내먹듯 수탈하던 때 농민이 부지런히 농사지을 이유가 없었다. 설상가상 산림 황폐화로 토사가 농경지를 덮쳐 조선왕조 농업 생산량이 줄었다는 연구도 있다(지금 북한에서 같은 현상이 나타난다). 농민들은 삶의 벼랑 끝에서 배고픔을 견디고 체념을 체념으로 긍정하며 모진 세월을 살아냈다.

자연환경뿐 아니라 한반도는 정세도 사나웠다. 단군신화는 대륙 북방에서 내려온 환웅 부족이 곰 부족, 호랑이 부족 등 토착 세력과 충돌하며 정착한 시대상을 보여준다. 한국사는 외래 세력과 토착 세력의 투쟁과 타협, 융합의 역사였다. 한반도인은 자극과 긴장 속에 살았다.

대륙 세력이 강할 때 한반도는 해양을 향한 칼이었다. 13세기 몽골 제국이 일본을 정벌하려고 한반도를 침략기지로 삼아 인력과 물자를 수탈했다. 거꾸로 해양 세력이 강할 때 한반도는 대륙 침략 발판이었다. 16세기 말 일본이 중국을 정벌하려고 한반도를 침공해 7년 동안 전쟁이 이어졌다. 근대에 이르러 대륙 세력과 해양 세력이 충돌해 청일전쟁, 러일전쟁이 일어났고, 결국 한반도가 식민지로 전락했다.

식민지 해방 이후 역시 대륙 세력과 해양 세력이 충돌해 한반도가 남북 분단됐다. 폴란드, 우크라이나, 아프가니스탄, 베트남처럼 한반도는 여러 강대국의 이해가 충돌하는 곳이라서 고래 싸움에 새우 등 터지기 일쑤였다. 그 사나운 역사가 주민들 생존 본능을 자극했다.

그러나 한반도는 정세가 사나운 만큼 외래 문물을 수용할 기회가 많았다. 동아시아 문명 저수지 중국과 서구 문명 중개상 일본 사이에 한반도가 끼어 있다. 고조선 멸망 이후 한 군현 지배기 한반도인은 고급 사상 유학을 배웠고, 원(몽골) 지배기 고려인은 성리학·수시력·표음문자 등 인류 선진 문화를 시차 없이 만났다. 조선 땅을 처음 밟은 천주교인은 임진왜란 때 들어온 일본군이었다. 근대 한국인은 강제 개항 이후 자본주의, 개신교, 민족주의를 만났고, 식민지 때 공산주의를 수용했다. 외래 사상이 들어올 때마다 정신세계가 요동쳤고, 사회구조가 변했다.

역사는 빛과 그늘을 함께 품는다. 일제 식민지 어용학자들이 '반도성' 운운하며 한국사를 타율성·종속성으로 설명해 식민 지배를 정당화했지만, 그 '반도성'은 곧 '개방성' '역동성'이었다. 사농공상 선비의 나라 조선이 겨우 몇십 년 만에 자본주의 꽃을 피웠다. 그 역동성이 어디에서 나올까?

반도는 대륙 세력과 해양 세력이 만나는 요충지일 뿐 아니라 산, 들, 바다가 공존한다. 반도인은 산에 가면 산에 적응하고, 들에서 농사지으며 살고, 바다에 가면 바다에 적응해 산다(신광철, 『극단의 한국인, 극단의 창조성』). 거기에 변화무쌍 기후와 사나운 정세가 겹쳐 한반도인은 외래 문물 적응력을 길렀다. 그들은 내부 경쟁과 외세의 정글 속에서 살아남으려고 외래 문물을 적극 수용해 적응하며 현실에 맞게 개량했다.

한국 문화사는 외래 문물 수용의 역사였다. 한반도인은 헬레니즘과 인도 간다라 미술이 녹은 불상을 수용해 석굴암을, 중국 문물을 수용해 고려대장경과 고려청자를 창조했다. 북방 계열 문자의 장점을 수용해 민족 문화의 정수 훈민정음을 낳았다. 조선 세종 때 과학이 발달한 것도 고려왕조가 세계 제국 원(元) 지배를 받으며 이슬람 선진 과학을 받아놓았기 때문이다. 현대 한국인도 서구 문물을 재창조해 자동차, 반도체, 인터넷, 휴대전화, 한류 등이 세계 시장에서 호평받는다. 그 역동성을 모방과 창조, 자주와 사대의 이분법으로 설명하기 어렵다.

한국사의 역동성이 멈춘 시기가 조선 후기였다. 삼면이 바다인 조선은 청이 만주를 봉쇄하는 바람에 '갈라파고스'가 됐다. 명(明) 멸망 후 조선 후기 사대부들이 소중화(小中華)를 자처하며 정신 승리로 빠져들었다. 한국사에서 조선 후기는 독특한 시대였다.

극단성 : '한국인은 누구인가?'

한반도인은 지정학적 조건과 격랑의 역사 속에서 외래 문물을 빠르게 수용해 적응한다. 그 역동성이 어느 단계를 지나면 소용돌이를 일으키며 극단으로 치닫는다. 인도보다 한국에서 불교가 더 번성했고, 중국보다 한국에서 유학이 더 번성했고, 서구 국가보다 한국에서 기독교와 자본주의가 더 번성한다. 유럽에서 태어났다가 사라진 공산주의와 민족주의가 현재 한반도에서 여전히 맹위를 떨친다. 신채호가 지적했듯 한국사에서 초심을 지키는 사상, 종교를 찾아보기 어렵다. 귤이 한반도로 들어오면 왜 탱자로 변할까?

병목 소용돌이 : '압축·속성·과잉·왜곡·교조화'

어떤 진리에도 머물지 마라. 그것을 한 여름밤 지낼 천막으로 여겨라.
그곳에 집을 짓지 마라. 집이 당신의 무덤이 될 테니까.

-벨포 경, '진리에 대하여'

문명은 물처럼 흐른다. 거대한 문명의 강물이 좁은 구간을 만나면 소용돌이가 치고 압력이 올라간다. 이 '병목 소용돌이'가 한국의 역사와 사회를 바라보는 창(窓)으로 유용하다.

전근대 한국사는 중국 문명을, 근현대 한국사는 서구 문명을 수용해 발전했다. 중국, 유럽, 미국, 일본은 영토, 인구, 경제력, 문화 역량 등에서 한국보

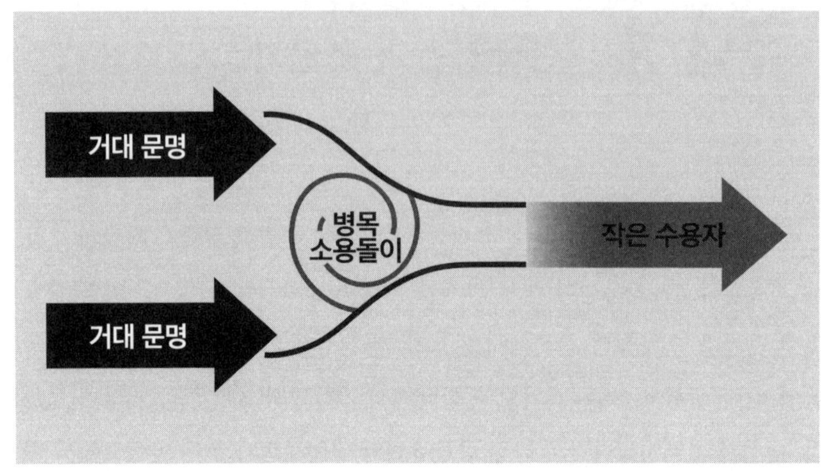

다 큰 문명권이다. 오랜 세월 시행착오와 성찰이 응축된 거대 문명을 작은 나라가 수용할 때 '병목 소용돌이'가 일어난다. 유라시아 대륙 극동 반도는 문명을 선망했고, 문명의 격차가 낳은 소용돌이는 작은 반도가 거대 문명을 받아들이는 양태였다.

거대한 대륙에서 작은 반도로 흘러온 사상은 소용돌이를 일으키며 문화 고혈압을 낳는다. 반도는 거대 문명을 닮으려는 욕망이 강하지만 거대 담론을 온전히 소화하지 못한 채 상징계로 받아들이고 오히려 그 지배를 받는다. 세월이 흘러 그것의 문제점을 느껴도 흘러온 관성 때문에 경로를 바꾸기 어렵다(경로의존성, path dependence).

사상은 문명 세계에서 피어나 변방에서 불타올랐다. 작은 한반도 안에서도 동남쪽 변방 영남에서 전근대 유학과 불교가 불타올랐고, 근대 보수 정치가 진지를 구축했다.

게다가 한반도는 외래 사상을 격동기에 받아들였다. 고대 국가 성립기에 유학과 불교, 고려-조선 역성 혁명기에 성리학, 왕조 몰락기에 자본주의, 기독교, 민족주의, 공산주의가 들어왔다. 혼란과 어둠 속에서 구원의 빛을 찾아 한국인은 외래 사상을 절박하게 수용했다. 절박한 만큼 그들은 불나방처럼 불빛을 향해 내달렸다. 사상이 도구 아닌 목적이 됐고 권력으로 변했다.

조선 사대부는 중국에서 태어난 여러 사상 가운데 남송 시대 상실감과 배타성이 스며든 주자 성리학을 수용해 나라 망할 때까지 지배 이념으로 떠받들었다. 그들에게 불교, 도교, 양명학은 모두 이단이었고, 과학 기술과 군비도 저속한 일이었다. 또 한국인은 프로테스탄트 금욕주의 토양에서 자란 서구 자본주의를 그 윤리는 생략한 채 수단 가리지 않고 돈 버는 행태로 받아들였다. 사농공상 국가에서 멸시받아 온 장사치가 직업을 소명(召命, calling)으로 인식하기 어려웠다. 또 개신교, 공산주의, 민족주의는 식민지-남북분단-한국 전쟁을 겪으며 배제와 혐오를 내면화했다.

그 지고지순한 민주주의(democracy :민주, '민주주의'는 과잉 해석)는 또 어떤 가? 근대 민주주의 발상지 영국이 모든 성인 남녀에게 선거권을 부여하는 데 백 년 이상 걸렸지만, 그 지난한 과정을 한국은 식민지 해방 후 5·10 총선거 단박에 끝내버렸다. 그것은 보기 드문 '정치 혁명'이었지만, 근대적 개인과 유권자 의식이 성숙하지 못한 채 제도만 받아들여 금권징치, 보스 계파 정치, 지역주의 정치, 선동정치가 판쳤다. 그것은 마치 수험생이 개념과 원리를 생략한 채 공식만 암기하고 숫자 대입해 시험 점수만 올리려는 모습이었다. 냉전 시대 공산주의 반대말이 민주주의였고, 세습 왕조 북한의 국호가 '조선민주주의인민공화국'인데 무슨 말이 더 필요한가?

외래 사상의 본질과 맥락보다 이미지를 수용하다 보니 '병목 소용돌이'가 맹목성, 사대성을 낳았다. 게다가 사람이 귀와 입을 닫은 채 문자로 지식을 습득하면 그 문자 체계에 더욱 종속된다. 성리학 집대성자 주자, 공산주의 창시자 마르크스는 한반도 지식인에게 우상이었다. 성리학과 마르크스주의의 논리 체계가 유령처럼 변방 지식인의 마음을 사로잡았다.

조선 사대부와 20세기 한국 마르크스주의자들의 종속 근성과 외골수 기질이 놀랍도록 닮았다. '정(正)-사(邪)', '노동자-자본가'라는 선악 이분법이 그들 뇌리를 지배해 파벌주의, 근본주의로 흘렀다. 순수와 독선은 동전의 양면이어서 그들에게 타협은 곧 변절이었다. 대쪽 같은 외골수들이 이념투쟁의 소용돌이 속으로 빨려 들었다.

오늘날에도 한국 지식인의 사대성은 여전하다. 모름지기 학자라면 제 이론, 제 목소리를 갖춰야 할 테지만 그들은 '외국 이론 권위자'로 행세한다. 그 '지식 오퍼상'들이 한국 사회 여론을 주도하고 서구 문명을 향한 사대성을 생산한다. 영어 제국주의가 보여주듯 그 사대성이 그들의 국내용 권력일 테니까. 외래 사상의 소용돌이에 휘말리지 않고 마음속 우주를 찾아 진리를 설파하며 실천한 사상가 원효(617~686)가 시대를 넘어 거인으로 다가온다.

사상은 창시자보다 그 추종자들이 더 강렬하게 분출한다. 외래 사상을 압축·속성으로 습득한 추종자들은 무소의 뿔처럼 앞만 보고 질주한다. 그것이 교조주의(dogmatism)다. 20세기 말 냉전체제가 무너지고 한 세대가 흘렀지만, 유라시아 극동 반도에서 천민자본주의와 공산주의 변종이 서로 다른 듯, 닮은 듯 공생하며 극한 대립한다. 한반도는 정녕 '이념의 쓰레기장'인가?

중앙집권체제 : '병목 속 병목'

중국은 문명이 풍속이 되어 궁벽한 시골이나 먼 변두리에 살더라도 현인이 되는데 방해받지 않지만, 우리나라는 서울 문밖으로 몇십 리만 나가도 태곳적 원시사회다. … 지금 내가 죄인이 되어 너희가 시골에 숨어 살지만, 앞으로 서울에서 10리 안에 살게 만들겠다.

-유배지에서 정약용이 아들에게 쓴 편지-

거대 문명의 물결이 병목 같은 한반도 안으로 들어오면 두 번째 병목을 만난다. 문화 흐름을 한 줄기로 몰아가는 중앙집권체제가 그것이다. 근대 이전 한국사는 중앙집권화 역사였고, 근대 이후 일제 식민 통치와 남한 군부독재, 북한 1인 체제도 강력한 중앙집권체제였다.

한국에 들어온 외래 사상은 국가 권력과 결합해 성장했다. **유학은 태생부터 국가 통치 이론이고 공산주의는 일당 독재론이니 중앙집권체제와 안성맞춤이었고, 불교도 왕실과 유착해 세속 권력을 행사했고, 현대사에서 개신교가 보수 정권을 옹호했고, 민족주의는 국가 통치 도구로 활용됐다. 심지어 시장 자본주의마저 국가 권력과 유착해 성장했다.** 전근대에 이미 상인들이 정치권력과 유착했고, 근대에는 국가가 경제개발 계획을 세워 투자, 수출, 금융을 장악해 기업은 그 권력과 공생하며 성장했다. 그것은 사실상 '반시장 계획경제'였다.

반면, 한국 천주교가 궤도를 크게 이탈하지 않는 이유는 전래 초기 성리학 교조주의의 핍박을 받아 수난을 겪었고, 합법화 이후 교황청 통제를 받으며 국가 권력과 거리를 두어왔기 때문이다.

이웃 나라 일본과 비교하면 한국의 중앙집권체제가 더욱 드러난다. 메이지 유신 이전 일본은 수백 개 번(藩, 영지)이 공존하는 지방분권 구조였다. 각 번 영주들이 독자 영역을 구축하며 국가 권력에 휘말리지 않고 외래 사상을 다양하게 해석하며 수용했다. 가령, 미토번은 유학을 천황 중심 애국 사상으로,

조슈번은 유학을 실용 사상으로 수용했다. 죠슈번에 쇼카손주쿠를 설립한 요시다 쇼인도 유학을 가르쳤지만, 지식을 주입한 조선과 달리 그들은 현실 문제를 놓고 토론했다. 이토 히로부미, 야마가타 아리토모 등 근대 일본의 거물들이 이 서당에서 나왔다. 오늘날 일본에서 유학은 실천윤리로, 불교는 장례 치르는 생활 종교이며, 기독교 신앙인은 총인구의 1%에 그친다.

그렇다면 한반도에서 왜 중앙집권체제가 발달할까? 삶의 뿌리는 먹고 사는 문제이며, 역사의 토대는 경제다. 여러 사람이 공동체를 이뤄 함께 물 대고 벼농사짓는 관개농업이 강력한 정치권력을 낳았다. 특히 한반도는 서남부와 중서부로 제한된 평야에 벼농사가 집중됐고, 인구와 생산력이 주요 거점에 모여 중앙집권체제 형성에 유리했다. 조선왕조는 인구·토지 조사 자료를 바탕으로 조세를 징수했다. 반면, 화산 지형 국가 일본은 벼농사 지역이 여러 작은 분지로 나뉘어 다이묘 자급자족 경제가 발달했다.

농경지가 적어 자급자족하기 어려운 한반도에서 단위 면적당 생산량 많은 벼농사는 필연이었다. 청동기 시대 이래 한반도인은 벼농사를 지어왔고, 산비탈에도 논을 조성했다. 그런데 벼농사를 지으려면 많은 물을 끌어와야 하고, 저수지 만들고 물길 내려면 대규모 노동력을 동원해야 한다. 이때 강력한 정치권력이 필요했다. 국가가 가뭄과 홍수를 대비하며 인민이 먹고 살 환경을 제공해야 하고, 인민도 국가를 요구했다. 개인의 자율보다 권력을 향한 복종이 싹텄고 자연스럽게 벼농사 지역에서 강력한 국가 권력과 위계질서가 발달했다.

코로나-19사태 때 나타났듯 아시아 벼농사 지대 주민들은 결속이 강해 국가가 통제하기 좋다. 특히 한국은 작은 반도 지형이라서 물고기 가둬놓은 통발처럼 중앙집권 효과가 뚜렷했다. 한국사에 등장한 왕조 국가들이 하나같이 5백 년 이상 장수했고, 그 가운데에서도 변방에서 성장한 신라가 천년 사직을 유지한 것도 주목된다. 그것은 인류사에서 보기 어려운 기현상이다.

경제 토대 위에 유학 이데올로기가 중앙집권 에너지를 공급했다. 유학 사상에서 천하(天下)는 천명을 부여받은 군주의 권능이 작용하는 공간이다. 삼국시대에 이미 국왕이 지방관을 파견했고, 10세기 고려 성종 때 본격화했다. 과거(科擧) 합격한 지방관은 단순히 행정관이 아니라 토호 세력을 억제하며 유학 이념을 전파하는 '교화관'이었다.

유학은 천명으로 왕권을 정당화하고 군주의 도덕적 권위를 강조하며 백성을 교화해 중앙집권체제를 강화했다. 조선왕조가 조보(朝報, 관보)를 발행해 국정을 알리고, 충·효 교리서 『삼강행실도』를 배부해 백성을 순치했다. 20세기 남한 군사정권이 충·효를 강조했고, 지금도 북한 인민은 경애하는 '수령 아버지'를 외치며 울부짖는다. **군주와 백성을 부모와 자식 관계로 설정하고 백성이 스스로 복종하도록 유도하는 유학 정치는 강압적 법가 정치보다 더 질기고 강력했다.**

한국사 교과서가 반(反)봉건 운동이라고 강변하는 동학농민운동 포고문을 보라. "우리 임금께서 어질고 효성스러우며 자애롭고 사랑하는 마음과 신통력 있는 명확함과 성스러운 명석함을 지니셨다. 현명하고 어질며 바르고 강직한 신하가 전하를 보좌하면 요순의 덕화와 문경(文景, 어진 군주로 칭송받는 한나라 문제와 경제)의 통치를 손꼽아 바랄 수 있디."(1894.3.21). 폭정에 분노했다는 '폭도'들이 임금을 눈물겹게 칭송하고 있다. 몇몇 탐관오리가 문제이지 임금에겐 죄가 없다는 뜻이다. 유교 문명권에서 근대 시민혁명이 일어나기 어려웠다.

국가 중앙 권력이 강하다 보니 블랙홀을 형성했다. 이승만 정부 때 주한 미국 외교관으로 근무한 그레고리 헨더슨은 한국의 중앙집권체제가 소용돌이(vortex)를 일으켜 사회 구성원을 권력 상층부로 빨아들인다고 설파했다. 왕조시대 전국 선비들이 과거제를 통해 중앙 권력체제로 편입했고, 지방 고을 수령이 수도에 머무르느라 임지를 비우기 일쑤였다. 현대에도 각 분야 전문가가 중앙 정치판에 뛰어들고, 지방 수재들이 서울 소재 일류대학을 향해 보따리를 싼다. 서울은 올라가는 곳이고, 지방은 내려가는 곳이다. 지방이 서울 식민지라는 자조가 나온다. 예나 지금이나 사람은 서울로 보내고 말은 제주로 보낸다.

역사교육이 '왕권 강화(중앙집권화)=안정, 왕권 약화=혼란'이라고 가르치기 때문인지 오늘날 지방자치 시대에도 한국인은 중앙 권력을 지향한다. 각 지역에서 성장한 인물 대신 중앙 정계 거물이 지방자치단체장으로 내려가고, 국회의원이 지방자치단체장 공천에 입김을 넣는다. 중앙 정부 장관이나 국회의원을 먼저 지내고 나서 지방 선거 출마해야 지방 유권자들도 좋아한다. 그래야 중앙 정부로부터 떡고물이 떨어질 테니까.

지방이 중앙 권력에 종속되다 보니 병목 속으로 물이 빨려 들어가듯 여론이 중앙으로 수렴한다. 조선시대 지방 선비들이 조정에 만인소(萬人疏, 집단 상소)를 올려 공론을 형성했고, 오늘날 지방 주민들도 정치 의사를 표현하려면 서울 광화문 광장으로 무리 지어 올라간다. 볼썽사나운 정치 파벌투쟁과 지역 갈등도 중앙 권력 쟁탈전이다. 밥상 위 고깃덩어리가 크니 그것을 먼저 먹으려고 서로 싸울 수밖에 없다. 결국 모든 에너지가 중앙으로 모이고, 문화(文化, 사회 구성원의 정서 공유 패턴)가 여러 갈래로 흐르지 못한다.

일상에서도 한국인은 '구질구질'하게 협의하기보다 중앙 정부가 '시원시원'하게 문제를 처리해 주길 바란다. 언젠가 내가 근무하는 학교로 중간고사 문항 오류가 있다고 학부모 민원이 들어와 교무실이 술렁였다. 이때 동료 교사 한 명이 '기발'한 아이디어를 말했다. '전국 모든 학교의 중간고사·기말고사를 대입 수능시험처럼 통합 시행하면 좋겠다.' 다른 교사가 응답했다. '오,

그런 방법도 있구나!'. 교무실 분위기가 제법 진지했다. 한국인의 뿌리 깊은 중앙 지향성이 드러났다.

조직 문화도 중앙집권형이다. 열혈 리더가 맨 앞에 나서 새마을운동 지도자처럼 '으쌰! 으쌰!' 선동해야 그 조직이 순항한다. 극소수 열성 당원이 다수 구성원을 이끌어간다. 그것이 서열·눈치 문화와 결합해 조직 내 다양한 목소리를 차단한다. 권한을 골고루 나누는 공동 대표 조직은 구심체 없이 표류하기 일쑤다. 가장 민주적일 듯한 시민단체도 다르지 않다. 현재 당신이 몸담은 직장, 동호회, 동문회, 향우회 등이 어떻게 작동하는지 들여다보라. 한국의 모임은 가부장적 유사 가족이다.

강력한 정치권력을 요구하는 관개농업, 통제하기 쉽고 작은 반도 국가, 국가를 거대 가족으로 여기는 유교 관념과 비교적 단순한 혈통, 외침을 함께 겪으며 키워온 공동체 결집력, 권위주의 정권이 밀어붙인 개발독재, 인구 절반을 로보캅 만드는 징병제, 전국 인재를 중앙으로 불러 모으는 과거제·국가 고시·대학입시 등이 한국인 정서를 하나로 묶어 정형화·중앙집권화한다.

쏠림 : '이웃 효과'

백성이 호화 사치를 경쟁하며, 진기한 외국 물품을 숭상하고 촌스러운 토산품을 싫어해 예절이 분수를 넘고 풍속은 퇴폐에 이르렀다. 옛 법을 따라 교시를 내리니 법을 어기면 나라가 형벌을 내리리라.

-삼국사기(신라 흥덕왕 9년, 834)-

옷차림은 마땅히 토산물을 써야 합니다. 우리나라 인심이 사치해 참람하고 본뜨는 게 끝이 없습니다. 재상은 궁중을 본뜨고, 서인(庶人)은 재상을 본뜨니, 이 때문에 비단값이 오릅니다. 이익이 있는 곳에 사람이 다투어 쏠리니, 비록 날마다 관리들을 처벌하더라도 결국엔 금지 못 합니다.

-조선왕조실록(성종 8년, 1477)-

한국 교육 열풍의 발원지는 '옆집 엄마'다. 제아무리 투철한 자녀 교육관을 갖춘 부모도 다른 학부모 말 한마디 앞에서 무너지고 만다. 눈치와 체면이 발달한 고밀도 사회에서 '이웃 효과'가 '쏠림'을 낳는다.

거대한 물결이 병목으로 빨려드는 쏠림은 한국인의 일상 풍경이다. 초등학생 때부터 일류대학을 향해 돌격! 대학 진학 후에도 스스로 유니폼 제작 착용! 너도나도 검은색 패딩! 너도나도 보따리 싸서 서울로! 외국 유학은 미국으로! 외국어는 오로지 영어! 쓰나미 같은 오버투어리즘! 앞뒤 안 가리는 불나방 창업! 비슷한 프로그램을 내놓는 방송사들! 유튜브 슈퍼챗 액수 세계 1위! 2024년 가을, 소설가 한강이 노벨문학상 수상자로 선정된 이후 그의 작품이 베스트셀러 1~7위를 석권했고, 30위 안에 15개가 올랐다(N 쇼핑, 10월 넷째 주). '쏠림 사회'에서 속도가 다양성을 압도한다.

이 꼭지 도입부 인용 기사가 말해주듯 근대 이전에도 한반도인은 유행에 민감했다. 외국 상품 소비가 사치스러워 국가가 처벌하겠다는 기사가 곳곳에 보인다. 오늘날 자본주의 대한민국은 상품 소비량이 세계 정상급일 뿐 아니라 신상품 유행 속도가 빨라 외국 기업에 시험대(test bed)로 통한다. 소비 왕국 한국에서 통하면 세계 시장에서 통한다.

그렇다면 왜 한국에서 쏠림 현상이 강할까? 여기서도 벼농사가 낳은 공동체 협동 문화가 작동한다. **벼농사 지으려면 '함께' 물 끌어오고, '함께' 모 심고, '함께' 김매고, '함께' 추수하고, '함께' 놀이를 즐겨야 한다. 농부가 마을**

공동노동조직 두레에 한 번 가입하면 탈퇴하기 어려웠다. 19세기 충청도 내포 일대에서 활동한 천주교 선교사 다블뤼 안토니오가 의미 있는 기록을 남겼다.

> 조선인에게 상호 협동은 자연스럽다. 결혼식 있으면 친척과 지인들이 조금씩 비용을 낸다. 마을 주민들은 무료로 노역을 제공한다. 장례식 부담은 더 크지만 조금씩 더 수고한다. … 마을에 병자가 생기면 자기 집 약을 갖다준다. … 농기구는 누구나 항상 사용할 수 있다. 농번기가 아니면 소도 빌려준다. … 그들은 재산 공동체를 형성한다.

먼 친척보다 이웃사촌이 낫다. 소설 『심청전』에 나오듯 농경시대에는 엄마 잃은 아기가 이웃집 아낙네 모유를 얻어먹는 젖동냥도 낯설지 않았다. '한솥밥 먹는다' '옆집 숟가락 개수도 안다'는 말이 생길 만큼 사생활 영역의 울타리가 낮았고, 그 위를 정(情)이 넘나들었다. 남의 사생활이나 심지어 남의 속마음까지 넘겨짚고 말을 건네는 행태가 친근함 표현으로 통한다.

현대 한국인 일상도 다르지 않다. 농경시대 상부상조 두레, 품앗이 문화가 현대 직장으로 이동했다. 직장마다 상조회가 작동하며 결혼식장과 장례식장이 붐비고, 축의금과 조의금은 준조세다. 점심때 직장인들이 옹기종기 모여 앉아 먹는 밥은 현대판 '논둑 새참'이다. 혼자 밥 먹기도 용기를 요구한다. 그 관계성·집단성이 언어에 녹아 한국인은 '내 나라' '내 어머니' '내 마누라'를 '우리나라' '우리 어머니' '우리 마누라'라고 표현한다. 관계 속에서 개인의 존재를 규정하는 한국인에게 '우리'는 포근한 이불이며 쏠림 에너지다.

벼농사와 유교는 개인보다 공동체 가치를 지향하며 운명 같은 조합을 이뤘다. 거주지 이동이 적어 보수성 강한 벼농사 공동체 안에 장유유서 유교 이념이 위계질서를 심었다. 유교 문화권에서 나이 듦은 실존적 고뇌라기보다 연 륜과 권위로 통한다. 그들은 연장자를 우대하고 연장자를 중심으로 공동체 가치를 이어간다. '벼농사+유교' 지역에서 근대 시민혁명을 기대하기 어려 웠다.

식민지를 거치며 일본식 군국주의가 장유유서를 구체화했고, 위계·서열이 눈치를 더욱 조장했다. 『옥스퍼드 영어 사전』에 등재된 '눈치(Nunchi, 타인 감 정을 재빨리 파악하는 기술)'는 쏠림을 촉진하는 고맥락 언어다. 눈치 빠르면 절 에서 젓갈을 얻어먹는다.

서열과 눈치가 발달한 '우리 공동체' 안에서 누군가가 '(어떤 사상이나 신앙 을) 믿으시오'라고 말할 때 요청 거부는 곧 관계 거부다. 관계에 민감한 공동 체 안에서 다른 의견이나 내부 균열은 '반역'이다. 그것은 사생활을 인권의 본 질로 여기는 서구 사회에서 찾아보기 어려운 일이다. 21세기 대명천지에 북 한 유일 세습 체제가 건재한 이유가 뭐겠나? 모난 돌은 정 맞는다.

친구 따라 강남 가고, 남이 갓 쓰고 장에 가면 거름 지고라도 따라나선다. '우리' '눈치'가 낳은 쏠림 탓에 사회문화의 물줄기가 여러 갈래로 흐르지 못 하고 주류가 대세를 이룬다. 세 사람이 말하면 거짓말도 진실이 된다.

현세주의 : '끝없는 욕망'

잦은 홍수와 외부 침입에 시달린 메소포타미아 지역에서는 내세보다 현실 문제를 중시하는 종교관이 형성되었다. … 이집트는 사방이 바다와 사막으로 둘러싸인 폐쇄적인 지형이어서 이민족의 침입을 거의 받지 않아 오랫동안 통일 왕국을 유지하였다. … 그들은 영혼 불멸과 사후 세계의 존재를 믿어 시체를 미라로 만들었으며, 무덤 속에 '사자의 서'를 넣기도 하였다.

-교육부 검정교과서 『고등학교 세계사』, 비상교육, 2018-

외세 침략을 별로 받지 않은 이집트에서 내세 신앙이 발달하고, 외세 침략을 자주 받은 메소포타미아에서 현세주의가 발달했다고 세계사 교과서가 말한다. 흥미롭게도 윗글에서 '메소포타미아'를 '한반도'로 바꿔도 어색하지 않다.

한반도인은 내세(저승)를 상상할 만큼 삶이 여유롭지 못했다. 한반도는 대륙 세력과 해양 세력이 충돌하는 요충지라서 전란이 잦고, 중앙집권체제가 인민을 통제하고, 기후가 변덕스럽고, 계절풍 벼농사 지대라서 자연에 크게 의존하는 범신론적 사고가 발달해 내세 관념이 희박했다. 오죽하면 살생을 경계해야 할 승려들이 외침에 맞서 무기 들고 전장으로 나갔겠나?

사나운 자연환경과 정세 속에서 한국인은 유학 이데올로기의 영향을 받았다. 공자는 괴력난신(怪力亂神)을 말하지 않았고, 죽음을 묻는 제자에게 '삶을 모르는데, 어찌 죽음을 알겠냐?'고 되물을 만큼 유학은 내세보다 현세를 지향한다. 그것은 역사적 산물이다. 공자, 맹자가 활동한 춘추전국시대는 신하가 임금을 죽이고 패권을 장악하는 극단 시대여서 여유롭게 삶과 죽음을 말하지 못했다. 노넉을 바로 세우고, 혼란한 친하 질서를 바로 세우는 게 제자배가의 관심사였다.

이후 중국 유학이 인(仁)을 중심 개념으로 두고 관용을 존중했지만, 한국 유학은 실천 규범 충·효·의를 강조했다. 제 나라·제 부모를 사랑하는 마음은 인지상정일 텐데 그것을 통치 세력이 새삼스레 강조함은 어떤 목적을 갖는다. 충은 왕권 체제를, 효는 가부장 질서를, 의는 사대부 계급의 도덕적 우월성을 강화했다. 한국은 유학을 철학적 사유보다 제도적 이념으로 운용했다. 권력을

Ⅳ. 사론(史論) : 신채호에게 답하다   **441**

도덕으로 정당화하는 유학이 '정치 만능주의'를 잉태했다.

우주 원리와 인간 심성을 탐구하는 주자 성리학(신유학)이 고려 후기에 들어와 조선시대에 꽃을 피웠다. 모든 사물처럼 인간도 기(氣)가 모여 태어나고, 기가 흩어져 죽는다고 성리학이 말한다. 다만 기가 천천히 흩어져 그 기를 달랠 제사가 필요하다. 주자가 "자손의 정성이 있으면 조상신이 있고, 정성이 없으면 조상신도 없다"고 말했듯 조상 제사도 신앙보다 도덕에 가까웠다.

성리학은 신비주의를 배격하고 내세 관념이 희박한 주지주의, 합리주의, 현세주의였고, 조선 후기 예학으로 교조화되어 개인의 일상을 통제했다. 그것은 주자도 상상하지 못한 근본주의였다. 조선 사대부는 사상가이며, 사제이며, 경세가였다. 그 왕조가 멸망하고 식민지 때 봇물 터지듯 신흥종교가 나타난 것은 그 반작용이었다.

조선왕조 때 억눌린 영적 욕망이 식민지 때 분출했지만, 내세 신앙은 삶의 위안을 줄 뿐 한국인의 심성을 바꾸지 못했다. 삼국~고려시대 불교처럼 내세 신앙 기독교도 격랑의 역사 속에서 한국에 들어와 현세주의에 포섭됐다. 효녀 심청이 아버지 눈 뜨게 하려고 부처님께 공양미를 바쳤고, 오늘날에도 한국인은 사찰과 교회에서 가족 건강과 사업 성공, 일류대학 합격을 빈다.

현대 한국이 보기 드문 다종교 사회인데도 종교 갈등이 없고, 개종이 쉽고, 사찰이나 교회를 다녀도 내세 관념이 희박하고, 종교 정당이 유권자 지지를 못 받는 것도 유학 합리주의, 인간 중심 현세주의 탓이다. 신의 존재를 믿는 한국인 비율(33%)은 세계 평균(61%)보다 훨씬 낮다(입소스, '세계인의 종교의식 조사', 2023).

죽음 후 세계가 없는 한국인에게 현세는 끝없는 욕망 실험장이다. 근거 없이 연예인 괴담을 방송해 거액 후원금을 챙기다가 형사처벌 앞두고 자살한 유명 유튜버가 현세주의 극단을 보여준다. 죽으면 모든 게 끝났다는 현세주의 속에서 한국인은 살아 있을 때 모든 걸 완성하려 든다. 그 조급증이 무한 경쟁을 낳고 삶은 앞만 보고 달리는 폭주 열차다. 권력자는 권력 없이 사는 하루가 죽음보다 두렵고, 현세에서 성취를 통해 영혼 구원을 갈구한다.

왕조시대부터 내려오는 사생결단 권력 투쟁, 권력과 자본을 추구하는 세속 종교, 더 큰 집과 더 큰 자동차를 쫓는 물질 욕망, 서점가를 장악한 자기계발서, 성형 수술을 자기 계발로 여기는 외모 지상주의, 온 나라를 교육 광풍 속으로 몰아넣는 학벌주의 등등 기복 현세주의가 한국인을 극단으로 몰아간다. 현세주의는 눈에 보이는 것만 믿어 눈치와 체면, 쏠림을 촉진한다. 삶을 마무리하는 장례식장도 고인의 명복을 빌기보다 집안의 세력을 과시하는 경연장이다.

숲속에서 숲이 보이지 않고 풍경은 이방인 몫이다. **한국인과 결혼해 한국에 사는 독일인 유디트 크빈테른이 '한국인은 숨 쉬지 않고 어디론가 계속 달린다'고 말한다**(KBS '사람과 사람들', 2016.5.25). 떠오르는 아침 태양을 보며 가슴이 설레야 할 꿈나무들이 무한 경쟁에 지쳐 꿈을 잃는다.

한국인은 '죽음을 기억하며(Memento Mori), 오늘을 살자(Carpe Diem)'는 격언을 일상에서 구현한다. 그들은 여행 가서도 치열하게 놀고, 불야성 속에서 치열하게 술 마시며 허무주의 철학자로 다시 태어난다. '인생 뭐 있냐? 마셔! 마셔!' 살아있을 때 즐거워야지 죽으면 다 소용없다는 뜻이다. 그것은 사변적 허무주의가 아니라 감각적 허무주의다. 개똥밭을 굴러도 이승이 저승보다 낫다.

이 세상을 전부로 여기는 현세주의가 큰 결실을 낳았다. 여호와를 믿지만 죽음 후 부활과 내세를 부정하는 유대인이 경제 부흥을 이뤘고, 한국인은 '잘살아보세'를 외치며 야근 불사, 과로로 쓰러지며 한 세대 만에 '한강의 기적'을 낳았다. 한국인에게 현세주의는 실용주의이며 더 나아가 영혼 구원이다.

무교(巫敎) : '극단 감성 에너지'

고려인은 병이 나 몸이 아파도 약을 먹지 않고 귀신을 섬겨 이겨내려 한다.

-서긍, 『고려도경』-

1980년대 독일 어느 방송국이 한국 종교를 주제로 다큐멘터리를 방영했다. 도입부 세 장면이 강렬했다. #1. 무속 신내림 굿. #2. (세계 최대 규모) 여의도순복음교회 집단 예배. #3. 어버이 수령 김일성을 향해 울며 열광하는 북한 인민들. 세 장면 모두 감정이 극단으로 치닫는 무속 황홀경(ecstasy, 무아지경, 법열, 성령 강림, 신내림)을 보여줬다.

변덕스러운 기후와 그 영향을 강하게 받는 벼농사, 불안정한 정세 속에서 미래가 불안한 한반도인은 무속(샤머니즘)에 기대왔다. 가뭄 들면 국왕이 무당 불러 기우제를 지냈고, 병마를 쫓아내려고 고양이를 갈기갈기 찢어 널거나 까마귀발을 잘라 변소에 넣어 뒀고, 증오하는 자 초상을 벽에 붙여놓고 눈을 찌르거나 그 인형을 만들어 저주했고, 소망을 종이에 적어 불로 태워 날렸다. 굿판에서는 무속인이 작두날을 타거나 산짐승의 피를 뿌렸다.

한반도에 몰려있는 그 많은 고인돌, 신라~고려왕조 때 넘쳐난 사찰, 오늘날 도시의 어둠을 밝히는 교회가 한국인의 강한 종교성을 보여준다. 일본 무속 신도(神道)의 신은 제 자리를 지키지만, 한국의 무속 신은 사람 몸속으로 들어와 그의 운명에 개입한다(신내림).

"옛날부터 우리나라에 현묘한 도가 있으니 이른바 풍류(風流)다." 최치원이 쓴 난랑비 서문 속 풍류도 무속과 가깝다. 무속은 제정일치 시대 권력을 행사하다가 유학, 불교 등 외래 사상에 무대를 내줬고, 성리학 조선왕조 때 천대받다가 근대 이후 미신 취급받았다. 그렇지만 무속은 오늘날까지 계보를 이어오며 한국인 집단무의식 속에 자리 잡고 있다.

조선왕조 말기 실권자 왕비를 홀려 국정을 농단한 무녀 진령군은 역사에 남았고, 21세기 디지털 첨단시대에도 전국에서 무속인 수십만 명이 활동하며, 경기가 침체하면 그 수요가 늘어난다. 정계, 재계 거물들이 무속인을 찾고, 신문에 오늘의 운세가 등장하고, 길일(吉日)을 찾아 이사하고, 상(喪) 당하면 남의 결혼식에 가지 않고, 복권 당첨자가 돼지꿈 꾸었다고 말하면 그것을 언론이 서슴없이 받아쓴다.

철학자 김용옥은 한국의 교회를 '서낭당의 근대적 변용'이라고 표현했다. 실제로 서낭당 터에 초기 교회가 들어섰고, 한국 개신교 내면에 토착 무속 정서가 흐른다는 뜻이다. 근대화 이후 외래 종교가 무속을 밀어낸 듯 보이지만, 실제로는 무속이 외래 종교를 잠식했다. 지금도 영험한 갓바위 부처님께 불자들이 모여들고, 몇몇 교회가 '기적의 안수 치료'를 감행한다. 무속은 모든 존재의 의미를 인정해 외래 문물을 수용할 때 역동성을 주며 인간과 신령을 중개하며 조화시키는 신앙이라서 다른 종교와 무난하게 섞인다. 이 땅에 수천 년 동안 뿌리내린 토착 신앙이 외래 신앙을 품는 건 자연스럽다.

통성기도로 절규하며 얼굴이 눈물범벅이 된 채 집단 황홀경으로 빠져드는 한국의 교회 부흥회를 김용옥 언어로 표현하면 '현대판 굿'이다. 신내림으로 인간이 신령과 하나 되고 그 신령을 빌려 재앙을 내쫓고 복을 구한다. 무속 신내림처럼 기독교에도 성령이 사람 몸속으로 들어온다는 내주(內住, indwelling) 개념이 있고, 기도 내용도 질병 치유, 사업 번창, 일류대학 합격 등 현세 소망이다. 무속 황홀경이 성취동기를 자극하고 현세주의를 부추긴다. 인류 문명사에서 보기 드물게 고속 성장한 한국 교회의 비밀 코드가 여기 숨어 있다.

반세기 북한 통치자 김일성은 현대판 파라오였다. 북한에서 그의 생일이

'태양절'이다. 1994년 김일성이 죽었을 때 굶주린 인민들이 울다가 기절하는 데에도 무속 황홀경이 녹아있다. 북한만큼 강렬하지 않지만, 1979년 남한 대통령이 시해됐을 때 비슷한 현상이 나타났고, 전통 장례식에서 유가족이 판소리꾼처럼 목이 쉴 때까지 쥐어짜는 탁성도 황홀경과 닿아있다. 이런 풍경이 이방인에게 꽤 독특하게 다가갔던 모양이다. 19세기 선교사 게일이 '(조선인은) 부모가 죽으면 절제해 흐느끼지 않고 입을 벌려 울부짖는다'고 기록했다.

남녀가 어울려 음주 가무를 즐긴 영고, 동맹, 무천 등 고대 제천 행사와 고려시대 법회 팔관회, 전국 방방곡곡에서 성업하는 노래방, 한국인이 정신을 잃도록 폭음하는 것도 무속 황홀경을 연상케 한다. 또 KBS 장수 프로그램 '전국노래자랑'이나 지구촌을 열광케 만드는 K-컬쳐는 어떤가? 오스카상 수상 영화감독 봉준호가 '한국인은 감정이 격렬하고 다이내믹'하다고 말했다.

앞서 언급한 독일 방송 다큐멘터리에 한 컷을 추가한다면 '2002년 붉은 악마'도 자격이 충분하다. 2002년 한일 월드컵 축구 대회 동안 한국민 1/7이 붉은 옷을 입고 거리로 쏟아져 나와 '대~한민국'을 외쳤다. 시인 김지하는 그 붉은 물결이 '태극기의 원리와 고조선에서 내려온 물결'이라고 표현했다. 그 물결의 정체가 뭘까? 동학 창시자 최제우가 신내림을 경험했고, 동학농민전쟁 지도자 전봉준이 굿판에서 대장으로 추대됐고, 농민군은 부적을 품고 주문을 외며 빗발치는 총알 속으로 진격했다. 이데올로기는 종교성을 띠게 마련이다. 한국 민족주의도 무속 향기를 풍긴다.

최근 거대 종교의 영향력이 줄어들고, 자본주의 구조 변동 속에서 미래가 불확실해 평소 종교나 이념과 상관없이 대중이 무속인을 찾는다. 무속을 믿지 않아도 개인이 무속과 맞서기 쉽지 않고, 이젠 무속을 가까이 두어도 전근대 미신 사회로 되돌아가지 않는다는 자신감도 생겼다. 고학력 무속인이 인터넷 방송을 통해 대중 삶 속으로 파고들어 심리상담사 역할을 맡고, 영화 『파묘』(2024)가 천만 관객을 동원했다.

서구 구마사제가 귀신과 맞서 싸우지만, 한국 무당은 원한 맺힌 귀신을 달래 좋은 곳으로 보내준다. 통계상 한국의 비종교인 비율이 50%를 넘지만, 그들 가운데 상당수, 심지어 다른 신앙인 가운데 상당수가 무속 정서를 향유한다. 한국인에게 무속은 삶의 에너지이고, 카타르시스이며, 안식처다. 그 이름도 '무속(巫俗, 무당 관련 속된 풍속)'이 아니라 당당한 '무교(巫敎)'다. 다만, 아무리 좋은 것도 너무 지나치면 탈이 난다.

언어의 공격성 : '의식과 행동을 지배하는 언어'

조선인은 언제나 높은 어조로 말한다. 그들 모임은 듣는 사람 머리를 깨뜨릴 만큼 시끄럽다.

-천주교 5대 조선 교구장 다블뤼(1818~1866)-

조선인은 화를 잘 내고 일 만들기 좋아한다. 한번 모욕을 받으면 곧장 팔을 걷어 올리고 일어난다.

-량치차오, 『음빙실문집』(1902)-

한국인의 무속 정서는 이성·논리보다 감성과 가깝다. 그 감성이 입을 통해 분출한다. **욕설이 발달한 언어, 제3자를 향한 험담, 멀쩡한 사람을 나락으로 내모는 악성 댓글 등은 한국 사회 감성 구조다.** 언어와 의식의 관계는 해묵은 논쟁거리지만, 언어가 거칠면 의식과 행동도 거칠기 마련이다. 공격성 언어가 감성을 자극해 문화 쏠림을 자극한다.

일찍이 한국인의 언어생활을 흥미롭게 분석한 연구가 있다. 1947년 여름, 인류학자 코넬리우스 오스굿이 강화도 전등사에 머물며 선두포 주민생활상을 두 달 동안 관찰했다. 그는 옛날부터 한국인이 무천, 영고, 동맹 등 축제를 즐겨 술, 춤, 노래를 좋아한다고 봤다. 이 푸른 눈 이방인은 구강 가학성을 지적하며 한국인이 감성적인 아일랜드인과 닮았고 말했다.

여기서 구강 가학성(oral sadism)은 프로이트 정신분석학 개념이다. 프로이트는 사람의 정신 발달 단계를 구강기(0~1세), 항문기(2~3세), 남근기(3~5세)로 구분했다. 사람이 각 단계 욕구를 채우지 못하거나 억압받으면 다음 단계로 넘어가지 못하고 고착된다. 프로이트 이론을 적용하면 한국인은 구강기 고착형이다.

구강기엔 성(性) 에너지 리비도가 입으로 모여 물체를 빨고 깨물어 쾌감을 느낀다. 이때 음식을 제대로 못 먹거나 어떤 결핍이 생기면 다음 단계로 성장하지 못해 구강기 고착이 나타난다. 그 특징은 인정 많고, 폭음·폭식하고, 목소리 크고, 남을 비난하기 좋아하고, 선전 선동에 취약하다.

그 사례를 들어보자. 언젠가 미국에서 살다 온 초등학교 여학생이 한국에서 겪은 문화 충격을 일간지에 기고했다. 그가 빨간색 드레스를 입고 등교하면 두 나라 학생들 반응이 달랐다. 미국 학생들 '오, 드레스 멋진데!', 한국 학생들 '뚱보랑 빨간 드레스가 어울리냐?' '옷이 아깝다.' 어린 한국 학생들이 구강 가학성을 드러냈다. 최근엔 꽤 사라졌지만, 명절 때 오랜만에 만난 조카를 진학, 취업, 결혼 문제 가지고 괴롭히는 행태도 구강 가학성이다. '나이 들수록 말을 아끼라'는 옛말도 구강 가학성의 반증일지 모른다.

삿대질하며 악을 쓰지 않으면 의사 전달 못 하는 정치 문화는 말할 것도 없고, 한국 언론의 선정 보도와 대중의 떼창은 구강 가학성 종합판이다. 가령,

언론이 유명인의 범죄 의혹을 보도한다. 대중은 의혹 보도를 기정사실로 받아들이고 여론이 달아오른다. 언론이 속보 경쟁하며 추측성 보도를 잇달아 쏟아낸다. 해당 유명인은 정식 수사·재판을 받기 전 여론재판으로 만신창이가 된다. 경찰·검찰 수사는 확인 사살이다. 대기업 총수, 군 장성, 법조인, 유명 연예인 등이 중압감, 모멸감을 견디지 못하고 스스로 삶을 포기한다. 반성하는 듯 여론이 잠시 숙연하다가 잊을만하면 또다시 같은 패턴을 되풀이한다. 남을 저주하는 무속 정서와 구강 가학성이 서로 자극하며 증폭한다.

구강기 고착 원인은 오랜 세월 한국인이 배고프게 살아왔기 때문이라고 문화심리학자 김정운이 말한다. 꽤 먹고살 만한 오늘날에도 한국인은 '밥 먹었냐?'가 인사말이고, 음식 먹기 방송 프로그램이 성행한다. 지금도 배고프게 사는 북한 인민들 말이 얼마나 거친가? 반론도 가능하다. 한국인보다 더 배고프게 살아온 사람들이 지구촌에 많을 텐데 그들이 모두 구강기 고착형일까? 그렇지는 않으리라. 여기서 한국인 특유의 육아법을 주목한다.

19세기 잡학박사 이규경이 "조선의 어머니는 할 일이 많아 아이를 제대로 볼 수 없어 무작정 안거나 업기 때문에 아이가 버릇되어 어머니 품에서 떨어지기만 하면 운다."고 썼다. 숨 막히는 유교 이데올로기 속에서 집안 어른 모시랴, 식구들 밥 지으랴, 베 짜서 옷 지어 입히랴, 빨래하랴, 몸이 열 개라도 바쁜데 아기에게 젖까지 물려야 하니 포대기가 나왔다.

'손 탄다'는 말이 나올 만큼 한국인은 아기 때 엄마 체온을 느끼며 자란다. "조선 엄마들은 아이가 6~8살 될 때까지 젖을 물린다. 동생이 태어나지 않으면 12살까지 젖을 물린다"고 19세기 선교사 다블뤼가 전한다. **따라서 한국인은 리비도가 입에 몰리는 구강기가 길다. 그들은 젖떼는 시기가 늦고 모자 유착 성향이 강해 어느 순간 엄마와 분리되면 그 욕구 불만을 거친 입으로 푼다.** 고대 중국인이 '연나라 바깥쪽 조선 열수지간에 어린아이 울음이 멎지 않는다'고 말할 만큼 동이족 울음소리가 유명했다(이규태, 『개화백경』).

게다가 유사 이래 수많은 전쟁과 이데올로기 억압을 겪으며 한국인은 감정 출구 수단으로서 말이 거칠게 변했다. 입을 통해 감정을 배출하지 못하면 울화병이 난다. 한국어만큼 욕설이 발달한 언어가 얼마나 있을까?

반면, 이웃이지만 한국인과 여러모로 다른 일본인은 항문기 고착형(Anal Stage Fixation)이다. 그 특징은 냉정하다 못해 인색하고, 남에게 민폐 끼치기 싫어하고, 검소하고, 신중하다. 항문기 고착은 절제와 질서를 낳지만, 결벽증과 공감 능력 결핍·불통을 동반한다. 그래서인지 몰라도 일본 역사에는 민란이 적다.

일본인이 항문기에 고착되는 원인은 유아기 엄격한 배변 훈련이다. 습도 높은 섬나라 기후에 적응하려고 일본 가옥은 방바닥에 다다미(돗자리)를 깐다. 까칠까칠한 다다미 방바닥에 아이가 똥·오줌 싸면 처리하기 어렵다. 이에 일본인은 유아기부터 엄격하게 배변 훈련을 받아 청결 강박을 받는다.

일본인은 남에게 민폐(메이와쿠) 끼치는 걸 견디지 못한다. 일본인은 '스미마센('미안합니다' '실례합니다')'을 입에 달고 산다. 그들은 공중화장실에서 옆칸 사람에게 악취 풍기지 않으려고 큰일 보기 전 알약을 먹기도 한다. 하물며 일본에서 남에게 어떤 종교, 사상을 믿으라고 권하는 것은 큰 민폐다. 동네마다 교회가 서는 한국과 달리 일본에서 기독교가 확산하지 못하는 이유 가운데 하나다. 일본 불교는 장례 치르는 생활 의식에 가깝다.

프로이트 이론이 진실과 얼마나 가까운지, 진실이라면 그것이 사회현상과 어떤 인과관계를 갖는지 그것은 신이 알리라. 냉정하고 합리적인 한국인도 있고, 충동을 못 참는 다혈질 일본인도 있다. 냉정한 사람이 다혈질인 사람보다 우월하다는 법도 없다. 구강기, 항문기, 남근기는 발달 순서가 아니라 그저 스타일일 수 있다.

　다만 프로이트 이론이 사람과 세상을 바라보는 창(窓)으로 쓸모 있다. 호모 사피엔스는 언어를 통해 세상을 파악하고 내면화하며 담론의 지배를 받는다. 내 생각이 내 생각이 아니다. 그 언어의 구속을 벗어나려면 또 다른 언어가 필요하다. 이 질긴 언어의 굴레여!

V

글을
마치며

외로움! 그 깊은 뜰 속에

우리가 찾고 있던 그 아름다움이 숨 쉬고 있다.

홀로 있음이란 나 자신과의 온전한 대면이다.

자꾸 바깥 세계에만 마주하고 살면

온전한 나 자신과 마주할 시간을 잃고 만다.

도리어 그것은 얼마나 큰 외로움이고 고독인가.

-법정, '혼자 걸어라' 중에서 -

나는 고등학교 교사다. 일과 끝나고 학생들이 청소하러 빗자루 들고 다니면 나는 벤치에 홀로 앉아 하루를 정리한다. 교과수업을 알차게 진행했는지, 남에게 상처 주는 말을 내뱉지 않았는지 마음속 일기를 쓴다. 그때 지나가던 동료 교사가 내게 말한다. "이 선생, 무슨 일 있어?"

점심 먹을 때 역시 비슷한 일을 겪는다. 임플란트 시술 후 음식 씹기가 불편해 밥을 천천히 먹으려고 구석 식탁에 홀로 앉아 '청승' 떨면 옆자리에서 여지없이 핀잔이 날라 온다. "이 선생, 왜 혼자 밥 먹어? 이리 와." 결국 소심한 서생은 '마구니'들 유혹에 말려들어 허겁지겁 밥을 먹는다. 그것은 옛 농부들이 함께 일하고 나서 논두렁에 모여 앉아 새참 먹는 풍경을 닮았다. 다이나믹 코리아에서 홀로 있으면 문제 있는 사람이고, 밥 먹기도 업무다.

요즘엔 1인 가구가 늘어 홀로 밥 먹기, 홀로 술 마시기, 홀로 영화 보기, 홀로 여행 다니기 등이 재조명받지만, 한국인은 여전히 '홀로족'을 정상으로 여기지 않는다. '홀로족'은 사교성이 모자라 대인관계에 문제 있는 사람으로 오해받기 쉽다. 한국인은 홀로 다니는 호랑이보다 무리 지어 사는 사자를 닮았다.

수천 년 동안 한국인은 변덕스러운 기후 속에서 함께 물 대고, 함께 모 심고, 함께 김매고, 함께 벼 베고, 수많은 외침을 함께 겪으며 협동 공동체를 이뤄 왔다. 게다가 '왕조→식민지→분단·전쟁→군부독재→신자유주의'의 숨 가쁜 역사를 거쳐오며 한국인은 '주체적 개인'으로 성장할 기회를 얻지 못했다. '모난 돌이 정 맞는다'는 정서가 살아 있는지 공동체 안에서 튀는 행동은 여전히 금기다. 이 책의 주제어 '병목 소용돌이' '쏠림'도 그 본질은 '홀로서기 결핍'이다.

세상사가 동전의 양면이다. 한국의 소용돌이 문화가 위기 극복 에너지로 작용했다. 외세 침략에 맞서 의병이 일어났고, '잘 살아보세'를 외치며 절대 빈곤을 한 세대 만에 타파했다. 외국 전문가들이 20년 예상한 국제통화기금 관리 체제를 3~4년 만에 끝냈고, 외국 언론이 복구 불능이라고 봤던 태안 앞바다 기름 유출 사태를 자원봉사자들이 헌 옷가지 들고 몰려가 말끔하게 해결했다. 지구촌을 강타한 코로나-19 사태 때도 한국인은 응집력을 발휘했고, 난데없는 심야 친위 쿠데타를 시민들이 몰려가 맨몸으로 막아냈다. 큰 정부를 요구하는 기후 위기 시대에 한국의 소용돌이 쏠림 에너지가 새로운 문명을 이끌어갈지 모른다.

여기서 뫼비우스 띠가 떠오른다. 소용돌이의 역동성은 위기를 돌파하는 힘이지만, 다채로운 사유를 가로막는다. 그 구속을 벗어나려면 자유와 권리의 주체로서 '개인'을 찾아야 한다. 개인이 건강해야 공동체가 건강하다. 결국 중용의 가치가 필요한데, 인문학 위기 시대에 인문학 가치가 울림을 준다. '따로 또 같이(Alone Together)!'

인생 여행에서 최고의 지혜는 제때 멈출 줄 아는 감각이다. '멈출 줄 알아야 오래 간다'고 노자가 말했고, 천년을 산다는 학은 밥을 먹어도 위장 2/3만 채운다. 아메리카 인디언은 말 타고 광야를 달리다가 영혼이 몸을 못 따라올까

봐 가끔 한 번씩 멈춰 섰다. 지금 당신의 영혼은 어디에 있나?

사람은 이 세상에 혼자 왔다가 저세상으로 혼자 떠난다. 운명의 순간 저승 사자가 나타나 손짓할 때, 피를 나눈 가족도, 사랑을 나눈 배우자도, 도원결의 를 맺은 친구도 나를 도와주지 못한다. 인연은 현세의 그물일 뿐 삶과 죽음, 탄생과 소멸은 온전히 홀로 감당할 몫이다.

훗날 내가 죽으면 직장 동료나 친구들이 내 빈소에 와서 술 마시며 즐기다 가 집으로 돌아갈 테고, 몇 달 지나면 사랑하는 내 가족도 이별의 아픔을 뒤로 한 채 각자 일상을 살아간다. 그게 세상 돌아가는 이치이고, 모든 사람은 결국 혼자다. 그래서 평소 '홀로서기'가 필요하다.

오해 마시라. '홀로서기'는 외톨이 고립이 아니라 '깊은 관계 속 자율'이다. 홀로서기는 삶의 과속 방지턱이며, 세상과 더불어 살려는 에너지 충전이다. 고독 속에 자유가 들어있다니 하루 1시간만 관계의 늪에서 벗어나 고독한 실 존으로 살면 어떤가? '너 자신을 섬으로 삼아 의지하라'. 석가모니가 열반에 들기 전 제자들에게 남긴 말이다.

〈끝〉

낭객의 신년 만필

저자: 신채호

출전: 동아일보 (1925. 1. 2)

신년의 만필(漫筆)이 무엇이냐? 신년의 연하장을 올리려 하나 시각 대변(時刻大變)의 병자에게 만수무강의 축사를 드림과 같고, 신년의 감상담이나 쓰려 하나 운유(雲遊)의 낭객(浪客)이 너무 명사의 구문을 배움이 주제넘은지라, 신 것, 매운 것, 단 것, 쓴 것, 생각나는 대로 쓴 글인 고로 〈신년의 만필〉이라 제(題)하노라.

1. 도덕과 주의의 표준

옛날(舊時[구시])의 도덕이나 금일의 주의(主義)란 것이 그 표준이 어디서 났느냐? 이해(利害)에서 났느냐? 시비에서 났느냐? 만일 시비의 표준에서 났다 하면《청구이담집(靑丘俚談集)》에 보인 것과 같이 나무의 그늘에서 삼하(三夏)의 더위를 피하고는 겨울에 그 나무를 베어 불을 때는 인류며, 소를 부리어 농사를 짓고는 그 소를 잡아먹는 인류며, 박 연암(朴燕巖)의〈호질(虎叱)〉문에 말한 것같이 벌과 황충이의 양식을 빼앗는 인류니, 인류보다 더 죄악 많은 동물이 없은즉, 먼저 총으로 폭탄으로 대포로 세계를 습격하여 인류의 종자를 멸절하여야 할 것이 아니냐? 그러므로 인류는 이해 문제 뿐이다. 이해문제를 위하여 석가도 나고 공자도 나고 예수도 나고 마르크스도 나고 크로포트킨도 났다. 시대와 경우가 같지 않으므로 그들의 감정의 충동도 같지 않아 그 이해 표준의 대소 광협(廣狹)은 있을망정 이해는 이해이다. 그의 제자들도 본사(本師)의 정의(精義)를 잘 이해하여 자기의 이(利)를 구하므로, 중국의 석가가 인도와 다르며, 일본의 공자가 중국과 다르며, 마르크스도 카우츠키의 마르크스와 레닌의 마르크스와 중국이나 일본의 마르크스가 다 다름이다.

우리 조선 사람은 매양 이해 이외에서 진리를 찾으려 하므로 석가가 들어오면 조선의 석가가 되지 않고 석가의 조선이 되며, 공자가 들어오면 조선의 공자가 되지 않고 공자의 조선이 되며, 무슨 주의가 들어와도 조선의 주의가 되지 않고 주의의 조선이 되려 한다. 그리하여 도덕과 주의를 위하는 조선은 있고, 조선을 위하는 도덕과 주의는 없다.

아! 이것이 조선의 특색이냐, 특색이라면 특색이나 노예의 특색이다. 나는 조선의 도덕과 조선의 주의를 위하여 곡(哭)하려 한다.

2. 이해와 권형

도덕과 주의가 인류의 이해의 표준에서 생기었다 하면 우리가 해를 피하고 이만 취함이 가할지니, 그러면 나라를 팔아 일신일가의 온포(溫飽)를 구함도 가할까? 한규설(韓圭卨)과 같이 이등(伊藤)의 호령에 소아처럼 울고 도주하여 재산의 문서를 안고 일생을 애첩의 품에서 보냄도 가할까? 일진회(一進會) 같이 합병을 선언하여 노예의 구생(苟生)을 취함도 가할까? 참정권 같은 것이라도 운동함이 가할까? 이러한 단시안(短視眼)의 이해는 이해가 아니다.

구복(口腹)을 충(充)할 수 있을지라도 인신(人身)이 구체(狗彘)로 타락된다 하면 이(利)가 아니라 해(害)뿐이며, 일신의 안락을 얻을지라도 부모·형제·자매·친척·목전의 동포·미래의 자손을 노적(奴籍)에 올릴진대 이가 아니라 해뿐이니, 그러므로 개인이 되어서는 이완용(李完用)이나 한규설(韓圭卨)이 되지 않고 민영환(閔泳煥)이 됨이며, 단체가 되어서는 일진회가 되지 않고 해산·체포 등을 당하는 단체가 됨이며, 사회를 위하여는 미국 보호의 선정을 받느니보다 차라리 독립자유의 가정하(苛政下)에서 생활함을 좋아한다는 필리핀 모(某) 지사의 언설(言說)이 있으니, 이는 다 소극적 방면에서 타산한 이해요, 혹은 민족의 자유를 위하여 혹은 계급의 평등을 위하여 목전에 유혈천리 복시백만의 참해가 있음을 불고(不顧)하고, 미래의 실제상 혹 정신상의 어떠한 이익을 취하나니, 그러므로 성공한 러시아(露西亞[로서 아])의 공산당이나 실패한 아일랜드(愛爾蘭[애이란])의 싱픈 당이 같이 인류의 교훈을 끼침이니, 이는 적극적 방면에서 타산한 이해이다.

매양 목전의 이해만 타산하여 "인구감소의 화(禍)만 있으랴"하고 갑의 행동을 비난하며, "경제 손실의 해만 있으랴"고 을의 주장을 조소하는 자가 많으므로 이미 작고한 모(某) 공이 말하되 "나는 학자를 보기가 싫습니다. 누구의 무슨 경영에든지 학자들은 대소강약의 숫자적 비교의 안목으로 필패의 단안을 내립니다. 필패 필망(必敗必亡)할지라도 아니 할 수 없는 일이 있는 줄은 요새 학자의 모르는 일입니다"하였다.

아! 목하(目下)에만 보이는 대소다과의 차이나 비교하는 단시안의 학자야 무슨 학자이냐. 우리의 경우는 아무리 필성 필흥(必成必興)의 합리적·숙명적의 운동이라도 최근의 단거리 이내에서는 실패뿐, 사망뿐일 것이 명백하다.

학자나 주의자나 운동자나 그가 그 같은 천근(淺近)한 언론행동을 버리어라. 그리하여 모 공의 천대영혼(泉臺英魂)의 회진(回嗔)을 받지 말지어 다.

3. 병을 따라 약을 쓰자

우리 조선이 고대부터 고정한 계급제가 있어 고구려의 오부(五部), 백제의 팔성(八姓), 신라의 삼골(三骨)이 모두 귀(貴)와 부를 소유한 자의 별명이다. 미천왕(美川王)이 어린 시절에 용노(傭奴)가 되어 주인의 안면(安眠)하기를 위하여 문 앞 못 속에 우는 개구리를 금지하노라고 밤을 새우며, 김유신의 대공으로도 왕경(王京) 귀족들이 한 자리에 앉지 않으려 한 모든 역사가 그 생활의 현수(縣殊)와 차별의 엄절(嚴絶)을 말한다. 우리 선민들이 이것을 타파하여 사회문제를 해결하려 하여 반역혁명의 종적이 그 모호불비(模糊不備)한 역사의 기록 속에도 자주 출몰하였으나, 당(唐)의 외구(外寇)가 여·제 양국을 유린하며 그 맹아가 최절(摧折)되며, 고려 일대에 더욱 양반 대 군주의 쟁투, 노예·잡류 대 양반의 쟁투에 누차의 유혈이 있었으나, 몽고의 외구가 침입하여 그 영향이 침적(沈寂)하였으며, 이태조가 고려대의 사제유폐(四制遺蔽)를 개혁하여 빈부의 조화를 도모하였으나, 그 귀천의 계급이 존재하므로 미구에 다시 그 하극(罅隙)이 폭열하여 소년계·검계(劍禊)·양반 살륙계 등 비밀혁명단체가 분기하더니 또한 임진난의 8년 병화로 말미암아 팔도가 창잔(瘡殘)함에 드디어 그 종자까지 멸절되었다.

이와 같이 사회 진화의 경로를 개척하려는 혁명이 매양 반혁명적 외구(外寇) 때문에 붕괴됨을 보면, 이제 송곳못으로 박을 땅도 없이 타인에게 빼앗기고, 소수의 소상업가들은 선진국 생산품의 수입을 소개하는 중간에서 떨어지는 밥풀을 주워 먹게 되고, 경찰들과 군대가 끊임없이 위압을 주는 판에서 사회의 조직부터 개혁하려 함은 너무 우거(愚擧)가 아닌가 한다. 오직 소작인의 운동 같은 것은 지주의 잔악을 저제(抵制)하여 일시의 급박한 동포의 궁민(窮民)을 구하는 유일 방법이니, 이는 시대 조류의 여택(餘澤)이 아니라 할 수 없다.

4. 유산자보다 나은 무산자의 존재를 잊지 마라

년전 상해에서 《민중(民衆)》이란 주일신문에 어떤 문사가 이러한 논문을 썼다.

"조선인 중에도 유산자는 세력 있는 일본인과 같고, 일본인 중에도 무산자는 가련한 조선인과 한 가지니 우리 운동을 민족으로는 나눌 것이 아니요, 유무산으로 나눌 것이다."

유산계급의 조선인이 일본인과 같다 함은 우리도 승인하는 바이거니와 무산계급의 일본인을 조선인으로 본다 함은 몰상식한 언론인가 하니, 일본인이 아무리 무산자일지라도 그래도 그 뒤에 일본제국이 있어 위험이 있을까 보호하며, 재해에 걸리면 보조하며, 자녀가 나면 교육으로 지식을 주도록 하여, 조선의 유산자보다 호강한 생활을 누릴 뿐더러, 하물며 조선에 이식(移植)한 자는 조선인의 생활을 위혁(威嚇)하는 식민의 선봉이니, 무산자의 일인(日人)을 환영함이 곧 식민의 선봉을 환영함이 아니냐.

누백 년 비열한 외교하에서 생장한 식민들인 까닭에 무엇보다도 외교를 중시하여 매양 위급멸망의 제를 당하면 제3자에 대한 외교는 물론이거니와, 곧 위급멸망의 화를 가하려는 상대자에 대한 외교까지도 급급하여, 갑진(1904

년) 을사(1905년)의 간에 일본정부에 올린 장서가 날로 날 듯하며, 일본인 통감 이등에게 바치는 공함이 빗발치듯하며, 5조약 체결할 더욱 가련하며, 신구 서적간 1권의 책자도 보지 않고, 다만 예배당의 찬미와 무쇠 주먹·돌근육의 광가(狂歌)로 생활하던 구청년의 거동도 찬허(讚許) 할 수 없지만, 정치적·경제적 현실의 고통에서 도탈(逃脫)하여 신시·신소설의 피난 생애로 일생을 마치려는 신청년의 심리야 참말로 애석할 만하다.

이 같은 퇴패(頹敗)한 지기(志氣)로는 설혹 학업을 성취할지라도 학교의 교사가 되거나 혹 외국인의 사회의 직원이나 되어 자기의 호구나 할 뿐이요, 설혹 해군·육군·비행대의 장교가 될지라도 그 소득의 월봉(月俸)으로써 자가의 온포(溫飽)나 경영하며 빈궁의 동포나 오시(傲視)하리니, 뜻없는 자의 지식이 쓸데 있으랴. 마치 민영휘의 금전이 공공운동에 쓸데없음과 일반일 것이다. 아아, 크로포트킨의 〈청년에게 고하노라〉란 논문의 세례를 받자! 이 글이 가장 병에 맞는 약방이 될까 한다.

6. 통척(痛斥)할 사회의 양대 악마

우리의 통척할 바는 ⑴은 형식화니 — 삼강오륜이 지금에는 붕괴하지 않을 수 없는 도덕이 되었지만, 조정암·김충암 등 기묘(1519년) 선현의 왕리한 서찰과 그들의 행사를 보면, 수천 년 구속(舊俗)을 소탕하고 공자 교화의 이상국을 건설하려던 진성(眞誠)과 세력을 흠복(欽服)할 만하다.

그러나 세월이 오래이매, 그 정신은 없어지고 형식만 남아, 어떤 마누라의 상사(喪事)인지 모르고 통곡하는 충비(忠婢)도 있었다 하거니와, 눈물 한방울도 없이 3년 시묘(侍墓)하는 효자도 없지 않았다. 그리하여 한성 말년 가가 효자 인인충신의 사회가 마침내 소수의 적신(賊臣)을 주멸(誅滅)하지 못 하였음은 정신없는 형식이 인세에 전쟁하는 무기가 아닌 까닭이다.오늘날에 주의의 간판을 붙이며, 자유·개조·혁명의 명사 외우는 형식적 인물의 많음보다 주의대로 명사대로 혈전하는 정신적 인물이 하나라도 있어야 할 것이며, ⑵는 피난의 심리나 — 온 조선 사람이야 다 죽든 말든 나 한 몸 한 가족이나 살면 그만이라고《정감록(鄭鑑錄)》의 십승지(十勝地)를 찾아다니는 치인(癡人)은 금일에 거의 절종되었겠지만, 그러나 그 심리는 의구하다. 불평등한 이 세계를 한 번 뒤집어 모든 동포가 더 행복을 누리자는 심리가 아니요, 오직 한 몸 한 집을 살자는 생각으로 찾아가면 각 과학의 지식을 얻는 중학교·대학교…… 모든 학교도 정감록의 청학동이며, 시와 소설을 짓는 문단이나 논설 기사 등을 편집하는 신문사도 정감록의 철옹성이다. 난을 토평할 인물은 많이 나지 않고, 난을 피하는 인사만 있으면 그 난은 구하지 못할 것이니, 우리가 모두 피난심리의 대적을 토멸하여야 할 것이다.

위의 2대전에 성공하면 그 다음 위선위악(僞善僞惡)은 오히려 문제가 아니니 선과 악은 절대적이 아니요 상대적인 고로 악이 없으면 선도 없는 까닭에, '사회를 위하여 공을 못 이루거든 차라리 죄라도 지어라'할 것이다.

7. 문예운동의 폐해

낭만주의·자연주의·신낭만주의 등의 구별도 잘 못하는 자로, 현대에 가장 유행하는 굉굉(轟轟)한 서방 문예가들의 유명한 소설이나 극본 등을 거의 눈에 대어 보지 못한 완전히 문예의 문외한이, 게다가 10여 년 해외에 앉아, 조선 문단의 소식이 격절(隔絶)하여 무슨 작품이 있는지, 얼마나 나왔는지, 어떤 것이 환영을 받는지 알지 못하니, 어찌 조선 현재 문예에 대하여 가부를 말하랴.

다만 3·1운동 이래, 가장 현저히 발달된 자는 문예운동이라 할 수 있다.

경제압박이 아무리 심하다 하나 아귀(餓鬼)의 금강산 구경 같은 문예작품의 독자는 없지 않으며, 경성의 신문지에 끼여오는 책사(冊肆)광고를 보면 다른 서적은 거의 15년 전 그때의 한 꼴이나 시인과 소설 선생의 작물(作物)은 비교적 다수인 듯하다. 그래서 나의 난필이 문예에 대하여 망논(妄論)을 한 마디 하려 하나 아는 재료가 없어 남의 말이나 소개하고 말려 한다.

일찍 중국 광동의 《향도(嚮導)》란 잡지에 그 호수가 몇 호인지 작자가 누구인지를 지금에 다 기억하지 못하는, 중국 신문예에 대한 탄핵의 논문이 났었는데, 그 대의를 말하면,

'중국 년래에 제1혁명, 제2혁명, 5·4운동, 5·7운동…… 등이 모두 학생이 중심이었다. 그러더니 근일에 와서는 학생사회가 왜? 이렇게 적막하냐 하면, 일반 학생들이 신문예의 마취제를 먹은 후로 혁명의 칼을 던지고 문예의 붓을 잡으며, 희생유혈의 관념을 버리고 신시·신소설의 저자에 고심하여, 문예의 도원(桃源)으로 안락국(安樂國)을 삼는 까닭이다. 몇 구의 시나 몇 줄의 소설을 지으면, 이를 팔아 그 생활비가 넉넉히 될 뿐더러, 또한 독자의 환영을 받아 시가라 소설가라 하는 명예의 월계관을 쓰며, 연애에 관한 소설을 잘 지으면, 어여쁜 여학생이 그 뒤를 따라 무한한 염복(艶福)을 누리게 되므로, 혁명이나 다른 운동같이 체수(逮囚)와 포살(砲殺)의 위험은 없고, 명예와 안락을 얻으며, 연애의 단꿈을 이루게 되므로, 문예의 작자가 많아질수록 혁명당이 적어지며, 문예품의 독자가 많을수록 운동가가 없어진다.' 하였다.

나는 이 글을 읽을 때에, 3·1운동 이후에, 침적(沉寂)하여진 우리 학생 사회를 연상하였다. 중국은 광대 침흑(沉黑)한 대륙인 고로, 한 가지의 풍조로써 전국을 멍석말이할 수 없는 나라이거니와, 조선은 청명 협장(狹長)한 반도인 고로 한 가지의 운동으로 전사회를 꽂감꼬치 꿰듯 할 수 있는 사회니, 즉 3·1운동 이후 신시·신소설의 성행이 다른 운동을 초멸(剿滅)함이 아닌가 하였다.

8. 예술주의 문예와 인도주의의 문예에 어떤 것이 옳은가

전술과 같이, 설혹 신시와 신소설이 성행하는 까닭에 사회의 모든 운동이 침적(沉寂)하다 할지라도, 만일 순예술주의자들로 말하면, '빈처(貧妻)의 단속곳을 팔아서라도 훌륭한 몇 짝의 신시를 삼이 가하며, 강토의 전부를 주고라도 재미있는 몇 줄의 신소설을 바꿈이 가하다'하리니, 그까짓 운동의 침적 여부야 누가 알겠느냐? 하리라.

존화주의(尊華主義)를 위하여 조선이 존재하며, 삼강오륜을 위하여 인민이 존재하며, 권선징악을 위하여 역사와 소설이 존재하며 기타 모든 것이 자(自)의 존재할 목적이 없이 타(他)의 무엇을 위하여 존재한 줄로 단정한, 누백 년이래 노예사상에 대한 반감으로는, 현 세계의 인도주의 문예가 예술주의 문예를 대신하려 함에 불구하고, 나는 곧 예술지상주의도 찬성하려고 하였다.

그러나 예술도 고상하여야 예술이 될지어늘, 환고(紈袴) 낭자의 육노(肉奴)가 되려는 자살혼의 강명화(康明花)도 열녀되는 문예가 무슨 예술이냐, 누백 년의 아귀(餓鬼)를 곁에다 두고 1원 내지 5원의 소설책이나 팔아 일포(一飽)를 구하려는 문예가들이 무슨 예술가이냐, 금강(金剛)의 경(景)이 아무리 좋을지라도 기아(棄兒)의 눈에는 한 숟가락(一匙[일시])의 밥(飯[반]) 만 못하며, 솔거

(率居)의 화송(畵松)이 아무리 명작이라 할지라도 익수자(溺水者)의 눈에는 일편의 목판만 못하며, 살도 죽도 못하게 된 조선 민중의 귀에는 모든 미려한 가극과 소설의 이야기가 백두산 속 미신귀(迷信鬼)인 조선생(趙先生)의 강신필만 못하리니, 1원이면 한 집 인구의 며칠 생활할 민중의 눈에 들어갈 수도 없는 2원 3원 고가(高價)되는 소설을 지어놓고 민중문예라 부르는 것도 얄미운 짓이거니와 민중생활과 접촉이 없는 상류 사회 부귀가(富貴家) 남녀의 연애 사정을 그리므로 위주하는 장음(獎淫) 문자는 더욱 문단의 수치이다. 예술주의의 문예라 하면 현 조선을 그리는 예술이 되어야 할 것이며, 인도주의의 문예라 하면 조선을 구하는 인도가 되어야 할 것이니, 지금에 민중에 관계가 없이 다만 간접의 해를 끼치는 사회의 모든 운동을 소멸하는 문예는, 우리의 취할 바가 아니다. 구주 각국에는 매양 문예의 작물이 혁명의 선구가 되었다 하나, 이는 그 역사와 환경이 다른 까닭이니 조선의 현재에 비할 것이 아니다.

(북경에서)

참고문헌

공통

국사편찬위원회 홈페이지(www.history.go.kr)

대한민국 신문 아카이브(www.nl.go.kr)

『한국민족문화대백과』『위키백과』『나무위키』

I. 대륙의 물결

유학

강문종·김동건·장유승·홍현성, 『조선잡사』, 민음사, 2020

김경일, 『공자가 죽어야 나라가 산다』, 바다출판사, 1999

김한규, 『한중 관계사』 I · II, 아르케, 1999

노인숙, 『가례와 한국의 예학』, 문사철, 2020

리선근, 『대원군의 시대』, 세종대왕기념사업회, 2000

문소영, 『못난 조선』, 나남, 2013

박광용, 『영조와 정조의 나라』, 푸른역사, 1998

박제가 지음·안대회 옮김, 『북학의』, 돌베개, 2003

박종인, 『대한민국 징비록』, 와이즈맵, 2019

유발 하라리 지음·조현욱 옮김, 『사피엔스』, 김영사, 2015

윤사순, 『한국 유학사』 상·하, 지식산업사, 2012

이광호, 『퇴계와 율곡, 생각을 다투다』, 홍익출판사, 2013

이경구, 『조선, 철학의 왕국』, 푸른역사, 2018

이규태, 『소 죽으면 며느리 얻는다』, 조선일보사, 2001

이규태, 『호판 댁 나귀는 약과도 싫다 하네』, 조선일보사, 2000

이덕주, 『조선은 왜 일본의 식민지가 되었는가』, 에디터, 2004

이숙인, 『정절의 역사』, 푸른역사, 2019

이시다 미키노스케 지음, 이동철·박은희 옮김, 『장안의 봄』, 이산, 2004

이영경, 『한국사상과 마음의 윤리학』, 경북대학교출판부, 2014

이용주 외, 『조선 유학의 이단 비판』, 새물결, 2016

이이화, 『한국사, 나는 이렇게 본다』, 길, 2005

이한, 『조선, 시험지옥에 빠지다』, 위즈덤하우스, 2024

이희근, 『한국사는 없다』, 사람과사람, 2001

정광, 『한글의 발명』, 김영사, 2015

정병석, 『조선은 왜 무너졌는가』, 시공사, 2016

정병준, 『우남 이승만 연구』, 역사비평사, 2005

정성희, 『조선의 성 풍속』, 가람기획, 1998

정약용 지음·박석무 옮김, 『유배지에서 보낸 편지』, 창비, 2019

한국고문서학회, 『조선시대 생활사』 2권, 역사비평사, 2000

한형조, 『왜 조선유학인가』, 문학동네, 2008

강나은, 「조선 후기 족보의 여성 정보 등재 추이와 그 의미」, 『한국사론』 67
　　　집, 2021.9.

강명관, 「퇴계 이황과 주자대전」, 『주간동아』 538호, 2006.6.6.

김문준, 「김장생의 예학 정신과 한국 가정의 문화 전통」, 『한국 사상과 문화』
90호, 2017

김인호, 「고려 후기 이제현의 중국 문인과의 교류와 만권당」, 『역사와 실학』
61집, 2016.11

김준태, 「사직상소에 비친 조선 선비의 경세관-인재 선발의 다양성·투명성
확보 외쳐」, 『월간중앙』, 2016.8

김형찬, 「동아시아의 전통사상을 철학이라고 할 수 있는가?」, 『한국의 교양을
읽는다』, 휴머니스트, 2003

나종현, 「외암 이간의 정치적 입장과 호락논쟁」, 『온지논총』 60호, 2019

매화 선생 유튜브 방송 "예(禮), 통치의 수단", 2023.12.21.

매화 선생 유튜브 방송 "알고 보니 메타인지 장인, 공자?", 2024.1.5.

박종인, 유튜브 방송 "오랑캐가 주는 쌀 먹느니 굶어 죽겠다.", 2022.10.16

이남희, 「조선 사회의 유교화와 여성의 위상」, 『원불교 사상과 종교문화』 48
집, 2011.6

이성규, 「한국 고대국가의 형성과 한자 수용」, 『한국 고대사 연구』 32권,
2003.12

이순구, 「조선시대 여성들은 왜 목숨 바쳐 열녀가 되었을까」, 『질문하는 한국
사』, 2008

이우성, 「조선왕조의 훈민정책과 정음의 기능」, 『한국의 역사상』, 창작과비평
사, 1983

이욱, 「남녀 차별은 정말 우리 민족 고유의 전통일까?」, 『우리 역사 속 왜?』,
2002

서상문, 「한자는 언제, 어디서 한국에 전래됐을까?」, https://suhbeing.
tistory.com/654

조남욱, 「조선조 초기 정몽주·길재 표창과 그 의의」, 『유교사상문화연구』 49
집, 2012

지두환, 「성리학은 조선 사회를 어떻게 변화시켰는가」, 『한국사 시민강좌』
40집, 2007

함재봉, 「민중운동의 비혁신성-쇄국주의와 국수주의 문제」, 『한국사 시민강
좌』 33집, 2003

불교

김원명, 『원효』, 살림, 2008

김창현·김철웅·이정란, 『고려 500년, 의문과 진실』, 김영사, 2001

박용운, 『고려시대사』, 일지사, 1985

박윤진, 『고려시대 왕사·국사 연구』, 경인문화사, 2006

범철 스님 외, 『불교상식 108문답』, 자비동산 금산사, 2018

한국사특강편찬위원회, 『한국사특강』, 서울대학교출판부, 1990

성주현·고병철, 『일제강점기 종교 정책』, 동북아역사재단, 2021

소운 스님, 『하룻밤에 읽는 불교』, 랜덤하우스, 2004

윤사순, 『한국 유학사』, 지식과산업사, 2012

이규태, 『잘돼도 못돼도 다 조상탓』, 조선일보사, 2001

이도학, 『궁예·진훤·왕건과 열정의 시대』, 김영사, 2000

이도흠, 『신라인의 마음으로 삼국유사를 읽는다』, 푸른역사, 2000

이영경, 『한국사상과 마음의 윤리학』, 경북대학교출판부, 2014

이이화, 『역사 풍속 기행』, 역사비평사, 1999

이치노헤 쇼코 지음·장옥희 옮김, 『조선 침략 참회기』, 동국대학교출판부,
　　　2013

정병삼, 『한국 불교사』, 푸른역사, 2020

최준식, 『한국 종교 이야기』, 한울, 1995

한국역사연구회, 『삼국시대 사람들은 어떻게 살았을까』, 청년사, 2006

한국역사연구회, 『고려시대 사람들은 어떻게 살았을까』, 청년사, 2005

강우방, 「불국사와 석불사」, 『한국사 시민강좌』 제23집, 일조각, 1998

강은애, 「근대 한국 선의 부흥과 경허」, 『근대 한국 종교문화의 재구성』, 한국
　　　학중앙연구원, 2007

고영섭, 「원효의 통일학」, 『삼국통일과 한국통일』, 통나무, 1994

김석근, 「훈요십조와 시무 28조」, 『아세아연구』 101호, 고려대학교 아세아문
　　　제연구소, 1999.6

김석근, 「화쟁과 일심」, 『정치사상연구』 제16집 1호, 한국정치사상학회, 2010
　　　년 봄

김순석, 「일제의 불교정책과 친일문제 검토」, 『불교평론』, 2024.9.20.

길희성, 「고려불교의 창조적 종합-의천과 지눌」, 『한국사상사대계』 3권, 정신
　　　문화연구원, 1991

남동신, 「보우는 요승인가, 성인인가」, 『조선시대 사람들은 어떻게 살았을까』
　　　2, 청년사, 2005

박노자, 「한국 불교의 부끄러운 역사」, 『프레시안』, 2006.3.13

박경준, 「돈에 대한 불교의 가르침과 역사적 전개」, 『불교평론』, 2009.3.31.

신종원, 「불자였던 법흥왕은 왜 이차돈을 죽였을까?」, 『우리 역사 속 왜?』 1
　　　권, 서해문집, 2002

심재열, 「원효성사의 대표작은 ‘십문화쟁론’이다」, 『불교신문』, 2010.5.14.

유문무, 「원효 화쟁사상의 현대적 의의」, 『한국학논집』 제68집, 2017

윤기엽, 「근현대 불교인물 탐구⑧-이회광」, 『불교평론』, 2024.9.20.

이기동, 「한국문화의 형성 원리와 그 표현 방식」, 『한국사 시민강좌』 제40집,
　　　　일조각, 2007

이봉춘, 「흥륜사와 이차돈의 순교」, 『신라문화』, 2002.08

이상근, 「100만 고려 승려의 비밀, ‘수원승도’」, 『현대불교』, 2020.11.20.

이우상, 「문정왕후와 보우 스님」, 『불교평론』, 2017.6.3.

이종수, 「조선 후기 불교 신앙생활의 단면」, 『불교학리뷰』, 2023

정성권, 「고려시대 거석불의 기원, 경기도의 미륵불」, 『경기학광장』, 2019 가
　　　　을호

종범스님 외, 「20세기 한국불교, 그 사상적 흐름은 무엇이었나」, 『불교평론』,
　　　　2008.5.30

최병헌, 「동양 불교사상의 한국불교」, 『한국사 시민강좌』 제4집, 일조각,
　　　　1989

최병헌, 「혜덕왕사 소현과 귀족 불교」, 『한국사 시민강좌』 제39집, 일조각,
　　　　2006

최연식, 「한국 간화선의 형성과 변화 과정」, 임기영불교연구소 사이트, 2012

KBS 역사스페셜, 「원효는 왜 파계승이 되었나」, 2000.5.6.

KBS 역사스페셜, 「초호화 지붕 다리, 월정교」, 2001.8.25.

KBS 역시스페셜, 「불국사, 그 이름에 담긴 비밀」, 2007.6.10

KBS 역사스페셜, 「에밀레종의 진실」, 2009.11.28.

KBS 역사스페셜, 「미천하니 거리낄 것이 없다, 개혁가 신돈」, 2003.3.8.

천주교

『가톨릭대사전』

『디지털논산문화대전』

강준만, 『한국 근대사 산책』 1권, 인물과사상사, 2007

김대건, 『성 김대건 안드레아 신부의 서한』, 한국교회사연구소, 2020

김선필, 『한국 천주교회사, 기쁨과 희망의 여정』, 눌민, 2021

노길명, 『한국의 종교 운동』, 고려대학교 출판부, 2005

다블뤼 지음·유소연 옮김, 『조선 주요 순교자 약전』, 내포교회사연구소, 2014

박노자·허동현, 『우리 역사 최전선』, 푸른역사, 2003

박용규, 『한국기독교회사』 1~3, 한국기독교사연구소, 2004~2018

방상근, 『한국 천주교회의 역사』, 내포교회사연구소, 2018

백범정신선양회, 『백범일지』, 하나미디어, 1992

송호근, 『인민의 탄생』, 민음사, 2011

윤춘호, 『다산, 자네에게 믿는 일이란 무엇인가』, 푸른역사, 2019

이규태, 『잘돼도 못돼도 다 조상탓』, 조선일보사, 2001

이덕일·이희근, 『우리 역사의 수수께끼』 2, 김영사, 1999

조광, 『한국 천주교 200년』, 햇빛출판사, 1989

조현범·양인성·최선혜·이장우, 『한국천주교회사』 4, 한국교회사연구소, 2011

황재문, 『안중근 평전』, 한겨레출판, 2011

김기협, 「두 문명이 가장 깊은 곳에서 만난 순간」, 『창작과비평』, 1999년 가을호

김덕원, 「신라 중대 초 당제의 수용과 정비」, 『신라사학보』, 2020

김수태, 「김대건 신부의 해로를 통한 조선 입국로」, 『교회사연구』, 2016.12

방상근, 「병인박해기의 순교자와 체포자」, 『한국기독교와 역사』, 2016.09

베델창, 「해방 이후 노기남 주교와 반공주의」, https://pjb9990.tistory.com/36633, 2019

서양자, 「십자가 출토로 신라 전래 가능성」, 『가톨릭신문』, 1986.8.17

서종태, 「병인박해와 절두산 순교자들」, 『교회사연구』, 2003.6

신광철, 「개항기 한국 천주교와 개신교의 관계」, 『종교연구』, 1995.12

신정환, 「김수환 추기경의 삶과 말씀을 통해 본 평화의 길」, 『인간과 평화』, 2020.9

윤용복, 「천주교 선교사들의 일제 식민지배에 대한 인식」, 『근대한국 종교문화의 재구성』, 2007

이대근, 「조선 후기 무교(巫敎)가 천주교 수용에 미친 영향」, 『신학전망』, 2011.12

이원순, 「조선 말기 사회의 대서교 문제 연구-교안을 중심으로」, 『역사교육』, 1973.2

조정환, 「김수환 추기경의 사상 안에 나타난 남북 관계」, 『인간과 평화』, 2020.9

전종호, 「예수회의 루이 르 그랑 콜레주와 프랑스의 계몽주의」, 『서강인문논총』, 2014.12

정두희, 「기해박해 순교자들과 당시 교회 모습」, 『세계의 신학』, 1998.9

차기진, 「6·25 사변과 천주교회의 순교자들」, 『사목』, 1994년 10월호

안점식, 「종교다원주의와 예수 그리스도의 유일성」, 『빛과 소금』, 2003.11.1.

최석우, 「1903년 해서 교민 사건」, 『가톨릭신문』, 1974.08.18.

KBS, 「닫힌 시대의 젊은 열정, 한국 천주교 창설 주역 이벽」, 『한국사전』, 2007.12.22.

II. 해양의 물결

자본주의

강만길 외, 『한국 자본주의의 역사』, 역사비평사, 2000

강준만, 『한국 현대사 산책』 1980년대 편 4권, 인물과사상사, 2003

강준만, 『한국 현대사 산책』 1990년대 편 3권, 인물과사상사, 2006

김경일, 『일제하 노동 운동사』, 창작과비평사, 1992

김두겸·이영훈·이한구 외, 『대한민국 기업사』, 중앙books, 2008

김병희, 『광고로 보는 근대문화사』, 살림, 2014

김윤희·이욱·홍준화, 『조선의 최후』, 다른세상, 2004

박상하, 『경성상계』, 생각의 나무, 2008

박승호, 『한국 자본주의 역사 바로 알기』, 나름북스, 2020

박현채·이대근·최장집, 『한국 자본주의와 사회구조』, 한울, 1985

이영훈, 『한국 경제사』 I·II, 일조각, 2016

이태영, 『다큐멘터리 일제시대』, 휴머니스트, 2019

이태진·김재호 외, 『고종황제 역사청문회』, 푸른역사, 2005

장하성, 『한국 자본주의』, 헤이북스, 2014

전봉관, 『황금광시대』, 살림, 2005

전봉관, 『럭키경성』, 살림, 2007

조천호, 『파란하늘 빨간지구』, 동아시아, 2019

한국역사연구회, 『우리는 지난 100년 동안 어떻게 살았을까』 3권, 역사비평
　　　사, 1998

한석정, 『만주 모던』, 문학과 지성사, 2016

곽정수, 「재벌은 자유시장 경제체제와 양립이 가능한가?」, 『한국의 교양을 읽는다』, 휴머니스트, 2003

김영근, 「식민지 노동자의 삶」, 『우리는 지난 100년 동안 어떻게 살았을까』 2권, 역사비평사, 1999

김영호, 「김영삼 정권, 세계화의 덫에 스스로 걸려들다」, 『프레시안』, 2012.7.26.

백우진, 「준비 안 된 자본시장 개방…절차는 희극, 결과는 비극」, 『월간중앙』, 2017.5

이연호 외, 「전두환정부의 산업합리화와 김대중정부의 기업구조조정 비교연구」, 『21세기 정치학회보』, 2004.5

정연태, 「20세기 전반기 사회경제적 변화의 의미」, 『한국사 시민강좌』 40집, 일조각, 2007

정태헌, 「일제는 왜 토지조사사업을 시행했는가」, 『우리 역사를 의심한다』, 서해문집, 2002

한수영, 「하바꾼에서 황금광까지」, 『일제의 식민지배와 일상생활』, 혜안, 2004

황병주, 「1920년대 초반 소유 개념과 사유재산 담론」, 『개념과 소통』, 2021.6

개신교

승동교회 홈페이지(www.seungdong.or.kr)

평양대부흥 홈페이지(www.1907revival.com)

기독교역사전시관 홈페이지(www.saeronam.or.kr)

강준만, 『한국현대사 산책』 1940년대편 2권, 인물과사상사, 2004

노길명, 『한국의 종교운동』, 고려대학교출판부, 2005

박용규, 『한국기독교회사』 1~3, 한국기독교사연구소, 2004

박천홍, 『악령이 출몰하던 조선의 바다』, 현실문화, 2008

사이토 다카시 지음·홍성민 옮김, 『세계사를 움직이는 다섯 가지 힘』, 뜨인돌,
    2009

신복룡, 『이방인이 본 조선 다시 읽기』, 풀빛, 2002

윤정란, 『한국전쟁과 기독교』, 한울아카데미, 2015

이덕주, 『한국교회 처음 이야기』, 홍성사, 2006

이중환 지음·이민수 옮김, 『택리지』, 평화출판사, 2005

이태영, 『다큐멘터리 일제시대』, 휴머니스트, 2019

최형묵·백찬홍·김진호, 『무례한 자들의 크리스마스』, 평사리, 2007

강인철, 「한국 개신교 반공주의의 형성과 재생산」, 『역사비평』, 2005년 봄

김수진, 「최초의 세례자 이수정 순교 110년을 맞아」, 『새가정』, 1996.9

김영일, 「이광수의 한국기독교 비판」, 『기독교사상』, 1979.4

김유준, 「1920~30년대 길선주의 종말론적 부흥운동」, 『대학과선교』, 2016

김진호, 「신사참배 수치심을 공산주의 증오로」, 『한겨레21』, 2010.11.23.

김진호, 「개발시대 고통 흡수해 대형교회를 세우다」, 『한겨레21』, 2020.5.1

김폴린, 「휘장치고 세례받던 조모 전삼덕 권사」, 『기독교사상』, 1989.11

류대영, 「제국주의 침략과 아편 밀수」, 『한국기독교와 역사』 제45호,
    2016.9.25

박경진, 「이야기 한국 교회사(1) 조선의 바울 김창식 목사」, 『개혁신앙』,
    2014.4.10.

박명수, 「6·25전쟁이 바꾼 한국사회」, 『미래한국』, 2020.7.6.

박정신, 「한국개신교 성장 역사학적 설명 시도」, 『기독교사상』, 1989.4.

서영석, 「헤이그특사 파견과 상동파의 역할」, 『한국교회사학회지』, 2016

윤승용, 「한국전쟁과 종교 지형의 변화」, 『불교평론』, 2010.7.6.

이덕주, 「여명기의 화덕 전삼덕」, 『새가정』, 1986.1

이덕주, 「한국인 최초 목사 김창식과 김기범 목사 안수와 그 역사적 의미」, 『당당뉴스』, 2021.9.6.

이상규, 「새롭게 읽는 한국교회사(29)-백만인구령운동」, 『개혁신앙』, 2016.6.2.

이상윤, 「민중의 고난과 교회의 희망」, 『새가정』, 1983.5

이상훈, 「한국 개신교의 급성장 원인에 대한 연구(1950-1988)」, 『한국기독교역사연구소소식』, 1995.7

이숙, 「혼자 성경을 처음 번역한 한국인 이수정」, 『기독교사상』, 2019.1

정진석, 「피살·납북된 목사·신부 등 358명 명단 발굴」, 『월간조선』, 2003.10

최형묵, 「평양대부흥운동 100년, 한국기독교 보수주의의 기원」, 『월간말』, 2007.8

공산주의

강만길 외, 『한국현대사회운동사전』, 열음사, 1988

고태우, 『북한현대사 101장면』, 가람기획, 2000

김학준, 『반외세의 통일논리』, 형성사, 1983

김학준, 『북한 50년사』, 동아출판사, 1995

로버트 스칼라피노·이정식 지음·한홍구 옮김, 『한국 공산주의 운동사』, 돌베

개, 2015

서대숙 지음·서주석 옮김, 『김일성』, 청계연구소, 1989

신기욱 지음·이진준 옮김, 『한국 민족주의의 계보와 정치』, 창비, 2009

역사비평 편집위원회, 『논쟁으로 본 한국사회 100년』, 역사비평사, 2000

역사비평 편집위원회, 『역사용어 바로쓰기』, 역사비평사, 2006

윤치호 지음·김상태 옮김, 『물 수 없다면 짖지도 마라』, 산처럼, 2013

이태영, 『다큐멘터리 일제시대』, 휴머니스트, 2019

이태영, 『한중 3000년, 그 애증의 역사』, 살림, 2021

임경석, 『이정 박헌영 일대기』, 역사비평사, 2004

임경석, 『잊을 수 없는 혁명가들에 대한 기록』, 역사비평사, 2008

장세윤, 『봉오동·청산리 전투의 영웅, 홍범도』, 역사공간, 2007

전명혁, 『1920년대 한국 사회주의 운동 연구』, 선인, 2006

정창현, 『인물로 보는 북한현대사』, 민연, 2002

조선일보사 사료연구실, 『조선일보 사람들-일제시대편』, 랜덤하우스중앙, 2004

반병률, 「일제 치하 공산주의운동의 역사적 성격」, 『한국사 시민강좌』 제40집, 일조각, 2007

박남일, 「러시아 혁명과 식민지 조선」, 『사회주의자』, 2017.9.29.

배성준, 「역사 속의 신세대 1920·30년대-모던 걸 마르크스 보이」, 『역사비평』, 1996년 가을호

송평인, 「홍범도가 본 홍범도」, 『동아일보』, 2023.9.6.

송평인, 「빨치산이 가르쳐준 빨치산의 의미」, 『동아일보』, 2023.9.20.

신일철, 「주체사상」, 『한국사 시민강좌』 제25집, 1999

임경석, 「피지배민족 위한 인터내셔널리즘」, 『한겨레21』, 2018.4.23.

임경석, 「'12월테제' 조선어 필기본의 발견」, 『한겨레21』, 2020.1.7.

장석홍, 「1920년대 후반 국내 민족해방운동과 사회주의의 역할」, 『내일을 여는 역사』, 2004.12.

조수룡, 「북한의 전후 복구 3개년계획(1954~56) 수정과 1955년 봄 식량 위기」, 『한국민족운동사연구』, 2018

한홍구, 「공산주의」, 『한국사 시민강좌』 제25집, 일조각, 1999

한홍구, 「밥을 흘려도 죽였다」, 『한겨레21』 399호, 2002.3

홍진표, 「한 골수 386 주사파 출신의 체험적 고백」, 『월간조선』, 2004년 10월호

민족주의

고미숙, 『한국의 근대성, 그 기원을 찾아서』, 책세상, 2001

김용옥 외, 『삼국통일과 한국통일』, 통나무, 2000

김지남 외 지음·이상태 외 옮김, 『조선시대 선비들의 백두산 답사기』, 혜안, 1998

민족문학사연구소 기초학문연구단, 『'조선적인 것'의 형성과 근대문화담론』, 소명출판, 2007

앙드레 슈미드 지음·정여울 옮김, 『제국 그 사이의 한국』, 휴머니스트, 2007

박노자, 『우승열패의 신화』, 한겨레신문사, 2005

박노자, 『거꾸로 보는 고대사』, 한겨레출판, 2010

박찬승, 『민족·민족주의』, 소화, 2010

신기욱 지음·이진준 옮김, 『한국 민족주의의 계보와 정치』, 창비, 2009

윤치호 지음·김상태 편역, 『물 수 없다면 짖지도 마라』, 산처럼, 2013

윤해동, 『식민지의 회색지대』, 역사비평사, 2003

이규수, 『주시경』, 역사공간, 2014

이정은, 『3·1독립운동의 지방시위에 관한 연구』, 국학자료원, 2009

이지명, 『넘쳐나는 민족, 사라지는 주체』, 책세상, 2004

이태영, 『다큐멘터리 일제시대』, 휴머니스트, 2019

이호룡, 『신채호 다시 읽기』, 돌베개, 2013

이희근, 『한국사는 없다』, 사람과사람, 2001

정희준, 『스포츠 코리아 판타지』, 개마고원, 2009

차기벽, 『민족주의 원론』, 한길사, 1990

천정환, 『끝나지 않는 신드롬』, 푸른역사, 2005

탁석산, 『한국의 민족주의를 말한다』, 웅진닷컴, 2004

한국언론사연구회, 『대한매일신보 연구』, 커뮤니케이션북스, 2004

헨리 키신저 지음·김성훈 옮김, 『헨리 키신저의 외교』, 김앤김북스, 2023

강돈규, 「근대 신종교의 민족주의」, 『근대 한국 종교문화의 재구성』, 한국학
    중앙연구원 종교문화연구소, 2007

김순덕, 「대한제국 말기 의병지도층의 '국민' 인식」, 『민에서 민족으로』, 선인,
    2006

박광용, 「단군 신앙의 어제와 오늘」, 『한국사 시민강좌』 제27집, 2000

박찬승, 「한국에서의 민족 개념의 형성」, 『개념과 소통』 창간호, 2008

신일철, 「주체사상」, 『한국사 시민강좌』 제25집, 1999

양정현, 「민족은 허구인가?」, 『한국의 교양을 읽는다』, 휴머니스트, 2003

오동룡, 「애국가 작사자 논쟁 종결한 김연갑 한겨레아리랑연합회 이사」, 『월
    간조선』, 2015년 9월호

오수창, 「조선시대 국가 민족체의 허와 실」, 『역사비평』 58호, 역사비평사,

2002

유호근, 「현대 스포츠를 통해 본 민족주의와 초국가주의」, 『대학원신문』, 2019.04.02

이덕주, 「기독교와 한글」, 강화기독교 역사연구회 홈페이지

이영훈, 「왜 다시 해방 전후사인가」, 『해방 전후사의 재인식』 1권, 책세상, 2006

임미리, 「5·18 당시 미국의 역할 의심하며 대학가서 '反美' 등장」, 『중앙선데이』, 2015.3.7

정혜정, 「근대 한중일 블룬칠리의 민족·국민 개념의 수용과 변용」, 『아세아연구』 181호, 2020

조남호, 「최남선의 불함문화론」, 『仙道文化』 제11호, 2011

채웅석, 「고려시대 민족체 인식이 있었다」, 『역사비평』 58호, 역사비평사, 2002

최영근, 「근대 한국에서 기독교와 민족주의 관계 연구」, 『한국기독교신앙논총』 104집, 2014

Ⅲ. 기타

1. 페미니즘

길밖세상, 『20세기 여성 사건사』, 여성신문사, 2001

오세라비·손숙미, 『페미니즘 갈등을 넘어 휴머니즘으로』, 한반도선진화재단, 2023

이나영, 「한국 여성운동의 역사를 어떻게 기억하고 계승할 것인가?」, 『이슈와 전망』, 2020년 3월호

조은, 「여성운동 단체의 연대와 균열」, 『한국사회과학』 제20권 제3호, 1998

2. 사회진화론

행정안전부 국가기록원 홈페이지(www.archives.go.kr)

강준만, 『입시전쟁 잔혹사』, 인물과사상사, 2009

강준만, 『한국 현대사 산책-1950년대 1권』, 인물과사상사, 2004

김누리, 『경쟁 교육은 야만이다』, 해냄, 2024

김동훈, 『한국의 학벌, 또 하나의 카스트인가』, 책세상, 2001

서울대학교 교육연구소, 『한국교육사』, 교육과학사, 1997

오욱환, 『한국사회의 교육열』, 교육과학사, 2000

이태영, 『다큐멘터리 일제 시대』, 휴머니스트, 2019

학벌없는사회, 『학교를 버리고 시장을 떠나라』, 메이데이, 2010

박도, 「한 반에 100명, 운동장 수업까지…뜨거운 교육열」 『오마이뉴스』,

2017.7.7.

전봉관, 「유전입학 무전낙제…입시지옥의 탄생」『신동아』, 2008.6.9.

최대석, 「전쟁통에도 공부는 꼭 하거라, 책 챙겨 아들만 피란 보낸 어머니」
『중앙SUNDAY』, 2015.5.10.

3. 영어

정병준, 『우남 이승만 연구』, 역사비평사, 2005

김향숙, 「개화기 조선에 미국 선교사가 여성교육과 영어 능력에 미친 영향」,
『젠더와 문화』, 2013.12

류방란, 「개화기 배재학당의 교육과정 운영」, 『교육사학연구』 제8권, 1998.7

박거용, 「영어 신화의 어제와 오늘」, 『내일을 여는 역사』, 2008년 여름호

이기환, 「"을노브가 무엇이오" 영어에 푹 빠졌던 조선, 일제의 교육이 망쳐놨
다」, 『경향신문』, 2020.06.30.

wrljin, 「응답하라 영어교육 1880~2000's」, 『contenta M』, 2017.4.28.

4. 아파트

발레리 줄레조 지음·길혜연 옮김, 『아파트 공화국』, 후마니타스, 2007

백욱인, 『번안 사회』, 휴머니스트, 2018

전남일·손세관·양세화·홍형옥, 『한국 주거의 사회사』, 돌베개, 2008

한석정, 『만주 모던』, 문학과지성사, 2016

천의영, 「아파트 공화국과 가치사슬의 혁신」, 『건축』, 2022.04

박진용, 「'집통령' 꿈꾼 노태우…분당·일산 만들고 주택 200만 호 공급」, 『서울경제』, 2021.10.26.

김시덕, 「우리가 전혀 알지 못했던 1기 신도시의 실체」, www.youtube.com/watch?v=Wck2dqLElD8

유현준, 「대한민국 아파트, 이렇게 좀 바꾸고 싶습니다」 www.youtube.com/watch?v=P_2NjFbff-4

김시덕, 「우리가 전혀 알지 못했던 1기 신도시의 실체」, www.youtube.com/

Ⅳ. 신채호에게 답하다

김문조 외, 『한국인은 누구인가』, 21세기북스, 2013

김바오로, 『구강기 나라와 항문기 나라』, 지식과감성, 2017

김재은, 『떼창의 심리학』, 푸른사상, 2021

류동식, 『한국무교의 역사와 구조』, 연세대학교출판부, 1986

송재윤, 「조선 사대부는 왜 오직 주자만을 존숭했나?」, 『조선일보』, 2023.8.19

신광철, 『극단의 한국인, 극단의 창조성』, 쌤앤파커스, 2013

이규태, 『한국인의 의식구조』 1권, 신원문화사, 1983

이규태, 『호판 댁 나귀는 약과도 싫다하네』, 조선일보사, 2000

이규태, 『소 죽으면 며느리 얻는다』, 조선일보사, 2001

이기백, 「반도적 성격론 비판」, 『한국사 시민강좌』 제1집, 일조각, 1987

이철승, 『쌀, 재난, 국가』, 문학과지성사, 2021

조현범, 『문명과 야만-타자의 시선으로 본 19세기 조선』, 책세상, 2002

조흥윤, 『巫와 민족문화』, 민족문화사, 1990

최준식, 『한국 종교 이야기』, 한울, 1995

최준식, 『한국인에게 문화는 있는가』, 사계절, 1997

탁석산, 『한국인은 무엇으로 사는가』, 창비, 2008

한민, 『선을 넘는 한국인, 선을 긋는 일본인』, 부·키, 2022

허태균, 『어쩌다 한국인』, 중앙books, 2015

홍대선, 『한국인의 탄생』, 메디치미디어, 2024

신채호에게
답하다

교조화로 치닫는
한국 정신사 비판

지은이 | 이태영

펴낸이 | 최병식

펴낸날 | 2026년 1월 7일

펴낸곳 | 주류성출판사

주소 | 서울특별시 서초구 강남대로 435 주류성빌딩 15층

전화 | 02-3481-1024(대표전화)   팩스 | 02-3482-0656

홈페이지 | www.juluesung.co.kr

값 25,000원

ISBN 978-89-6246-566-2 03910